VOYAGE
DE
LA PÉROUSE

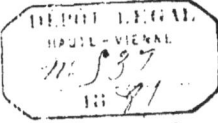

PROPRIÉTÉ DES ÉDITEURS

BIBLIOTHÈQUE DES VOYAGES

VOYAGE
DE
LA PÉROUSE

AUTOUR DU MONDE

1785-1788

LIMOGES

Marc BARBOU et Cie, Imprimeurs-Libraires

Rue Puy-Vieille-Monnaie

AVANT-PROPOS

Les récits de voyage ont toujours été recherchés avec empressement et lus avec le plus vif intérêt. Le progrès des sciences géographiques, le rapprochement des distances par suite des nouveaux moyens de communication, et le développement des rapports commerciaux et industriels entre les peuples naguère les plus étrangers les uns aux autres, amené par les expositions internationales, sont venus ajouter encore à cet intérêt.

Cependant, il est difficile, pour ne pas dire impossible, de mettre entre toutes les mains les collections de voyages publiées jusqu'à ce jour. En ce qui concerne la jeunesse, que nous avons ici spécialement en vue, certains détails de mœurs, certaines observations d'histoire naturelle, sans parler de redites parfois fatigantes et d'appréciations surannées, en rendent la lecture tout au moins convenable.

Il importe cependant que les jeunes intelligences, avides de savoir, puissent remonter aux origines des découvertes si importantes qui, depuis le XVe siècle, ont plus que doublé le monde des anciens.

Nous estimons donc que c'est entreprendre une œuvre utile que de publier une nouvelle bibliothèque de voyages, dans laquelle seront très fidèlement respectés la manière et le style de l'auteur dont nous reproduirons le récit d'après l'édition de ses œuvres réputée la meilleure.

Nous nous bornerons à supprimer les passages précités et à rectifier les changements survenus au point de vue de la science actuelle par des notes géographiques, statistiques, etc.

L'intérêt particulier qui s'attache en ce moment à tout ce qui touche aux explorations et découvertes en Afrique, nous a engagée à commencer notre collection par les voyageurs africains les plus célèbres, tels que Le Vaillant, Bruce, etc.

Nous comptons sur le concours des propagateurs nombreux et zélés des connaissances géographiques en France pour nous aider à répandre une publication que nous dédions à la jeunesse française.

C^{sse} DROHOJOWSKA,

Née Symon de Latreiche

Paris, ce 12 février 1880.

LA PÉROUSE

Né à Alby en 1741, Jean-François Galaup de La Pérouse, manifesta très jeune un goût particulier pour tout ce qui touchait à la géographie et à la navigation. La vie de nos grands hommes de mer avait pour lui un attrait qui pouvait faire concevoir, dès lors, de quel côté se tourneraient ses vues lorsqu'il serait en âge de choisir une carrière.

En attendant, il s'appliquait avec ardeur et persévérance à l'étude des connaissances qui devaient lui faciliter l'accès de cette carrière et lui permettre ensuite de la parcourir avec distinction. Aucun effort, aucune application ne lui coûtaient, et, pour stimuler son émulation, il suffisait à ses maîtres de lui faire remarquer le rapport qui existait entre l'effort demandé et le but à atteindre.

Cette unité de vues et d'ambition dans laquelle, presque dès l'enfance, se concentrèrent en quelque sorte toutes ses pensées, exerça une puissante et heureuse influence sur la jeunesse de La Pérouse. Non seulement il devança, dans les études les plus sérieuses, tous les compagnons de son âge, mais il acquit une maturité de jugement, une rapidité de coup d'œil, une expérience anticipée, si l'on peut ainsi parler, de la vie de mer qui se rencontrent rarement, même dans la maturité de l'âge, avant que la pratique ne soit venu les développer, et qui étonnèrent ses chefs, lorsque à l'âge de quinze ans, et après de brillants examens, il fut admis dans la marine de l'Etat (10 novembre 1756).

Cet étonnement fit bientôt place à l'intérêt le plus vif et aux sympathies les plus profondes. Le jeune La Pérouse eut ainsi, grâce à son mérite et aux aimables qualités de son cœur et de son esprit, le rare bonheur de se créer, dès le début de sa carrière, des appuis et des amitiés qui ne se détachèrent jamais de lui.

Les occasions de se distinguer et de conquérir rapidement ses grades ne lui firent pas non plus défaut. Il fit successivement cinq campagnes : la première sur la *Célèbre*, la seconde sur la *Pomone*, la troisième sur le *Zéphyr*, la quatrième sur le *Cerf*, et la cinquième enfin sur le *Formidable*, dont le nom occupe une large et légitime place dans nos fastes maritimes.

Nos lecteurs nous sauront gré de nous arrêter un instant sur l'épisode glorieux auquel est à jamais attaché le nom et le souvenir de ce vaisseau.

Commandé par M. St-André du Verger, le *Formidable* faisait partie de l'escadre qui, sous les ordres du maréchal de Conflans, était chargée de croiser dans la Manche. Cette escadre venait de dépasser la hauteur de Belle-Isle, lorsque la flotte anglaise rejoignit les trois vaisseaux qui formaient l'arrière-garde, et parmi lesquels se trouvait le *Formidable*. A la suite d'un combat héroïque, pendant lequel huit vaisseaux, tant anglais que français, furent coulés bas ou allèrent se perdre sur les côtes de France, le *Formidable* tomba au pouvoir de l'ennemi, mais non sans que tous les hommes de l'équipage, et en particulier La Pérouse, eussent fait des prodiges de valeur.

La Pérouse, grièvement blessé, fut bientôt compris dans un échange de prisonniers. A peine rentré en France, et, avant le retour complet de sa santé et de ses forces, il sollicita son réembarquement. Il fut envoyé à bord du *Robuste*, sur lequel huit nouvelles campagnes lui permirent de se signaler à plusieurs reprises, et par sa bravoure et par ses talents.

Nommé enseigne de vaisseau le 1er octobre 1764, et lieutenant de vaisseau le 4 août 1777, il eut pu, pendant les quatorze années de paix qui s'écoulèrent entre ces deux promotions, mener la vie de plaisirs que lui facilitait sa position de fortune et ses nombreuses relations de famille. Mais déjà le repos lui était devenu impossible ; il lui fallait les émotions du danger et de la gloire ; il avait surtout besoin de se sentir utile à son pays et à l'humanité.

Convaincu que l'expérience est nécessaire pour former le grand homme de mer, et sachant que cette expérience, c'est dans la pratique seulement qu'on peut l'acquérir, il ne se crut pas dispensé par la paix de continuer son service actif.

Nous le trouvons en 1765 sur la flûte l'*Adour*, et l'année suivante sur la flûte le *Gave*. En 1767, il commanda la flûte l'*Adour* ; en 1768, la *Dorothée* ; en 1769, le *Bugalet* ; en 1771 et 1772, il monta la *Bellepoule*. Pendant les quatre années suivantes, il commanda tour à tour la *Seine* et les *Deux-amis* sur la côte du Malabar ; enfin, à la reprise des hostilités, en 1778, parvenu, depuis l'année précédente, au grade de lieutenant de vaisseau, il prit part au combat célèbre de la *Belle-poule*.

En 1779, il reçut le commandement de la frégate l'*Amazone*, faisant partie de l'escadre, aux ordres du comte d'Estaing. Chargé de protéger la descente des troupes de débarquement à la Grenade, il parcourut intrépidement toute la ligne, pendant le combat de l'escadre française et de celle du commodore Byron, pour transmettre aux deux commandants les ordres de l'amiral. Il s'empara de la frégate *Larice* sur les côtes de la Nouvelle-Angleterre, et eut une part brillante à la prise de l'*Expérement*.

Nommé capitaine de vaisseau en 1780, il reçut le commandement de la frégate l'*Astrée*, qui fut chargée avec l'*Hermione*, sous les ordres de La Touche-Tréville, de surveiller les côtes de la Nouvelle-Angleterre.

C'est au cours de cette croisière que, se trouvant à six lieues du cap nord de l'île Royale, les deux frégates offrirent le combat à six bâtiments de guerre anglais. L'affaire n'était pas engagée depuis plus d'une demi-heure, que déjà le vaisseau-commandant, le *Charlestown*, devait amener son pavillon ; les cinq autres bâtiments allaient avoir le même sort, lorsque la nuit vint leur permettre d'échapper à la poursuite des deux frégates.

La Pérouse, dont ce brillant fait d'armes acheva de rendre le nom célèbre, se rendit ensuite au cap Français, où il reçut la périlleuse mission de tenter la destruction des établissements anglais dans la baie d'Hudson. Il partit le 31 mai 1782 à bord du *Sceptre*, de soixante-quatorze canons, et ayant sous ses ordres l'*Engageant* et la frégate l'*Astrée*, commandée par son ami Delangle, un des meilleurs officiers de la marine de l'époque.

Le 17 juillet, l'escadre eut connaissance de l'ile de la Résolution, située à l'entrée du détroit d'Hudson, dans lequel La Pérouse s'engagea sans hésiter. A peine y avait-il fait vingt lieues, que les glaces lui barrèrent le passage pendant que des brumes épaisses enveloppaient les vaisseaux, les isolaient, et rendaient le danger plus pressant et les difficultés plus insurmontables.

La Pérouse ne se découragea pas : redoublant de prudence en même temps que de ténacité dans son dessein, il continua d'avancer au milieu des glaces qui l'environnaient de toute part, et le 8 août, un peu avant la nuit, il aperçut le pavillon du fort du Prince de Wales, qu'il se proposait d'attaquer d'abord.

Il fit aussitôt ses préparatifs pour opérer une descente la nuit même. D'après toutes les apparences, le fort était en état de faire une sérieuse résistance, et les troupes de débarquement s'attendaient à être vigoureusement reçues.

Il n'en fut point ainsi ; à la première sommation, le commandant du fort se rendit à discrétion. Le fort d'York, qui sous le nom de fort Bourbon avait appartenu à la France lorsqu'elle possédait le Canada, se rendit de même. Mais si les premières opérations militaires furent ainsi promptement et aisément enlevées, que de peines, de fatigues, de périls ne fallut-il pas pour arriver à l'accomplissement de la mission confiée à l'escadre, c'est-à-dire la destruction entière des établissements dispersés sur une côte glacée, souvent inabordable, et toujours d'un périlleux accès.

Cette expédition, dont les difficultés, plus encore que l'heureux succès, désignèrent La Pérouse au gouvernement français comme l'officier de notre marine le plus propre à diriger un voyage de découvertes, fournit encore pour ce brave marin l'occasion de donner des preuves de la générosité de son âme, de son humanité, de sa modération dans la victoire. Ayant appris que lors de l'attaque des forts d'York et du Prince de Wales des Anglais s'étaient retirés dans les bois où, privés de tous moyens de défense, ils devaient se trouver exposés, après le départ de l'escadre française, aux attaques des sauvages, il voulut qu'on rendît leurs armes à ces malheureux et qu'on leur laissât des vivres.

Cet acte d'humanité eût passé peut-être inaperçu, si un marin anglais, en rendant compte d'un voyage à Botany-Bay, n'eut pris soin de le mettre en lumière.

Cependant, désireux de prouver à la France sa part de gloire dans les découvertes importantes qui avaient été faites récemment dans la mer du Sud, Louis XVI, qui, on le sait, s'occupait avec fruit d'études géographiques, profita de la paix qui venait d'être rendue à l'Europe pour faire organiser un de ces voyages autour du monde, que Cook avait rendus si fructueux pour la science et pour les intérêts de sa patrie.

Cette expédition ayant été confiée à La Pérouse, non-seulement l'opinion publique ratifia pleinement ce choix, mais l'adhésion des savants et des marins lui fut unanimement acquise.

Les résultats obtenus par La Pérouse, résultats exposés par lui-même dans les pages qui vont suivre, se chargèrent de justifier cette confiance générale et de rendre, à jamais célèbre, une entreprise dont une mort jusqu'à présent inexpliquée devait arrêter le cours.

D'après ses dernières lettres, datées de Botany-Bay, La Pérouse comptait arriver en 1788 à l'île de France, où l'attendait, au milieu de sa famille, la femme charmante qu'il y avait épousée peu d'années auparavant.

Elle l'attendit en vain; des recherches furent faites sans amener aucune lumière sur le sort des deux vaisseaux et de leurs équipages. Soutenue d'abord par les motifs d'espérance que ses parents et ses amis s'efforçaient de lui suggérer, Mme de La Pérouse ne put supporter longtemps les cruelles incertitudes qui se succédaient dans son cœur et agitaient son esprit. Elle succomba à la fleur de l'âge, et sa mort prématurée ajouta encore à l'intérêt général qu'inspirait le sort de son mari.

L'opinion publique, profondément émue, réclamait l'assistance du gouvernement; par les soins de la société d'Histoire naturelle, fut présentée à l'Assemblée Nationale une requête, à la suite de laquelle il fut résolu qu'une expédition, aux ordres du chevalier d'Entrecasteaux, serait envoyée à la recherche du célèbre navigateur.

On verra dans le dernier chapitre de ce volume quel fut le résultat, non-seulement de cette expédition, mais de celle qui, un demi-siècle plus tard, fut confiée, dans le même but, à Dumont d'Urville.

VOYAGE

DE

LA PÉROUSE

CHAPITRE PREMIER

Objet de l'armement des deux frégates; séjour dans la rade de Brest. — Traversée de Brest à Madère et à Ténériffe; séjour dans ces deux îles. — Voyage au Pic. — Arrivée à la Trinité. — Relâche à l'île Sainte-Catherine sur la côte du Brésil.

L'ancien esprit de découvertes paraissait entièrement éteint. Le voyage d'Ellis à la baie d'Hudson, en 1747, n'avait pas répondu aux espérances de ceux qui avaient avancé des fonds pour cette entreprise. Le capitaine Bouvet avait cru apercevoir, le 1er janvier 1739, une terre par les 54° sud : il paraît aujourd'hui probable que ce n'était qu'un banc de glace, mais cette méprise n'en a pas moins retardé les progrès de la géographie. Les faiseurs de systèmes, qui, du fond de leurs cabinets, tracent la figure des continents et des îles, avaient conclu que le prétendu cap de la Circoncision était la pointe septentrionale des terres australes, dont l'existence leur paraissait démontrée comme nécessaire à l'équilibre du globe.

Ces deux voyages devaient, avec raison, décourager des particuliers qui, par un simple esprit de curiosité, sacrifiaient des sommes considérables à un intérêt qui avait cessé, depuis longtemps, de fixer les yeux des différentes puissances maritimes de l'Europe.

En 1764, l'Angleterre ordonna une nouvelle expédition, dont le commandement fut confié au commodore Byron (1).

Au mois de novembre 1766, M. de Bougainville partit de Nantes avec la frégate la *Boudeuse* et la flûte l'*Etoile ;* il suivit à peu près la même route que les navigateurs anglais ; il découvrit plusieurs îles, et son voyage n'a pas peu contribué à donner aux Français ce goût des découvertes, qui venait de renaître avec tant d'énergie en Angleterre.

En 1771, M. de Kerguelen fut expédié pour un voyage vers le continent austral, dont l'existence, à cette époque, n'était pas même contestée des géographes ; en décembre de la même année, il eut connaissance d'une île : le mauvais temps l'empêcha d'en achever la découverte. Plein des idées de tous les savants de l'Europe, il ne douta pas qu'il n'eût aperçu un cap des terres australes. Son empressement à venir annoncer cette nouvelle ne lui permit pas de différer un instant son retour ; il fut reçu en France comme un nouveau Christophe Colomb. On équipa de suite un vaisseau de guerre et une frégate pour continuer cette importante découverte. M. de Kerguelen eut ordre d'aller lever le plan du prétendu continent qu'il avait aperçu ; on sait le mauvais succès de ce second voyage. Enfin M. de Kerguelen revint en France, aussi peu instruit que la première fois. On ne s'occupa plus de découvertes. La guerre de 1778 tourna tous les regards vers des objets bien opposés.

L'objet principal de cette guerre était d'assurer la tranquillité des mers ; il fut rempli par la paix de 1783. Ce même esprit de justice qui avait fait prendre les armes pour que les pavillons des nations les plus faibles sur mer y fussent respectés à l'égal de ceux de France et d'Angleterre, devait, pendant la paix, se porter vers ce qui peut contribuer au plus grand bien être de tous les hommes.

Les voyages de divers navigateurs anglais, en étendant nos connaissances, avaient mérité la juste admiration du monde entier : l'Europe avait apprécié les talents et le grand caractère du capitaine Cook. Mais, dans un champ aussi vaste, il restera pendant bien des siècles de nouvelles connaissances à acquérir ; des côtes à relever ; des plantes, des arbres, des poissons, des oiseaux à décrire ; des minéraux, des volcans à observer ; des peuples à étudier, et peut-être à rendre plus heureux : car enfin une plante farineuse, un fruit de plus, sont des bienfaits inestimables pour les habitants des îles de la mer du Sud.

Ces différentes réflexions firent adopter le projet d'un voyage autour du monde ; des savants de tous les genres furent employés dans cette expédition. M. Dagelet, de l'académie des sciences, et

---

(1) Voir le volume et la collection : *Auson.*

M. Monge (1), l'un et l'autre professeurs de mathématiques à l'école militaire, furent embarqués en qualité d'astronomes, le premier sur la *Boussole*, et le second sur l'*Astrolabe*. M. de Lamanon, de l'académie de Turin, correspondant de l'académie des sciences, fut chargé de la partie de l'histoire naturelle de la terre et de son atmosphère, connue sous le nom de géologie. M. l'abbé Mongès, chanoine régulier de Sainte-Geneviève, rédacteur du *Journal de Physique*, devait examiner les minéraux, en faire l'analyse, et contribuer au progrès des différentes parties de la physique. M. de Jussieu désigna M. de la Martinière, docteur en médecine de la faculté de Montpellier, pour la partie de la botanique; il lui fut adjoint un jardinier du jardin du roi pour cultiver et conserver les plantes et graines de différentes espèces que nous aurions la possibilité de rapporter en Europe : sur le choix qu'en fit M. Thouin, M. Collignon fut embarqué pour remplir ces fonctions. MM. Prevost, oncle et neveu, furent chargés de peindre tout ce qui concerne l'histoire naturelle. M. Dufresne, grand naturaliste, et très habile dans l'art de classer les différentes productions de la nature, nous fut donné par M. le contrôleur-général. Enfin M. Duché de Vancy reçut ordre de s'embarquer pour peindre les costumes, les paysages, et généralement tout ce qu'il est souvent impossible de décrire.

Les compagnies savantes du royaume s'empressèrent de donner, dans cette occasion, des témoignages de leur zèle et de leur amour pour le progrès des sciences et des arts. L'Académie des sciences, la Société de médecine, adressèrent chacune un mémoire à M. le maréchal de Castries sur les observations les plus importantes que nous aurions à faire pendant cette campagne.

M. l'abbé Tessier, de l'académie des sciences, proposa un moyen pour préserver l'eau douce de la corruption. M. du Fourni, ingénieur-architecte, nous fit part aussi de ses observations sur les arbres et sur le nivellement des eaux de la mer. M. le Dru nous proposa, dans un mémoire, de faire plusieurs observations sur l'aimant, par différentes latitudes et longitudes; il y joignit une boussole d'inclinaison de sa composition, qu'il nous pria de comparer avec le résultat que nous donneraient les deux boussoles d'inclinaison qui nous furent prêtées par les commissaires du bureau des longitudes de Londres.

M. de Monneron, capitaine au corps du génie, qui m'avait suivi dans mon expédition de la baie d'Hudson, fut embarqué en qualité d'ingé-

---

(1) La santé de Monge devint si mauvaise de Brest à Ténériffe, qu'il fut obligé de retourner en France.

nieur en chef; son amitié pour moi, autant que son goût pour les voyages, le déterminèrent à solliciter cette place : il fut chargé de lever les plans, d'examiner les positions. M. Bernizet, ingénieur-géographe, lui fut adjoint pour cette partie.

Enfin M. de Fleurieu, ancien capitaine de vaisseau, directeur des ports et arsenaux, dressa lui-même les cartes qui devaient nous servir pendant le voyage.

M. le maréchal de Castries, ministre de la marine, qui m'avait désigné au roi pour ce commandement, avait donné les ordres les plus formels dans les ports, pour que tout ce qui pouvait contribuer au succès de cette campagne nous fut accordé. M. d'Hector, lieutenant-général, commandant la marine à Brest, répondit à ses vues, et suivit le détail de mon armement comme s'il avait dû commander lui-même.

J'avais eu le choix de tous les officiers ; je désignai pour le commandement de l'Astrolabe, M. de Langle, capitaine de vaisseau, qui montait l'Astrée dans mon expédition de la baie d'Hudson, et qui m'avait, dans cette occasion, donné les plus grandes preuves de talent et de caractère. Cent officiers se proposèrent à M. de Langle et à moi pour faire cette campagne ; tous ceux dont nous fîmes choix étaient distingués par leurs connaissances.

Enfin, le 26 juin, mes instructions me furent remises. Je partis le 1ᵉʳ juillet pour Brest, où j'arrivai le 4 ; je trouvai l'armement des deux frégates très avancé. On avait suspendu l'embarquement de différents effets, parce qu'il me fallait opter entre quelques articles propres aux échanges avec les sauvages, ou des vivres dont j'aurais bien voulu me pourvoir pour plusieurs années : je donnai la préférence aux effets de traite, en songeant qu'ils pourraient nous procurer des comestibles frais, et qu'à cette époque ceux que nous aurions à bord seraient presque entièrement altérés.

Nous avions en outre à bord un bot (1) ponté, en pièces, d'environ vingt tonneaux, deux chaloupes biscayennes (2), un grand mât, une mèche de gouvernail, un cabestan ; enfin ma frégate contenait une quantité incroyable d'effets. M. de Clonard, mon second, l'avait arrimée avec ce zèle et cette intelligence dont il a si souvent donné des preuves. L'*Astrolabe* avait embarqué exactement les mêmes articles. Nous fûmes en rade le 11.

Les vents d'ouest nous retinrent en rade jusqu'au 1ᵉʳ août; il y eut

---

(1) Ou *boat* ou *boyer*, espèce de bâtiment très fort, à varangues plates, en usage en Flandre et en Hollande, très bon pour les navigations intérieures.

(2) *Barca longa*, chaloupes longues, fort effilées dans les extrémités, propres à naviguer lorsque la mer est houleuse.

pendant ce temps des brumes et de la pluie. Je craignis que l'humidité ne nuisit à la santé de nos équipages ; nous ne débarquâmes cependant, dans l'espace de dix-neuf jours, qu'un seul homme ayant la fièvre.

Je mis à la voile de la rade de Brest le 1er août. Ma traversée jusqu'à Madère n'eut rien d'intéressant ; nous y mouillâmes le 13 ; les vents nous furent constamment favorables. Pendant les belles nuits de cette traversée, M. de Lamanon observa les points lumineux qui sont dans l'eau de la mer, et qui proviennent, selon mon opinion, de la disposition des corps marins. Si des insectes produisaient cette lumière, comme l'assurent plusieurs physiciens, ils ne seraient pas répandus avec cette profusion depuis les pôles jusqu'à l'équateur, et ils affecteraient certains climats (1).

Nous n'étions pas encore mouillés à Madère, que M. Johnston, négociant anglais, avait déjà envoyé à bord de mon bâtiment un canot chargé de fruits. Plusieurs lettres de recommandation de Londres nous avaient précédés chez lui ; ces lettres furent un grand sujet d'étonnement pour moi, ne connaissant pas les personnes qui les avaient écrites. L'accueil que nous fit M. Johnston fut tel, que nous n'aurions pu en espérer un plus gracieux de nos parents ou de nos meilleurs amis. Après avoir rendu visite au gouverneur, nous allâmes dîner chez lui ; le lendemain, nous déjeunâmes à la charmante campagne de M. Murray, consul d'Angleterre, et nous retournâmes en ville pour dîner chez M. Moutero, chargé des affaires du consulat de France.

Nous goûtâmes, pendant toute cette journée, les délices que peuvent offrir la compagnie la mieux choisie, les prévenances les plus marquées, et nous admirâmes en même temps la situation ravissante de la campagne de M. Murray : nous ne pûmes être distraits des tableaux que nous offrait cette position, que par les trois charmantes nièces de ce consul, qui vinrent nous prouver que rien ne manquait dans ce lieu enchanteur. Sans les circonstances impérieuses où nous nous trouvions, il eût été bien doux de passer quelques jours à Madère, où nous étions accueillis d'une manière si obligeante ; mais l'objet de notre relâche ne pouvait y être rempli. J'ordonnai donc de tout disposer pour partir le lendemain 16 août. Je reçus encore de M. Johnston une prodigieuse quantité de fruits de toute espèce, cent bouteilles de vin de Malvoisie, une demi-barrique de vin sec, du rhum et des citrons confits. Depuis mon arrivée à Madère, tous les moments de mon séjour avaient été marqués par les honnêtetés les plus recherchées de sa part.

Notre traversée jusqu'à Ténériffe ne fut que de trois jours ; nous y

---

(1) Cette opinion est contestée. Le contraire est même aujourd'hui à peu près prouvé.

mouillâmes, le 19, à trois heures après midi. J'eus connaissance, le 18 au matin, de l'île Salvage, dont je rangeai la partie de l'est à environ une demi-lieue : elle est très saine. Cette île est entièrement brûlée; il n'y a pas un seul arbre; elle paraît formée par des couches de lave et d'autres matières volcaniques.

Dès mon arrivée à Ténériffe, je m'occupai de l'établissement d'un observatoire à terre; nos instruments y furent placés le 22 août, et nous déterminâmes la marche de nos horloges astronomiques par des hauteurs correspondantes du soleil ou des étoiles, afin de vérifier, le plus promptement possible, le mouvement des horloges marines des deux frégates.

Le 30 août au matin, je mis à la voile avec un vent de nord-nord-est assez frais. Nous avions pris à bord de chaque bâtiment soixante pipes de vin : cette opération nous avait obligés de désarrimer la moitié de notre cale pour trouver les tonneaux vides qui étaient destinés à le contenir. Ce travail nous occupa dix jours; à la vérité, le peu de célérité des fournisseurs fut ce qui nous retarda : ce vin venait d'Orotava, petite ville qui est de l'autre côté de l'île.

Nos naturalistes voulurent aussi mettre à profit leur séjour dans la rade de Sainte-Croix; ils partirent pour le Pic avec plusieurs officiers des deux bâtiments. M. de la Martinière herborisa dans sa route; il trouva plusieurs plantes curieuses. M. de Lamanon mesura la hauteur du Pic avec son baromètre, qui descendit, sur le sommet de la montagne, à 18 pouces 4 lignes $\frac{8}{10}$. Par l'observation faite à Sainte-Croix de Ténériffe dans le même instant, il était à 28 pouces 3 lignes. Le thermomètre, qui marquait $21°\frac{1}{2}$ à Sainte-Croix, se tint constamment à $9°$ sur le haut du Pic. Je laisse à chacun la liberté d'en calculer la hauteur. Cette manière est si peu rigoureuse, que je préfère les données aux résultats.

M. de Monneron, capitaine au corps du génie, fit aussi le voyage du Pic dans l'intention de le niveler jusqu'au bord de la mer; c'était la seule manière de mesurer cette montagne qui n'eût pas été essayée. Les difficultés locales ne pouvaient l'arrêter si elles n'étaient insurmontables, parce qu'il était extrêmement exercé à ce genre de travail. Il trouva sur le terrain que les obstacles étaient beaucoup moindres qu'il ne l'avait imaginé; car, dans une journée, il eut terminé tout ce qui était difficile : il était parvenu à une espèce de plaine encore très élevée, mais d'un accès facile, et il voyait avec la plus grande joie la fin de son travail, quand il éprouva, de la part de ses guides, des difficultés qu'il lui fut impossible de vaincre : leurs mules n'avaient pas bu depuis soixante-douze heures, et, ni prières ni argent ne purent déterminer les muletiers à rester plus longtemps. M. de Monneron fut obligé de laisser imparfait un travail qu'il regardait comme fini, qui lui avait coûté des peines incroyables, et une dépense assez considérable; car il avait été obligé de louer sept mules et huit hommes pour porter son bagage, et l'aider dans son opération. Afin de ne pas perdre entièrement le fruit de son travail, il arrêta les principaux points (1).

M. le marquis de Branciforte, maréchal de camp et gouverneur général de toutes les îles Canaries, ne cessa, pendant notre séjour dans la rade, de nous donner les plus grandes marques d'amitié.

Nous ne pûmes faire route qu'à trois heures après midi du 30 août. Nous étions encore plus encombrés d'effets qu'à notre départ de Brest; mais chaque jour devait les diminuer, et nous n'avions plus que du bois et de l'eau à trouver jusqu'à notre arrivée aux îles de la mer du Sud. Je comptais me pourvoir de ces deux articles à la Trinité; car j'étais décidé à ne pas relâcher aux îles du cap Vert, qui, dans cette saison, sont très malsaines, et la santé de nos équipages était le premier des biens : c'est pour la leur conserver que j'ordonnai de parfumer les entreponts, de faire branle-bas tous les jours, depuis huit heures du matin jusqu'au soleil couchant. Mais, afin que chacun eût assez de temps pour dormir, l'équipage fut mis à trois-quarts; en sorte que huit heures de repos succédaient à quatre heures de service. Comme je n'avais à bord que le nombre rigoureusement nécessaire, cet arrangement ne put avoir lieu que dans les belles mers, et j'ai été contraint de revenir à l'ancien usage, lorsque j'ai navigué dans les parages orageux.

La traversée jusqu'à la ligne n'eut rien de remarquable. Les vents alizés nous quittèrent par les 14° nord, et furent constamment de l'ouest au sud-ouest jusqu'à la ligne; ils me forcèrent de suivre la côte d'Afrique, que je prolongeai à environ soixante lieues de distance.

---

(1) « Le pic de Ténériffe, dit M. Germaud de Lavigne, s'élève du milieu d'un cirque de plus de 55 kilomètres de circonférence, formé par un ensemble de montagnes de 2,200 à 2,500 mètres de hauteur, en pentes assez douces depuis les crêtes, mais formant intérieurement une espèce de rempart de plus de 245 mètres de hauteur.

» On pénètre dans ce circuit, pour atteindre la base du pic, par plusieurs gorges étroites et sauvages qui semblent violemment pratiquées à travers les montagnes. Le pic élance, du milieu de ce cirque, sa pointe de difficiles accès, dont le sommet se trouve à plus de 3,660 mètres au-dessus du niveau de la mer.

» De cette cime élevée, un spectacle sublime s'offre aux regards. La vue s'étend sur tout l'archipel des Canaries, et l'observateur, isolé sur ce point perdu dans l'espace, se croit même séparé de l'île de Ténériffe; ce qu'il aperçoit à ses pieds, de cette énorme hauteur, forme un petit territoire retiré où tout est confondu, les montagnes et les gorges. Il lui semble, par un effet d'optique ou de vertige, que cette base est insuffisante pour retenir en équilibre l'immense masse du pic qui paraît prête à chavirer, comme il arrive pour les montagnes de glaces, lorsque la base en est peu à peu diminuée. Le cratère qui occupe le sommet n'est plus aujourd'hui qu'une mine de soufre de 80 mètres de diamètre sur 27 mètres de profondeur. »

Nous coupâmes l'équateur, le 29 septembre, par 18° de longitude occidentale : j'aurais désiré, d'après mes instructions, pouvoir le passer beaucoup plus à l'ouest ; mais heureusement les vents nous portèrent toujours vers l'est. Sans cette circonstance, il m'eût été impossible de prendre connaissance de la Trinité ; car nous trouvâmes les vents de sud-est à la ligne, et ils m'ont constamment suivi jusque par les 20° 25' de latitude sud ; en sorte que j'ai toujours gouverné au plus près, et que je n'ai pu me mettre en latitude de la Trinité qu'à environ vingt-cinq lieues dans l'est. Si j'eusse pris connaissance de Pennedo de S. Pedro (1), j'aurais eu bien de la peine à doubler la pointe orientale du Brésil.

J'ai passé, suivant mon point, sur le bas-fond où le vaisseau le Prince crut avoir touché en 1747. Nous n'avons eu aucun indice de terre, à l'exception de quelques oiseaux connus sous le nom de *frégates*, qui nous ont suivis en assez grand nombre, depuis 8° de latitude nord jusqu'à 3° de latitude sud : nos bâtiments ont été, pendant ce temps, environnés de thons ; mais nous en avons très peu pris, parce qu'ils étaient si gros qu'ils cassaient toutes nos lignes : chacun de ceux que nous avons pêchés pesait au moins soixante livres.

Les marins qui craignent de trouver, dans cette saison, des calmes sous la ligne, sont dans la plus grande erreur : nous n'avons pas été un seul jour sans vent, et nous n'avons eu de la pluie qu'une fois ; elle fut, à la vérité, assez abondante pour nous permettre de remplir vingt-cinq barriques.

La crainte d'être porté trop à l'est dans l'enfoncement du golfe de Guinée est aussi chimérique : on trouve les vents de sud-est de très bonne heure ; ils ne portent que trop rapidement à l'ouest. Peu de jours après notre départ de Ténériffe, nous perdîmes de vue ces beaux ciels qu'on ne trouve que dans les zones tempérées : une blancheur terne, qui tenait le milieu entre la brume et les nuages, dominait toujours ; l'horizon avait moins de trois lieues d'étendue ; mais, après le coucher du soleil, cette vapeur se dissipait, et les nuits étaient constamment très belles.

Le 16 octobre, à dix heures du matin, nous aperçûmes les îles Martin-Vas, dans le nord-ouest, à cinq lieues ; elle auraient dû nous rester à l'ouest ; mais les courants nous avaient portés 13' dans le sud pendant la nuit : malheureusement les vents ayant été constamment au sud-est jusqu'alors, me forcèrent de courir plusieurs bords pour me rapprocher de ces îles, dont je passai à environ une lieue et demie. Après avoir bien déterminé leur position, et après avoir fait des relèvements

---

(1) La reconnaissance de cette île ne m'était pas ordonnée, mais simplement indiquée, *si je n'avais presque pas à me détourner de ma route.*

pour pouvoir tracer sur le plan leurs positions entre elles, je fis route au plus près, vers l'île de la Trinité, distante de Martin-Vas d'environ neuf lieues dans l'ouest 1/4 sud-ouest. Ces îles Martin-Vas ne sont, à proprement parler, que des rochers ; le plus gros peut avoir un quart de lieue de tour : il y a trois îlots séparés entre eux par de très petites distances, lesquels, vus d'un peu loin, paraissent comme cinq têtes.

Au coucher du soleil, je vis l'île de la Trinité qui me restait à l'ouest 8° nord. Lorsque le jour parut, je continuai ma bordée vers la terre, espérant trouver une mer plus calme à l'abri de l'île. A dix heures du matin, je n'étais plus qu'à deux lieues et demie de la pointe du sud-est qui me restait au nord-nord-ouest, et j'aperçus, au fond de l'anse, formée par cette pointe, un pavillon portugais hissé au milieu d'un petit fort autour duquel il y avait cinq ou six maisons en bois. La vue de ce pavillon piqua ma curiosité : je me décidai à envoyer un canot à terre, afin de m'informer de l'évacuation et de la cession des Anglais ; car je commençais déjà à voir que je ne pourrais me procurer, à la Trinité, ni l'eau ni le bois dont j'avais besoin : nous n'apercevions que quelques arbres sur le sommet des montagnes. La mer brisait partout avec tant de force, que nous ne pouvions supposer que notre chaloupe pût y aborder avec quelque facilité.

Je pris donc le parti de courir des bordées toute la journée, afin de me trouver le lendemain, à la pointe du jour, assez au vent pour pouvoir gagner le mouillage, ou, du moins, envoyer mon canot à terre. Je hélai le soir à l'Astrolabe la manœuvre que je me proposais de faire, et j'ajoutai que nous n'observerions aucun ordre dans nos bordées, notre point de réunion devant être, au lever du soleil, l'anse de l'établissement portugais. Je dis à M. de Langle que celui des deux bâtiments qui se trouverait le plus à portée, enverrait son canot pour s'informer des ressources que nous pourrions trouver dans cette relâche.

Le lendemain 18 octobre au matin, l'Astrolabe n'étant qu'à une demi-lieue de terre, détacha la biscayenne commandée par M. de Vaujuas, lieutenant de vaisseau. M. de la Martinière, et le père Receveur, naturaliste infatigable, accompagnèrent cet officier : ils descendirent au fond de l'anse, entre deux rochers ; mais la lame était si grosse, que le canot et son équipage auraient infailliblement péri, sans les secours prompts que les Portugais lui donnèrent ; ils tirèrent le canot sur la grève pour le mettre à l'abri de la fureur de la mer : on en sauva tous les effets, à l'exception du grappin qui fut perdu. M. de Vaujuas compta dans ce poste environ deux cents hommes, dont quinze seulement en uniforme, les autres en chemise. Le commandant de cet établissement, auquel on ne peut donner le nom de colonie, puisqu'il n'y a point de culture, lui dit que le gouverneur de Rio-Janeiro avait fait prendre possession de l'île de la Trinité depuis environ un an; il ignorait, ou il feignait d'ignorer que les Anglais l'eussent précédemment occupée : mais on ne peut compter sur rien de ce qui fut dit à M. de Vaujuas dans cette conversation.

Ce commandant se crut dans la triste nécessité de déguiser sur tous les points la vérité : il prétendait que sa garnison était de quatre cents hommes, et son fort armé de vingt canons; tandis que nous sommes certains qu'il n'y en avait pas un seul en batterie aux environs de l'établissement. Cet officier était dans une telle crainte qu'on ne s'aperçût du misérable état de son gouvernement, qu'il ne voulut jamais permettre à M. de la Martinière et au père Receveur de s'éloigner du rivage pour herboriser. Après avoir donné à M. de Vaujuas toutes les marques extérieures d'honnêteté et de bienveillance, il l'engagea à se rembarquer, en lui disant que l'île ne fournissait rien; qu'on lui envoyait tous les six mois des vivres de Rio-Janeiro, et qu'il y avait à peine assez d'eau et de bois pour sa garnison; encore fallait-il aller chercher ces deux articles fort loin dans la montagne. Son détachement aida à mettre notre biscayenne à la mer.

Dès la pointe du jour j'avais aussi envoyé à terre un canot commandé par M. Boutin, lieutenant de vaisseau, accompagné de MM. de Lamanon et Monneron; mais j'avais défendu à M. Boutin de descendre, si la biscayenne de l'Astrolabe était arrivée avant lui : dans ce cas, il devait sonder la rade, et en tracer le plan le mieux qu'il en serait possible dans un si court espace de temps. M. Boutin ne s'approcha en conséquence que jusqu'à une portée du rivage; toutes les sondes lui rapportèrent un fond de roc, mêlé d'un peu de sable. M. de Monneron dessina le fort tout aussi bien que s'il avait été sur la plage; et M. de Lamanon fut à portée de voir que les rochers n'étaient que du basalte, ou des matières fondues, restes de quelques volcans éteints. Cette opinion fut confirmée par le père Receveur, qui nous apporta à bord un grand nombre de pierres volcaniques, ainsi que le sable, qu'on voyait seulement mêlé de détriments de coquilles et de corail. D'après le rapport de M. de Vaujuas et de M. Boutin, il était évident que nous ne pouvions trouver à la Trinité l'eau et le bois qui nous manquaient.

Je me décidai tout de suite à faire route pour l'île Sainte-Catherine, sur la côte du Brésil : c'était l'ancienne relâche des bâtiments français qui allaient dans la mer du Sud. Frézier et l'amiral Anson y avaient trouvé abondamment à se pourvoir de tous leurs besoins. Ce fut pour ne pas perdre un seul jour, que je donnai la préférence à l'île Sainte-Catherine sur Rio-Janeiro, où les différentes formalités auraient exigé plus de temps qu'il n'en fallait pour faire l'eau et le bois qui nous manquaient. Mais en dirigeant ma route vers l'île Sainte-Catherine, je voulus m'assurer de l'existence de l'île de l'Ascension. Cette île, dont j'ai parlé plus haut, n'offre aux yeux qu'un rocher presque stérile ; on ne voit de la verdure et quelques arbustes que dans les gorges très étroites des montagnes ; c'est dans une de ces vallées, au sud-est de l'île, qui n'a qu'environ trois cents toises de largeur, que les Portugais ont formé leur établissement.

La nature n'avait certainement pas destiné ce rocher à être habité, les hommes ni les animaux n'y pouvant trouver leur subsistance ; mais les Portugais ont craint que quelque nation de l'Europe ne profitât de ce voisinage, pour établir un commerce interlope avec le Brésil : c'est à ce seul motif, sans doute, qu'on doit attribuer l'empressement qu'ils ont montré d'occuper une île qui, à tout autre égard, leur est entièrement à charge.

Le 18 octobre à midi, je fis route à l'ouest pour l'Ascension jusqu'au 24 au soir que je pris le parti d'abandonner cette recherche : j'avais fait alors cent quinze lieues à l'ouest, et le temps était assez clair pour découvrir dix lieues en avant. Ainsi je puis assurer que l'île de l'Ascension n'existe pas jusqu'à 7° environ de longitude occidentale du méridien de la Trinité, entre les latitudes sud de 20° 10', et de 20° 50', ma vue ayant pu embrasser tout cet espace.

Le 25 octobre, nous essuyâmes un orage des plus violents. A huit heures du soir, nous étions au centre d'un cercle de feu ; les éclairs partaient de tous les points de l'horizon : le feu Saint-Elme (1) se porta sur la pointe du paratonnerre. Mais ce phénomène ne nous fut pas particulier ; l'Astrolabe, qui n'avait point de paratonnerre, eut également le feu Saint-Elme sur la tête de son mât. Depuis ce jour, le temps fut constamment mauvais jusqu'à notre arrivée à l'île Sainte-Catherine ; nous fûmes enveloppés d'une brume plus épaisse que celle que nous aurions pu trouver sur les côtes de Bretagne au milieu de l'hiver. Nous mouillâmes, le 6 novembre, entre l'île de Sainte-Catherine et le continent.

Le milieu de l'île d'Alvaredo me restant au nord-est,

L'île des Flamands, au sud 1/4 sud-est,

Et l'île de Gal, au nord.

Après quatre-vingt-seize jours de navigation, nous n'avions pas un seul malade : la différence des climats, les pluies, les brumes, rien n'avait altéré la santé des équipages ; mais nos vivres étaient d'une excellente qualité. Je n'avais négligé aucune des précautions que l'expérience et la prudence pouvaient m'indiquer : nous avions eu en outre le plus grand soin d'entretenir la gaieté, en faisant danser les équipages chaque soir, lorsque le temps le permettait, de huit heures jusqu'à dix.

(1) Feu électrique.

CHAPITRE II

Description de l'île Sainte-Catherine. — Observations et évènements pendant notre relâche. — Départ de l'île Sainte-Catherine. — Arrivée à la Conception.

L'île Sainte-Catherine s'étend depuis le 27° 19' 10" de latitude sud, jusqu'au 27° 49' ; sa largeur de l'est à l'ouest n'est que de deux lieues ; elle n'est séparée du continent, dans l'endroit le plus resserré, que par un canal de deux cents toises. C'est sur la pointe de ce goulet qu'est bâtie la ville de Nostra-Senora del Destero, capitale de cette capitainerie, où le gouverneur fait sa résidence ; elle contient au plus trois mille âmes et environ quatre cents maisons ; l'aspect en est fort agréable.

Suivant la relation de Frézier, cette île servait, en 1712, de retraite à des vagabonds qui s'y sauvaient des différentes parties du Brésil ; ils n'étaient sujets du Portugal que de nom, et ils ne reconnaissaient aucune autorité. Le pays est si fertile, qu'ils pouvaient subsister sans aucun secours des colonies voisines ; et ils étaient si dénués d'argent, qu'ils ne pouvaient tenter la cupidité du gouverneur général du Brésil, ni lui inspirer l'envie de les soumettre. Les vaisseaux qui relâchaient chez eux ne leur donnaient, en échange de leurs provisions que des habits et des chemises, dont ils manquaient absolument. Ce n'est que vers 1740 que la cour de Lisbonne a établi un gouvernement régulier dans l'île Sainte-Catherine et les terres adjacentes du continent.

Ce gouvernement s'étend soixante lieues du nord au sud, depuis la rivière S. Francisco jusqu'à Rio-Grande ; sa population est de vingt mille âmes. J'ai vu dans les familles un si grand nombre d'enfants, que je crois qu'elle sera bientôt plus considérable. Le terrain est extrêmement fertile, et produit presque de lui-même toute sorte de fruits, de légumes et de grains : il est couvert d'arbres toujours verts : mais ils sont tellement entremêlés de ronces et de lianes, qu'il n'est pas possible de traverser ces forêts, à moins d'y pratiquer un sentier avec des haches : on a d'ailleurs à craindre les serpents, dont la morsure est mortelle.

Les habitations, tant sur l'île que sur le continent, sont toutes sur le bord de la mer : les bois qui les environnent ont une odeur délicieuse par la grande quantité d'orangers, d'arbres et d'arbustes aromatiques dont ils sont remplis. Malgré tant d'avantages, le pays est fort pauvre et manque absolument d'objets manufacturés ; en sorte que les paysans y sont presque nus ou couverts de haillons : leur terrain, qui serait très propre à la culture du sucre, n'y peut être employé faute d'esclaves, qu'ils ne sont pas assez riches pour acheter. La pêche de la baleine est très abondante ; mais c'est une propriété de la couronne, affermée à une compagnie de Lisbonne : cette compagnie a, sur cette côte, trois grands établissements dans lesquels on pêche chaque année environ quatre cents baleines, dont le produit, tant en huile qu'en *sperma-céti*, est envoyé à Lisbonne par Rio-Janeiro. Les habitants ne sont que simples spectateurs de cette pêche, qui ne leur procure aucun profit. Si le gouvernement ne vient à leur secours, et ne leur accorde des franchises ou autres encouragements qui puissent y appeler le commerce, un des plus beaux pays de la terre languira éternellement, et ne sera d'aucune utilité à la métropole.

L'attérage de Sainte-Catherine est très facile. La passe ordinaire est entre l'île d'Alvaredo et la pointe du nord de l'île Sainte-Catherine. Il y a aussi un passage entre l'île de Gal et l'île d'Alvaredo, mais il faut le connaître : nos canots furent si occupés pendant cette relâche, que je ne pus le faire sonder. Le meilleur mouillage est à une demi-lieue de l'île de la Forteresse. On y est au milieu de plusieurs aiguades, tant sur l'île que sur le continent ; et, selon les vents, on peut faire choix de l'anse dont l'abord est plus aisé. Cette considération est d'une grande importance ; car la navigation des chaloupes est très difficile dans ce canal, qui a deux lieues de largeur jusqu'au goulet de la ville : la lame y est fatigante et y brise toujours sur la côte opposée au vent. Les marées sont très irrégulières : le flot entre par les deux passes nord et sud jusqu'au goulet de la ville ; il ne monte que de trois pieds.

Il me parut que notre arrivée avait jeté une grande terreur dans le pays : les différents forts tirèrent plusieurs coups de canon d'alarme ; ce qui me détermina à mouiller de bonne heure et à envoyer mon canot à terre avec un officier, pour faire connaître nos intentions très pacifiques et nos besoins d'eau, de bois, et de quelques rafraîchissements.

M. de Pierrevert, que je chargeai de cette négociation, trouva la petite garnison de la citadelle sous les armes ; elle consistait en quarante soldats, commandés par un capitaine, qui dépêcha sur-le-champ un exprès à la ville vers le gouverneur don Francisco de Baros, brigadier d'infanterie. Il avait eu connaissance de notre expédition par la gazette de Lisbonne ; et une médaille en bronze que je lui envoyai, ne lui laissa aucun doute sur l'objet de notre relâche. Les ordres les plus précis et les plus prompts furent donnés pour qu'on nous vendît, au plus juste prix, ce qui nous était nécessaire : un officier fut destiné à chaque frégate ; il était entièrement à nos ordres ; nous l'envoyions avec les commis du munitionnaire pour acheter des provisions chez les habitants.

Le 9 novembre, je me rapprochai de la forteresse, dont j'étais un peu éloigné. Je fus, le même jour, avec M. de Langle et plusieurs officiers, faire ma visite au commandant de ce poste, qui me fit saluer de onze coups de canon ; ils lui furent rendus de mon bord. J'envoyai, le lendemain, mon canot, commandé par M. Boutin, lieutenant de vaisseau, à la ville de Nostra-Senora del Destero, pour faire mes remercîments au gouverneur de l'extrême abondance où nous étions par ses soins. MM. de Monneron, de Lamanon, et l'abbé Mongès, accompagnèrent cet officier, ainsi que M. de la Borde Marchainville et le père Receveur, qui avaient été dépêchés par M. de Langle pour le même objet ; tous furent reçus de la manière la plus honnête et la plus cordiale.

Don Francisco de Baros, gouverneur de cette capitainerie, parlait parfaitement français, et ses vastes connaissances inspiraient la plus grande confiance. Nos français dînèrent chez lui : il leur dit, pendant le dîner, que l'île de l'Ascension n'existait pas ; que cependant, sur le témoignage de M. Daprès, le gouverneur général du Brésil avait expédié, l'année précédente, un bâtiment pour parcourir toutes les positions assignées précédemment à cette île ; et que le capitaine de ce bâtiment n'ayant rien trouvé, on l'avait effacée des cartes, afin de ne pas éterniser une ancienne erreur. Il ajouta que l'île de la Trinité avait toujours fait partie des possessions portugaises, et que les Anglais l'avaient évacuée à la première réquisition qui leur en avait été faite par la reine de Portugal, le ministre du roi d'Angleterre ayant de plus répondu que la nation n'avait jamais donné sa sanction à cet établissement, qui n'était qu'une entreprise de particuliers.

Le lendemain, les canots de l'Astrolabe et de la Boussole étaient de retour à onze heures ; ils m'annoncèrent la visite très prochaine du major général de la colonie, don Antonio de Gama ; il n'arriva cependant que le 13, et il m'apporta la lettre la plus obligeante de son commandant. La saison était si avancée, que je n'avais pas un instant à perdre : nos équipages jouissaient de la meilleure santé. Je m'étais flatté, en arrivant, d'avoir pourvu à tous nos besoins, et d'être en état de mettre à la voile sous cinq ou six jours : mais les vents du sud et les courants furent si violents, que la communication avec la terre fut souvent interrompue : cela retarda mon départ.

J'avais donné la préférence à l'île Sainte-Catherine sur Rio-Janeiro, pour éviter seulement les formalités des grandes villes, qui occasionnent toujours une perte de temps ; mais l'expérience m'apprit que cette relâche réunissait bien d'autres avantages. Les vivres de toute espèce y étaient dans la plus grande abondance ; un gros bœuf coûtait huit piastres ; un cochon pesant cent cinquante livres en coûtait quatre ; on avait deux dindons pour une piastre ; il ne fallait que jeter le filet pour le retirer plein de poissons ; on apportait à bord et on nous y vendait cinq cents oranges pour moins d'une demi-piastre, et les légumes étaient aussi à un prix très modéré.

Le fait suivant donnera une idée de l'hospitalité de ce bon peuple. Mon canot ayant été renversé par la lame dans une anse où je faisais couper du bois, les habitants qui aidèrent à le sauver forcèrent nos matelots naufragés à se mettre dans leurs lits, et couchèrent à terre sur des nattes au milieu de la chambre où ils exerçaient cette touchante hospitalité. Peu de jours après, ils rapportèrent à mon bord les voiles, les mâts, le grappin et le pavillon de ce canot, objets très précieux pour eux, et qui leur auraient été de la plus grande utilité dans leurs pirogues. Leurs mœurs sont douces ; ils sont bons, polis, obligeants, mais superstitieux. Leurs femmes ne paraissaient jamais en public.

Nos officiers tuèrent à la chasse plusieurs oiseaux variés des plus brillantes couleurs, entre autres un rollier d'un très beau bleu, qui n'a point été décrit par M. de Buffon ; il est très commun dans ce pays.

N'ayant pas prévu les obstacles qui nous retinrent douze jours dans cette rade, nous ne descendîmes point nos horloges astronomiques, croyant n'avoir que cinq à six jours à passer au mouillage ; nous en eûmes peu de regret, parce que le ciel fut toujours couvert : nous ne déterminâmes donc la longitude de cette île que par des distances de la lune au soleil. Suivant nos observations, la pointe la plus est et la plus nord de l'île Sainte-Catherine peut être fixée par 49° 49' de longitude occidentale, et 27° 19' de latitude sud (1).

(1) Le Brésil fut découvert, en 1500, par le navigateur portugais Pedro Alvarez Cabral. On y établit d'abord une colonie pénitencière, mais bientôt la fertilité du sol et les merveilleuses richesses minérales, renfermées au sein de la terre, attirèrent l'attention du gouvernement, qui, pour y établir un établissement prospère, accorda à la noblesse portugaise la propriété des terres dont elle pourrait faire la conquête. Un grand nombre de gentilshommes tentèrent l'entreprise et, après avoir chassé les indigènes, s'emparèrent d'une grande partie du pays. Le Brésil devint ainsi peu à peu une vice-royauté portugaise dont les richesses ne tardèrent pas à exciter l'envie des autres nations.

En 1580, le Brésil fut, en même temps que le Portugal, réuni à la couronne d'Espagne ;

Le 16 au soir, tout étant embarqué, j'envoyai mes paquets au gouverneur, qui avait bien voulu se charger de les faire parvenir à Lisbonne, où je les adressai à M. de Saint-Marc, notre consul général : chacun eut la permission d'écrire à sa famille et à ses amis. Nous nous flattions de mettre à la voile le lendemain ; mais les vents de nord, qui nous auraient été si favorables si nous eussions été en pleine mer, nous retinrent au fond de la baie jusqu'au 19 novembre. J'appareillai à la pointe du jour ; le calme me força de remouiller pendant quelques heures, et je ne fus en dehors de toutes les îles qu'à l'entrée de la nuit.

Nous avions acheté à Sainte-Catherine assez de bœufs, de cochons et de volailles, pour nourrir l'équipage en mer pendant plus d'un mois, et nous avions ajouté des orangers et des citronniers à notre collection d'arbres, qui, depuis notre départ de Brest, s'était parfaitement conservée dans des caisses faites à Paris sous les yeux et par les soins de M. Thouin. Notre jardinier était aussi pourvu de pépins d'oranges et de citrons, de graines de coton, de maïs, de riz, et généralement de tous les comestibles qui, d'après les relations des navigateurs, manquent aux habitants des îles de la mer du Sud, et sont plus analogues à leur manière de vivre que les plantes potagères de France, dont nous portions aussi une immense quantité de graines.

Le jour de mon départ, je remis à l'Astrolabe de nouveaux signaux beaucoup plus étendus que ceux qui nous avaient servi jusqu'alors : nous devions naviguer au milieu des brumes, dans des mers très orageuses ; et ces circonstances exigeaient de nouvelles précautions. Nous convînmes aussi avec M. de Langle, qu'en cas de séparation, notre premier rendez-vous serait le port de Bon-Succès, dans le détroit de Lemaire, en supposant que nous n'eussions pas dépassé sa latitude le

---

alors l'Angleterre et la Hollande, ennemies de l'Espagne, attaquèrent les colonies portugaises, et, en particulier, le Brésil, dont la moitié tomba aux mains des Hollandais, qui s'y maintinrent jusque vers 1654, époque à laquelle les colons portugais parvinrent, après une lutte sanglante, à les expulser entièrement.

Le Brésil resta attaché au Portugal jusqu'en 1821, que, revendiquant son indépendance, il se sépara de la métropole et reconnut pour empereur don Pedro, fils de Jean VI, qui déjà avait le titre de Prince-Régent du Brésil, et résidait à Rio-Janeiro. En 1825, le Portugal reconnut enfin l'indépendance du Brésil.

Les grandes réformes furent successivement introduites dans le gouvernement et l'administration de ce riche et vaste empire, dont le trône, resté à la maison de Bragance, est occupé aujourd'hui par...

Les meilleures relations existent entre la France et le Brésil, auquel nos manufactures fournissent, en outre de tous les articles dits de Paris, la porcelaine, la verrerie, les cristaux, les toiles, les draps, les tissus de coton, les soieries, les chapeaux, les peaux préparées, les eaux-de-vie, les vins, les beurres salés et autres conserves, etc.

En échange, nous en recevons du café, du cacao, du sucre, du caoutchouc, des bois d'ébénisterie et de teinture, du coton, des peaux brutes, du cuivre, des pierreries, etc.

1ᵉʳ janvier ; et le second, la pointe de Vénus, dans l'île d'O-Taïti. Je l'informai de plus que j'allais borner mes recherches dans la mer Atlantique à l'île Grande de la Roche, n'ayant plus le temps de chercher un passage au sud des terres de Sandwich. Je regrettai fort alors de ne pouvoir commencer ma campagne par l'est ; mais je n'osais changer aussi diamétralement le plan qui avait été adopté en France, parce que je n'aurais reçu nulle part les lettres du ministre qui m'avaient été annoncées, et par lesquelles les ordres les plus importants pouvaient me parvenir.

Le temps fut très beau jusqu'au 28 que nous eûmes un coup de vent très violent de la partie de l'est ; c'était le premier depuis notre départ de France : je vis avec grand plaisir que, si nos bâtiments marchaient fort mal, ils se comportaient très bien dans les mauvais temps, et qu'ils pouvaient résister aux grosses mers que nous aurions à parcourir. Nous étions alors par 35° 24' de latitude sud, 43° 40' de longitude occidentale ; je faisais route à l'est-sud-est, parce que je me proposais, dans ma recherche de l'île Grande, de me mettre en latitude à environ 10° dans l'est du point qui lui a été assigné sur les différentes cartes. Je ne me dissimulais pas l'extrême difficulté que j'aurais à remonter : mais, dans tous les cas, j'étais dans la nécessité de faire beaucoup de chemin à l'ouest pour arriver au détroit de Lemaire ; et tout le chemin que je ferais à cette aire de vent, en suivant le parallèle de l'île Grande, m'approchait de la côte des Patagons, dont j'étais forcé d'aller prendre la sonde avant de doubler le cap Horn. Je croyais de plus que la latitude de l'île Grande n'étant pas parfaitement déterminée, il était plus probable que je la rencontrerais en louvoyant entre les 44 et les 45° de latitude, que si je suivais une ligne droite par 44° 30', comme j'aurais pu le faire en faisant route de l'ouest à l'est, les vents d'ouest étant aussi constants dans ces parages que ceux de l'est entre les tropiques.

On verra bientôt que je n'ai retiré aucun avantage de mes combinaisons, et qu'après quarante jours de recherches infructueuses, pendant lesquels j'ai essuyé cinq coups de vent, j'ai été obligé de faire route pour ma destination ultérieure.

Le 7 décembre, j'étais sur le parallèle prétendu de l'île Grande, par 44° 38' de latitude sud, et 34 de longitude occidentale, suivant une observation de distances faite le jour précédent. Nous voyions passer des goémons, et nous étions depuis plusieurs jours entourés d'oiseaux, mais de l'espèce des albatros et des pétrels, qui n'approchent jamais des terres que dans la saison de la ponte.

Ces faibles indices de terre entretenaient cependant nos espérances, et nous consolaient des mers affreuses dans lesquelles nous naviguions ; mais je n'étais pas sans inquiétude en considérant que j'avais encore

35° à remonter, dans l'ouest, jusqu'au détroit de Lemaire, où il m'importait beaucoup d'arriver avant la fin de janvier.

Le 27 décembre, j'abandonnai ma recherche, bien convaincu que l'île de la Roche n'existait pas, et que les goémons et les pétrels ne prouvent point le voisinage d'une terre, puisque j'ai vu des algues et des oiseaux jusqu'à mon arrivée sur la côte des Patagons. Je suis convaincu que les navigateurs qui me succèderont dans cette recherche ne seront pas plus heureux que moi. Je suis dans la ferme persuasion que l'île Grande est, comme l'île Pepis, une terre fantastique (1) ; le rapport de la Roche, qui prétend y avoir vu de grands arbres, est dénué de toute vraisemblance : il est bien certain que, par 45°, on ne peut trouver que des arbustes sur une île placée au milieu de l'Océan méridional, puisqu'on ne rencontre pas un seul grand arbre sur les îles de Tristan d'Acunha, situées dans une latitude infiniment plus favorable à la végétation.

Le 25 décembre, comme j'avais dépassé alors le point assigné sur toutes les cartes à l'île Grande de la Roche, et que la saison était très avancée, je me déterminai à ne plus faire que la route qui m'approchait le plus de l'ouest, craignant beaucoup de m'être exposé à doubler le cap Horn dans la mauvaise saison. Mais les temps devinrent plus favorables que je n'avais osé l'espérer : les coups de vents cessèrent avec le mois de décembre, et le mois de janvier fut à peu près aussi beau que celui de juillet sur les côtes d'Europe. Nous n'eûmes que des vents du nord-ouest au sud-ouest, mais nous pouvions mettre toutes voiles dehors ; et ces variétés étaient si parfaitement indiquées par l'état du ciel, que nous étions certains de l'instant où le vent allait changer, ce qui nous mettait toujours en mesure de courir la bordée la plus avantageuse. Dès que l'horizon devenait brumeux, et que le temps se couvrait, les vents de sud-ouest passaient à l'ouest ; deux heures après, ils étaient au nord-ouest : réciproquement, lorsque le temps brumeux s'éclaircissait, nous étions certains que les vents ne tarderaient pas à revenir au sud-ouest par l'ouest. Je ne crois pas qu'en soixante-six jours de navigation, les vents aient été du nord au sud par l'est pendant plus de dix-huit heures.

Nous eûmes quelques jours de calme et de belle mer, pendant lesquels les officiers des deux frégates firent des parties de chasse en canot, et tuèrent une quantité considérable d'oiseaux dont nous étions presque toujours environnés. Ces chasses, ordinairement abondantes, procu-

---

(1) L'île Grande, en effet, n'existe plus, du moins n'en avons-nous trouvé la mention sur aucun dictionnaire de géographie, ni sur aucune carte.

raient des rafraîchissements en viande à nos équipages, et il nous est arrivé plusieurs fois d'en tuer une assez grande quantité pour en faire une distribution générale : les matelots les préféraient à la viande salée, et je crois qu'elles contribuaient infiniment davantage à les maintenir dans leur bonne santé.

Nous ne tuâmes, dans nos différentes excursions, que des albatros de la grande et de la petite espèce, avec quatre variétés de pétrels ; ces oiseaux écorchés, et accommodés avec une sauce piquante, étaient à peu près aussi bons que les macreuses qu'on mange en Europe.

Le 14 janvier, nous eûmes enfin la sonde de la côte des Patagons, par 47° 50' de latitude sud, et 64° 37' de longitude occidentale, suivant nos dernières observations de distances.

Le 21, nous eûmes connaissance du cap Beau-Temps, ou de la pointe du nord de la rivière de Gallegos, sur la côte des Patagons ; nous étions à environ trois lieues de terre. Nous prolongeâmes la côte des Patagons à trois et cinq lieues de distance.

Le 22, nous relevâmes à midi le cap des Vierges, à quatre lieues dans l'ouest : cette terre est basse, sans aucune verdure ; la vue qu'en a donnée l'éditeur du *Voyage de l'amiral Anson* m'a paru très exacte, et sa position est parfaitement déterminée sur la carte du *second Voyage de Cook*.

Les sondes, jusqu'au cap des Vierges, apportent toujours de la vase ou de petits cailloux mêlés de vase, qui se trouvent ordinairement dans la direction de l'embouchure des rivières : mais, sur la Terre de Feu, nous eûmes presque toujours fonds de roche, et de vingt-quatre à trente brasses seulement, quoiqu'à trois lieues de terre ; ce qui me fait croire que cette côte n'est pas aussi saine que celle des Patagons.

La carte du capitaine Cook a déterminé avec la plus grande précision la latitude et la longitude des différents caps de cette terre.

Le gisement des côtes entre ces caps a été tracé d'après de bons relèvements ; mais les détails qui font la sûreté de la navigation n'ont pu être soignés : le capitaine Cook et tous les autres navigateurs ne peuvent répondre que des routes qu'ils ont faites ou des sondes qu'ils ont prises : et il est possible qu'avec de belles mers, ils aient passé à côté de bancs ou battures qui ne brisaient point : ainsi cette navigation demande beaucoup plus de précautions que celle de nos continents d'Europe.

Le 25, à deux heures, je relevai à une lieue au sud le cap San-Diego, qui forme la pointe occidentale du détroit de Lemaire ; j'avais prolongé, depuis le matin, la terre à cette distance, et j'avais suivi, sur la carte du capitaine Cook, la baie où M. Banks débarqua pour aller chercher des plantes, pendant que la *Résolution* l'attendait sous voiles.

Le temps nous était si favorable, qu'il me fut impossible d'avoir la même complaisance pour nos naturalistes. A trois heures, je donnai dans le détroit, ayant arrondi à un tiers de lieue la pointe San-Diego, où il y a des brisants qui ne s'étendent, je crois, qu'à un mille : mais, ayant vu la mer briser beaucoup plus au large, je gouvernai au sud-est, afin de m'éloigner de ces brisants ; je m'aperçus bientôt qu'ils étaient occasionnés par les courants, et que les resifs du cap San-Diego étaient fort loin de moi.

Comme il ventait bon frais du nord, j'étais le maître de me rapprocher de la Terre de Feu ; je la prolongeai à une petite demi-lieue. Je trouvai le vent si favorable et la saison si avancée, que je me déterminai tout de suite à abandonner la relâche de la baie de Bon-Succès, et à faire route sans perdre un instant pour doubler le cap Horn. Je considérai qu'il m'était impossible de pourvoir à tous mes besoins sans y employer dix ou douze jours ; que ce temps m'avait été rigoureusement nécessaire à Sainte-Catherine, parce que, dans ces baies ouvertes, où la mer brise avec force sur le rivage, il y a une moitié des jours pendant lesquels les canots ne peuvent pas naviguer. Si, à cet inconvénient s'étaient joints des vents de sud, qui m'eussent arrêté pendant quelque temps dans la baie de Bon-Succès, la belle saison se serait écoulée, et j'aurais exposé mon vaisseau à des avaries, et mon équipage à des fatigues, très préjudiciabes au succès du voyage.

Ces considérations me déterminèrent à faire route pour l'île Juan Fernandez, qui était sur mon chemin, et où je devais trouver de l'eau et du bois, avec quelques rafraîchissements bien supérieurs aux pingouins du détroit. Je n'avais pas à cette époque un seul malade ; il me restait quatre-vingts barriques d'eau ; et la Terre de Feu a été si souvent visitée et décrite, que je ne pouvais me flatter de rien ajouter à ce qui en avait déjà été dit.

Pendant notre route dans le détroit de Lemaire, les sauvages allumèrent de grands feux, suivant leurs usages, pour nous engager à mouiller ; il y en avait un sur la pointe du nord de la baie de Bon-Succès, et un autre sur la pointe du nord de la baie de Valentin. Je suis persuadé, comme le capitaine Cook, qu'on peut mouiller indifféremment dans toutes ces baies ; on y trouve de l'eau et du bois, mais moins de gibier sans doute qu'au port Noël, à cause des sauvages qui l'habitent une grande partie de l'année.

Durant notre navigation dans le détroit, à une demi-lieue de la Terre de Feu, nous fûmes entourés de baleines : on s'apercevait qu'elles n'avaient jamais été inquiétées ; nos vaisseaux ne les effrayaient point ; elles nageaient majestueusement à la portée du pistolet de nos frégates : elles seront souveraines de ces mers jusqu'au moment où des pêcheurs iront leur faire la même guerre qu'au Spitzbert ou au Groënland.

Je doute qu'il y ait un meilleur endroit dans le monde pour cette pêche : les bâtiments seraient mouillés dans de bonnes baies, ayant de l'eau, du bois, quelques herbes antiscorbutiques et des oiseaux de mer; les canots de ces mêmes bâtiments, sans s'éloigner d'une lieue, pourraient prendre toutes les baleines dont ils auraient besoin pour composer la cargaison de leurs vaisseaux. Le seul inconvénient serait la longueur du voyage, qui exigerait à peu près cinq mois de navigation pour chaque traversée; et je crois qu'on ne peut fréquenter ces parages que pendant les mois de décembre, janvier et février.

L'horizon était si embrumé dans la partie de l'est, que nous n'avions pas aperçu la Terre des Etats, dont nous étions cependant à moins de cinq lieues, puisque c'est la largeur totale du détroit. Nous avions serré la Terre de Feu d'assez près pour apercevoir, avec nos lunettes, des sauvages qui attisaient de grands feux, seule manière qu'ils aient d'exprimer leurs désirs de voir relâcher les vaisseaux.

Un autre motif plus puissant encore m'avait déterminé à abandonner la relâche de la baie de Bon-Succès; je combinais depuis longtemps un nouveau plan de campagne, sur lequel cependant je ne pouvais rien décider qu'après avoir doublé le cap Horn.

Ce plan était de me rendre cette année sur la côte nord-ouest de l'Amérique : je savais que, si je n'en avais pas reçu l'ordre, c'était dans la seule crainte que je n'eusse pas le temps de faire une aussi longue course avant l'hiver; car ce projet réunissait une infinité d'avantages : le premier de faire une route nouvelle, et de couper des parallèles sur lesquels il était possible de rencontrer plusieurs îles inconnues; le second, de parcourir, d'une manière plus expéditive, tous les lieux qui m'étaient indiqués, en employant deux ans dans l'hémisphère nord, et deux ans dans l'hémisphère sud. Comme mes instructions portaient expressément qu'il m'était permis d'exécuter les ordres du roi de la manière qui me paraîtrait la plus convenable au succès de ma campagne, je n'attendais, pour adopter entièrement ce nouveau plan, que de savoir l'époque où je serais enfin dans la mer du Sud.

Je doublai le cap Horn avec beaucoup plus de facilité que je n'avais osé l'imaginer; je suis convaincu aujourd'hui que cette navigation est comme celle de toutes les latitudes élevées : les difficultés qu'on s'attend à rencontrer sont l'effet d'un ancien préjugé qui doit disparaître, et que la lecture du *Voyage de l'amiral Anson* n'a pas peu contribué à conserver parmi les marins.

Le 9 février, j'étais par le travers du détroit de Magellan dans la mer du Sud, faisant route pour l'île Juan Fernandez : j'avais passé, suivant mon estime, sur la prétendue terre de Drake; mais j'avais perdu peu de temps à cette recherche, parce que j'étais convaincu qu'elle n'existait pas.

Depuis mon départ d'Europe, toutes mes pensées n'avaient eu pour objet que la route des anciens navigateurs : leurs journaux sont si mal faits, qu'il faut en quelque sorte les deviner ; et les géographes qui ne sont pas marins, sont généralement si ignorants en hydrographie, qu'ils n'ont pu porter les lumières d'une saine critique sur des journaux qui en avaient grand besoin ; ils ont, en conséquence, tracé des îles qui n'existaient pas, ou qui, comme des fantômes, ont disparu devant les nouveaux navigateurs.

En 1578, l'amiral Drake, cinq jours après sa sortie du détroit de Magellan, fut assailli, dans le grand Océan occidental, par des coups de vent très forts qui durèrent près d'un mois. Il est difficile de le suivre dans ses différentes routes : mais enfin il eut connaissance d'une île par le 57° de latitude sud ; il y relâcha et y vit beaucoup d'oiseaux ; courant ensuite au nord l'espace de vingt lieues, il trouva d'autres îles habitées par des sauvages qui avaient des pirogues ; ces îles produisaient du bois et des plantes antiscorbutiques. Comment méconnaître à cette relation la Terre de Feu, sur laquelle Drake a relâché, et vraisemblablement l'île Diego-Ramirès, située à peu près par la latitude de la prétendue île de Drake? A cette époque, la Terre de Feu n'était pas connue. Lemaire et Schouten ne trouvèrent le détroit qui porte leur nom qu'en 1616 ; et, toujours persuadés qu'il y avait dans l'hémisphère sud, comme dans l'hémisphère nord, des terres qui s'étendent jusqu'aux environs des pôles, ils crurent que la partie du sud de l'Amérique était coupée par des canaux, et qu'ils en avaient trouvé un second, comme Magellan.

Ces fausses idées étaient bien propres à jeter dans l'erreur l'amiral Drake, qui fut porté par les courants 12° ou 15° dans l'est, de son estime, ainsi qu'il est arrivé depuis, dans les mêmes parages, à cent autes navigateurs : cette probabilité devient une certitude, lorsqu'on réfléchit qu'un vaisseau de cette escadre, qui prit la bordée du nord pendant que son général courait celle du sud, rentra dans le même détroit de Magellan dont il venait de sortir ; preuve évidente qu'il n'avait guère fait de chemin à l'ouest, et que l'amiral Drake n'avait pas dépassé la longitude de l'Amérique. On pourrait ajouter qu'il est contre toute vraisemblance qu'une île fort éloignée du continent, et par 57° de latitude, soit couverte d'arbres, lorsqu'on ne trouve pas même une plante ligneuse sur les îles Malouines, qui ne sont que par 53° ; qu'il n'y a aucun habitant sur ces mêmes îles, pas même sur celle des Etats, qui n'est séparée du continent que par un canal de cinq lieues ; et qu'enfin la description que Drake fait des sauvages, des pirogues, des arbres et des plantes, convient si fort aux Pecherais, et généralement à tous les autres détails que nous avons sur la Terre de Feu, que je suis à concevoir comment l'île de Drake peut encore exister sur les cartes (1).

Les vents d'ouest-sud-ouest m'étant favorables pour gagner au nord, je ne perdis pas à cette vaine recherche un temps si précieux, et je continuai ma route vers l'île de Juan Fernandez. Mais ayant examiné la quantité de vivres que j'avais à bord, je vis qu'il nous restait très peu de pain et de farine, parce que j'avais été obligé, ainsi que M. de Langle, d'en laisser cent quarts à Brest, faute d'espace pour les contenir : les vers d'ailleurs s'étaient mis dans le biscuit ; ils ne le rendaient pas immangeable, mais ils en diminuaient la quantité d'environ un cinquième. Ces différentes considérations me déterminèrent à préférer la Conception à l'île de Juan Fernandez. Je savais que cette partie du Chili était très abondante en grains, qu'ils y étaient à meilleur marché que dans aucune contrée de l'Europe, et que j'y trouverais en abondance, et au prix le plus modéré, tous les autres commestibles : je dirigeai, en conséquence, ma route un peu plus à l'est.

Le 22 au soir, j'eus connaissance de l'île de Mocha, qui est environ à cinquante lieues dans le sud de la Conception. La crainte d'être porté au nord par les courants m'avait fait rallier la terre ; mais je crois que c'est une précaution inutile, et qu'il suffit de se mettre en latitude de l'île Sainte-Marie, qu'il faut reconnaître, ayant attention de ne l'approcher qu'à la distance d'environ trois lieues, parce qu'il y a des roches sous l'eau qui s'étendent fort au large de la pointe du nord-ouest de cette île.

Lorsqu'elle est doublée, on peut ranger la terre ; tous les dangers sont alors hors de l'eau et à une petite distance du rivage. On a, en même temps, connaissance des Mamelles de Biobio : ce sont deux montagnes peu élevées dont le nom indique la forme.

Il faut gouverner un peu au nord des Mamelles sur la pointe de Talcaguana : cette pointe forme l'entrée occidentale de la baie de la Conception, qui s'étend environ trois lieues de l'est à l'ouest, et autant en profondeur du nord au sud ; mais cette entrée est rétrécie par l'île de Quiquirine, qui est placée au milieu et forme deux entrées : celle de l'est est la plus sûre et la seule pratiquée ; elle a environ une lieue de large : celle de l'ouest, entre l'île de Quiquirine et la pointe de Talcaguana, n'a guère qu'un quart de lieue ; elle est remplie de rochers, et on ne doit y passer qu'avec un bon pilote.

On trouve fonds sur la côte depuis l'île Sainte-Marie jusqu'à l'entrée de la baie de la Conception. Il y a un excellent mouillage dans toute cette

---

(1) Nous ne trouvons aucune mention de cette île dans les dictionnaires et sur les cartes.

baie; mais on n'est à l'abri des vents du nord que devant le village de Talcaguana.

A deux heures après midi, nous doublâmes la pointe de l'île de Quiquirine; mais les vents du sud, qui nous avaient été si favorables jusque-là, nous furent contraires : nous courûmes différents bords, ayant l'attention de sonder sans cesse. Nous cherchions avec nos lunettes la ville de la Conception, que nous savions, d'après le plan de Frézier, devoir être au fond de la baie, dans la partie du sud-est; mais nous n'apercevions rien. A cinq heures du soir, il nous vint des pilotes qui nous apprirent que cette ville avait été ruinée par un tremblement de terre en 1751, qu'elle n'existait plus, et que la nouvelle ville avait été bâtie à trois lieues de la mer, sur les bords de la rivière de Biobio.

Nous apprîmes aussi, par ces pilotes, que nous étions attendus à la Conception, et que les lettres du ministre d'Espagne nous y avaient précédés. Nous continuâmes à louvoyer pour approcher le fond de la baie; et à neuf heures du soir nous mouillâmes, à environ une lieue dans le nord-est du mouillage de Talcaguana, que nous devions prendre le lendemain. Vers dix heures du soir, M. Postigo, capitaine de frégate de la marine d'Espagne, vint à mon bord, dépêché par le commandant de la Conception; il y coucha, et il partit à la pointe du jour pour aller rendre compte de sa commission : il désigna auparavant au pilote du pays l'ancrage où il convenait de nous mouiller; et avant de monter à cheval, il envoya à bord de la viande fraîche, des fruits, des légumes en plus grande abondance que nous n'en avions besoin pour tout l'équipage, dont la bonne santé parut le surprendre. Jamais peut-être aucun vaisseau n'avait doublé le cap Horn et n'était arrivé au Chili sans avoir des malades; et il n'y en avait pas un seul sur nos deux bâtiments.

A sept heures du matin, nous appareillâmes, et nous mouillâmes dans l'anse de Talcaguana à onze heures, le 24 février, le milieu du village de Talcaguana nous restant au sud 21° ouest;

Le fort Saint-Augustin au sud;

Le fort Galves, auprès de notre aiguade, au nord-ouest 3° ouest.

Depuis notre arrivée sur la côte du Chili, nous avions fait, chaque jour, des observations de distances; nous placerons la pointe du nord de l'île Sainte-Marie par 37° 1' de latitude sud, et 75° 55' 45" de longitude occidentale; le milieu du village de Talcaguana, par 36° 42' 21" de latitude et 75° 20' de longitude, suivant les observations faites par M. Dagelet, dans nos tentes astronomiques dressées sur le bord de la mer.

CHAPITRE III

Description de la Conception. — Mœurs et coutumes des habitants. — Départ de Talcaguana. — Arrivée à l'île de Pâques.

La baie de la Conception est une des plus commodes qu'on puisse rencontrer dans n'importe quelle partie du monde : la mer y est tranquille; il n'y a presque point de courants, quoique la marée y monte de six pieds trois pouces; elle est haute les jours de nouvelle et pleine lune, à une heure 45 minutes. Cette baie n'est ouverte qu'au vent du nord, qui n'y souffle que pendant l'hiver de ces climats, c'est-à-dire depuis la fin de mai jusqu'en octobre : c'est la saison des pluies, qui sont continuelles durant cette mousson; car on peut donner ce nom à ces vents constants auxquels succèdent des vents du sud qui durent le reste de l'année, et sont suivis du plus beau temps. Le seul mouillage où l'on soit à l'abri des vents de nord-est pendant l'hiver, est le village de Talcaguana, sur la côte du sud-ouest : c'est d'ailleurs aujourd'hui le seul établissement espagnol de cette baie, l'ancienne ville de la Conception, comme je l'ai déjà dit, ayant été renversée par un tremblement de terre en 1751 : elle était bâtie à l'embouchure de la rivière de Saint-Pierre, dans l'est de Talcaguana; on en voit encore les ruines, qui ne dureront pas autant que celles de Palmyre, tous les bâtiments du pays n'étant construits qu'en torchis ou en briques cuites au soleil : les couvertures sont en tuiles creuses, comme dans plusieurs provinces méridionales de France.

Après la destruction de cette ville, qui fut plutôt engloutie par la mer que renversée par les secousses de la terre, les habitants se dispersèrent et campèrent sur les hauteurs des environs. Ce ne fut qu'en 1763 qu'ils firent choix d'un nouvel emplacement à un quart de lieue de la rivière de Biobio, et à trois lieues de l'ancienne Conception, et du village de Talcaguana : ils y bâtirent une nouvelle ville ; l'évêché, la cathédrale, les maisons religieuses, y furent transférés ; elle a une grande étendue, parce que les maisons n'ont qu'un seul étage, afin de mieux résister aux tremblements de terre qui se renouvellent presque tous les ans.

Cette nouvelle ville contient environ dix mille habitants : c'est la demeure de l'évêque et du maître-de-camp gouverneur militaire. Cet évêché confine au nord avec celui de San-Iago, capitale du Chili, où le gouverneur général fait sa résidence ; il est borné à l'est par les Cordilières, et s'étend au sud jusqu'au détroit de Magellan : mais ces vraies limites sont la rivière de Biobio, à un quart de lieue de la ville. Tout le pays au sud de ladite rivière appartient aux Indiens, à l'exception de l'île de Chiolé et d'un petit arrondissement autour de Baldivia. On ne peut donner à ces peuples le nom de sujets du roi d'Espagne, avec lequel ils sont presque toujours en guerre ; aussi les fonctions du commandant espagnol sont-elles de la plus grande importance. Cet officier commande aux troupes réglées et aux milices, ce qui lui donne de grands rapports d'autorité avec tous les citoyens, qui, au civil, sont commandés par un corrégidor : il est, de plus, chargé seul de la défense du pays, et obligé de combattre ou de négocier sans cesse.

Une nouvelle administration est au moment de succéder à l'ancienne ; elle différera peu de celle de nos colonies : l'autorité sera partagée entre le commandant et l'intendant. Mais il faut observer qu'il n'y a point de conseil souverain dans les colonies espagnoles ; ceux qui sont revêtus de l'autorité du roi sont aussi juges des causes civiles, avec quelques assesseurs légistes : on sent que la justice n'étant pas rendue par des juges égaux en dignité, il est à peu près certain que l'opinion du chef doit presque toujours entraîner celle des subalternes ; ainsi la justice n'est rendue que par un seul, et il faudrait le supposer sans préjugés, sans passions, et doué des plus grandes lumières, pour qu'il n'en résultât pas de grands inconvénients.

Il n'est point, dans l'univers, de terrain plus fertile que celui de cette partie du Chili : le blé y rapporte soixante pour un ; la vigne produit avec la même abondance ; les campagnes sont couvertes de troupeaux innombrables, qui, sans aucun soin, y multiplient au-delà de toute expression ; le seul travail est d'enclore de barrières les propriétés de chaque particulier, et de laisser dans ces enceintes les bœufs, les chevaux, les mules et les moutons. Le prix ordinaire d'un gros bœuf est de huit piastres, mais il n'y a point d'acheteurs, et les habitants sont dans l'usage de faire tuer tous les ans une grande quantité de bœufs dont on conserve les cuirs et le suif ; ces deux articles sont envoyés à Lima. On boucane aussi quelques viandes pour la consommation des équipages qui naviguent sur les petits bâtiments caboteurs de la mer du Sud.

Aucune maladie n'est particulière à ce pays : il y a à la Conception plusieurs centenaires.

Malgré tant d'avantages, cette colonie est bien loin d'avoir fait les progrès qu'on devait attendre de sa situation, la plus propre à favoriser une grande population; mais l'influence du gouvernement contrarie sans cesse celle du climat. Le régime prohibitif existe au Chili dans toute son étendue : ce royaume, dont les productions, si elles étaient à leur *maximum*, alimenteraient la moitié de l'Europe; dont les laines suffiraient aux manufactures de France et d'Angleterre; dont les bestiaux, employés en salaison, produiraient un revenu immense; ce royaume, dis-je, ne fait aucun commerce. Quatre ou cinq petits bâtiments lui apportent tous les ans de Lima, du sucre, du tabac, et quelques objets manufacturés en Europe, que ses malheureux habitants n'obtiennent que de la seconde ou troisième main, et après que ces mêmes objets ont payé des droits immenses à Cadix, à Lima, et enfin à leur entrée au Chili : ils ne peuvent donner en échange que du blé, qui est à si vil prix, que le cultivateur ne met aucun intérêt à augmenter ses défrichements; du suif, des cuirs et quelques planches; en sorte que la balance du commerce est toujours au désavantage du Chili, qui ne peut, avec son or (1) et ses minces objets d'échange, solder le sucre, l'herbe du Paraguai, le tabac, les étoffes, les toiles, les batistes, et généralement les différentes quincailleries nécessaires aux besoins ordinaires de la vie.

D'après ce tableau très succinct, il est évident, que, si l'Espagne ne change pas de système, si la liberté du commerce n'est pas autorisée, si les différents droits sur les consommations étrangères ne sont pas modérés, enfin si l'on perd de vue qu'un très petit droit sur une consommation immense est plus profitable au fisc qu'un droit trop fort qui anéantit cette même consommation, le royaume du Chili ne parviendra jamais au degré d'accroissement qu'il doit attendre de sa situation.

Malheureusement ce pays produit un peu d'or; presque toutes les rivières y sont aurifères; l'habitant, en lavant de la terre, peut, dit-on, gagner chaque jour une demi-piastre; mais comme les comestibles sont très abondants, il n'est excité au travail par aucun vrai besoin; sans communication avec les étrangers, il ne connaît ni nos arts ni notre luxe, et il ne peut rien désirer avec assez de force pour vaincre son inertie :

---

(1) Suivant les notes qui m'ont été remises, l'or qu'o ramasse chaque année dans l'évêché de la Conception, peut être évalué à deux cent mille piastres ; il y a telle habitio à Saint-Domingue qui donne autant de revenu. *(Note de La Pérouse).*

les terres restent en friche; les plus actifs sont ceux qui donnent quelques heures au lavage du sable des rivières, ce qui les dispense d'apprendre aucun métier : aussi les maisons des habitants les plus riches sont-elles sans aucun meuble, et tous les ouvriers de la Conception sont étrangers.

La parure des femmes consiste en une jupe plissée, de ces anciennes étoffes d'or ou d'argent qu'on fabriquait autrefois à Lyon; ces jupes, qui sont réservées pour les grandes occasions, peuvent, comme les diamants, être substituées dans les familles, et passer des grand'mères aux petites-filles : d'ailleurs ces parures sont à la portée d'un petit nombre de citoyennes; les autres ont à peine de quoi se vêtir.

Le peuple de la Conception est très voleur; c'est une race dégénérée, mêlée d'Indiens; mais les habitants du premier état, les vrais Espagnols, sont extrêmement polis et obligeants. Je manquerais à toute reconnaissance, si je ne les peignais avec les vraies couleurs qui conviennent à leur caractère; je tâcherai de le faire connaître en racontant notre propre histoire.

J'étais à peine mouillé devant le village de Talcaguana, qu'un dragon vint m'apporter une lettre de M. Quexada, commandant par *intérim;* il m'annonçait que nous serions reçus comme des compatriotes, ajoutant, avec la plus extrême politesse, que les ordres qu'il avait reçus étaient, dans cette occasion, bien conformes aux sentiments de son cœur et à ceux de tous les habitants de la Conception. Cette lettre était accompagnée de rafraîchissements de toute espèce, que chacun s'empressait d'envoyer en présent à bord; nous ne pouvions consommer tant d'objets, et nous ne savions où les placer.

Obligé de donner mes premiers soins aux réparations de mon vaisseau, à l'établissement de nos horloges astronomiques à terre, et à celui de nos quarts de cercle, je ne pus tout de suite aller faire mes remerciements à ce gouverneur : j'attendais avec impatience le moment de remplir ce devoir; mais il me prévint, et il arriva à mon bord, suivi des principaux officiers de la colonie. Le lendemain, je rendis cette visite, accompagné de M. de Langle, de plusieurs officiers et passagers; nous étions précédés par un détachement de dragons, dont le commandant avait cantonné une demi-compagnie à Talcaguana : depuis notre arrivée, elle était à nos ordres ainsi que leurs chevaux. M. Quexada, M. Sabatero, commandant l'artillerie et le major de la place, vinrent au-devant de nous à une lieue de la Conception : nous descendîmes tous chez M. Sabatero, où l'on nous servit un très bon dîner; et, à la nuit, il y eut un grand bal où furent invitées les principales dames de la ville.

Le costume de ces dames, très différent de celui auquel nos yeux étaient accoutumés, a été peint par M. Duché de Vancy. Une jupe plissée qui laisse à découvert la moitié de la jambe, et qui est attachée fort au-dessous de la ceinture; des bas rayés de rouge, de bleu et de blanc; des souliers si courts que tous les doigts sont repliés, en sorte que le pied est presque rond ; voilà l'habillement des dames du Chili. Leurs cheveux sont sans poudre, ceux de derrière divisés en petites tresses qui tombent sur leurs épaules. Leur corset est ordinairement d'une étoffe d'or ou d'argent ; il est recouvert de deux mantilles, la première de mousseline, et la seconde, qui est par-dessus, de laine de différentes couleurs, jaune, bleu ou rose : ces mantilles de laine enveloppent la tête des dames lorsqu'elles sont dans la rue et qu'il fait froid ; mais, dans les appartements, elles sont dans l'usage de les mettre sur leurs genoux ; et il y a un jeu de mantilles de mousseline qu'on place et replace sans cesse, auquel les dames de la Conception ont beaucoup de grâce. Elles sont généralement jolies et d'une politesse si aimable, qu'il n'est certainement aucune ville maritime en Europe où des navigateurs étrangers puissent être reçus avec autant d'affection et d'aménité.

Vers minuit le bal cessa : la maison du commandant et de M. Sabatero ne pouvant contenir tous les officiers et passagers français, chaque habitant s'empressa de nous offrir des lits ; et nous fûmes ainsi répartis dans les différents quartiers de la ville.

Avant le dîner, nous avions été faire des visites aux principaux citoyens et à l'évêque, homme d'esprit, d'une conversation agréable, et d'une charité dont les évêques d'Espagne donnent de fréquents exemples.

Il est créole du Pérou ; il n'a jamais été en Europe, et il ne doit son élévation qu'à ses vertus. Il nous entretint du chagrin qu'aurait M. Higuins, le maître-de-camp, d'être retenu par les Indiens sur la frontière pendant notre court séjour dans son gouvernement.

Le bien que chacun disait de ce militaire, l'estime générale qu'on avait pour lui, me faisaient regretter que les circonstances le tinssent éloigné. On lui avait dépêché un courrier ; sa réponse, qui arriva pendant que nous étions encore à la ville, annonçait son prochain retour : il venait de conclure une paix glorieuse, et surtout bien nécessaire aux peuples de son gouvernement, dont les habitations éloignées sont exposées aux ravages des sauvages, qui massacrent les hommes, les enfants, et emmènent les femmes en captivité.

Les Indiens du Chili ne sont plus ces anciens Américains auxquels les armes des Européens inspiraient la terreur : la multiplication des chevaux qui se sont répandus dans l'intérieur des déserts immenses de l'Amérique, celle des bœufs et des moutons, qui est aussi extrêmement considérable, ont fait de ces peuples de vrais Arabes, que l'on peut comparer en tout à ceux qui habitent les déserts de l'Arabie.

Sans cesse à cheval, des courses de deux cents lieues sont pour eux de très petits voyages ; ils marchent avec leurs troupeaux ; ils se nourrissent de leur chair, de leur lait, et quelquefois de leur sang (1); ils se couvrent de leur peau, dont ils font des casques, des cuirasses et des boucliers. Ainsi l'introduction de deux animaux domestiques en Amérique a eu l'influence la plus marquée sur les mœurs de tous les peuples qui habitent depuis Santiago jusqu'au détroit de Magellan : ils ne suivent presque plus aucun de leurs anciens usages; ils ne se nourrissent plus des mêmes fruits; ils n'ont plus les mêmes vêtements; et ils ont une ressemblance bien plus marquée avec les Tartares ou avec les habitants des bords de la mer Rouge, qu'avec leurs ancêtres qui vivaient il y a deux siècles.

Il est aisé de sentir combien de tels peuples doivent être redoutables aux Espagnols. Comment les suivre dans des courses aussi longues? comment empêcher des attroupements qui rassemblent en un seul point des peuples épars dans quatre cents lieues de pays, et forment des armées de trente mille hommes?

M. Higuins a réussi à capter la bienveillance de ces sauvages, et a rendu le plus signalé service à la nation qui l'a adopté; car il est né en Irlande, d'une de ces familles persécutées pour cause de religion, et pour leur ancien attachement à la maison de Stuart. Je ne puis me refuser au plaisir de faire connaître ce loyal militaire, dont les manières sont si fort de tous les pays. Comme les Indiens, je lui avais donné ma confiance après une heure de conversation. Son retour à la ville suivit de bien près sa lettre; j'en étais à peine informé, qu'il arriva à Talcaguana, et je fus encore prévenu. Un maître-de-camp de cavalerie est plutôt à cheval qu'un navigateur français; et M. Higuins, chargé de la défense du pays, était d'une activité difficile à égaler : il renchérit encore, s'il est possible, sur les politesses de M. Quexada; ces politesses étaient si vraies, si affectueuses pour tous les Français, que nulle expression ne pouvait rendre nos sentiments de reconnaissance. Comme nous en devions à tous les habitants, nous résolûmes de donner une fête générale avant notre départ, et d'y inviter toutes les dames de la Conception. Une grande tente fut dressée sur le bord de la mer; nous y donnâmes à dîner à cent cinquante personnes, hommes ou femmes, qui avaient eu la complaisance de faire trois lieues pour se rendre à notre invitation : ce repas fut suivi d'un bal, d'un petit feu d'artifice, et enfin d'un ballon de papier assez grand pour faire spectacle.

Le lendemain, la même tente nous servit pour donner un grand dîner aux équipages des deux frégates; nous mangeâmes tous à la même table, M. de Langle et moi à la tête, chaque officier jusqu'au dernier matelot rangé suivant le rang qu'il occupait à bord : nos plats étaient des gamelles

---

(1) On m'a assuré qu'ils saignaient quelquefois leurs bœufs et leurs chevaux, et qu'ils en buvaient le sang.

de bois. La gaieté était peinte sur le visage de tous les matelots ; ils paraissaient mieux portants et mille fois plus heureux que le jour de notre sortie de Brest.

Le maître-de-camp voulut à son tour donner une fête : nous nous rendîmes tous à la Conception, excepté les officiers de service. M. Higuins vint au-devant de nous et conduisit notre cavalcade chez lui, où une table de cent couverts était dressée : tous les officiers et habitants de marque y étaient invités, ainsi que plusieurs dames.

A chaque service, un franciscain improvisateur récitait des vers espagnols pour célébrer l'union qui régnait entre les deux nations. Il y eut grand bal pendant la nuit ; toutes les dames s'y rendirent, parées de leurs plus beaux habits ; des officiers masqués y donnèrent un très joli ballet : on ne peut, dans aucune partie du monde, voir une plus charmante fête ; elle était donnée par un homme adoré dans le pays et à des étrangers qui avaient la réputation d'être de la nation la plus polie de l'Europe.

Mais ces plaisirs et cette bonne réception ne me faisait pas perdre de vue mon objet principal. J'avais annoncé, le jour de mon arrivée, que je mettrais à la voile le 15 mars, et que si, avant cette époque, les bâtiments étaient réparés, nos vivres, notre eau et nos bois embarqués, chacun aurait la liberté d'aller se promener à terre : rien n'était plus propre à hâter le travail que cette promesse, dont je craignais autant l'effet que les matelots le désiraient, parce que le vin est très commun au Chili et que chaque maison du village de Talcaguana est un cabaret ; il n'y eut cependant aucun désordre, et mon chirurgien ne m'a point annoncé que cette liberté ait eu des suites fâcheuses.

Le 15, à la pointe du jour, je fis signal de se préparer à appareiller ; mais les vents se fixèrent au nord : ils avaient été constamment du sud-sud-ouest au sud-ouest depuis notre séjour dans cette rade ; la brise commençait ordinairement à dix heures du matin, et finissait à la même heure de la nuit, cessant de meilleure heure, si elle avait commencé plus tôt, et réciproquement, durant jusqu'à minuit, si elle n'avait commencé qu'à midi ; en sorte qu'il y avait à peu près douze heures de brise et autant de calme. Cette règle eut lieu constamment jusqu'au 15, que les vents, après un calme absolu et une chaleur excessive, se fixèrent au nord ; il venta très grand frais de cette partie, avec beaucoup de pluie pendant la nuit du 15 au 16 ; et le 17, vers midi, il y eut une légère brise du sud-ouest avec laquelle j'appareillai (1) : elle était très faible, et elle ne

---

(1) La baie de la Conception partage en deux la presqu'île d'Avallon, est le centre de pêcheries considérables. Le principal établissement qui y a été formé est celui de Harbour-Grâce, 4,000 habitants.

nous conduisit qu'à deux lieues en dehors de la baie, où nous restâmes en calme plat, la mer fort houleuse des derniers vents du nord. Nous fûmes toute la nuit environnés de baleines ; elles nageaient si près de nos frégates, qu'elles jetaient l'eau à bord en soufflant : il est à remarquer qu'aucun habitant du Chili n'en a jamais harponné une seule ; la nature a accumulé tant de biens sur ce royaume, qu'il faut plusieurs siècles avant que cette branche d'industrie y soit cultivée.

Le 19, les vents du sud me permirent de m'éloigner de terre ; je dirigeai ma route à l'est de l'île de Juan Fernandez, dont je ne pris pas connaissance, parce que sa position ayant été fixée, d'après les observations du père Feuillée, à la Conception, il est impossible qu'il y ait une erreur en longitude de 10 minutes.

Le 4 avril, je n'étais plus qu'à soixante lieues de l'île de Pâques ; je ne voyais point d'oiseaux ; les vents étaient au nord-nord-ouest : il est vraisemblable que si je n'eusse connu avec certitude la position de cette île, j'aurais cru l'avoir dépassée, et j'aurais reviré de bord. J'ai fait ces réflexions sur les lieux, et je suis contraint d'avouer que les découvertes des îles ne sont dues qu'au hasard, et que très souvent des combinaisons fort sages en apparence en ont écarté les navigateurs.

Le 8 avril, à deux heures après midi, j'eus connaissance de l'île de Pâques, qui me restait à douze lieues dans l'ouest 5° sud : la mer était fort grosse, les vents au nord ; ils ne s'étaient pas fixés depuis quatre jours, et ils avaient varié du nord au sud par l'ouest. Je crois que la proximité d'une petite île ne fut pas la seule cause de cette variation, et il est vraisemblable que les vents alizés ne sont pas constants, dans cette saison, au 27° degré. La pointe que j'apercevais était celle de l'est : j'étais précisément au même endroit où le capitaine Davis avait rencontré, en 1686, une île de sable, et, douze lieues plus loin, une terre à l'ouest, que le capitaine Cook et M. Dalrymple ont cru être l'île de Pâques, retrouvée en 1722 par Roggewein.

Je prolongeai, pendant la nuit du 8 au 9 avril, la côte de l'île de Pâques, à trois lieues de distance : le temps était clair, et les vents avaient fait le tour du nord au sud-est, dans moins de trois heures. Au jour, je fis route par la baie de Cook : c'est celle de l'île qui est le plus à l'abri des vents du nord au sud, par l'est ; elle n'est ouverte qu'aux vents d'ouest ; et le temps était si beau, que j'avais l'espoir qu'ils ne souffleraient pas de plusieurs jours. A onze heures du matin, je n'étais plus qu'à une lieue du mouillage : l'Astrolabe avait déjà laissé tomber son ancre ; je mouillai très près de cette frégate : mais le fond était si rapide, que les ancres de nos deux bâtiments ne prirent point ; nous fûmes obligés de les relever et de courir deux bords pour regagner le mouillage.

Cette contrariété ne ralentit pas l'ardeur des Indiens : ils nous suivirent à la nage jusqu'à une lieue au large; ils montèrent à bord avec un air riant et une sécurité qui me donnèrent la meilleure opinion de leur caractère. Des hommes plus soupçonneux eussent craint, lorsque nous remîmes à la voile, de se voir enlever et arracher à leur terre natale; mais l'idée d'une perfidie ne parut pas même se présenter à leur esprit : ils étaient au milieu de nous, nus et sans armes; une simple ficelle autour des reins servait à fixer un paquet d'herbes qu'ils portaient en guise de ceinture.

M. Hodges, peintre, qui avait accompagné le capitaine Cook dans son second voyage, a fort mal rendu leur physionomie; elle est généralement agréable, mais très variée, et n'a point, comme celle des Malais, des Chinois, des Chiliens, un caractère qui lui soit propre.

Je fis divers présents à ces Indiens; ils préféraient des morceaux de toile peinte, d'une demi-aune, aux clous, aux couteaux et aux rasades; mais ils désiraient encore davantage les chapeaux : nous en avions une trop petite quantité pour en donner à plusieurs. A huit heures du soir, je pris congé de mes nouveaux hôtes, leur faisant entendre, par signes, qu'à la pointe du jour je descendrais à terre : ils s'embarquèrent dans le canot en dansant, et ils se jetèrent à la mer à deux portées de fusil du rivage, sur lequel la lame brisait avec force : ils avaient eu la précaution de faire de petits paquets de mes présents, et chacun avait posé le sien sur sa tête pour le garantir de l'eau.

CHAPITRE IV

Description de l'île de Pâques. — Evé ements qui nous y sont arrivés. — Mœurs et coutumes des habitants.

La baie de Cook, dans l'île d'*Easter* ou de Pâques, est située par 27° 11 de latitude sud, et 111° 55' 30" de longitude occidentale. C'est le seul mouillage à l'abri des vents du sud-est et d'est, qui sont les vents ordinaires dans ces parages : on y serait en très grand danger avec des vents d'ouest; mais ils ne soufflent jamais de cette partie de l'horizon qu'après avoir passé de l'est au nord-est, au nord, et successivement à l'ouest : on a donc le temps d'appareiller; et il suffit d'être à un quart de lieue au large pour n'en avoir rien à craindre. Cette baie est facile à reconnaître : après avoir doublé les deux rochers de la pointe du sud de l'île, on doit ranger la terre à un mille de distance; on aperçoit bientôt une petite anse de sable, qui est la reconnaissance la plus certaine. Lorsque cette anse reste à l'est 1/4 sud-est, et que les deux rochers dont j'ai parlé sont fermés par la pointe, on peut laisser tomber son ancre par vingt brasses, fond de sable, à un quart de lieue du rivage : si l'on est plus au large, on ne trouve fond que par trente-cinq ou quarante brasses, et il augmente si rapidement que l'ancre ne tient point. Le débarquement est assez facile au pied d'une des statues dont je parlerai bientôt.

A la pointe du jour, je fis tout disposer pour notre descente à terre. Je devais me flatter d'y trouver des amis, puisque j'avais comblé de présents tous ceux qui étaient venus à bord la veille; mais j'avais trop médité les relations des différents voyageurs, pour ne pas savoir que ces Indiens sont de grands enfants, dont la vue de nos différents meubles excite si fort les désirs, qu'ils mettent tout en usage pour s'en emparer.

Je crus donc qu'il fallait les retenir par la crainte, et j'ordonnai qu'on mît à cette descente un petit appareil guerrier, nous la fîmes en effet avec quatre canots et douze soldats armés. M. de Langle et moi étions suivis de tous les passagers et officiers, à l'exception de ceux qui étaient nécessaires à bord des deux frégates pour le service; nous composions, en y comprenant l'équipage de nos bâtiments à rames, environs soixante-dix personnes.

Quatre ou cinq cents Indiens nous attendaient sur le rivage : ils étaient sans armes, quelques-uns couverts de pièces d'étoffes blanches ou jaunes; mais le plus grand nombre étaient nus : plusieurs étaient tatoués et avaient le visage peint d'une couleur rouge; leurs cris et leurs physionomies exprimaient la joie; ils s'avancèrent pour nous donner la main et faciliter notre descente.

L'île, dans cette partie, est élevée d'environ vingt pieds; les montagnes sont à sept ou huit cents toises dans l'intérieur; et du pied de ces montagnes, le terrain s'abaisse en pente douce vers la mer. Cet espace est couvert d'une herbe que je crois propre à nourrir les bestiaux; cette herbe recouvre de grosses pierres qui ne sont que posées sur la terre; elles m'ont paru absolument les mêmes que celles de l'île de France, appelées dans le pays *giraumons*, parce que le plus grand nombre est de la grosseur de ce fruit : ces pierres, que nous trouvions si incommodes, en marchant, sont un bienfait de la nature; elles conservent à la terre sa fraîcheur et son humidité, et suppléent en partie à l'ombre salutaire des arbres que les habitants ont eu l'imprudence de couper, dans des temps sans doute très reculés; ce qui a exposé leur sol à être calciné par l'ardeur du soleil, et les a réduits à n'avoir ni ravins, ni ruisseaux, ni sources : ils ignoraient que, dans les petites îles, au milieu d'un océan immense, la fraîcheur de la terre couverte d'arbres peut seule arrêter, condenser les nuages et entretenir ainsi sur les montagnes une pluie presque continuelle, qui se répand en sources, ou en ruisseaux dans les différents quartiers.

Les îles qui sont privées de cet avantage, sont réduites à une sécheresse horrible, qui, peu à peu, en détruit les plantes, les arbustes, et les rend presque inhabitables. M. de Langle et moi ne doutâmes pas que ce peuple ne dût le malheur de sa situation à l'imprudence de ses ancêtres; et il est vraisemblable que les autres îles de la mer du Sud ne sont arrosées que parce que, très heureusement, il s'y est trouvé des montagnes inaccessibles où il a été impossible de couper du bois; ainsi la nature n'a été plus libérale pour ces derniers insulaires qu'en leur paraissant plus avare, puisqu'elle s'est réservé des endroits où ils n'ont pu atteindre.

Un long séjour à l'île de France, qui ressemble si fort à l'île de Pâques, m'a appris que les arbres n'y repoussent jamais, à moins d'être abrités des vents de mer par d'autres arbres, ou par des enceintes de murailles, et c'est cette connaissance que m'a découvert la cause de la dévastation de l'île de Pâques. Les habitants de cette île ont donc bien moins à se plaindre des éruptions de leurs volcans, éteints depuis longtemps, que de leur propre imprudence. Mais comme l'homme est, de tous les êtres, celui qui s'habitue le plus aisément à toutes les situations, ce peuple m'a paru moins malheureux qu'au capitaine Cook et à M. Forster.

Ceux-ci arrivèrent dans cette île après un voyage long et pénible, manquant de tout, malades du scorbut; ils n'y trouvèrent ni eau, ni bois, ni cochons : quelques poules, des bananes et des patates, sont de bien faibles ressources dans ces circonstances. Leurs relations portent l'empreinte de leur situation. La nôtre était infiniment meilleure : les équipages jouissaient de la plus parfaite santé; nous avions pris au Chili ce qui nous était nécessaire pour plusieurs mois, et nous ne désirions de ce peuple que la faculté de lui faire du bien ; nous lui apportions des chèvres, des brebis, des cochons ; nous avions des graines d'oranger, de citronnier, de coton, de maïs, et généralement toutes les espèces qui pouvaient réussir dans l'île.

Notre premier soin, après avoir débarqué, fut de former une enceinte avec des soldats armés, rangés en cercles; nous enjoignîmes aux habitants de laisser cet espace vide; nous y dressâmes une tente; je fis descendre à terre les présents que je leur destinais, ainsi que les différents bestiaux : mais comme j'avais expressément défendu de tirer, et que mes ordres portaient de ne pas même éloigner à coups de crosse de fusil les Indiens qui seraient trop incommodes, bientôt les soldats furent eux-mêmes exposés à la rapacité de ces insulaires, dont le nombre s'était accru; ils étaient au moins huit cents, et dans ce nombre il y avait bien certainement cent cinquante femmes. La physionomie de beaucoup de ces femmes étaient agréable. Cependant on enlevait nos chapeaux sur nos têtes et les mouchoirs de nos poches. Tous paraissaient complices des vols qu'on nous faisait; car à peine étaient-ils commis, que, comme une volée d'oiseaux, ils s'enfuyaient au même instant : mais, voyant que nous ne faisions aucun usage de nos fusils, ils revenaient quelques minutes après, ils recommençaient leurs caresses, et épiaient le moment de faire un nouveau larcin : ce manège dura toute la matinée. Comme nous devions partir dans la nuit, et qu'un si court espace de temps ne nous permettait pas de nous occuper de leur éducation, nous prîmes le parti de nous amuser des ruses que ces insulaires employaient pour nous voler; et afin d'ôter tout prétexte à aucune voie de fait, qui aurait pu avoir des suites funestes, j'annonçai que je ferais rendre aux soldats et aux matelots les chapeaux qui seraient enlevés. Ces Indiens étaient sans armes : trois ou quatre, sur un si grand nombre, avaient une espèce de massue de bois très peu redoutable. Quelques-uns paraissaient avoir une légère autorité sur les autres ; je les pris pour des chefs et je leur distribuai des médailles que j'attachai à leur cou avec une chaîne, mais je m'aperçus bientôt qu'ils étaient précisément les plus insignes voleurs ; et quoiqu'ils eussent l'air de poursuivre ceux qui enlevaient nos mouchoirs, il était facile de voir que c'était avec l'intention la plus décidée de ne pas les joindre.

Nous n'avions que huit ou dix heures à rester sur l'île, et nous ne voulions pas perdre de temps ; je confiai donc la garde de la tente et de nos effets à M. d'Escures, mon premier lieutenant ; je le chargeai en outre du commandement de tous les soldats et matelots qui étaient à terre. Nous nous divisâmes ensuite en deux troupes : la première, aux ordres de M. de Langle, devait pénétrer le plus possible dans l'intérieur de l'île, semer des graines dans tous les lieux qui paraîtraient susceptibles de les propager, examiner le sol, les plantes, la culture, la population, les monuments, et généralement tout ce qui peut intéresser chez ce peuple très extraordinaire. Ceux qui se sentirent la force de faire beaucoup de chemin, s'enrôlèrent avec lui ; il fut suivi de MM. Dagelet, de Lamanon, Duché, Dufresne, de la Martinière, du père Receveur, de l'abbé Mongès, et du jardinier : la seconde, dont je faisais partie, se contenta de visiter les monuments, les plate-formes, les maisons et les plantations, à une lieue autour de notre établissement. Le dessein de ces monuments, donné par M. Hodges, rend très parfaitement ce que nous avons vu.

M. Forster croit qu'ils sont l'ouvrage d'un peuple beaucoup plus considérable que celui qui existe aujourd'hui ; mais son opinion ne me paraît pas fondée. Le plus grand des bustes grossiers qui sont sur ces plate-formes, et que nous avons mesurés, n'a que quatorze pieds six pouces de hauteur, sept pieds six pouces de largeur aux épaules, trois pieds d'épaisseur au ventre, six pieds de largeur et cinq d'épaisseur à la base ; ces bustes, dis-je, pourraient être l'ouvrage de la génération actuelle, dont je crois pouvoir, sans aucune exagération porter la population à deux mille personnes. Le nombre des femmes m'a paru fort approchant de celui des hommes ; j'ai vu autant d'enfants que dans aucun autre pays ; et quoique, sur environ douze cents habitants que notre arrivée a rassemblés aux environs de la baie, il y eût au plus trois cents femmes, je n'en ai tiré d'autre conjecture que celle de supposer que les insulaires de l'extrémité de l'île étaient venus voir nos vaisseaux, et que les femmes, ou plus délicates, ou plus occupées de leur ménage et de leurs enfants, étaient restées dans leurs maisons ; en sorte que nous n'avons vu que celles qui habitent dans le voisinage de la baie.

La relation de M. de Langle confirme cette opinion ; il a rencontré dans l'intérieur de l'île beaucoup de femmes et d'enfants ; et nous sommes entrés dans ces cavernes où M. Forster et quelques officiers du capitaine Cook crurent d'abord que les femmes pouvaient être cachées. Ce sont des maisons souterraines, de même forme que celles que je décrirai tout-à-l'heure, et dans lesquelles nous avons trouvé de petits fagots, dont le plus gros morceau n'avait pas cinq pieds de longueur, et n'excédait pas six pouces de diamètre. On ne peut cependant révoquer en doute que les habitants n'eussent caché leurs femmes, lorsque le capitaine Cook les visita en 1772 ; mais il m'est impossible d'en deviner la raison, et nous devons peut-être à la manière généreuse dont il se conduisit envers ce peuple, la confiance qu'il nous a montrée, et qui nous a mis à portée de mieux juger de sa population.

Tous les monuments qui existent aujourd'hui, et dont M. Duché a donné un dessin fort exact, paraissent très anciens ; ils sont placés dans des morais, autant qu'on en peut juger par la grande quantité d'ossements qu'on trouve à côté. On ne peut douter que la forme de leur gouvernement actuel n'ait tellement égalé les conditions, qu'il n'existe plus de chef assez considérable pour qu'un grand nombre d'hommes s'occupe du soin de conserver sa mémoire, en lui érigeant une statue. On a substitué à ces colosses de petits monceaux de pierres en pyramide ; la pierre qui forme le sommet est blanchie d'une eau de chaux : ces espèces de mausolées, qui sont l'ouvrage d'une heure pour un seul homme, sont empilés sur le bord de la mer ; et un Indien, en se couchant à terre, nous a désigné clairement que ces pierres couvraient un tombeau : levant ensuite les mains vers le ciel, il a voulu évidemment exprimer qu'ils croyaient à une autre vie. J'étais fort en garde contre cette opinion, et j'avoue que je les croyais très éloignés de cette idée ; mais ayant vu répéter ce signe à plusieurs, et M. de Langle, qui a voyagé dans l'intérieur de l'île, m'ayant rapporté le même fait, je n'ai plus eu de doute, et je crois que tous nos officiers et passagers ont partagé cette opinion : nous n'avons cependant vu la trace d'aucun culte ; car je ne crois pas que personne puisse prendre les statues pour des idoles, quoique ces Indiens aient montré une espèce de vénération pour elles.

Ces bustes de taille colossale, dont j'ai déjà donné les dimensions, et qui prouvent bien le peu de progrès qu'ils ont fait dans la sculpture, sont d'une production volcanique, connue des naturalistes sous le nom de *lapillo* : c'est une pierre si tendre et si légère, que quelques officiers du capitaine Cook ont cru qu'elle pouvait être factice, et composée d'une espèce de mortier qui s'était durci à l'air. Il ne reste plus qu'à expliquer comment on est parvenu à élever, sans point d'appui, un poids aussi considérable : mais nous sommes certains que c'est une pierre volcanique fort légère, et qu'avec des leviers de cinq ou six toises, et en glissant des pierres dessous, on peut, comme l'explique très bien le capitaine Cook, parvenir à élever un poids encore plus considérable. Cent hommes doivent suffire pour cette opération : il n'y aurait d'ailleurs pas d'espace pour le travail d'un plus grand nombre. Ainsi le merveilleux disparaît; on rend à la nature sa pierre de lapillo, qui n'est point factice ; et on a lieu de croire que, s'il n'y a plus de nouveaux monuments dans l'île, c'est que toutes les conditions y sont égales, et qu'on est peu jaloux d'être roi d'un peuple qui est presque nu, qui vit de patates et d'ignames ; et réciproquement, ces Indiens ne pouvant être en guerre, puisqu'ils n'ont pas de voisins, n'ont pas besoin d'un chef qui ait une autorité un peu étendue.

Je ne puis hasarder des conjectures sur les mœurs de ce peuple, dont je n'entendais pas la langue, et que je n'ai vu qu'un jour : mais j'avais l'expérience des voyageurs qui m'avaient précédé ; je connaissais parfaitement leurs relations, et je pouvais y joindre mes propres réflexions.

La dixième partie de la terre y est à peine cultivée ; et je suis persuadé que trois jours de travail suffisent à chaque Indien pour se procurer la subsistance d'une année. Cette facilité de pourvoir aux besoins de la vie m'a fait croire que les productions de la terre étaient en commun ; d'autant que je suis à peu près certain que les maisons sont communes au moins à tout un village ou district. J'ai mesuré une de ces maisons auprès de notre établissement (1) : elle avait trois cent dix pieds de longueur, dix pieds de largeur, et dix pieds de hauteur au milieu ; sa forme était celle d'une pirogue renversée ; on n'y pouvait entrer que par deux portes de deux pieds d'élévation, et en se glissant sur les mains. Cette maison peut contenir plus de deux cents personnes : ce n'est pas la demeure du chef, puisqu'il n'y a aucun meuble, et qu'un aussi grand espace lui serait inutile ; elle forme à elle seule un village, avec deux ou trois autres petites maisons peu éloignées.

Il y a vraisemblablement dans chaque district un chef qui veille plus particulièrement aux plantations. Le capitaine Cook a cru que ce chef en était le propriétaire; mais si ce célèbre navigateur a eu quelque peine à se procurer une quantité considérable de patates et d'ignames, on doit l'attribuer bien plus à la disette de ces comestibles, qu'à la nécessité de réunir un consentement presque général pour les vendre.

Quelques maisons sont souterraines, comme je l'ai déjà dit, mais les autres sont construites avec des joncs, ce qui prouve qu'il y a dans l'intérieur de l'île des endroits marécageux : ces joncs sont très artis-

---

(1) Cette maison n'était pas encore finie; ainsi le capitaine Cook n'avait pu la voir.

tement arrangés et garantissent parfaitement de la pluie. L'édifice est porté sur un socle de pierres de taille (1) de dix-huit pouces d'épaisseur, dans lequel on a creusé, à distances égales, des trous où entrent des perches qui forment la charpente en se repliant en voûte ; des paillassons de jonc garnissent l'espace qui est entre ces perches.

On ne peut douter, comme l'observe le capitaine Cook, de l'identité de ce peuple avec celui des autres îles de la mer du sud : même langage, même physionomie : leurs étoffes sont aussi fabriquées avec l'écorce du mûrier ; mais elles sont très rares, parce que la sécheresse a détruit ces arbres. Ceux de cette espèce qui ont résisté n'ont que trois pieds de hauteur ; on est même obligé de les entourer de murailles pour les garantir des vents : il est à remarquer que ces arbres n'excèdent jamais la hauteur des murs qui les abritent.

Je ne doute pas qu'à d'autres époques ces insulaires n'aient eu les mêmes productions qu'aux îles de la Société. Les arbres à fruit auront péri par la sécheresse, ainsi que les cochons et les chiens, auxquels l'eau est absolument nécessaire. Mais l'homme qui, au détroit d'Hudson, boit de l'huile de baleine, s'accoutume à tout ; et j'ai vu les naturels de l'île de Pâques boire de l'eau de mer, comme les albatros du cap Horn (2). Nous étions dans la saison humide ; on trouvait un peu d'eau saumâtre dans des trous au bord de la mer : ils nous l'offraient dans des calebasses, mais elle rebutait les plus altérés. Je ne me flatte pas que les cochons dont je leur ai fait présent multiplient ; mais j'espère que les chèvres et les brebis, qui boivent peu et aiment le sel, y réussiront.

A une heure après midi, je revins à la tente, dans le dessein de retourner à bord, afin que M. de Clonard, mon second, pût à son tour descendre à terre : j'y trouvai presque tout le monde sans mouchoir ; notre douceur avait enhardi les voleurs, et je n'avais pas été distingué des autres. Un indien qui m'avait aidé à descendre d'une plate-forme, après m'avoir rendu ce service, m'enleva mon chapeau et s'enfuit à toutes jambes, suivi, comme à l'ordinaire, de tous les autres ; je ne le fis pas poursuivre et ne voulus pas avoir le droit exclusif d'être garanti du soleil, vu que nous étions presque tous sans chapeau. Je continuai à examiner cette plate-forme : c'est le monument qui m'a donné la plus haute opinion

---

(1) Ces pierres ne sont pas du grés, mais des laves durcies.

(2) Les albatros qui sont, de tous les oiseaux aquatiques, ceux qui s'éloignent le plus des côtes, habitent les mers de la Chine, du Japon et l'Océan austral au-delà du tropique du Capricorne. Ils se nourrissent de céphalopodes (seiches, calmars, etc.), mais leur nourriture principale paraît être la chair déjà corrompue des grands animaux marins, tels que les phoques et les cétacées ; aussi les considère-t-on comme les vautours de l'Océan, destinés à purger les mers des animaux morts et plus ou moins putréfiés qui flottent à leur surface.

des anciens talents de ce peuple pour la bâtisse ; car le mot pompeux d'architecture ne convient point ici. Il paraît qu'il n'a jamais connu aucun ciment : mais il coupait et taillait parfaitement les pierres ; elles étaient placées et jointes suivant toutes les règles de l'art.

J'ai rassemblé des échantillons de ces pierres ; ce sont des laves de différente densité. La plus légère, qui doit conséquemment se décomposer la première, forme le revêtement du côté de l'intérieur de l'île ; celui qui est tourné vers la mer est construit avec une lave infiniment plus compacte, afin de résister plus longtemps. Je ne connais à ces insulaires aucun instrument ni matière assez dure pour tailler ces dernières pierres ; peut-être un plus long séjour dans l'île m'eût donné quelques éclaircissements à ce sujet.

A deux heures, je revins à bord, et M. de Clonard descendit à terre. Bientôt deux officiers de l'Astrolabe arrivèrent pour me rendre compte que les Indiens venaient de commettre un vol nouveau qui avait occasioné une rixe un peu plus forte : des plongeurs avaient coupé sous l'eau le cablot du canot de l'Astrolabe, et avaient enlevé son grappin ; on ne s'en était aperçu que lorsque les voleurs étaient assez loin dans l'intérieur de l'île. Comme ce grappin nous était nécessaire, deux officiers et plusieurs soldats les poursuivirent ; mais ils furent accablés d'une grêle de pierres : un coup de fusil à poudre tiré en l'air ne fit aucun effet ; ils furent enfin contraints de tirer un coup de fusil à petit plomb, dont quelques grains atteignirent sans doute un de ces Indiens ; car la lapidation cessa, et nos officiers purent regagner tranquillement notre tente ; mais il fut impossible de rejoindre les voleurs, qui durent rester étonnés de n'avoir pu lasser notre patience.

Ils revinrent bientôt autour de notre établissement, et nous fûmes aussi bons amis qu'à notre première entrevue. Enfin, à six heures du soir tout fut rembarqué ; les canots revinrent à bord, et je fis signal de se préparer à appareiller. M. de Langle me rendit compte, avant notre appareillage, de son voyage, dans l'intérieur de l'île ; je le rapporterai dans le chapitre suivant : il avait semé des graines sur toute sa route, et il avait donné à ces insulaires les marques de la plus extrême bienveillance. Je crois cependant achever leur portrait, en rapportant qu'une espèce de chef auquel M. de Langle faisait présent d'un bouc et d'une chèvre, les recevait d'une main et lui volait son mouchoir de l'autre.

Il est certain que ces peuples n'ont pas sur le vol les mêmes idées que nous ; ils n'y attachent vraisemblablement aucune honte ; mais ils savent très bien qu'ils commettent une action injuste, puisqu'ils prenaient la fuite à l'instant, pour éviter le châtiment qu'ils craignaient sans doute, et que nous n'aurions pas manqué de leur infliger, en les proportionnant au délit, si nous eussions eu quelque séjour à faire dans cette île, car notre extrême douceur aurait fini par avoir des suites fâcheuses.

Il n'y a personne qui, ayant lu les relations des derniers voyageurs, puisse prendre les Indiens de la mer du Sud pour des sauvages ; ils ont au contraire fait de très grands progrès dans la civilisation, et je les crois aussi corrompus, qu'ils peuvent l'être relativement aux circonstances où ils se trouvent ; mon opinion là-dessus n'est pas fondée sur les différents vols qu'ils ont commis, mais sur la manière dont ils s'y prenaient. Les plus effrontés coquins de l'Europe sont moins hypocrites que ces insulaires ; toutes leurs caresses étaient feintes ; leur physionomie n'exprimait pas un seul sentiment vrai : celui dont il fallait le plus se défier était l'Indien auquel on venait de faire un présent, et qui paraissait le plus empressé à rendre mille petits services.

J'ai retrouvé dans ce pays tous les arts des îles de la Société, mais avec beaucoup moins de moyens de les exercer, faute de matières premières. Les pirogues ont aussi la même forme ; mais elles ne sont composées que de bouts de planches fort étroites, de quatre ou cinq pieds de longueur, elles peuvent porter quatre hommes au plus. Je n'en ai vu que trois dans cette partie de l'île, et je serais peu surpris que bientôt, faute de bois, il n'y en restât pas une seule : ils ont d'ailleurs appris à s'en passer ; et ils nagent si parfaitement, qu'avec la plus grosse mer, ils vont à deux lieues au large, et cherchent par plaisir, en retournant à terre, l'endroit où la lame brise avec le plus de force.

La côte m'a paru peu poissonneuse, et je crois que presque tous les comestibles de ces habitants sont tirés du règne végétal : ils vivent de patates, d'ignames, de bananes, de cannes à sucre, et d'un petit fruit qui croît sur les rochers, au bord de la mer, semblable aux grappes de raisin qu'on trouve aux environ du Tropique, dans la mer Atlantique. On ne peut regarder comme une ressource quelques poules qui sont très rares sur cette île ; nos voyageurs n'ont aperçu aucun oiseau de terre, et ceux de mer n'y sont pas communs.

Les champs sont cultivés avec beaucoup d'intelligence. Ces insulaires arrachent les herbes, les amoncèlent, les brûlent, et ils fertilisent ainsi la terre de leurs cendres. Les bananiers sont alignés au cordeau. Ils cultivent aussi le solanum ou la morelle ; mais j'ignore à quel usage ils l'emploient ; si je leur connaissais des vases qui pussent résister au feu, je croirais que, comme à Madagascar ou à l'île de France, ils la mangent en guise d'épinards ; mais ils n'ont d'autre manière de faire cuire leurs aliments que celle des îles de la Société. Ils creusent un trou en terre, et en couvrent leurs patates ou leurs ignames de pierres brûlantes et de charbons mêlés de terre ; en sorte que tout ce qu'ils mangent est cuit comme au four.

Le soin qu'ils ont pris de mesurer mon vaisseau, m'a prouvé qu'ils n'avaient pas vu nos arts comme des êtres stupides : ils ont examiné nos câbles, nos ancres, notre boussole. notre roue de gouvernail, et ils sont venus le lendemain avec une ficelle pour en reprendre la mesure. ce qui m'a fait croire qu'ils avaient eu quelques discussions à terre à ce sujet, et qu'il leur était resté quelques doutes. Je les estime beaucoup moins, parce qu'ils m'ont paru capables de réflexion. Je leur en ai laissé une à faire, et peut-être elle leur échappera : c'est que nous n'avons fait contre eux aucun usage de nos forces, qu'ils n'ont pas méconnues, puisque le seul geste d'un fusil en joue les faisait fuir ; nous n'avons au contraire abordé dans leur île que pour leur faire du bien ; nous les avons comblés de présents ; nous avons accablé de caresses tous les êtres faibles, particulièrement les enfants à la mamelle ; nous avons semé dans leurs champs toutes sortes de graines utiles ; nous avons laissé dans leurs habitations des cochons, des chèvres et des brebis qui y multiplieront vraisemblablement ; nous ne leur avons rien demandé en échange : néanmoins ils nous ont jeté des pierres, et ils nous ont volé tout ce qu'il leur a été possible d'enlever. Il eût encore été une fois imprudent dans d'autres circonstances de nous conduire avec autant de douceur ; mais j'étais décidé à partir dans la nuit, et je me flattais qu'au jour, lorsqu'ils n'apercevraient plus nos vaisseaux, ils attribueraient notre prompt départ au juste mécontentement que nous devions avoir de leurs procédés, et que cette réflexion pourrait les rendre meilleurs. Quoi qu'il en soit de cette idée peut-être chimérique, les navigateurs y ont un très petit intérêt, cette île n'offrant presque aucune ressource aux vaisseaux, et étant peu éloignée des îles de la Société.

CHAPITRE V

Voyage de M. Langle dans l'intérieur de l'île de Pâques. — Nouvelles observations sur les mœurs et les arts des naturels, sur la qualité et la culture de leur sol.

« Je partis, dit M. de Langle, à huit heures du matin, accompagné de MM. Dagelet, de Lamanon, Dufresne, Duché, de l'abbé Mongès, du père Receveur et du jardinier ; nous fîmes d'abord deux lieux dans l'est, vers l'intérieur de l'île ; la marche était très pénible à travers des collines couvertes de pierres volcaniques ; mais je m'aperçus bientôt qu'il y avait des sentiers par lesquels on pouvait facilement communiquer de case en case ; nous en profitâmes, et nous visitâmes plusieurs plantations d'ignames et de patates. Le sol de ces plantations était une terre végétale très grasse, que le jardinier jugea propre à la culture de nos graines ; il sema des choux, des carottes, des betteraves, du maïs, des citrouilles ; et nous cherchâmes à faire comprendre aux insulaires que ces graines produiraient des fruits et des racines qu'ils pourraient manger ; ils nous entendirent parfaitement, et dès lors ils nous désignèrent les meilleures terres, nous indiquant les endroits où ils désiraient voir nos nouvelles productions. Nous ajoutâmes aux plantes légumineuses des graines d'oranger, de citronnier et de coton, en leur faisant comprendre que c'étaient des arbres, et que ce que nous avions semé précédemment était des plantes.

» Nous ne rencontrâmes d'autre arbuste que le mûrier à papier et le mimosa ; il y avait aussi des champs assez considérables de morelle, que ces peuples m'ont paru cultiver dans les terres épuisées par les ignames et les patates. Nous continuàmes notre route vers les montagnes qui, quoiqu'assez élevées, se terminent toutes en une pente facile, et sont couvertes de gramen ; nous n'aperçûmes aucune trace de ravin ni de torrent. Après avoir fait environ deux lieues à l'est, nous retournâmes au sud vers la côte du sud-ouest, que nous avions prolongée la veille avec nos vaisseaux, et sur laquelle, à l'aide de nos lunettes, nous avons aperçu beaucoup de monuments ; plusieurs étaient renversés ; il paraît que ces peuples ne s'occupent pas de les réparer ; d'autres étaient debout, leur plate-forme à moitié ruinée. Le plus grand de ceux que j'ai mesurés avait seize pieds dix pouces de hauteur, en y comprenant le chapiteau, qui a trois pieds un pouce, et qui est d'une lave poreuse fort légère ; sa largeur aux épaules était de six pieds sept pouces, et son épaisseur à la base, de deux pieds sept pouces.

» Ayant ensuite aperçu quelques cases rassemblées, je dirigeai ma route vers cette espèce de village, dont une des maisons avait trois cent trente pieds de longueur, et la forme d'une pirogue renversée. Très près de cette case, nous remarquâmes les fondements de plusieurs autres qui n'existent plus ; ces fondations sont composées de pierres de lave taillées, dans lesquelles il y a des trous d'environ deux pouces de diamètre.

» Il nous parut que cette partie de l'île était mieux cultivée et plus habitée que les environs de la baie de Cook. Les monuments et les plate-formes y étaient aussi plus multipliés. Nous vîmes sur différentes pierres dont ces plate-formes sont composées, des squelettes grossièrement dessinés, et nous y aperçûmes des trous bouchés avec des pierres, par lesquels nous pensâmes qu'on devait communiquer à des caveaux qui contenaient les cadavres des morts. Un Indien nous expliqua, par des signes bien expressifs, qu'on les y enterrait, et qu'ils montaient ensuite au ciel.

» Nous rencontrâmes, sur le bord de la mer, des pyramides de pierres rangées à peu près comme des boulets dans un parc d'artillerie, et nous aperçûmes quelques ossements humains dans le voisinage de ces pyramides et de ces statues qui toutes avaient le dos tourné vers la mer. Nous visitâmes, dans la matinée, sept différentes plate-formes sur lesquelles il y avait des statues debout ou renversées ; elles ne différaient que par leur grandeur : le temps avait fait sur elles plus ou moins de ravages, suivant leur ancienneté. Nous trouvâmes auprès de la dernière une espèce de mannequin de jonc qui figurait une statue humaine de dix pieds de hauteur ; il était recouvert d'une étoffe blanche du pays, la tête de grandeur naturelle, et le corps mince, les jambes dans des proportions assez exactes ; à son cou pendait un filet en forme de panier revêtu d'étoffes blanches : il nous parut qu'il contenait de l'herbe. A côté de ce sac, il y avait une figure d'enfant, de deux pieds de longueur, dont les bras étaient en croix et les jambes pendantes.

» Ce mannequin ne pouvait exister depuis un grand nombre d'années ; c'était peut-être un modèle des statues qu'on érige aujourd'hui aux chefs du pays.

» A côté de cette même plate-forme, on voyait deux parapets qui formaient une enceinte de trois cent quatre-vingt-quatre pieds de longueur sur trois cent vingt-quatre pieds de largeur : nous ne pûmes savoir si c'était un réservoir pour l'eau, ou un commencement de forteresse contre des ennemis ; mais il nous parut que cet ouvrage n'avait jamais été fini.

» En continuant à faire route au couchant, nous rencontrâmes environ vingt enfants qui marchaient sous la conduite de quelques femmes, et qui paraissaient aller vers les maisons dont j'ai déjà parlé.

» A l'extrémité de la pointe sud de l'île, nous vîmes le cratère d'un ancien volcan dont la grandeur, la profondeur et la régularité excitèrent notre admiration ; il a la forme d'un cône tronqué ; sa base supérieure, qui est la plus large, paraît avoir plus de deux tiers de lieue de circonférence. On peut estimer l'étendue de la base inférieure, en supposant que le côté du cône fait avec la verticale un angle d'environ 30° : cette base inférieure forme un cercle parfait ; le fond est marécageux ; on y aperçoit plusieurs grandes lagunes d'eau douce, dont la surface nous parut au-dessus du niveau de la mer : la profondeur de ce cratère est au moins de huit cents pieds. »

» Le père Receveur, qui y descendit, nous rapporta que ce marais était bordé des plus belles plantations de bananiers et de mûriers. Il paraît, comme nous l'avions observé en naviguant le long de la côte, qu'il s'est fait un éboulement considérable vers la mer, qui a occasioné une grande brèche à ce cratère ; la hauteur de cette brèche est d'un tiers du cône entier, et sa largeur d'un dixième de la circonférence supérieure. L'herbe qui a poussé sur les côtés du cône, les marais qui sont au fond, et la fécondité des terrains adjacents, annoncent que les feux souterrains sont éteints depuis longtemps (1) : nous vîmes au fond du cratère les seuls oiseaux que nous ayons rencontrés sur l'île ; c'étaient des hirondelles de mer. La nuit me força de me rapprocher des vaisseaux. Nous aperçûmes auprès d'une maison une grande quantité d'enfants qui s'enfuirent à notre approche : il nous parut vraisemblable que cette maison logeait tous les enfants du district ; leur âge était trop

---

(1) On voit sur le bord de ce cratère, du côté de la mer, une statue presque entièrement dévorée par le temps, qui prouve qu'il y a plusieurs siècles que le volcan est éteint.

peu différent pour qu'ils pussent appartenir aux deux femmes qui paraissaient chargées d'en avoir soin. Il y avait auprès de cette maison un trou en terre où l'on cuisait des ignames et des patates, selon la manière pratiquée aux îles de la Société.

» De retour à la tente, je donnai à trois différents habitants les trois espèces d'animaux que nous leur destinions; je fis choix de ceux qui me parurent les plus propres à multiplier.

» Ces insulaires sont hospitaliers; ils nous ont présenté plusieurs fois des patates et des cannes à sucre : mais ils n'ont jamais manqué l'occasion de nous voler lorsqu'ils ont pu le faire impunément. A peine la dixième partie de l'île est-elle cultivée; les terrains défrichés ont la forme d'un carré long très régulier, sans aucune espèce de clôture; le reste de l'île, jusqu'au sommet des montagnes, est couvert d'une herbe verte fort grossière. Nous étions dans la saison humide; nous trouvâmes la terre humectée à un pied de profondeur : quelques trous dans les collines contenaient un peu d'eau douce; mais nous ne rencontrâmes nulle part une eau courante. Le terrain paraît d'une bonne qualité; il serait d'une végétation encore plus forte s'il était arrosé.

» Nous n'avons connu à ces peuples aucun instrument dont ils puissent se servir pour cultiver leurs champs; il est vraisemblable qu'après les avoir nettoyés, ils y font des trous avec des piquets de bois, et qu'ils plantent ainsi leurs patates et leurs ignames. On rencontre très rarement quelques buissons de mimosa, dont les plus fortes tiges n'ont que trois pouces de diamètre.

» Les conjectures qu'on peut former sur le gouvernement de ce peuple, sont qu'ils ne composent entre eux qu'une seule nation, divisée en autant de districts qu'il y a de morais, parce qu'on remarque que les hameaux sont bâtis à côté de ces cimetières. Il paraît que les productions de la terre sont communes à tous les habitants du même district.

» On rencontre deux fois plus d'hommes que de femmes; si en effet elles ne sont pas en moindre nombre, c'est parce que, plus casanières que les hommes, elles sortent moins de leurs maisons. La population entière peut être évaluée à deux mille personnes : plusieurs maisons que nous vîmes en construction, et le nombre des enfants, doivent faire penser qu'elle ne diminue pas; cependant il y a lieu de croire que cette population était plus considérable lorsque l'île était boisée.

» Si ces insulaires avaient l'industrie de construire des citernes, ils remédieraient par là, à un des plus grands malheurs de leur situation, et ils prolongeraient peut-être le cours de leur vie : on ne voit pas dans cette île un seul homme qui paraisse âgé de plus de soixante-cinq ans, si toutefois on peut juger de l'âge d'hommes qu'on connaît si peu, et dont la manière de vivre est si différente de la nôtre »

CHAPITRE VI

Départ de l'île de Pâques. — Observations astronomiques. — Arrivée aux îles Sandwich. — Mouillage dans la baie de Ceriporepo de l'île de Mowée. — Départ.

En partant de la baie de Cook, dans l'île de Pâques, le 10 au soir, je fis route au nord, et prolongeai la côte de cette île à une lieue de distance, au clair de la lune : nous ne la perdîmes de vue que le lendemain à deux heures du soir alors que nous en étions à vingt lieues. Les vents jusqu'au 17 furent constamment du sud-est à l'est-sud-est : le temps était extrêmement clair; il ne changea et ne se couvrit que lorsque les vents passèrent à l'est-nord-est, où ils se fixèrent depuis le 17 jusqu'au 20. Nous commençâmes alors à prendre des bonites, qui suivirent constamment nos frégates jusqu'aux îles Sandwich, et fournirent, presque chaque jour, pendant un mois et demi, une ration complète aux équipages. Cette bonne nourriture maintint notre santé dans le meilleur état; et après dix mois de navigation, pendant lesquels il n'y eut que vingt-cinq jours de relâche, nous n'eûmes pas un seul malade à bord des deux bâtiments.

Nous naviguions dans des mers inconnues; notre route était à peu près parallèle à celle du capitaine Cook en 1777, lorsqu'il fit voile des îles de la Société pour la côte du nord-ouest de l'Amérique; mais nous étions environ huit cents lieues plus à l'est. Je me flattais, dans un trajet de près de deux mille lieues, de faire quelque découverte; il y avait sans cesse des matelots au haut des mâts, et j'avais promis un prix à celui qui le premier apercevrait la terre. Afin de découvrir un plus grand espace, nos frégates marchaient de front pendant le jour, laissant entre elles un intervalle de trois ou quatre lieues.

M. Dagelet, dans cette traversée comme dans toutes les autres, ne laissait jamais échapper l'occasion de faire des observations de distances; leur accord avec les montres de M. Berthoud était si parfait, que la différence n'a jamais été que de 10 à 15 minutes de degré : elles se servaient de preuve l'une à l'autre. M. de Langle avait des résultats aussi satisfaisants, et nous connaissions chaque jour la direction des courants par la différence de la longitude estimée à la longitude observée : ils nous portèrent à l'ouest jusqu'à un degré de latitude sud, avec une vitesse d'environ trois lieues en vingt-quatre heures; ils reversèrent ensuite à l'est avec la même vitesse, jusque par les 7° nord qu'ils reprirent leur cours à l'ouest : et à notre arrivée aux îles Sandwich, notre longitude d'estime différait à peu près de 5° de la longitude observée; en sorte que si, comme les anciens navigateurs, nous n'avions jamais eu aucun moyen d'observation, nous aurions placé les îles Sandwich 5° plus à l'est. C'est, sans doute, de cette direction des courants peu observée autrefois, que proviennent les erreurs des cartes espagnoles; car il est remarquable qu'on a retrouvé, dans ces derniers temps, la plupart des îles découvertes par Quiros, Mendana, et autres navigateurs de cette nation, mais toujours trop rapprochées, sur leurs cartes, des côtes de l'Amérique. Je dois même ajouter que, si l'amour-propre de nos pilotes n'avait pas un peu souffert de la différence qui se trouvait chaque jour entre la longitude estimée et la longitude observée, il est très probable que nous aurions eu 8 ou 10° d'erreur à notre aterrage, et que conséquemment, dans des temps moins éclairés, nous aurions placé les îles Sandwich 10° plus à l'est.

Ces réflexions me laissèrent beaucoup de doute sur l'existence du groupe d'îles appelé, par les Espagnols, *la Mesa, los Majos, la Disgraciada*. Sur la carte que l'amiral Anson prit à bord du galion espagnol, et que l'éditeur de son voyage a fait graver, ce groupe est placé précisément par la même latitude que les îles Sandwich, et 16 ou 17° plus à l'est. Mes différences journalières en longitude me firent croire que ces îles étaient absolument les mêmes; mais ce qui acheva de me convaincre, ce fut le nom de *Mesa*, qui veut dire *table,* donné par les Espagnols à l'île d'Owhyhee : j'avais lu dans la description de cette même île par le capitaine King, qu'après en avoir doublé la pointe orientale, on découvrait une montagne appelée Mowna-roa, qu'on aperçoit très longtemps : « Elle est, dit-il, aplatie à la cime, et forme » ce que les marins appellent un plateau. » L'expression anglaise est même plus significative, car le capitaine King dit *table-land*.

Quoique la saison fût très avancée, et que je n'eusse pas un instant à perdre pour arriver sur les côtes de l'Amérique, je me décidai de suite à faire une route qui portât mon opinion jusqu'à l'évidence : le résultat, si j'étais dans l'erreur, devait être de rencontrer un second groupe d'îles oubliées des Espagnols depuis peut-être plus d'un siècle, de déterminer leur position et leur éloignement précis des îles Sandwich.

Ceux qui connaissent mon caractère ne pourrront soupçonner que j'aie été guidé, dans cette recherche, par l'envie d'enlever au capitaine Cook l'honneur de cette découverte. Plein d'admiration et de respect pour la mémoire de ce grand homme, il sera toujours à mes yeux le premier des navigateurs. Et celui qui a déterminé la position précise de ces îles, qui en a exploré les côtes, qui a fait connaître les mœurs, les usages, la religion des habitants, et qui a payé de son sang toutes les lumières que nous avons aujourd'hui sur ces peuples ; celui-là, dis-je, est le vrai Christophe Colomb de cette contrée, de la côte d'Alaska, et de presque toutes les îles de la mer du Sud.

Le hasard fait découvrir des îles aux plus ignorants ; mais il n'appartient qu'aux grands hommes comme lui de ne rien laisser à désirer sur les pays qu'ils ont vus. Les marins, les philosophes, les physiciens, chacun trouve dans ses voyages ce qui fait l'objet de son occupation ; tous les hommes peut-être, du moins tous les navigateurs, doivent un tribu d'éloges à sa mémoire : comment me refuser à le lui rendre au moment d'aborder le groupe d'îles où il a fini si malheureusement sa carrière ?

Le 7 mai, par 8° de latitude nord, nous aperçûmes beaucoup d'oiseaux de l'espèce des pétrels, avec des frégates et des pails-en-culs ; ces deux dernières espèces s'éloignent, dit-on, peu de terre : nous voyions aussi beaucoup de tortues passer le long du bord : l'Astrolabe en prit deux, qu'elle partagea avec nous, et qui étaient fort bonnes.

Les oiseaux et les tortues nous suivirent jusque par les 14°, et je ne doute pas que nous n'ayons passé auprès de quelque île vraisemblablement inhabitée ; car un rocher au milieu des mers sert plutôt de repaire à ces animaux qu'un pays cultivé. Nous étions alors fort près de Roca-Partida et de la Nublada : je dirigeai ma route pour passer à peu près à vue de Rocca-Partida, si sa longitude était bien déterminée ; mais je ne voulus pas courir par sa latitude, n'ayant pas, relativement à mes autres projets, un seul jour à donner à cette recherche : je savais très bien que, de cette manière, il était probable que je ne la rencontrerais pas, et je fus peu surpris de n'en avoir aucune connaissance. Lorsque sa latitude fut dépassée, les oiseaux disparurent ; et jusqu'à mon arrivée aux îles Sandwich, sur un espace de cinq cents lieues, nous n'en avons jamais vu plus de deux ou trois dans le même jour.

Croyant rendre un service important à la géographie, si je parvenais à enlever des cartes ces noms oiseux qui désignent des îles qui n'existent pas, et éternisent des erreurs très préjudiciables à la navigation, je voulus, afin de ne laisser aucun doute, prolonger ma route jusqu'aux îles Sandwich : je formai même le projet de passer entre l'île d'Owhyhee et celle de Mowée, que les Anglais n'ont pas été à portée d'explorer, et je me proposai de descendre à terre à Mowée, d'y traiter de quelques comestibles, et d'en partir sans perdre un instant. Je savais qu'en ne suivant que particllement mon plan, et ne parcourant que deux cents lieues sur cette ligne, il resterait encore des incrédules, et je voulus qu'on n'eût pas la plus légère objection à me faire.

Le 18 mai, j'étais par 20° de latitude nord, et 139° de longitude occidentale, précisément sur l'île Disgraciada des Espagnols, et je n'avais encore aucun indice de terre.

Le 20, j'avais coupé par le milieu le groupe entier de los Majos, et je n'avais jamais eu moins d'apparence d'être dans les environs d'aucune île ; je continuai de courir à l'ouest sur ce parallèle entre 20 et 21° ; enfin, le 28 au matin, j'eus connaissance des montagnes de l'île d'Owhyhee, qui étaient couvertes de neige, et bientôt après celle de Mowée, un peu moins élevées que celles de l'autre île. Je forçai de voiles pour approcher la terre : mais j'en étais encore à sept ou huit lieues à l'entrée de la nuit ; je la passai bord sur bord, attendant le jour pour donner dans le canal formé par ces deux îles, et pour chercher un mouillage sous le vent de Mowée, auprès de l'île Morokinne.

A neuf heures du matin, j'apercevais, à l'ouest, 22° nord, un îlot que les Anglais n'ont pas été à portée de voir. L'aspect de l'île Mowée était ravissant ; j'en prolongeai la côte à une lieue. Nous voyions l'eau se précipiter en cascade de la cime des montagnes, et descendre à la mer après avoir arrosé les habitations des Indiens ; elles sont si multipliées, qu'on pourrait prendre un espace de trois à quatre lieues pour un seul village : mais toutes les cases sont sur le bord de la mer ; et les montagnes en sont si rapprochées, que le terrain habitable m'a paru avoir moins d'une demi-lieue de profondeur. Il faut être marin, et réduit, comme nous, dans ces climats brûlants, à une bouteille d'eau par jour, pour se faire une idée des sensations que nous éprouvions. Les arbres qui couronnaient les montagnes ; la verdure, les bananiers qu'on apercevait autour des habitations, tout produisait sur nos sens un charme inexprimable ; mais la mer brisait sur la côte avec la plus grande force : et, nouveaux Tantales, nous étions réduits à désirer et à dévorer des yeux ce qu'il nous était impossible d'atteindre.

Je voulais terminer avant la nuit le développement de cette partie de l'île, jusqu'à celle de Morokinne, auprès de laquelle je me flattais de trouver un mouillage à l'abri des vents alizés : ce plan, dicté par les circonstances impérieuses où je me trouvais, ne me permit pas de diminuer de voiles pour attendre environ cent cinquante pirogues qui se détachèrent de la côte ; elles étaient chargées de fruits et de cochons que les Indiens nous proposaient d'échanger contre des morceaux de fer.

Presque toutes les pirogues abordèrent l'une ou l'autre frégate ; mais notre vitesse était si grande, qu'elles se remplissaient d'eau le long du bord : les Indiens étaient obligés de larguer la corde que nous leur avions filée ; ils se jetaient à la nage ; ils couraient d'abord après leurs cochons ; et les rapportant dans leurs bras, ils soulevaient avec leurs épaules leurs pirogues, en vidaient l'eau et y remontaient gaîment, cherchant à force de pagaie, à regagner auprès de nos frégates le poste qu'ils avaient été obligés d'abandonner, et qui avait été dans l'instant occupé par d'autres auxquels le même accident était aussi arrivé.

Nous vîmes ainsi renverser successivement plus de quarante pirogues; et quoique le commerce que nous faisions avec ces bons Indiens convînt infiniment aux uns et aux autres, il nous fut impossible de nous procurer plus de quinze cochons et quelques fruits et nous manquâmes l'occasion de traiter pour près de trois cents autres.

Les pirogues étaient à balancier ; chacune avait de trois à cinq hommes ; les moyennes pouvaient avoir vingt-quatre pieds de longeur, un pied seulement de largeur, et à peu près autant de profondeur : nous en pesâmes une de cette dimension, dont le poids n'excédait pas cinquante livres. C'est avec ces frêles bâtiments que les habitants de ces îles font des trajets de soixante lieues, traversent des canaux qui ont vingt lieues de largeur, comme celui entre Atooi et Wohaoo, où la mer est fort grosse ; mais ils sont si bons nageurs, qu'on ne peut leur comparer que les phoques ou les loups marins.

A mesure que nous avancions, les montagnes semblaient s'éloigner vers l'intérieur de l'île, qui se montrait à nous sous la forme d'un amphitéâtre assez vaste, mais d'un vert jaune : on n'apercevait plus de cascades ; les arbres étaient beaucoup moins rapprochés dans la plaine ; les villages étaient composés de dix à douze cabanes seulement, très éloignées les unes des autres. A chaque instant, nous avions un juste sujet de regretter le pays que nous laissions derrière nous ; et nous ne trouvâmes un abri que lorsque nous eûmes sous les yeux un rivage affreux où la lave avait autrefois coulé, comme les cascades coulent aujourd'hui dans l'autre partie de l'île.

Après avoir gouverné au sud-ouest-quart-ouest jusqu'à la pointe du sud-ouest de l'île Mowée, je vins à l'ouest et successivement au nord-ouest, pour gagner un mouillage que l'Astrolabe avait déjà pris à un tiers de lieue de terre.

Les Indiens des villages de cette partie de l'île s'empressèrent de venir à bord dans leurs pirogues, apportant, pour commercer avec nous, quelques cochons, des patates, des bananes, des racines de pied-de-veau que les Indiens nomment *tarro*, avec des étoffes et quelques autres curiosités faisant partie de leur costume.

Je ne voulus leur permettre de monter à bord que lorsque la frégate fut mouillée, et que les voiles furent serrées ; je leur dis que j'étais *Tabou*, et ce mot, que je connaissais d'après les relations anglaises, eut tout le succès que j'en attendais. M. de Langle, qui n'avait pas pris la même précaution, eut en un instant le pont de sa frégate très embarrassé par une multitude de ces Indiens ; mais ils étaient si dociles, ils craignaient si fort de nous offenser, qu'il était extrêmement aisé de les faire rentrer dans leurs pirogues. Je n'avais pas d'idée d'un peuple si doux, si plein d'égards. Lorsque je leur eus permis de monter sur ma frégate, ils n'y faisaient pas un pas sans notre agrément ; ils avaient toujours l'air de craindre de nous déplaire ; la plus grande fidélité régnait dans leur commerce. Nos morceaux de vieux cercles de fer excitaient infiniment leurs désirs ; ils ne manquaient pas d'adresse pour s'en procurer, en faisant bien leurs marchés : jamais ils n'auraient vendu en bloc une quantité d'étoffes ou plusieurs cochons ; ils savaient très bien qu'il y aurait plus de profit pour eux à convenir d'un prix particulier pour chaque article.

Cette habitude du commerce, cette connaissance du fer qu'ils ne doivent pas aux Anglais, d'après leur aveu, sont de nouvelles preuves de la fréquentation que ces peuples ont eue anciennement avec les Espagnols (1). Cette nation avait, il y a un siècle, de très fortes raisons

---

(1) Il paraît certain que ces îles ont été découvertes, pour la première fois, par Gaétan, en 1542. Ce navigateur partit du port de la Nativité sur la côte occidentale du Mexique, par 20° de latitude nord : il fit route à l'ouest ; et après avoir parcouru neuf cents lieues sur cette aire de vent (sans conséquemment changer de latitude), il eut connaissance d'un groupe d'îles habitées par des sauvages presques nus. Ces îles étaient bordées de corail ; il y avait des cocos et plusieurs autres fruits, mais ni or ni argent : il les nomma les *Iles des Rois*, vraisemblablement du jour où il fit cette découverte ; et il nomma *île des Jardins*, celle qu'il trouva vingt lieues plus à l'ouest. Il eût été impossible aux géographes, d'après cette relation, de ne pas placer les découvertes de Gaétan précisément au même point où le capitaine Cook a retrouvé depuis les îles Sandwich : mais le rédacteur espagnol ajoute que ces îles sont situées entre le 9° et le 11° degré de latitude, au lieu de dire entre le 19° et le 21°, comme tous les marins doivent le conclure d'après la route de Gaétan.

Cette dizaine oubliée est-elle une erreur de chiffres, ou un trait de politique de la Cour d'Espagne, qui avait un très grand intérêt à cacher la position de toutes les îles de cet océan ?

Je suis porté à croire que c'est une erreur de chiffre, parce qu'il eût été maladroit d'imprimer que Gaétan, parti du 20° de latitude, fît route directement à l'ouest : si on avait voulu tromper sur la latitude, il n'eût pas été plus difficile de lui faire parcourir une autre aire de vent.

pour ne pas faire connaître ces îles, parce que les mers occidentales de l'Amérique étaient infestées de pirates qui auraient trouvé des vivres chez ces insulaires, et qui, au contraire, par la difficulté de s'en procurer, étaient obligés de courir à l'ouest vers les mers des Indes, ou de retourner dans la mer Atlantique par le cap Horn.

Lorsque la navigation des Espagnols à l'occident a été réduite au seul galion de Manille, je crois que ce vaisseau, qui était extrêmement riche, a été contraint par les propriétaires à faire une route fixe qui diminuât leurs risques. Ainsi, peu à peu, cette nation a perdu peut-être jusqu'au souvenir de ces îles conservées sur la carte générale du troisième voyage de Cook, par le lieutenant Roberts, avec leur ancienne position à 15° plus à l'est que les îles Sandwich; mais leur identité avec ces dernières me paraissant démontrée, j'ai cru devoir en nettoyer la surface de la mer.

Il était si tard lorsque nos voiles furent serrées, que je fus obligé de remettre au lendemain la descente que je me proposais de faire sur cette île, où rien ne pouvait me retenir qu'une aiguade facile : mais nous nous apercevions déjà que cette partie de la côte était absolument privée d'eau courante, la pente des montagnes ayant dirigé la chute de toutes les pluies vers le côté du vent. Peut-être un travail de quelques journées sur la cime des montagnes suffirait pour rendre commun à toute l'île un bien si précieux; mais ces Indiens ne sont pas encore parvenus à ce degré d'industrie : ils sont cependant très avancés à beaucoup d'autres égards.

On connaît par les relations anglaises la forme de leur gouvernement : l'extrême subordination qui règne parmi eux est une preuve qu'il y a une puissance très reconnue qui s'étend graduellement du roi au plus petit chef, et pèse sur la classe du peuple. Mon imagination se plaisait à les comparer aux Indiens de l'île de Pâques, dont l'industrie est au moins aussi avancée : les monuments de ces derniers montrent même plus d'intelligence; leurs étoffes sont mieux fabriquées, leurs maisons mieux construites : mais leur gouvernement est si vicieux, que personne n'a droit d'arrêter le désordre; ils ne reconnaissent aucune autorité; et quoique je ne les croie pas méchants, il n'est que trop ordinaire à la

---

Quoi qu'il en soit, à la dizaine prêt qu'il faut ajouter à la latitude de Gaétan, tout se rapporte : même distance de la côte du Mexique, même peuple, même production en fruits, côte également bordée de corail, même étendue enfin du nord au sud; le gisement des îles Sandwich étant à peu près entre le 19ᵉ et le 21ᵉ degré, comme celles de Gaétan entre le 9ᵉ et le 11ᵉ. Cette nouvelle preuve, jointe à celles déjà citées, me paraît porter cette discussion de géographie au dernier degré d'évidence : j'aurais pu ajouter encore qu'il n'existe aucun groupe d'îles entre le 9ᵉ et le 11ᵉ degré, route ordinaire des galions d'Acapulco à Manille.

licence d'entraîner des suites fâcheuses et souvent funestes. En faisant le rapprochement de ces deux peuples, tous les avantages étaient en faveur de celui des îles Sandwich, quoique tous mes préjugés fussent contre lui, à cause de la mort du capitaine Cook. Il est plus naturel à des navigateurs de regretter un aussi grand homme, que d'examiner de sang-froid si quelque imprudence de sa part n'a pas, en quelque sorte, contraint les habitants d'Owhyhee à recourir à une juste défense.

La nuit fut fort tranquille. A la pointe du jour le grand canot de l'Astrolabe fut détaché avec MM. de Vaujuas, Boutin et Bernizet; ils avaient ordre de sonder une baie très profonde qui nous restait au nord-ouest, et dans laquelle je soupçonnais un meilleur mouillage que le nôtre : mais ce nouveau mouillage, quoique praticable, ne valait guère mieux que celui que nous occupions. Suivant le rapport de ces officiers, cette partie de l'île de Mowée, n'offrant aux navigateurs ni eau ni bois, et n'ayant que de très mauvaises rades, doit être assez peu fréquentée.

A huit heures du matin, quatre canots des deux frégates étaient prêts à partir; les deux premiers portaient vingt soldats armés, commandés par M. de Pierrevert, lieutenant de vaisseau. M. de Langle et moi, suivis de tous les passagers et officiers qui n'avaient pas été retenus à bord par le service, étions dans les deux autres. Cet appareil n'effraya point les naturels, qui, dès la pointe du jour, étaient le long du bord dans leurs pirogues; ces Indiens continuèrent leur commerce; ils ne nous suivirent point à terre, et ils conservèrent l'air de sécurité que leur visage n'avait jamais cessé d'exprimer.

Cent vingt personnes environ, hommes ou femmes, nous attendaient sur le rivage. Les soldats débarquèrent les premiers avec leurs officiers; nous fixâmes l'espace que nous voulions nous réserver : les soldats avaient la baïonnette au bout du fusil, et faisaient le service avec autant d'exactitude qu'en présence de l'ennemi. Ces formes ne firent aucune impression sur les habitants : dans une attitude respectueuse ils cherchaient à pénétrer le motif de notre visite, afin de prévenir nos désirs.

Deux Indiens qui paraissaient avoir quelque autorité sur les autres, s'avancèrent; ils me firent très gravement une assez longue harangue, dont je ne compris pas un mot, et ils m'offrirent chacun en présent un cochon que j'acceptai. Je leur donnai, à mon tour, des médailles, des haches et d'autres morceaux de fer, objets d'un prix inestimable pour eux. Mes libéralités firent un très grand effet.

Après avoir visité le village, j'ordonnai à six soldats commandés par un sergent de nous accompagner : je laissai les autres sur le bord de la mer, aux ordres de M. de Pierrevert; ils étaient chargés de la garde de nos canots dont aucun matelot n'était descendu.

Quoique les Français fussent les premiers qui, dans ces derniers temps, eussent abordé sur l'île de Mowée, je ne crus pas devoir en prendre possession au nom du roi : les usages des Européens sont, à cet égard, trop complètement ridicules. Les philosophes doivent gémir, en effet, de voir que des hommes, par cela seul qu'ils ont des canons et des baïonnettes, comptent pour rien soixante mille de leurs semblables ; que, sans respect pour leurs droits les plus sacrés, ils regardent comme un objet de conquête une terre que ses habitants ont arrosée de leur sueur, et qui, depuis tant de siècles, sert de tombeau à leurs ancêtres. Les navigateurs modernes n'ont pour objet, en décrivant les mœurs des peuples nouveaux, que de compléter l'histoire de l'homme ; leur navigation doit achever la reconnaissance du globe ; et les lumières qu'ils cherchent à répandre ont pour unique but de rendre plus heureux les insulaires qu'ils visitent, et d'augmenter leurs moyens de subsistance.

C'est par une suite de ces principes qu'ils ont déjà transporté dans leurs îles des taureaux, des vaches, des chèvres, des brebis, des béliers ; qu'ils y ont aussi planté des arbres, semé des graines de tous les pays, et porté des outils propres à accélérer les progrès de l'industrie. Pour nous, nous serions amplement dédommagés des fatigues extrêmes de cette campagne, si nous pouvions parvenir à détruire l'usage de ces sacrifices humains, qu'on dit être généralement répandu chez les insulaires de la mer du Sud. Mais, malgré l'opinion de M. Anderson et du capitaine Cook, je crois, avec le capitaine King, qu'un peuple aussi bon, aussi doux, aussi hospitalier, ne peut être anthropophage ; une religion atroce s'associe difficilement avec des mœurs douces : et puisque le capitaine King dit, dans sa relation, que les prêtres d'Owhyhee étaient leurs meilleurs amis, je dois en conclure que, si la douceur et l'humanité ont déjà fait des progrès dans cette classe chargée des sacrifices humains, il faut que le reste des habitants soit encore moins féroce : il paraît donc évident que l'anthropophagie n'existe plus parmi ces insulaires ; mais il n'est que trop vraisemblable que c'est depuis peu de temps.

Le sol de l'île n'est composé que de détriments de lave et autres matières volcaniques. Les habitants ne boivent que de l'eau saumâtre, puisée dans des puits peu profonds et si peu abondants, que chacun ne pourrait fournir une demi-barrique d'eau par jour. Nous rencontrâmes dans notre promenade quatre petits villages de dix à douze maisons ; elles sont construites et couvertes en paille, et ont la forme de celles de nos paysans les plus pauvres ; les toits sont à deux pentes : la porte, placée dans le pignon, n'a que trois pieds et demi d'élévation, et on ne peut y entrer sans être courbé ; elle est fermée par une simple claie que chacun peut ouvrir. Les meubles de ces insulaires consistent dans des nattes qui, comme nos tapis, forment un parquet très propre, et sur lequel ils couchent ; ils n'ont d'ailleurs d'autres ustensiles de cuisine que des calebasses très grosses, auxquelles ils donnent les formes qu'ils veulent lorsqu'elles sont vertes ; ils les vernissent, et y tracent, en noir, toute sorte de dessins ; j'en ai vu aussi qui étaient collées l'une à l'autre, et formaient ainsi des vases très grands : il paraît que cette colle résiste à l'humidité, et j'aurais bien désiré en connaître la composition. Les étoffes, qu'ils ont en très grande quantité, sont faites avec le mûrier à papier comme celles des autres insulaires ; mais, quoiqu'elles soient peintes avec beaucoup plus de variété, leur fabrication m'a paru inférieure à toutes les autres. A mon retour, je fus encore harangué par des femmes qui m'attendaient sous des arbres ; elles m'offrirent en présent plusieurs pièces d'étoffes que je payai avec des haches et des clous.

Le lecteur ne doit pas s'attendre à trouver ici des détails sur un peuple que les relations anglaises nous ont si bien fait connaître : ces navigateurs ont passé dans ces îles quatre mois, et nous n'y sommes restés que quelques heures ; ils avaient de plus l'avantage d'entendre la langue du pays : nous devons donc nous borner à raconter notre propre histoire.

Notre rembarquement se fit à onze heures, en très bon ordre, sans confusion, et sans que nous eussions la moindre plainte à former contre personne. Nous arrivâmes à bord à midi. M. de Clonard y avait reçu un chef, et avait acheté de lui un manteau et un beau casque recouvert de plumes rouges ; il avait aussi acheté plus de cent cochons, des bananes, des patates, du tarro, beaucoup d'étoffes, des nattes, une pirogue à balancier, et différents autres petits meubles en plumes et en coquilles.

Nous n'achevâmes de lever notre ancre qu'à cinq heures du soir ; il était trop tard pour diriger ma route entre l'île de Ranai et la partie ouest de l'île Mowée : c'était un canal nouveau que j'aurais voulu reconnaître ; mais la prudence ne me permettait pas de l'entreprendre la nuit. Jusqu'à huit heures nous eûmes de folles brises avec lesquelles nous ne pûmes faire une demi-lieue. Enfin le vent se fixa au nord-est ; je dirigeai ma route à l'ouest, passant à égale distance de la pointe du nord-ouest de l'île Tahoorowa et de la pointe du sud-ouest de l'île Ranai. Au jour, je mis le cap sur la pointe du sud-ouest de l'île Morotoi, que je rangeai à trois quarts de lieue, et je débouchai, comme les Anglais, par le canal qui sépare l'île de Wohaoo de celle de Morotoi : cette dernière île ne m'a point paru habitée dans cette partie, quoique, suivant les relations anglaises, elle le soit beaucoup dans l'autre. Il est remarquable que, dans ces îles, les parties les plus fertiles, les plus saines, et conséquemment les plus habitées, sont toujours au vent. Nos îles de la Guadeloupe, de la Martinique, etc., ont une si parfaite ressemblance avec ce nouveau groupe, que tout m'y a paru absolument égal, au moins relativement à la navigation.

MM. Dagelet et Bernizet ont pris avec le plus grand soin tous les relèvements de la partie de Mowée que nous avons parcourue, ainsi que de l'île Morokinne : il a été impossible aux Anglais, qui n'en ont jamais approché qu'à la distance de dix lieues, de donner rien d'exact.

Le premier juin, à six heures du soir, nous étions en dehors de toutes les îles ; nous avions employé moins de quarante-huit heures à cette reconnaissance, et quinze jours au plus pour éclaircir un point de géographie qui m'a paru très important, puisqu'il enlève des cartes cinq ou six îles qui n'existent pas. Les poissons qui nous avaient suivis depuis les environs de l'île de Pâques jusqu'au mouillage disparurent. Un fait assez digne d'attention, c'est que le même banc de poissons a fait quinze cents lieues à la suite de nos frégates : plusieurs bonites, blessées par nos foënes (1), portaient sur le dos un signalement auquel il était impossible de se méprendre ; et nous reconnaissions ainsi, chaque jour, les mêmes poissons que nous avions vus la veille. Je ne doute pas que, sans notre relâche aux îles Sandwich, ils ne nous eussent suivis encore deux ou trois cents lieues, c'est-à-dire jusqu'à la température à laquelle ils n'auraient pu résister (2).

---

(1) Trident avec lequel on harponne le poisson.

(2) Les îles Sandwich, dont nous n'avons pas à donner ici la description, sont aujourd'hui un centre considérable de commerce. Ses exportations s'y sont élevées, en 1871, à 2,140,000 dollars et les importations à 1,500,000 dollars. Presque toutes les transactions commerciales se font, au port d'Honolulu, par les Anglais et les Américains qui y ont fondé des maisons de commerce.

La population indigène évaluée à l'époque de La Pérouse à 400,000 habitants, n'était plus, en 1872, que de 50,000, il s'y trouvait établis, à la même époque, sept à huit mille Européens.

Le confortable de la vie civilisée n'y laisse rien à désirer et l'instruction primaire y est sûrement plus répandue qu'en aucun autre pays, même d'Europe. « On n'y trouve certainement pas, dit M. de Varigny, dans son excellent ouvrage publié en 1874 (1), des personnes, hommes et femmes, âgées de vingt ans, qui ne sachent parfaitement lire, écrire, compter. L'instruction y est obligatoire; la langue écrite est l'anglais; la langue parlée, une sorte de dialecte malais. »

On sait que depuis 1875 les îles Sandwich sont sous le protectorat des Etats-Unis.

(1) *Quatorze ans aux îles Sandwich.*

CHAPITRE VI.

Départ des îles Sandwich. — Indices de l'approche de la côte d'Amérique. — Reconnaissance du mont Saint-Elie. — Découverte de la baie de Monti. — Les canots vont reconnaître l'entrée d'une grande rivière, à laquelle nous conservons le nom de rivière de Behring. — Reconnaissance d'une baie très profonde. — Rapport favorable de plusieurs officiers, qui nous engage à y relâcher. — Risques que nous courrons en y entrant. — Description de cette baie, à laquelle je donne le nom de *Baie* ou *Port des Français*. — Mœurs et coutumes des habitants. — Échanges que nous faisons avec eux. — Détail de nos opérations pendant notre séjour.

Les vents d'est continuèrent jusque par les 30° de latitude nord, je fis route au nord ; le temps fut beau. Les provisions fraîches que nous nous étions procurées pendant notre courte relâche aux îles Sandwich, assuraient aux équipages des deux frégates une subsistance saine et agréable pendant trois semaines : il nous fut cependant impossible de conserver nos cochons en vie, faute d'eau et d'aliments ; je fus obligé de les faire saler suivant la méthode du capitaine Cook : mais ces cochons étaient si petits, que le plus grand nombre pesait moins de vingt livres. Cette viande ne pouvait être exposée longtemps à l'activité du sel sans en être corrodée promptement, et sa substance en partie détruite ; ce qui nous obligea à la consommer la première.

Le 6 juin, étant par 30° de latitude nord, les vents passèrent au sud-est ; le ciel devint blanchâtre et terne : tout annonçait que nous étions sortis de la zone des vents alizés, et je craignais beaucoup d'avoir bientôt à regretter ces temps sereins qui avaient maintenu notre bonne santé, et avec lesquels nous avions, presque chaque jour, fait des observations de distance de la lune au soleil, ou au moins comparé l'heure vraie du méridien auquel nous étions parvenus, avec celle de nos horloges marines.

Mes craintes sur les brumes se réalisèrent très promptement; elles commencèrent le 9 juin par 34° de latitude nord, et il n'y eut pas une éclaircie jusqu'au 14 du même mois, par 41°. Je crus d'abord ces mers plus brumeuses que celles qui séparent l'Europe de l'Amérique. Je me serais beaucoup trompé, si j'eusse adopté cette opinion d'une manière irrévocable; les brumes de l'Acadie, de Terre-Neuve, de la baie d'Hudson, ont, par leur constante épaisseur, un droit de prééminence incontestable sur celles-ci : mais l'humidité était extrême; le brouillard ou la pluie avait pénétré toutes les hardes des matelots; nous n'avions jamais un rayon de soleil pour les sécher, et j'avais fait la triste expérience, dans ma campagne de la baie d'Hudson, que l'humidité froide était peut-être le principe le plus actif du scorbut.

Personne n'en était encore atteint; mais, après un si long séjour à la mer, nous devions tous avoir une disposition prochaine à cette maladie. J'ordonnai donc de mettre des bailles pleines de braises sous le gaillard et dans l'entrepont où couchaient les équipages; je fis distribuer à chaque matelot ou soldat une paire de bottes, et on rendit les gilets et les culottes d'étoffe que j'avais fait mettre en réserve depuis notre sortie des mers du cap Horn.

Mon chirurgien, qui partageait avec M. de Clonard le soin de tous ces détails, me proposa aussi de mêler au *grog* (1) du déjeûner une légère infusion de quinquina, qui, sans altérer sensiblement le goût de cette boisson, pouvait produire des effets très salutaires. Je fus obligé d'ordonner que ce mélange fût fait secrètement : sans ce mystère, les équipages eussent certainement refusé de boire leur grog; mais comme personne ne s'en aperçut, il n'y eut point de réclamation sur ce nouveau régime qui aurait pu éprouver de grandes contrariétés s'il eût été soumis à l'opinion générale.

Ces différentes préoccupations eurent le plus grand succès; mais elles n'occupaient pas seules nos loisirs pendant une aussi longue traversée : mon charpentier exécuta, d'après le plan de M. de Langle, un moulin à blé qui nous fut de la plus grande utilité.

Les directeurs des vivres, persuadés que le grain étuvé se conserverait mieux que la farine et le biscuit, nous avaient proposé d'en embarquer une très grande quantité; nous l'avions encore augmentée au Chili. On

---

(1) Liqueur composée d'une partie d'eau-de-vie et de deux parties d'eau, beaucoup plus saine pour les équipages que l'eau-de-vie pure.

nous avait donné des meules de vingt-quatre pouces de diamètre sur quatre pouces et demi d'épaisseur ; quatre hommes devaient les mettre en mouvement. On assurait que M. de Suffren n'avait point eu d'autre moulin pour pourvoir au besoin de son escadre ; il n'y avait plus dès lors à douter que ces meules ne fussent suffisantes pour un aussi petit équipage que le nôtre : mais, lorsque nous voulûmes en faire usage, le boulanger trouva que le grain n'était que brisé et point moulu ; et le travail d'une journée entière de quatre hommes, qu'on relevait toutes les demi-heures, n'avait produit que vingt-cinq livres de cette mauvaise farine. Comme notre blé formait près de la moitié de nos moyens de subsistance, nous eussions été dans le plus grand embarras sans l'esprit d'invention de M. de Langle, qui, aidé d'un matelot, autrefois garçon meunier, imagina d'adapter à nos petites meules un mouvement de moulin à vent : il essaya d'abord avec quelque succès des ailes que le vent faisait tourner ; mais bientôt il leur substitua une manivelle : nous obtînmes par ce nouveau moyen une farine aussi parfaite que celle des moulins ordinaires, et nous pouvions moudre chaque jour deux quintaux de blé.

Le 14, les vents passèrent à l'ouest-sud-ouest. Les observations suivantes ont été le résultat de notre longue expérience : le ciel s'éclaircit assez généralement lorsque les vents ont été quelques degrés seulement de l'ouest au nord, et le soleil paraît sur l'horizon ; de l'ouest au sud-ouest, temps ordinairement couvert avec un peu de pluie ; du sud-ouest au sud-est, et jusqu'à l'est, horizon brumeux, et une humidité extrême qui pénètre dans les chambres et dans toutes les parties du vaisseau. Ces observations serviront utilement à ceux qui nous succèderont dans cette navigation : d'ailleurs, ceux qui voudront joindre au plaisir de lire les évènements de cette campagne, un peu d'intérêt pour ceux qui en ont essuyé les fatigues, ne penseront peut-être pas avec indifférence à des navigateurs qui, à l'extrémité de la terre, et après avoir eu à lutter sans cesse contre les brumes, le mauvais temps et le scorbut, ont parcouru une côte inconnue, théâtre de tous les romans (1) de géographie, trop légèrement adoptés des géographes modernes.

Cette partie de l'Amérique, jusqu'au mont Saint-Elie, par 60°, n'a été qu'aperçue par le capitaine Cook, à l'exception du port de Nootka, dans lequel il a relâché ; mais, depuis le mont Saint-Elie jusqu'à la pointe d'Alaska, et jusqu'à celle du cap Glacé, ce célèbre navigateur a suivi la côte avec l'opiniâtreté et le courage dont toute l'Europe sait qu'il était capable.

---

(1) Le voyage de l'amiral Fuentes et les prétendues navigations des Chinois et des Japonais sur cette côte.

Ainsi l'exploration de la partie d'Amérique comprise entre le mont Saint-Elie et le port de Monterey était un travail très intéressant pour la navigation et pour le commerce ; mais il exigeait plusieurs années, et nous ne nous dissimulions pas que, n'ayant que deux ou trois mois à y donner, à cause de la saison et plus encore du vaste plan de notre voyage, nous laisserions beaucoup de détails aux navigateurs qui viendraient après nous. Plusieurs siècles s'écouleront peut-être avant que toutes les baies, tous les ports de cette partie de l'Amérique soient parfaitement connus ; mais la vraie direction de la côte, la détermination en latitude et en longitude des points les plus remarquables, assureront à notre travail une utilité qui ne sera méconnue d'aucun marin.

Depuis notre départ des îles de Sandwich jusqu'à notre atterrage sous le mont Saint-Elie, les vents ne cessèrent pas un instant de nous être favorables. A mesure que nous avancions au nord et que nous approchions de l'Amérique, nous voyions passer des algues d'une espèce absolument nouvelle pour nous : une boule de la grosseur d'une orange terminait un tuyau de quarante à cinquante pieds de longueur ; cette algue ressemblait, mais très en grand, à la tige d'un oignon qui est monté en graine.

Les baleines de la plus grande espèce, les plongeons et les canards nous annoncèrent aussi l'approche d'une terre qui se montra à nous le 23, à quatre heures du matin : le brouillard, en se dissipant, nous permit d'apercevoir tout d'un coup une longue chaîne de montagnes couvertes de neige, que nous aurions pu voir de trente lieues plus loin, si le temps eût été clair ; nous reconnûmes le mont Saint-Elie de Behring, dont la pointe paraissait au-dessus des nuages.

La vue de la terre, qui, après une longue navigation, procure ordinairement des impressions si agréables, ne produisit pas sur nous le même effet ; l'œil se reposait avec peine sur ces masses de neiges qui couvraient une terre stérile et sans arbres ; les montagnes paraissaient un peu éloignées de la mer, qui brisait contre un plateau élevé de cent cinquante ou deux cents toises. Ce plateau noir, comme calciné par le feu, dénué de toute verdure, contrastait, d'une manière frappante, avec la blancheur des neiges qu'on apercevait au travers des nuages ; il servait de base à une longue chaîne de montagnes qui paraissait s'étendre quinze lieues de l'est à l'ouest. Nous crûmes d'abord en être très près ; la cime des monts paraissait au-dessus de nos têtes, et la neige répandait une clarté faite pour tromper les yeux qui n'y sont pas accoutumés : mais à mesure que nous avançâmes, nous aperçûmes, en avant du plateau, des terres basses couvertes d'arbres, que nous prîmes pour des îles : il était probable que nous devions y trouver un abri pour nos vaisseaux, ainsi que de l'eau et du bois. Je me proposai donc de reconnaître de très près ces prétendues îles, à l'aide des vents d'est qui prolongeaient la côte : mais ils sautèrent au sud ; le ciel devint très noir dans cette partie de l'horizon : je crus devoir attendre une circonstance plus favorable. Une brume épaisse enveloppa la terre pendant toute la journée du 25 : mais, le 26, le temps fut très beau ; la côte parut à deux heures du matin, avec toutes ses formes. Je la prolongeai à deux lieues ; je désirais beaucoup trouver un port ; j'eus bientôt l'espoir de l'avoir rencontré.

J'ai déjà parlé d'un plateau de cent cinquante à deux cents toises d'élévation, servant de base à des montagnes immenses, reculées de quelques lieues dans l'intérieur ; bientôt nous aperçûmes dans l'est une pointe basse couverte d'arbres qui paraissait joindre le plateau, et se terminer loin d'une seconde chaîne de montagnes qu'on apercevait plus à l'est : nous crûmes tous assez unanimement que le plateau était terminé par la pointe basse couverte d'arbres, qu'il était une île séparée des montagnes par un bras de mer, dont la direction devait être est et ouest comme celle de la côte, et que nous trouverions dans le prétendu canal un abri commode pour nos vaisseaux.

Je dirigeai ma route vers cette pointe boisée, que je supposais toujours être une île et dont nous étions encore à trois lieues. J'avais, dès le matin, détaché le grand canot de ma frégate, commandé par M. Boutin, pour aller reconnaître ce canal ou cette baie. MM. de Monti et de Vaujuas étaient partis de l'Astrolabe pour le même objet, et nous attendîmes à l'ancre le retour de ces officiers. La mer était très belle : le courant faisait une demi-lieue par heure au sud-sud-ouest ; ce qui acheva de me confirmer dans l'opinion que, si la pointe boisée n'était pas celle d'un canal, elle formait au moins l'embouchure d'une grande rivière.

Le ciel était très noir ; tout annonçait qu'un mauvais temps allait succéder au calme plat qui nous avait forcés de mouiller : enfin, à neuf heures du soir, nos trois canots furent de retour, et les trois officiers rapportèrent unanimement qu'il n'y avait ni canal ni rivière ; que la côte formait seulement un enfoncement assez considérable dans le nord-est, ayant la forme d'un demi-cercle, et que rien n'y mettait à l'abri des vents, depuis le sud-sud-ouest jusqu'à l'est-sud-est, qui sont les plus dangereux. La mer brisait avec force sur le rivage, qui était couvert de bois flotté.

M. de Monti avait débarqué avec une extrême difficulté : et comme il était le commandant de cette petite division de canots, j'ai donné à cette baie le nom de *baie de Monti*. Ils ajoutèrent que notre erreur venait de ce que la pointe boisée joignait une terre beaucoup plus basse encore, sans aucun arbre, ce qui la faisait paraître terminée. MM. de Monti, de Vaujuas et Boutin, avaient relevé au compas les différentes pointes de cette baie ; leur rapport unanime ne laissait aucun doute sur le parti que nous avions à prendre. Je fis signal d'appareiller ; et comme le temps paraissait devenir très mauvais, je profitai d'une brise du nord-ouest pour courir au sud-est, et pour m'éloigner de la côte.

Le 28, la côte était fort embrumée; nous ne pouvions reconnaître les points que nous avions relevés les jours précédents : les vents étaient encore à l'est, mais tout annonçait un changement favorable. A cinq heures du soir, nous n'étions qu'à trois lieues de terre, et la brume s'étant un peu dissipée, nous fîmes des relèvements qui formaient une suite non interrompue avec ceux des jours précédents. Les navigateurs, et ceux qui font une étude particulière de la géographie, seront peut-être bien aises de savoir que, pour ajouter encore un plus grand degré de précision aux vues et à la configuration des côtes ou des points les plus remarquables, M. Dagelet a eu soin de vérifier et de corriger les relèvements faits au compas de variation, par la mesure des distances réciproques des mornes, en mesurant avec un sextant les angles relatifs qu'ils font entre eux, et en déterminant, en même temps, l'élévation des montagnes au-dessus du niveau de la mer. C'est à l'aide de cette méthode que cet académicien a déterminé la hauteur du mont Saint-Élie à dix-neuf cent quatre-vingts toises, et sa position à huit lieues dans l'intérieur des terres.

Le 29 juin, nous observâmes 59° 20' de latitude nord; la longitude occidentale par nos horloges était 142° 2'; nous avions fait pendant vingt-quatre heures huit lieues à l'est. Les vents de sud et les brumes continuèrent toute la journée du 29, et le temps ne s'éclaircit que le 30 vers midi; mais nous aperçûmes par instants les terres basses dont je ne me suis jamais éloigné de plus de quatre lieues : nous étions, suivant notre point, à cinq ou six lieues dans l'est de la baie à laquelle le capitaine Cook a donné le nom de baie de Behring; la sonde rapporta constamment de soixante à soixante-dix brasses, fond de vase. Notre hauteur observée était de 58° 55', et nos horloges donnaient 141° 48' de longitude.

Je fis route, toutes voiles dehors, sur la terre, avec de petits vents de l'ouest-sud-ouest. Nous aperçûmes dans l'est une baie qui paraissait très profonde, et que je crus d'abord être celle de Behring; j'en approchai à une lieue et demie : je reconnus distinctement que les terres basses joignaient, comme dans la baie de Monti, des terres plus hautes, et qu'il n'y avait point de baie; mais la mer était blanchâtre et presque douce : tout annonçait que nous étions à l'embouchure d'une très grande rivière, puisqu'elle changeait la couleur et la salure de la mer à deux lieues au large. Je fis signal de mouiller, par trente brasses, fond de vase, et je détachai le grand canot commandé par M. de Clonard, mon second, accompagné de MM. Monneron et Bernizet. M. de Langle avait envoyé aussi le sien avec sa biscayenne, aux ordres de MM. Marchainville et Daigremont.

Ces officiers étaient de retour à midi. Ils avaient prolongé la côte aussi près que les brisants le leur avaient permis, et ils avaient reconnu un banc de sable à fleur d'eau, à l'entrée d'une grande rivière qui débouchait dans la mer par deux ouvertures assez larges ; mais chacune de ces embouchures avait une barre comme celle de la rivière de Bayonne, sur laquelle la mer brisait avec tant de force, qu'il fut impossible à nos canots d'en approcher. M. de Clonard passa cinq à six heures à chercher vainement une entrée ; il vit de la fumée, ce qui prouvait que le pays était habité ; nous aperçûmes du vaisseau une mer tranquille au-delà du banc, et un bassin de plusieurs lieues de largeur et de deux lieues d'enfoncement : ainsi, lorsque la mer est belle, il est à présumer que des vaisseaux, ou au moins des canots, peuvent entrer dans ce golfe ; mais, comme le courant est très violent, et que, sur les barres, la mer d'un instant à l'autre devient très agitée, le seul aspect de ce lieu doit l'interdire aux navigateurs.

En voyant cette baie, j'ai pensé que ce pouvait être celle où Behring avait abordé ; il serait alors plus vraisemblable d'attribuer la perte de l'équipage de son canot à la fureur de la mer qu'à la barbarie des Indiens. J'ai conservé à cette rivière le nom de rivière de Behring, et il me paraît que la baie de ce nom n'existe pas, et que le capitaine Cook l'a plutôt soupçonnée qu'aperçue, puisqu'il en est passé à dix ou douze lieues (1).

Le 1er juillet à midi, j'appareillai avec une petite brise du sud-ouest. Nous prolongeâmes la terre avec une petite brise de l'ouest, à deux ou trois lieues de distance, et d'assez près pour apercevoir, à l'aide de nos lunettes, des hommes, s'il y en eût eu sur le rivage ; mais nous ne vîmes que des brisants qui parurent rendre le débarquement impossible.

Le 2, à deux heures après midi, nous eûmes connaissance d'un enfoncement, un peu à l'est du cap Beau-Temps, qui me parut une très belle baie ; je fis route pour en approcher. A une lieue, j'envoyai le petit canot aux ordres de M. de Pierrevert, pour aller, avec M. Bernizet, en faire la reconnaissance ; l'Astrolabe détacha pour le même objet deux canots commandés par MM. de Flassan et Boutervilliers. Nous apercevions, du bord, une grande chaussée de roches, derrière laquelle la mer était très

---

(1) Le lieu que La Pérouse désigne sous le nom de rivière de Behring, est, sans contredit la baie de Behring, de Cook : il reste à savoir si le changement de couleur et de salure de l'eau de la mer suffit pour décider que cet enfoncement dans les terres soit une rivière, et si cette cause ne peut venir, pour la salure, de la quantité d'énormes glaçons qui tombent continuellement du sommet des montagnes ; et pour la couleur, du terrain de la côte et du rivage où la mer brise avec tant de fureur.

calme; cette chaussée paraissait avoir trois ou quatre cents toises de longueur de l'est à l'ouest, et se terminait à deux encâblures environ de la pointe du continent, laissant une ouverture assez large; en sorte que la nature semblait avoir fait, à l'extrémité de l'Amérique, un port comme celui de Toulon, mais plus vaste dans son plan comme dans ses moyens : ce nouveau port avait trois ou quatre lieues d'enfoncement. D'après le rapport favorable de MM. de Flassan et Boutervilliers, je me déterminai à faire route vers la passe.

Nous aperçûmes bientôt des sauvages qui nous faisaient des signes d'amitié, en étendant et faisant voltiger des manteaux blancs et différentes peaux : plusieurs pirogues de ces Indiens pêchaient dans la baie, où l'eau était tranquille comme celle d'un bassin, tandis qu'on voyait la jetée couverte d'écume par les brisants: mais la mer était très calme au-delà de la passe, nouvelle preuve pour nous qu'il y avait une profondeur considérable.

A sept heures du soir, nous nous présentâmes; le vent était faible, et le jusant si fort, qu'il fut impossible de le refouler. L'Astrolabe fut porté en dehors avec une assez grande vitesse, et je fus obligé de mouiller, afin de n'être pas entraîné par le courant, dont j'ignorais la direction. Mais, lorsque je fus certain qu'il portait au large, je levai l'ancre, et je rejoignis l'Astrolabe, fort indécis sur le parti que je prendrais le lendemain. Le courant très rapide, dont nos officiers n'avaient point parlé, avait ralenti l'empressement que j'avais eu de relâcher dans ce port : je n'ignorais pas les grandes difficultés qu'on rencontre toujours à l'entrée et à la sortie des passes étroites, lorsque les marées sont très fortes; et obligé d'explorer les côtes de l'Amérique pendant la belle saison, je sentais qu'un séjour forcé dans une baie dont la sortie exigeait une réunion de circonstances heureuses, nuirait beaucoup au succès de l'expédition.

Je me tins cependant bord sur bord toute la nuit; et au jour, je hélai mes observations à M. de Langle : mais le rapport de ses deux officiers fut très favorable; ils avaient sondé la passe et l'intérieur de la baie : ils représentèrent que ce courant qui nous paraissait si fort, ils l'avaient refoulé plusieurs fois avec leur canot; en sorte que M. de Langle crut que cette relâche nous convenait infiniment; et ses raisons me parurent si bonnes, que je n'hésitai pas à les admettre.

Ce port n'avait jamais été aperçu par aucun navigateur : il est situé à trente-trois lieues au nord-ouest de celui de los Remedios, dernier terme des navigations espagnoles; à environ deux cent vingt-quatre lieues de Nootka, et à cent lieues de Williamssound : je pense donc que, si le gouvernement français avait des projets de factorerie sur cette partie de la côte de l'Amérique, aucune nation ne pourrait prétendre avoir le plus léger droit des s'y opposer. La tranquillité de l'intérieur de cette baie était bien séduisante pour nous, qui étions dans l'absolue nécessité de faire et de changer presque entièrement notre arrimage, afin d'en arracher six canons placés à fond de cale, et sans lesquels il était imprudent de naviguer dans les mers de la Chine (1), fréquemment infestées de pirates. J'imposai à ce lieu le nom de *Port des Français*.

Nous fîmes route à six heures du matin pour donner dans l'entrée avec la fin du flot. L'Astrolabe précédait ma frégate, et nous avions, comme la veille, placé un canot sur chaque pointe. Les vents étaient de l'ouest à l'ouest-sud-ouest ; la direction de l'entrée est nord et sud : ainsi tout paraissait favorable. Mais, à sept heures du matin, lorsque nous fûmes sur la passe, les vents sautèrent à l'ouest-nord-ouest et au nord-ouest-quart-d'ouest ; en sorte qu'il fallut ralinguer, et même mettre le vent sur les voiles : heureusement le flot porta nos frégates dans la baie, nous faisant ranger les roches de la pointe de l'est, à demi-portée de pistolet. Je mouillai en dedans, par trois brasses et demie, fond de roche, à une demi-encâblure du rivage. L'Astrolabe avait mouillé sur le même fond et par le même brassiage.

Depuis trente ans que je navigue, il ne m'est pas arrivé de voir deux vaisseaux aussi près de se perdre ; la circonstance, d'éprouver cet événement à l'extrémité du monde, aurait rendu notre malheur beaucoup plus grand : mais il n'y avait plus de danger. Nos chaloupes furent mises à la mer très promptement ; nous élongeâmes des grelins avec de petites ancres ; et, avant que la marée eût baissé sensiblement, nous étions sur un fond de six brasses : nous donnâmes cependant quelques coups de talon, mais si faibles qu'ils n'endommagèrent pas le bâtiment. Notre situation n'eût plus rien eu d'embarrassant si nous n'eussions pas été mouillés sur un fond de roche qui s'étendait à plusieurs encâblures autour de nous ; ce qui était bien contraire au rapport de MM. de Flassan et Boutervilliers. Ce n'était pas le moment de faire des réflexions ; il fallait se tirer de ce mauvais mouillage, et la rapidité du courant était un grand obstacle : sa violence m'obligea de mouiller une ancre de bossoir. A chaque instant, je craignais d'avoir le câble coupé et d'être entraîné à la côte : nos inquiétudes augmentèrent encore, parce que le vent d'ouest-nord-ouest fraîchit beaucoup. La frégate fut serrée contre la terre, l'arrière fort près des roches ; il fut impossible de songer à se touer. Je fis amener les mâts de perroquet, et j'attendis la fin de ce mauvais temps, qui n'eût pas été dangereux si nous eussions été mouillés sur un meilleur fond.

---

(1) Nous devions arriver à la Chine dans les premiers jours de février.

J'envoyai très promptement sonder la baie. Bientôt M. Boutin me rapporta qu'il avait trouvé un excellent plateau de sable, à quatre encâblures dans l'ouest de notre mouillage; que nous y serions par dix brasses; mais que, plus avant dans la baie, vers le nord, il n'y avait point de fond à soixante brasses, excepté à une demi-encâblure du rivage; où l'on trouvait trente brasses, fond de vase : il me dit aussi que le vent de nord-ouest ne pénétrait pas dans l'intérieur du port, et qu'il y était resté en calme absolu.

M. d'Escures avait été expédié dans le même moment pour visiter le fond de cette baie, dont il me fit le rapport le plus avantageux : « Il avait fait le tour d'une île auprès de laquelle nous pouvions mouiller par vingt-cinq brasses, fond de vase; nul endroit n'était plus commode pour y placer notre observatoire; le bois, tout coupé, était épars sur le rivage; et des cascades de la plus belle eau tombaient de la cime des montagnes jusqu'à la mer. Il avait pénétré jusqu'au fond de la baie, deux lieues au-delà de l'île; elle était couverte de glaçons. Il avait aperçu l'entrée de deux vastes canaux; et pressé de venir me rendre compte de sa commission, il ne les avait pas reconnus. »

D'après ce rapport, notre imagination nous présenta la possibilité de pénétrer peut-être, par un de ces canaux, jusque dans l'intérieur de l'Amérique. Le vent ayant calmé à quatre heures après midi, nous nous touâmes sur le plateau de sable de M. Boutin, et l'Astrolabe se trouva à portée d'appareiller et de gagner le mouillage de l'île : je joignis cette frégate le lendemain, aidé d'une petite brise de l'est-sud-est, et de nos canots et chaloupes.

Pendant notre séjour forcé à l'entrée de la baie, nous avions sans cesse été entourés de pirogues de sauvages. Ils nous proposaient, en échange de notre fer, du poisson, des peaux de loutres ou d'autres animaux, ainsi que différents petits objets de leur costume; ils avaient l'air, à notre grand étonnement, d'être très accoutumés au trafic, et ils faisaient aussi bien leur marché que les plus habiles acheteurs d'Europe. De tous les articles de commerce, ils ne désiraient ardemment que le fer : ils acceptèrent aussi quelques rassades; mais elles servaient plutôt à conclure un marché qu'à former la base de l'échange.

Nous parvînmes dans la suite à leur faire recevoir des assiettes et des pots d'étain; mais ces articles n'eurent qu'un succès passager, et le fer prévalut sur tout. Ce métal ne leur était pas inconnu; ils en avaient tous un poignard pendu au cou : la forme de cet instrument ressemblait à celle du cry des Indiens; mais il n'y avait aucun rapport dans le manche, qui n'était que le prolongement de la lame, arrondie et sans tranchant : cette arme était enfermée dans un fourreau de peau tannée, et elle paraissait être leur meuble le plus précieux. Comme nous examinions très attentivement tous ces poignards, ils nous firent signe qu'ils n'en faisaient usage que contre les ours et les autres bêtes des forêts. Quelques-uns étaient aussi en cuivre rouge, et ils ne paraissaient pas les préférer aux autres. Ce dernier métal est assez commun parmi eux ; ils l'emploient plus particulièrement en colliers, bracelets, et différents autres ornements ; ils en arment aussi la pointe de leurs flèches.

C'était une grande question parmi nous, de savoir d'où provenaient ces deux métaux. Il était possible de supposer du cuivre natif dans cette partie de l'Amérique, et les Indiens pouvaient la réduire en lames ou en lingots : mais le fer natif n'existe peut-être pas dans la nature ; ou du moins il est si rare, que le plus grand nombre des minéralogistes n'en a jamais vu (1). On ne pouvait admettre que ces peuples connussent les moyens de réduire le minerai de fer à l'état de métal ; nous avions vu d'ailleurs, le jour de notre arrivée, des colliers de rassades et quelques petits meubles en cuivre jaune, qui, comme on le sait, est une composition de cuivre rouge et de zinc : ainsi tout nous portait à croire que les métaux que nous avions aperçus provenaient des Russes, ou des employés de la compagnie d'Hudson, ou des négociants américains qui voyagent dans l'intérieur de l'Amérique, ou enfin des Espagnols : mais je ferai voir dans la suite qu'il est plus probable que ces métaux leur viennent des Russes. Nous avons apporté beaucoup d'échantillons de ce fer ; il est aussi doux et aussi facile à couper que du plomb : il n'est peut-être pas impossible aux minéralogistes d'indiquer le pays et la mine qui le fournissent.

L'or n'est pas plus désiré en Europe que le fer dans cette partie de l'Amérique ; ce qui est une nouvelle preuve de la rareté de ce métal. Chaque insulaire en possède, à la vérité, une petite quantité ; mais ils en sont si avides, qu'ils emploient toutes sortes de moyens pour s'en procurer. Dès le jour de notre arrivée, nous fûmes visités par le chef du principal village. Avant de monter à bord, il parut adresser une prière au soleil ; il nous fit ensuite une longue harangue qui fut terminée par des chants assez agréables, et qui ont beaucoup de rapport avec le plainchant de nos églises ; les Indiens de sa pirogue l'accompagnaient, en répétant en chœur le même air. Après cette cérémonie, ils montèrent presque tous à bord, et dansèrent pendant une heure au son de la voix, qu'ils ont très juste. Je fis à ce chef plusieurs présents qui le rendirent tellement incommode, qu'il passait chaque jour cinq ou six heures à bord, et que j'étais obligé de renouveler très fréquemment mes largesses,

---

(1) Quoique très rare, on en trouve cependant en Suisse, en Allemagne, au Sénégal, e Sibérie, à l'île d'Elbe.

ou de le voir s'en aller mécontent et menaçant ; ce qui cependant n'était pas très dangereux.

Dès que nous fûmes établis derrière l'île, presque tous les sauvages de la baie s'y rendirent. Le bruit de notre arrivée se répandit bientôt aux environs ; nous vîmes arriver plusieurs pirogues chargés d'une quantité très considérable de peaux de loutres, que ces Indiens échangèrent contre des haches, des herminettes, et du fer en barre. Ils nous donnaient leurs saumons pour des morceaux de vieux cercles ; mais bientôt ils devinrent plus difficiles, et nous ne pûmes nous procurer ce poisson qu'avec des clous ou quelques petits instruments de fer.

Je crois qu'il n'est aucune contrée où la loutre de mer soit plus commune que dans cette partie de l'Amérique ; et je serais peu surpris qu'une factorerie qui étendrait son commerce seulement à quarante ou cinquante lieues sur le bord de la mer, rassemblât chaque année dix mille peaux de cet animal. M. Rollin, chirurgien-major de ma frégate, a lui-même écorché, disséqué et empaillé la seule loutre que nous ayons pu nous procurer ; malheureusement elle avait au plus quatre ou cinq mois, et elle ne pesait que huit livres et demie. L'Astrolabe en avait pris une qui avait sans doute échappé aux sauvages, car elle était grièvement blessée. Elle paraissait avoir toute sa croissance, et pesait au moins soixante-dix livres. M. de Langle la fit écorcher pour l'empailler ; mais comme c'était au moment de crise où nous nous trouvâmes en entrant dans la baie, ce travail ne fut pas soigné, et nous ne pûmes conserver ni la tête, ni la mâchoire.

La loutre de mer est un animal amphibie, plus connu par la beauté de sa peau que par la description exacte de l'individu. Les Indiens du port des Français l'appellent *skecter ;* les Russes lui donnent le nom de *colry-morsky,* et ils distinguent la femelle par le mot *maska*. Quelques naturalistes en ont parlé sous la dénomination de *saricovienne ;* mais la description de la saricovienne de M. de Buffon ne convient nullement à cet animal, qui ne ressemble ni à la loutre du Canada, ni à celle de l'Europe.

Dès notre arrivée à notre second mouillage, nous établîmes l'observatoire sur l'île, qui n'était distante de nos vaisseaux que d'une portée de fusil ; nous y formâmes un établissement pour le temps de notre relâche dans ce port ; nous y dressâmes des tentes pour nos voiliers, nos forgerons, et nous y mîmes en dépôt les pièces à eau de notre arrimage, que nous refîmes entièrement. Comme tous les villages indiens étaient sur le continent, nous nous flattions d'être en sûreté sur notre île ; mais nous fîmes bientôt l'expérience du contraire.

Nous avions déjà éprouvé que les Indiens étaient très voleurs ; mais nous ne leur supposions pas une activité et une opiniâtreté capables d'exécuter les projets les plus longs et les plus difficiles : nous apprîmes bientôt à les mieux connaître. Ils passaient toutes les nuits à épier le moment favorable pour nous voler ; mais nous faisions bonne garde à bord de nos vaisseaux, et ils ont rarement trompé notre vigilance. J'avais d'ailleurs établi la loi de Sparte : le volé était puni ; et si nous n'applaudissions pas au voleur, du moins nous ne réclamions rien, afin d'éviter toute rixe qui aurait pu avoir des suites funestes. Je ne me dissimulais pas que cette extrême douceur les rendrait insolents ; j'avais cependant tâché de les convaincre de la supériorité de nos armes ; on avait tiré devant eux un coup de canon à boulet, afin de leur faire voir qu'on pouvait les atteindre de loin ; et un coup de fusil à balle avait traversé, en présence d'un grand nombre de ces Indiens, plusieurs doubles d'une cuirasse qu'ils nous avaient vendue, après nous avoir fait comprendre par signes qu'elle était impénétrable aux flèches et aux poignards ; enfin nos chasseurs, qui étaient adroits, tuaient les oiseaux sur leur tête. Je suis bien certain qu'ils n'ont jamais cru nous inspirer des sentiments de crainte ; mais leur conduite m'a prouvé qu'il n'ont pas douté que notre patience ne fût à toute épreuve. Bientôt ils m'obligèrent à lever l'établissement que j'avais sur l'île : ils y débarquaient la nuit, du côté du large ; ils traversaient un bois très fourré, dans lequel il nous était impossible de pénétrer le jour ; et, se glissant sur le ventre comme des couleuvres, sans remuer presque une feuille, ils parvenaient, malgré nos sentinelles, à dérober quelques-uns de nos effets : enfin ils eurent l'adresse d'entrer de nuit dans la tente où couchaient MM. de Lauriston et Darbaud, qui étaient de garde à l'observatoire ; ils enlevèrent un fusil garni d'argent, ainsi que les habits de ces deux officiers, qui les avaient placés par précaution sous leur chevet : une garde de douze hommes ne les aperçut pas et les deux officiers ne furent point éveillés.

Ce dernier vol nous eût peu inquiétés sans la perte du cahier original sur lequel étaient écrites toutes nos observations astronomiques depuis notre arrivée dans le port des Français.

Ces obstacles n'empêchaient pas nos canots et chaloupes de faire l'eau et le bois ; tous nos officiers étaient sans cesse en corvée à la tête des différents détachements de travailleurs que nous étions obligés d'envoyer à terre ; leur présence et le bon ordre contenaient les sauvages.

Pendant que nous faisions les dispositions les plus promptes pour notre départ, MM. de Monneron et Bernizet levaient le plan de la baie, dans un canot bien armé : je n'avais pu leur adjoindre des officiers de la marine, parce qu'ils étaient tous occupés ; mais j'avais décidé que ces derniers, avant notre départ, vérifieraient les relèvements de tous les points, et placeraient les sondes. Nous nous proposions ensuite de donner vingt-quatre heures à une chasse d'ours dont on avait aperçu les traces dans les montagnes, et de partir aussitôt après, la saison avancée ne nous permettant pas un plus long séjour.

Nous avions déjà visité le fond de la baie, qui est peut-être le lieu le plus extraordinaire de la terre. Pour en avoir une idée, qu'on se représente un bassin d'eau d'une profondeur qu'on ne peut mesurer au milieu, bordé par des montagnes à pic, d'une hauteur excessive, couvertes de neige, sans un brin d'herbe sur cet amas immense de rochers condamnés par la nature à une stérilité éternelle. Je n'ai jamais vu un souffle de vent rider la surface de cette eau ; elle n'est troublée que par la chute d'énormes morceaux de glaces qui se détachent très fréquemment de cinq différents glaciers, et qui font, en tombant, un bruit qui retentit au loin dans les montagnes. L'air y est si tranquille et le silence si profond que la simple voix d'un homme se fait entendre à une demi-lieue, ainsi que le bruit de quelques oiseaux de mer qui déposent leurs œufs dans le creux de ces rochers.

C'était au fond de cette baie que nous espérions trouver des canaux par lesquels nous pourrions pénétrer dans l'intérieur de l'Amérique. Nous supposions qu'elle devait aboutir à une grande rivière dont le cours pouvait se trouver entre deux montagnes, et que cette rivière prenait sa source dans un des grands lacs au nord du Canada. Voilà notre chimère, et voici quel en fut le rultat.

Nous partîmes avec les deux grands canots de la Boussole et de l'Astrolabe. MM. de Monti, de Marchainville, de Boutervilliers, et le père Receveur accompagnaient M. de Langle ; j'étais suivi de MM. Dagelet, Boutin, Saint-Céran, Duché et Prévost. Nous entrâmes dans le canal de l'ouest ; il était prudent de ne pas se tenir sur les bords à cause de la chute des pierres et des glaces. Nous parvînmes enfin, après avoir fait une lieue et demie seulement, à un cul-de-sac qui se terminait par deux glaciers immenses ; nous fûmes obligés d'écarter les glaçons dont la mer était couverte, pour pénétrer dans cet enfoncement : l'eau était si profonde, qu'à une demi-encâblure de terre, je ne trouvai pas fond à cent vingt brasses, MM. de Langle, de Monti et Dagelet, ainsi que plusieurs autres officiers, voulurent gravir le glacier ; après des fatigues inexprimables, ils parvinrent jusqu'à deux lieues, obligés de franchir, avec beaucoup de risques, des crevasses d'une très grande profondeur ; ils n'aperçurent qu'une continuation de glaces et de neige qui doit ne se terminer qu'au sommet du mont Beau-Temps.

Pendant cette course, mon canot était resté sur le rivage ; un morceau de glace qui tomba dans l'eau à plus de quatre cents toises de distance, occasionna sur le bord de la mer un remoux si considérable qu'il en fut renversé et jeté assez loin sur le bord du glacier : cet accident fut promptement réparé, et nous retournâmes tous à bord, ayant achevé en quelques heures notre voyage dans l'intérieur de l'Amérique, j'avais fait visiter le canal de l'est par MM. de Monneron et Bernizet; il se terminait, comme celui-ci, par deux glaciers.

CHAPITRE VI

Continuation de notre séjour au port des Français. — Au moment d'en partir, nous éprouvons le plus affreux malheur. — Précis historique de cet événement. — Nous reprenons notre premier mouillage. — Départ.

Le lendemain de cette course, le chef arriva à bord mieux accompagné et plus paré qu'à son ordinaire ; après beaucoup de chansons et de danses, il proposa de me vendre l'île sur laquelle était mon observatoire, se réservant sans doute tacitement, pour lui et pour les autres Indiens, le droit de nous y voler. Il était plus que douteux que ce chef fût propriétaire d'aucun terrain ; le gouvernement de ces peuples est tel, que le pays doit appartenir à la société entière : cependant, comme beaucoup de sauvages étaient témoins de ce marché, j'avais le droit de penser qu'ils y donnaient leur sanction ; j'acceptai l'offre du chef, convaincu d'ailleurs que le contrat de cette vente pourrait être cassé par plusieurs tribunaux, si jamais la nation plaidait contre nous, car nous n'avions aucune preuve que les témoins fussent ses représentants, et le chef, le vrai propriétaire. Quoi qu'il en soit, je lui donnai plusieurs aunes de drap rouge, des haches, des herminettes, du fer en barres, des clous ; je fis aussi des présents à toute sa suite.

Le marché ainsi conclu et soldé, j'envoyai prendre possession de l'île avec les formalités ordinaires ; je fis enterrer aux pieds d'une roche une bouteille qui contenait une inscription relative à cette prise de possession, et je mis auprès une des médailles de bronze, qui avaient été frappés en France avant notre départ.

Cependant l'ouvrage principal, celui qui avait été l'objet de notre relâche, était achevé : nos canons étaient en place, notre arrimage réparé, et nous avions embarqué une aussi grande quantité d'eau et de bois qu'à notre départ du Chili. Nul port dans l'univers ne peut présenter plus de commodités pour hâter ce travail, qui est souvent si difficile dans d'autres contrées. Des cascades, comme je l'ai déjà dit, tombant du haut des montagnes, versent l'eau la plus claire dans des barriques qui restent dans la chaloupe : le bois, tout coupé, est épars sur le rivage bordé par une mer tranquille.

Le plan de MM. de Monneron et Bernizet était achevé, ainsi que la mesure d'une base prise par M. Blondela, qui avait servi à M. de Langle, à M. Dagelet et au plus grand nombre des officiers, à mesurer trigonométriquement la hauteur des montagnes ; nous n'avions à regretter que le cahier d'observations de M. Dagelet, et ce malheur était presque réparé par les différentes notes qui avaient été retrouvées : nous nous regardions enfin comme les plus heureux des navigateurs, d'être arrivés à une si grande distance de l'Europe, sans avoir eu un seul malade, ni un seul homme des deux équipages atteint du scorbut.

Mais le plus grand des malheurs, celui qu'il était le plus impossible de prévoir, nous attendait à ce terme. C'est avec la plus vive douleur que je vais tracer l'histoire d'un désastre mille fois plus cruel que les maladies et tous les autres événements des plus longues navigations. Je cède au devoir rigoureux que je me suis imposé d'écrire cette relation, et je ne crains pas de laisser connaître que mes regrets ont été, depuis cet événement, cent fois accompagnés de mes larmes ; que le temps n'a pu calmer ma douleur : chaque objet, chaque instant me rappelle la perte que nous avons faite, et dans une circonstance où nous croyions si peu avoir à craindre un pareil événement.

J'ai déjà dit que les sondes devaient être placées, sur le plan de MM. de Monneron et Bernizet, par les officiers de la marine ; en conséquence, la biscayenne de l'Astrolabe, aux ordres de M. de Marchainville, fut commandée pour le lendemain, et je fis disposer celle de ma frégate, ainsi que le petit canot dont je donnai le commandement à M. Boutin. M. d'Escures, mon premier lieutenant, commandait la biscayenne de la Boussole, et était le chef de cette petite expédition. Comme son zèle m'avait paru quelquefois un peu ardent, je crus devoir lui donner des instructions par écrit. Les détails dans lesquels j'étais entré sur la prudence que j'exigeais, lui parurent si minutieux, qu'il me demanda si je le prenais pour un enfant, ajoutant qu'il avait déjà commandé des bâtiments. Je lui expliquai amicalement le motif de mes ordres ; je lui dis que M. de Langle et moi avions sondé la passe de la baie deux jours auparavant, et que j'avais trouvé que l'officier commandant le deuxième canot qui était avec nous, avait passé trop près de la pointe, sur laquelle même il avait touché : j'ajoutai que les jeunes officiers croient qu'il est du bon ton, pendant les siéges, de monter sur le parapet des tranchées, et que ce même esprit leur fait braver, dans les canots, les roches et les brisants ; mais que cette audace peu réfléchie pouvait avoir les suites les plus funestes dans une campagne comme la nôtre, où ces sortes de périls se renouvelaient à chaque minute. Après cette conversation, je lui remis les instructions suivantes, que je lus à M. Boutin : elles feront mieux connaître qu'aucun autre exposé, la mission de M. d'Escures, et les précautions que j'avais prises.

Instructions données par écrit à M. d'Escures, par M. de la Pérouse.

« Avant de faire connaître à M. d'Escures l'objet de sa mission, je le préviens qu'il lui est expressément défendu d'exposer les canots à aucun danger, et d'approcher la passe si elle brise. Il partira à six heures du matin avec deux autres canots commandés par MM. de Marchainville et Boutin, et il sondera la baie depuis la passe jusqu'à la petite anse qui est dans l'est des deux mamelons ; il portera les sondes sur les plans que je lui ai remis, où il en figurera un d'après lequel on pourra les rapporter Si la passe ne brisait point, mais qu'elle fût houleuse, comme ce travail n'est pas pressé, il remettrait à un autre jour de la sonder, et il ne perdrait pas de vue que toutes les choses de cet ordre qu'on fait difficilement, sont toujours mal faites.

» Il est probable que le meilleur moment pour approcher la passe sera à la mer étale, vers huit heures et demie ; si alors les circonstances sont favorables, il tâchera d'en mesurer la largeur avec une ligne de loch, et il placera les trois canots parallèlement, sondant dans le sens de la largeur, ou de l'est à l'ouest. Il sondera ensuite du nord au sud ; mais il n'est guère vraisemblable qu'il puisse faire cette seconde sonde dans la même marée, parce que le courant aura pris trop de force.

» En attendant l'heure de la mer étale, ou en supposant que la mer soit mauvaise, M. d'Escures fera sonder l'intérieur de la baie, particulièrement l'anse qui est derrière les mamelons, où je crois qu'il doit y avoir un très bon mouillage ; il tâchera aussi de fixer sur le plan les limites du fond de roche et du fond de sable, afin que le bon fond soit bien connu. Je crois que, lorsque le canal du sud de l'île est ouvert par la pointe des mamelons, on est sur un bon fond de sable. M. d'Escures vérifiera si mon opinion est fondée ; mais je lui répète encore que je le prie de ne pas s'écarter de la plus extrême prudence. »

Ces instructions devaient-elles me laisser quelques craintes ? Elles étaient données à un homme de trente-trois ans, qui avait commandé des bâtiments de guerre : combien de motifs de sécurité !

Nos canots partirent, comme je l'avais ordonné, à six heures du matin : c'était autant une partie de plaisir que d'instruction et d'utilité : on devait chasser et déjeûner sous des arbres. Je joignis à M. d'Escurres M. de Pierrevert, et M. de Montarnal, le seul parent que j'eusse dans la marine, et auquel j'étais aussi tendrement attaché que s'il eût été mon fils ; jamais jeune officier ne m'avait donné plus d'espérance, et M. de Pierrevert avait déjà acquis ce que j'attendais très incessamment de l'autre.

Les sept meilleurs soldats du détachement composaient l'armement de cette biscayenne, dans laquelle le maître-pilote de ma frégate s'était aussi embarqué pour sonder. M. Boutin avait pour second dans son petit canot M. Mouton, lieutenant de frégate : je savais que le canot de l'Astrolabe était commaddé par M. de Marchainville ; mais j'ignorais s'il y avait d'autres officiers.

A dix heures du matin, je vis revenir notre petit canot. Un peu surpris parce que je ne l'attendais pas sitôt, je demandai à M. Boutin, avant qu'il fût monté a bord. s'il y avait quelque chose de nouveau ; je craignis dans ce premier instant quelque attaque des sauvages : l'air de M. Boutin n'était pas propre à me rassurer ; la plus vive douleur était peinte sur son visage. Il m'apprit bientôt le naufrage affreux dont il venait d'être témoin, et auquel il n'avait échappé que parce que la fermeté de son caractère lui avait permis de voir toutes les ressources qui restaient dans un si extrême péril.

Entraîné, en suivant son commandant, au milieu des brisants qui portaient dans la passe, pendant que la marée sortait avec une vitesse de trois ou quatre lieues par heure, il imagina de présenter à la lame l'arrière de son canot, qui, de cette manière, poussé par cette lame, et lui cédant, pouvait ne pas se remplir, mais devait cependant être entraîné au-dehors, à reculons, par la marée. Bientôt il vit les brisants de l'avant de son canot et il se trouva dans la grande mer. Plus occupé du salut de ses camarades que du sien propre, il parcourut le bord des brisants, dans l'espoir de sauver quelqu'un ; il s'y rengagea même, mais il y fut repoussé par la marée ; enfin il monta sur les épaules de M. Mouton, afin de découvrir un plus grand espace : vain espoir ! tout avait été englouti... et M. Boutin rentra à la marée étale. La mer étant devenue belle, cet officier avait conservé quelque espérance pour la biscayenne de l'Astrolabe ; il n'avait vu périr que la nôtre. M. de Marchainville était dans ce moment à un grand quart de lieue du danger, c'est-à-dire dans une mer aussi parfaitement tranquille que celle du port le mieux fermé ; mais ce jeune officier, poussé par une générosité sans doute imprudente, puisque tout secours était impossible dans ces circonstances, ayant l'âme trop élevée, le courage trop grand pour faire cette réflexion lorsque ses amis étaient dans un si extrême danger, vola à leur secours, se jeta dans les mêmes brisants, et victime de sa générosité et de la désobéissance formelle de son chef, périt comme lui.

Bientôt M. de Langle arriva à mon bord, aussi accablé de douleur que moi-même, et m'apprit, en versant des larmes, que le malheur était encore infiniment plus grand que je ne croyais. Depuis notre départ de France, il s'était fait une loi inviolable de ne jamais détacher les deux frères (1) pour une même corvée, et il avait cédé, dans cette seule occasion, au désir qu'ils avaient témoigné d'aller se promener et chasser ensemble ; car c'était presque sous ce point de vue que nous avions envisagé, l'un et l'autre, la course de nos canots, que nous croyions aussi peu exposés que dans la rade de Brest, lorsque le temps est très beau.

Les pirogues des sauvages vinrent dans ce même moment nous annoncer ce funeste événement ; les signes de ces hommes grossiers exprimaient qu'ils avaient vu périr les deux canots et que tous secours avaient été impossibles : nous les comblâmes de présents et nous tachâmes de leur faire comprendre que toutes nos richesses appartiendraient à celui qui aurait sauvé un seul homme.

Rien n'était plus propre à émouvoir leur humanité ; ils coururent sur les bords de la mer, et se répandirent sur les deux côtés de la baie. J'avais déjà envoyé ma chaloupe, commandée par M. de Clonard, vers l'est, où, si quelqu'un, contre toute apparence, avait eu le bonheur de se sauver, il était probable qu'il aborderait. M. de Langle se porta sur la côte de l'ouest, afin de ne rien laisser à visiter, et je restai à bord, chargé de la garde des deux vaisseaux, avec les équipages nécessaires pour n'avoir rien à craindre des sauvages, contre lesquels la prudence voulait que nous fussions toujours en garde.

Presque tous les officiers et plusieurs autres personnes avaient suivi MM. de Langle et Clonard ; ils firent trois lieues sur le bord de la mer, où le plus petit débris ne fut pas même jeté. J'avais cependant conservé un peu d'espoir ; l'esprit s'accoutume avec peine au passage si subit d'une situation douce à une douleur si profonde : mais le retour de nos canots et de nos chaloupes détruisit cette illusion, et acheva de me jeter dans une consternation, que les expressions les plus fortes ne ren-

---

(1) MM. la Borde Marchainville et la Borde Boutervilliers.

dront jamais que très imparfaitement. Je vais rapporter ici la relation de M. Boutin; il était l'ami de M. d'Escures, et nous ne pensions pas également l'un et l'autre sur l'imprudence de cet officier.

Relation de M. Boutin.

« Le 13 juillet, à cinq heures cinquante minutes du matin, je partis du bord de la Boussole, dans le petit canot; j'avais ordre de suivre M. d'Escures, qui commandait notre biscayenne; et M. de Marchainville, commandant la biscayenne de l'Astrolabe, devait se joindre à nous. Les instructions que M. d'Escures avait reçues par écrit de M. de la Pérouse, et qui m'avaient été communiquées, lui enjoignaient d'employer ces trois canots à sonder la baie; d'y placer les sondes, d'après les relèvements, sur le plan qui lui avait été donné; de sonder la passe, si la mer était belle, et d'en mesurer la largeur : mais il lui était expressément défendu d'exposer au moindre danger les canots qui étaient sous ses ordres, et d'approcher de la passe, pour peu qu'elle brisât, ou même qu'il y eût de la houle.

Après avoir doublé la pointe ouest de l'île près de laquelle nous étions mouillés, je vis que la passe brisait dans toute sa largeur, et qu'il serait impossible de s'y présenter. M. d'Escures était alors de l'avant, ses avirons levés, et semblait vouloir m'attendre : mais lorsque je l'eus approché à portée de fusil, il continua sa route; et comme son canot marchait beaucoup mieux que le mien, il répéta plusieurs fois la même manœuvre sans qu'il me fût jamais possible de le joindre. A sept heures un quart, ayant toujours gouverné sur la passe, nous n'en étions plus qu'à deux encâblures, notre biscayenne vira de bord. Je suivis son mouvement dans ses eaux; nous fîmes route pour rentrer dans la baie, laissant la passe derrière nous.

Mon canot était derrière notre biscayenne, à porté de la voix : j'apercevais celle de l'Astrolabe à un quart de lieue, en dedans de la baie. M. d'Escures me héla alors en riant : « Je crois que nous n'avons rien de mieux à faire que d'aller déjeûner, car la passe brise horriblement. » Je répondis : « Certainement, et j'imagine que notre travail se bornera à fixer les limites de la baie de sable, qui est à bâbord en entrant. »

M. de Pierrevert, qui était avec M. d'Escures, allait me répondre; mais ses yeux s'étant tournés vers la côte de l'est, il vit que nous étions entraînés par le jusant : je m'en aperçus aussi, et dans l'instant nos deux canots furent nagés avec la plus grande force, le cap au nord, pour nous éloigner de la passe, dont nous étions encore à cent toises. Je ne croyais pas être exposé au moindre danger, puisqu'en gagnant seulement vingt toises sur l'un ou l'autre bord, nous avions toujours la ressource d'échouer nos canots sur le rivage. Après avoir vogué plus d'une minute sans pouvoir refouler la marée, j'essayai inutilement de gagner la côte de l'est; notre biscayenne, qui était devant moi, essaya aussi inutilement de gagner la côte de l'ouest : nous fûmes donc forcés de remettre le cap au nord, pour ne pas tomber en travers dans les brisants. Les premières lames commençaient à déployer à peu de distance de mon canot : je crus devoir mouiller le grappin, mais il ne tint pas; heureusement le cablot n'était pas étalingué à un des bancs, il fila en entier dans la mer, et nous déchargea d'un poids qui aurait pu nous être funeste. Dans l'instant je fus au milieu des plus fortes lames qui remplirent presque le canot; il ne coula cependant pas, et ne cessa point de gouverner; de manière que je pouvais toujours présenter l'arrière aux lames, ce qui me donna le plus grand espoir d'échapper au danger.

» Notre biscayenne s'était éloignée de moi pendant que je mouillais le grappin, et elle ne se trouva que quelques minutes après dans les brisants; je l'avais perdue de vue en recevant les premières lames : mais dans un des moments où je me trouvai au-dessus de ces brisants, je la revis entre deux eaux, à trente ou quarante toises de l'avant; elle était en travers; je n'aperçus ni hommes, ni avirons. Ma seule espérance avait été qu'elle pourrait refouler le courant : mais j'étais trop certain qu'elle périrait si elle était entraînée; car, pour échapper, il fallait un canot qui portât son plein d'eau, et qui, dans cette situation, pût gouverner, afin de ne pas chavirer : malheureusement notre biscayenne n'avait aucune de ces qualités.

» J'étais toujours au milieu des brisants, regardant de tous côtés, et je vis que derrière mon canot, vers le sud, les lames formaient une chaîne que mon œil suivait jusqu'à mon horizon; les brisants paraissaient aussi aller fort loin dans l'ouest : je vis enfin que, si je pouvais gagner seulement cinquante toises dans l'est, je trouverais une mer moins dangereuse. Je fis tous mes efforts pour y réussir, en donnant des élans sur tribord dans l'intervalle des lames; et, à sept heures vingt-cinq minutes, je fus hors de tout danger, n'ayant plus à combattre qu'une forte houle et de petites lames, produites par la brise de l'ouest-nord-ouest.

» Après avoir vidé l'eau de mon canot, je cherchai les moyens de donner du secours à mes malheureux camarades; mais dès-lors je n'avais plus aucun espoir.

» Depuis le moment où j'avais vu notre biscayenne couler dans les brisants, j'avais toujours donné des élans dans l'est, et je n'avais pu en sortir qu'au bout de quelques minutes. Il était impossible que les naufragés, au milieu d'un courant si rapide, pussent jamais s'éloigner de sa direction, et ils devaient être entraînés pendant tout le reste de la marée, qui a porté au large jusqu'à huit heures quarante-cinq minutes ; d'ailleurs, comment le meilleur nageur aurait-il pu résister quelques instants seulement à la force de ces lames? Cependant, comme je ne pouvais faire de recherches raisonnables que dans la partie où portait le courant, je mis le cap au sud, côtoyant les brisants qui me restaient à tribord, et changeant de route à chaque instant, pour m'approcher de quelques loups marins ou goémons, qui me donnaient de temps en temps une lueur d'espérance.

» Comme la mer était très houleuse, lorsque j'étais sur le sommet des lames, mon horizon s'étendait assez loin, et j'aurais pu distinguer un aviron ou un débris à plus de deux cents toises.

» Bientôt mes regards se portèrent vers la pointe de l'est de l'entrée ; j'y aperçus des hommes qui, avec des manteaux, faisaient des signaux : c'étaient des sauvages, ainsi que je l'ai appris depuis ; mais je les pris alors pour l'équipage de la Biscayenne de l'Astrolabe, et j'imaginai qu'elle attendait l'étale de la marée pour venir à notre secours ; j'étais bien loin de penser que mes malheureux amis avaient été victimes de leur hardiesse généreuse.

» A huit heures trois quarts (1), la marée ayant renversé, il n'y avait point de brisants, mais seulement une forte houle. Je crus devoir continuer mes recherches dans cette houle, suivant la direction du jusant qui avait cessé ; je fus aussi malheureux dans cette seconde recherche que dans la première. A neuf heures, voyant que le flot venait du sud-ouest, que je n'avais ni vivres, ni grappins, ni voiles, avec un équipage mouillé et saisi de froid ; craignant de ne pouvoir rentrer dans la baie lorsque le flot aurait acquis toute sa force ; voyant d'ailleurs qu'il portait avec violence au nord-est, ce qui m'empêchait de gagner au sud, où j'aurais dû continuer mes recherches, si la marée l'avait permis, je rentrai dans la baie, faisant route au nord.

» La passe m'était déjà presque fermée par la pointe de l'est ; la mer brisait encore par les deux pointes ; mais elle était calme au milieu. Je parvins enfin à gagner cette entrée, rangeant d'aussi près que possible la pointe de bâbord, sur laquelle étaient les Américains qui m'avaient fait des signaux et que j'avais crus Français. Ils m'exprimèrent, par leurs gestes, qu'ils avaient vu chavirer deux embarcations, et, ne voyant pas la Biscayenne

(1) Huit heures et demie était l'heure que j'avais indiquée dans mes instructions pour approcher de la passe sans danger, parce que le courant, dans tous les cas, eût porté en dedans........ et à sept heures un quart, les chaloupes étaient englouties !

de l'Astrolabe, je ne fus que trop certain du sort de M. de Marchainville, que je connaissais assez pour croire qu'il eût réfléchi sur l'inutilité du danger auquel il allait s'exposer. Comme on aime cependant à se flatter, il me restait un très léger espoir que je le trouverais à bord de nos vaisseaux, où il était possible qu'il eût été demander du secours : mes premières paroles, en arrivant à bord, furent : — Avez-vous des nouvelles de M. de Marchainville ? — Non, fut pour moi la certitude de sa perte.

» Après tous ces détails, je crois devoir expliquer les motifs de la conduite de M. d'Escures. Il est impossible qu'il ait jamais songé à se présenter dans la passe ; il voulait seulement s'en approcher, et il a cru se tenir à une distance plus que suffisante pour être hors de tout danger : c'est cette distance qu'il a mal jugée, ainsi que moi, ainsi que les dix-huit personnes qui étaient dans nos deux canots. Je ne puis dire combien cette erreur est pardonnable, ni pourquoi il était impossible de juger la violence du courant ; on croirait que je m'excuse moi-même : car, je le répète, je jugeais cette distance plus que suffisante, et l'aspect même de la côte, qui fuyait dans le nord avec la plus grande vitesse, ne me causa que de l'étonnement.

» Sans vouloir détailler toutes les raisons qui devaient contribuer à nous inspirer une confiance bien funeste, je ne puis m'empêcher de faire remarquer que, le jour de notre entrée dans cette baie, nos canots sondèrent la passe en tous sens pendant plus de deux heures, sans éprouver aucun courant. Il est vrai que, quand nos frégates s'y présentèrent, elles furent repoussées par le jusant ; mais le vent était si faible, que dans le même instant nos canots refoulaient la marée avec la plus grande facilité. Enfin, le 11 juillet, jour de la pleine lune, nos deux commandants allèrent eux-mêmes, avec plusieurs officiers, sonder cette passe ; ils sortirent avec le jusant, rentrèrent avec le flot, et n'y remarquèrent rien qui pût faire juger qu'il y eût le moindre danger, surtout avec des canots bien armés. Ainsi on doit conclure que le 13 juillet, la violence du courant tenait à des causes particulières, comme une fonte extraordinaire de neige, ou des vents forcés qui n'avaient pas pénétré dans la baie, mais qui, sans doute, avaient soufflé avec violence au large.

» M. de Marchainville était à un quart de lieue en dedans de la passe, au moment où j'y fus entraîné ; je ne l'ai pas vu depuis ce moment : mais tous ceux qui le connaissent savent ce que son caractère noble et généreux l'a porté à faire. Il est probable que, lorsqu'il a aperçu nos deux canots au milieu des brisans, ne pouvant concevoir comment nous y avions été entraînés, il a supposé ou un cablot cassé ou des avirons perdus ; dans l'instant, il aura nagé pour venir à nous jusqu'au pied des premiers brisans : nous voyant lutter au milieu des lames, il n'aura écouté que son courage, et il aura cherché à franchir les brisans pour nous porter secours en dehors, au risque de périr avec nous. Cette mort sans doute est glorieuse; mais combien elle est cruelle pour celui qui, échappé au danger, n'a plus la possibilité d'espérer revoir jamais aucun de ceux qui l'ont accompagné, ou aucun des héros qui venaient pour le sauver !

« Il est impossible que j'aie voulu omettre aucun fait essentiel, ou dénaturer ceux que j'ai rapportés; M. Mouton, lieutenant de frégate, qui était en second dans mon canot, est à portée de relever mes erreurs, si ma mémoire m'avait trompé : sa fermeté, celle du patron et des quatre canotiers, n'ont pas peu contribué à nous sauver. Mes ordres ont été exécutés au milieu des brisans avec la même exactitude que dans les circonstances les plus ordinaires. »

Il ne nous restait plus qu'à quitter promptement un pays qui nous avait été si funeste ; mais nous devions encore quelques jours aux familles de nos malheureux amis. Un départ trop précipité aurait laissé des inquiétudes, des doutes, en Europe ; on n'aurait pas réfléchi que le courant ne s'étend au plus qu'à une lieue en dehors de la passe, que ni les canots ni les naufragés n'avaient pu être entraînés qu'à cette distance, et que la fureur de la mer en cet endroit ne laissait aucun espoir de leur retour. Si, contre toute vraisemblance, quelqu'un d'eux avait pu y revenir, comme ce ne pouvait être que dans les environs de la baie, je formai la résolution d'attendre encore plusieurs jours ; mais je quittai le mouillage de l'île, et je pris celui du platin de sable qui est à l'entrée, sur la côte de l'ouest. Je mis cinq jours à faire ce trajet qui n'est que d'une lieue, pendant lesquels nous essuyâmes un coup de vent d'est qui nous aurait mis dans un très grand danger, si nous n'eussions été mouillés sur un bon fond de vase.

Les vents contraires nous retinrent plus longtemps que je n'avais projeté de rester, et nous ne mîmes à la voile que le 30 juillet, dix-huit jours après l'évènement qu'il m'a été si pénible de décrire, et dont le souvenir me rendra éternellement malheureux. Avant notre départ, nous érigeâmes sur l'île du milieu de la baie, à laquelle je donnai le nom d'*île du Cénotaphe*, un monument à la mémoire de nos malheureux compagnons. M. de Lamanon composa l'inscription suivante, qu'il enterra dans une bouteille, au pied de ce cénotaphe :

« *A l'entrée du port, ont péri vingt-un braves marins. Qui que vous soyez, mêlez vos larmes aux nôtres.*

« Le 14 juillet 1786, les frégates la Boussole et l'Astrolabe, parties de Brest, le 1ᵉʳ août 1785, étaient arrivées dans ce port. Par les soins de M. de la

Pérouse, commandant en chef l'expédition ; de M. le vicomte de Langle, commandant la deuxième frégate; de MM. de Clonard et de Monti, capitaines en second des deux bâtiments, et des autres officiers et chirurgiens, aucune des maladies qui sont la suite des longues navigations, n'avait atteint les équipages. M de la Pérouse se félicitait, ainsi que nous tous, d'avoir été d'un bout du monde à l'autre, à travers toutes sortes de dangers, ayant fréquenté des peuples réputés barbares, sans avoir perdu un seul homme, ni versé une goutte de sang. Le 13 juillet, trois canots partirent à cinq heures du matin pour aller placer des sondes sur le plan de la baie, qui avait été dressé. Ils étaient commandés par M. d'Escures, lieutenant de vaisseau, chevalier de Saint-Louis : M. de la Pérouse lui avait donné des instructions par écrit, pour lui défendre expressément de s'approcher du courant ; mais au moment qu'il croyait encore en être éloigné, il s'y trouva engagé. MM. de la Borde frères, et de Flassan, qui étaient dans le canot de la deuxième frégate, ne craignirent pas de s'exposer pour voler au secours de leurs camarades ; mais, hélas ! ils ont eu le même sort..... Le troisième canot était sous les ordres de M. Boutin, lieutenant de vaisseau. Cet officier, luttant avec courage contre les brisans, fit pendant plusieurs heures de grands, mais inutiles efforts pour secourir ses amis, et ne dut lui-même son salut qu'à la meilleure construction de son canot, à sa prudence éclairée, à celle de M. Laprise Mouton, lieutenant de frégate, son second, et à l'activité et prompte obéissance de son équipage, composé de Jean-Marie, patron, Lhostis, le Bas, Corentin Jers et Monens, tous quatre matelots. Les Indiens ont paru prendre part à notre douleur ; elle est extrême. Emus par le malheur, et non découragés, nous partons le 30 juillet pour continuer notre voyage. »

« *Noms des officiers, soldats et matelots qui ont naufragé le 13 juillet, à sept heures un quart du matin.*

LA BOUSSOLE

» *Officiers.* — MM. d'Escures, de Pierrevert, de Montarnal.

» *Equipage.* — Le Maître, premier pilote ; Lieutot, caporal et patron; Prieur, Fraichot, Berrin, Bolet, Fleury, Chaub, tous sept soldats ; le plus âgé n'avait pas trente-trois ans.

L'ASTROLABE

» *Officiers.* — MM. de la Borde Marchainville, de la Borde Boutervilliers, frères ; Flassan.

» *Equipages.* — Soulas, caporal et patron ; Philiby, Julien le Penn, Pierre Rabier, tous quatre soldats, Thomas Andrieux, Goulven Tarreau, Guillaume Duquesne, tous trois gabiers, à la fleur de leur âge. »

Notre séjour à l'entrée de la baie nous procura sur les mœurs et les divers usages des sauvages, beaucoup de connaissances qu'il nous eût été impossible d'acquérir dans l'autre mouillage : nos vaisseaux étaient à l'ancre auprès de leurs villages ; nous les visitions plusieurs fois chaque jour, et, chaque jour, nous avions à nous en plaindre, quoique notre conduite à leur égard ne se fût jamais démentie, et que nous n'eussions pas cessé de leur donner des preuves de douceur et de bienveillance.

Le 22 juillet, ils nous apportèrent des débris de nos canots naufragés que la lame avait poussés sur la côte de l'est, fort près de la baie, et ils nous firent entendre, par des signes, qu'ils avaient enterré un de nos malheureux compagnons sur le rivage où il avait été jeté par la lame. Sur ces indices, MM. de Clonard, de Monneron, de Monti, partirent aussitôt et dirigèrent leur course vers l'est, accompagnés des mêmes sauvages qui nous avaient apporté ces débris, et que nous avions comblés de présents.

Nos officiers firent trois lieues sur des pierres, dans un chemin épouvantable ; à chaque demi-heure, les guides exigeaient un nouveau paiement, ou refusaient de suivre ; enfin ils s'enfoncèrent dans le bois et prirent la fuite. Nos officiers s'aperçurent, mais trop tard, que leur rapport n'était qu'une ruse inventée pour obtenir encore des présents. Ils virent, dans cette course, des forêts immenses de sapins de la plus belle dimension ; ils en mesurèrent de cinq pieds de diamètre, et qui paraissaient avoir plus de cent quarante pieds de hauteur.

Le récit qu'ils nous firent de la manœuvre des sauvages ne nous surprit pas ; leur adresse en fait de vol et de fourberies ne peut trouver aucun terme de comparaison. MM. de Langle et de Lamanon, avec plusieurs officiers et naturalistes, avaient fait, deux jours auparavant, dans l'ouest, une course qui avait également pour objet ces tristes recherches : elle fut aussi infructueuse que l'autre ; mais ils rencontrèrent un village d'Indiens sur le bord d'une petite rivière, entièrement barrée par des piquets pour la pêche du Saumon. Nous soupçonnions depuis longtemps que ce poisson venait de cette partie de la côte ; mais nous n'en étions pas certains, et cette découverte satisfit notre curiosité. La pêche de ce poisson est si abondante, que les équipages des deux bâtiments en ont eu en très grande quantité pendant notre séjour, et que chaque frégate en a fait saler deux barriques.

Nos voyageurs rencontrèrent aussi un morai (1) qui leur prouva que ces Indiens étaient dans l'usage de brûler les morts et d'en conserver la tête ; ils en trouvèrent une enveloppée dans plusieurs peaux. Ce monument consiste en quatre piquets assez forts, qui portent une petite chambre en planches, dans laquelle reposent les cendres contenues dans des coffres : ils ouvrirent ces coffres, défirent le paquet de peaux qui enveloppait la tête, et après avoir satisfait à leur curiosité, ils remirent scrupuleusement chaque chose à sa place : ils y ajoutèrent beaucoup de présents en instruments de fer et en rasades. Les sauvages qui avaient été témoins de cette visite, montrèrent un peu d'inquiétude ; mais ils ne manquèrent pas d'aller enlever très promptement les présents que nos voyageurs avaient laissés. D'autres curieux ayant été, le lendemain, dans le même lieu, n'y trouvèrent que les cendres et la tête : ils y mirent de nouvelles richesses, qui eurent le même sort que celles du jour précédent. Je suis certain que les Indiens auraient désiré plusieurs visites par jour. Mais s'ils nous permirent, quoique avec un peu de répugnance, de visiter leurs tombeaux, il n'en fut pas de même de leurs cabanes ; ils ne consentirent à nous en laisser approcher qu'après en avoir écarté leurs femmes.

Nous voyions, chaque jour, entrer dans la baie de nouvelles pirogues, et, chaque jour, des villages entiers en sortaient et cédaient leur place à d'autres. Ces Indiens paraissaient beaucoup redouter la passe, et ne s'y hasardaient jamais qu'à la mer étale du flot ou du jusant : nous apercevions distinctement, à l'aide de nos lunettes, que lorsqu'ils étaient entre les deux pointes, le chef, ou du moins l'Indien le plus considérable, se levait, tendait les bras vers le soleil, et paraissait lui adresser des prières, pendant que les autres pagayaient avec la plus grande force. Ce fut en demandant quelques éclaircissements sur cette coutume que nous apprîmes que depuis peu de temps sept très grandes pirogues avaient fait naufrage dans la passe : la huitième s'était sauvée ; les Indiens qui échappèrent à ce malheur la consacrèrent ou à leur Dieu, ou à la mémoire de leurs compagnons : nous la vîmes à côté d'un morai qui contenait sans doute les cendres de quelques naufragés.

Cette pirogue ne ressemblait point à celles du pays, qui ne sont formées

---

(1) J'ai conservé le nom de *morai*, qui, mieux que tombeau, exprime une exposition en plein air.

que d'un arbre creusé, relevé de chaque côté par une planche cousue au fond de la pirogue : celle-ci avait des couples, des lisses, comme nos canots, et cette charpente, très bien faite, avait un étui de peau de loup marin qui lui servait de bordage ; il était si parfaitement cousu, que les meilleurs ouvriers d'Europe auraient de la peine à imiter ce travail : l'étui dont je parle, que nous avons mesuré avec la plus grande attention, était déposé dans le morai à côté des coffres cinéraires ; et la charpente de la pirogue, élevée sur des chantiers, restait nue auprès de ce monument.

J'aurais désiré emporter cette enveloppe en Europe ; nous en étions absolument les maîtres ; cette partie de la baie n'étant pas habitée, aucun Indien ne pouvait y mettre obstacle ; d'ailleurs je suis très persuadé que les naufragés étaient étrangers, et j'expliquerai mes conjectures à cet égard dans le chapitre suivant : mais il est une religion universelle pour les asiles des morts, et j'ai voulu que ceux-ci fussent respectés.

Enfin, le 30 juillet, à quatre heures du soir, nous appareillâmes : l'horizon était si clair, que nous apercevions et relevions le mont Saint-Élie au nord-ouest, distant au moins de quarante lieues. A huit heures du soir, l'entrée de la baie me restait à trois lieues dans le nord, et la sonde rapportait quatre-vingt-dix brasses, fond de vase.

CHAPITRE IX

Description du Port des Français. — Sa latitude, sa longitude. — Avantages et inconvénients de ce port. — Ses productions végétales et minérales. — Oiseaux, poissons, coquilles, quadrupèdes. — Mœurs et coutumes des Indiens. — Leurs arts, leurs armes, leur habillement, leur inclination au vol. — Forte présomption que les Russes seuls communiquent indirectement avec ces peuples. — Leur musique, leur danse, leur passion pour le jeu. — Dissertation sur leur langue.

La baie ou plutôt le port auquel j'ai donné le nom de Port des Français, est situé, suivant nos observations et d'après celles de M. Dagelet, par 58° 37' de latitude nord, et 139° 50' de longitude occidentale. La mer y monte de sept pieds et demi aux nouvelles et pleines lunes ; elle est haute à une heure : les vents du large, ou peut-être d'autres causes, agissent si puissammnet sur le courant de la passe, que j'ai vu le flot y entrer comme le fleuve le plus rapide ; et dans d'autres circonstances, quoiqu'aux mêmes époques de la lune, il pouvait être refoulé par un canot. Lorsque les vents soufflent avec violence de la partie du sud, la passe doit être impraticable, et, dans tous les temps, les courants en rendent l'entrée difficile ; la sortie exige aussi une réunion de circonstances qui peuvent retarder le départ d'un vaisseau de plusieurs semaines ; on ne peut appareiller qu'au moment de la pleine mer ; la brise de l'ouest au nord-ouest n'est souvent formée que vers onze heures, ce qui ne permet pas de profiter des marées du matin ; enfin les vents d'est, qui sont contraires, m'ont paru plus fréquents que ceux de l'ouest, et la hauteur des montagnes environnantes ne permet jamais aux vents de terre ou du nord de pénétrer dans la rade.

Comme ce port présente de grands avantages, j'ai cru devoir en faire connaître aussi tous les inconvénients. Il me paraît que cette relâche ne convient point aux bâtiments qui seraient expédiés pour traiter des pelleteries à l'aventure ; ceux-ci doivent mouiller dans beaucoup de baies et n'y faire qu'un très court séjour, parce que les Indiens ont tout vendu dans la première semaine, et que toute perte de temps est très préjudiciable aux intérêts des traitants ; mais une nation qui aurait des projets de factorerie sur cette côte, à l'instar de celle des Anglais dans la baie d'Hudson, ne pourrait faire choix d'un lieu plus propre à un pareil établissement : une simple batterie de quatre canons de gros calibre, placée sur la pointe du continent, suffirait pour défendre une entrée aussi étroite, et que les courants rendent si difficile ; cette batterie ne pourrait être tournée ni enlevée par terre, parce que la mer brise toujours avec fureur sur la côte, et que le débarquement y est impossible. Le fort, les magasins, et tous les établissements de commerce, seraient élevés sur l'île du Cénotaphe, dont la circonférence est à peu près d'une lieue : elle est susceptible de culture ; on y trouve de l'eau et du bois. Les vaisseaux, n'ayant point à chercher leur cargaison et certains de la trouver rassemblée dans un seul point, ne seraient exposés à aucun retard : quelques corps morts, placés pour la navigation intérieure de la baie, la rendraient extrêmement facile et sûre ; il se formerait des pilotes qui, connaissant mieux que nous la direction et la vitesse du courant, à certaines époques de la marée, assureraient l'entrée et la sortie des bâtiments. Enfin notre traite de peaux de loutre a été si considérable, que je dois présumer qu'on ne peut en rassembler une plus grande quantité dans aucune autre partie de l'Amérique.

Le climat de cette côte m'a paru infiniment plus doux que celui de la baie d'Hudson, par cette même latitude. Nous avons mesuré des pins de six pieds de diamètre et de cent quarante pieds de hauteur : ceux de même espèce ne sont, au fort de Wales et au fort d'York, que d'une dimension à peine suffisante pour des boute-hors.

La végétation est aussi très vigoureuse pendant trois ou quatre mois de l'année : je serais peu surpris d'y voir réussir le blé de Russie, et une infinité de plantes usuelles. Nous avons trouvé en abondance le céleri, l'oseille à feuille ronde, le lupin, pois sauvage, la mille-feuille, la chicorée, le mimulus. Chaque jour et à chaque repas, la chaudière de l'équipage en était remplie ; nous en mangions dans la soupe, dans les ragoûts, en salade ; et ces herbes n'ont pas peu contribué à nous maintenir dans notre bonne santé. On voyait parmi ces plantes potagères presque toutes celles des prairies et des montagnes de France ; l'angélique, le bouton d'or, la violette, plusieurs espèces de gramen propres aux fourrages : on aurait pu, sans aucun danger, faire cuire et manger de toutes ces herbes, si elles n'avaient pas été mêlées avec quelques pieds d'une ciguë très vive, sur laquelle nous n'avons fait aucune expérience.

Les bois sont remplis de fraises, de framboises, de groseilles ; on y trouve le sureau à grappes, le saule nain, différentes espèces de bruyère qui croissent à l'ombre, le peuplier-baumier, le peuplier-liard, le saule-marsaut, le charme, et enfin de ces superbes pins avec lesquels on pourrait faire les mâtures de nos plus grands vaisseaux. Aucune production végétale de cette contrée n'est étrangère à l'Europe. M. de la Martinière, dans ses différentes excursions, n'a rencontré que trois plantes qu'il croit nouvelles ; et on sait qu'un botaniste peut faire une pareille fortune aux environs de Paris.

Les rivières étaient remplies de truites et de saumons ; mais nous ne prîmes dans la baie que des flétans, dont quelques-uns pesaient plus de cent livres, de petites vieilles, une seule raie, des caplans et quelques plies. Comme nous préférions les saumons et les truites à tous ces poissons et que les Indiens nous en vendaient en plus grande quantité que nous ne pouvions en consommer, nous avons très peu pêché, et seulement à la ligne : nos occupations ne nous ont jamais permis de jeter la seine, qui exigeait, pour être tirée à terre, les forces réunies de vingt-cinq ou trente hommes.

Les moules sont entassées avec profusion sur la partie du rivage qui découvre à la basse mer, et les rochers sont mailletés de petits lepas assez curieux. On trouve aussi dans le creux de ces rochers différentes espèces de buccins et d'autres limaçons de mer : j'ai vu sur le sable du rivage d'assez grosses cames, et M. de Lamanon rapporta d'un endroit élevé de plus de deux cents toises au-dessus du niveau de la mer, des pétrifications très bien conservées et de la plus grande dimension, de la coquille connue des conchyliologistes sous le nom de *manteau royal*, et plus vulgairement *coquille de Saint-Jacques*. Ce fait n'est pas nouveau pour les naturalistes, qui ont pu en trouver même à des hauteurs infiniment plus considérables ; mais je crois qu'il leur sera longtemps difficile à expliquer d'une manière qui satisfasse à toutes les objections. Nous ne trouvâmes aucune coquille de cette espèce roulée sur le sable du rivage, et l'on sait que c'est là le cabinet de la nature.

Nos chasseurs virent, dans les bois, des ours, des martres, des écureuils ; et les Indiens nous vendirent des peaux d'ours noir et brun, de lynxs du Canada, d'hermine, de martre, de petit-gris, d'écureuil, de castor, de marmotte du Canada ou monax, et de renard roux. M. de Lamanon prit aussi une musaraigne ou rat d'eau en vie. Nous vîmes des peaux tannées d'orignal ou d'élan, et une corne de bouquetin ; mais la pelleterie la plus commune est celle de loutre de mer, de loup et d'ours marins.

Les oiseaux sont peu variés, mais les individus y sont assez multipliés. Les bois taillis étaient pleins de fauvettes, de rossignols, de merles, de gelinottes, et leur chant me parut fort agréable. On voyait planer dans les airs l'aigle à tête blanche, le corbeau de la grande espèce ; nous surprîmes et tuâmes un martin-pêcheur, et nous aperçûmes un très beau geai bleu, avec quelques colibris. L'hirondelle ou martinet et l'huîtrier noir font leurs nids dans le creux des rochers sur le bord de la mer. Le goëland, le guillemot à pattes rouges, les cormorans, quelques canards et des plongeons de la grande et de la petite espèce, sont les seuls oiseaux de mer que nous ayons vus.

Mais, si les productions végétales et animales de cette contrée la rapprochent de beaucoup d'autres, son aspect ne peut être comparé à aucune, et je doute que les profondes vallées des Alpes et des Pyrénées offrent un tableau si effrayant, mais en même temps si pittoresque qu'il mériterait d'être visité par les curieux, s'il n'était pas à une des extrémités de la terre.

Les montagnes primitives de granit ou de schiste, couvertes d'une neige éternelle, sur lesquelles on n'aperçoit ni arbres ni plantes, ont leur base dans l'eau, et forment sur le rivage une espèce de quai : leur talus est si rapide, qu'après les deux ou trois cents premières toises, les bouquetins ne pourraient les gravir ; et toutes les coulées qui les séparent sont des glaciers immenses dont le sommet ne peut être aperçu, et dont la base est baignée par la mer. A une encâblure de terre, on ne peut trouver le fond avec une sonde de cent soixante brasses.

Les côtes du port sont formées par des montagnes du deuxième ordre, de huit à neuf cents toises seulement d'élévation ; elles sont couvertes de pins, tapissées de verdure, et on n'aperçoit la neige que sur le sommet ; elles m'ont paru entièrement composées de schiste qui est dans un commencement de décomposition ; elles ne sont pas entièrement inaccessibles, mais extrêmement difficiles à gravir. MM. de Lamanon, de la Martinière, Collignon, l'abbé Mongès et le père Receveur, naturalistes zélés et infatigables, ne purent parvenir jusqu'au sommet ; mais il montèrent, avec des fatigues inexprimables, à une assez grande hauteur : aucune pierre, aucun caillou n'échappa à leurs recherches. Trop bon physicien pour ignorer qu'on trouve dans les vallons les échantillons de tout ce qui constitue la masse des montagnes, ils colligèrent l'ocre, la pyrite cuivreuse, le grenat friable, mais très gros et parfaitement cristallisé, le schorl en cristaux, le granit, les schistes, la pierre de corne, le quartz très pur, le mica, la plombagine, et le charbon de terre : quelques-unes de ces matières annoncent que ces montagnes recèlent des mines de fer et de cuivre ; mais nous n'aperçûmes la trace d'aucun autre métal.

La nature devait à un pays aussi affreux des habitants qui différassent autant des peuples civilisés, que le site que je viens de décrire diffère de nos plaines cultivées : aussi grossiers et aussi barbares que leur sol est rocailleux et agreste, ils n'habitent cette terre que pour la dépeupler ; en guerre avec tous les animaux, ils méprisent les substances végétales qui naissent autour d'eux. J'ai vu des femmes et des enfants manger quelques fraises et quelques framboises ; mais c'est sans doute un mets insipide pour ces hommes qui ne sont sur la terre que comme les vautours dans les airs, ou les loups et les tigres dans les forêts.

Leurs arts sont assez avancés, et leur civilisation, à cet égard, a fait de grands progrès ; mais celle qui polit les mœurs, adoucit la férocité, est encore dans l'enfance : la manière dont ils vivent, excluant toute subordination, fait qu'ils sont continuellement agités par la crainte ou par la vengeance ; colères et prompts à s'irriter, je les ai vus sans cesse le poignard à la main les uns contre les autres. Exposés à mourir de faim l'hiver, parce que la chasse peut n'être pas heureuse, ils sont pendant l'été dans la plus grande abondance, pouvant prendre en moins d'une heure le poisson nécessaire à la subsistance de leur famille ; oisifs le reste de la journée, ils la passent au jeu, pour lequel ils ont une passion aussi violente que quelques habitants de nos grandes villes : c'est la grande source de leurs querelles. Je ne craindrais pas d'annoncer que cette peuplade s'anéantirait entièrement, si, à tous ces vices destructeurs elle joignait le malheur de connaître l'usage de quelque liqueur enivrante.

Les philosophes se récriraient en vain contre ce tableau. Ils font leurs livres au coin de leur feu, et je voyage depuis trente ans ; je suis témoin des injustices et de la fourberie de ces peuples qu'on nous peint si bons, parce qu'ils sont très près de la nature : mais cette nature n'est sublime que dans ses masses ; elle néglige tous les détails. Il est impossible de pénétrer dans les bois que la main des hommes civilisés n'a point élagués ; de traverser les plaines remplies de pierres, de rochers, et inondées de marais impraticables ; de faire société enfin avec l'homme de la nature, parce qu'il est barbare, méchant et fourbe.

Confirmé dans cette opinion par ma triste expérience, je n'ai pas cru néamoins devoir user des forces dont la direction m'était confiée, pour repousser l'injustice de ces sauvages, et pour leur apprendre qu'il est un droit des gens qu'on ne viole jamais impunément.

Des Indiens, dans leurs pirogues, étaient sans cesse autour de nos frégates ; ils y passaient trois ou quatre heures avant de commencer l'échange de quelques poissons ou de deux ou trois peaux de loutre ; ils saisissaient toutes les occasions de nous voler ; ils arrachaient le fer qui était facile à enlever, et ils examinaient, surtout, par quels moyens ils pourraient, pendant la nuit, tromper notre vigilance. Je faisais monter à bord de ma frégate les principaux personnages ; je les comblais de présents et ces mêmes hommes que je distinguais si particulièrement, ne dédaignaient jamais le vol d'un clou ou d'une vieille culotte. Lorsqu'ils prenaient un air riant et doux, j'étais assuré qu'ils avaient volé quelque chose, et très souvent je faisais semblant de ne pas m'en apercevoir.

J'avais expressément recommandé d'accabler de caresses les enfants, de les combler de petits présents ; les parents étaient insensibles à cette marque de bienveillance que je croyais de tous les pays : la seule réflexion qu'elle fit naître chez eux, c'est qu'en demandant à accompagner leurs enfants, lorsque je les faisais monter à bord, ils auraient une occasion de nous voler ; et pour mon instruction, je me suis procuré plusieurs fois le plaisir de voir le père profiter du moment où nous paraissions le plus occupés de son enfant, pour enlever et cacher sous sa couverture de peau tout ce qui lui tombait sous la main.

J'ai eu l'air de désirer de petits effets de peu de valeur, qui appartenaient à des Indiens que je venais de combler de présents; c'était un essai que je faisais de leur générosité, mais toujours inutilement.

J'admettrai enfin, si l'on veut, qu'il est impossible qu'une société existe sans quelques vertus; mais je suis obligé de convenir que je n'ai pas eu la sagacité de les apercevoir : toujours en querelle entre eux, indifférents pour leurs enfants, vrais tyrans de leurs femmes, qui sont condamnées sans cesse aux travaux les plus pénibles, je n'ai rien observé chez ce peuple qui m'ait permis d'adoucir les couleurs de ce tableau.

Nous ne descendions à terre qu'armés et en force. Ils craignent beaucoup nos fusils, et huit ou dix Européens rassemblés imposent à tout un village. Les chirurgiens-majors de nos deux frégates, ayant eu l'imprudence d'aller seuls à la chasse, furent attaqués ; les Indiens voulurent leur arracher leurs fusils : mais ils ne purent y réussir; deux hommes seuls leur imposèrent assez pour les faire reculer. Le même événement arriva à M. de Lesseps, jeune interprète russe, qui fut heureusement secouru par l'équipage d'un de nos canots. Ces commencements d'hostilité leur paraissaient si simples, qu'ils ne discontinuaient pas de venir à bord, et il ne soupçonnèrent jamais qu'il nous fût possible d'user de représailles.

J'ai donné le nom de village à trois ou quatre appentis de bois, de vingt-cinq pieds de long sur quinze à vingt pieds de large, couverts, seulement du côté du vent, avec des planches ou des écorces d'arbres;

au milieu était un feu au-dessus duquel pendaient des flétans et des saumons qui séchaient à la fumée. Dix-huit ou vingt personnes logeaient sous chacun de ces appentis; les femmes et les enfants d'un côté, et les hommes de l'autre. Il m'a paru que chaque cabane constituait une petite peuplade indépendante de la voisine ; chacune avait sa pirogue et une espèce de chef; elle partait, sortait de la baie, emportait son poisson et ses planches, sans que le reste du village eût l'air d'y prendre la moindre part.

Je crois pouvoir assurer que ce port n'est habité que pendant la belle saison, et que les Indiens n'y passent jamais l'hiver; je n'ai pas vu une seule cabane à l'abri de la pluie : et quoiqu'il n'y ait jamais eu ensemble dans la baie trois cents Indiens, nous avons été visités par sept ou huit cents autres.

Les pirogues entraient et sortaient continuellement, et emportaient ou rapportaient chacune leur maison et leurs meubles, qui consistent en beaucoup de petits coffres, dans lesquels ils renferment leurs effets les plus précieux; ces coffres sont placés à l'entrée de leurs cabanes, qui sont d'ailleurs d'une malpropreté et d'une puanteur à laquelle ne peut être comparée la tanière d'aucun animal connu. Ils ne s'écartent jamais de deux pas pour aucun besoin; ils ne cherchent dans ces occasions ni l'ombre ni le mystère; ils continuent la conversation qu'ils ont commencée, comme s'ils n'avaient pas un instant à perdre; et lorsque c'est pendant le repas, ils reprennent leur place, dont ils n'ont jamais été éloignés d'une toise. Les vases de bois dans lesquels ils font cuire leurs poissons, ne sont jamais lavés; ils leur servent de marmite, de plat et d'assiette : comme ces vases ne peuvent aller au feu, ils font bouillir l'eau avec des cailloux rougis, qu'ils renouvellent jusqu'à l'entière cuisson de leurs aliments. Ils connaissent aussi la manière de les rôtir ; elle ne diffère pas de celle de nos soldats dans les camps. Il est probable que nous n'avons vu qu'une très petite partie de ces peuples, qui occupent vraisemblablement un espace assez considérable sur le bord de la mer : ils sont errants pendant l'été dans les différentes baies, cherchant leur pâture comme les loups marins; et l'hiver ils s'enfoncent dans l'intérieur du pays pour chasser les castors et les autres animaux dont ils nous ont apporté les dépouilles : quoiqu'ils aient toujours les pieds nus, la plante n'en est point calleuse et ils ne peuvent marcher sur les pierres; ce qui prouve qu'ils ne voyagent jamais qu'en pirogues, ou sur la neige avec des raquettes.

Les chiens sont les seuls animaux avec lesquels ils aient fait alliance; il y en a assez ordinairement trois ou quatre par cabane : ils sont petits, et ressemblent au chien de berger de M. de Buffon; ils n'aboient presque pas; ils ont un sifflement fort approchant de l'adive du Bengale; et ils sont si sauvages, qu'ils paraissent être aux autres chiens ce que leurs maîtres sont aux peuples civilisés.

Les hommes se percent le cartilage du nez et des oreilles; ils y attachen différents petits ornements; ils se font des cicatrices qu'ils portent sur les bras et sur la poitrine, avec un instrument de fer très tranchant, qu'ils aiguisent en le passant sur leurs dents comme sur une pierre : ils ont les dents limées jusqu'au ras des gencives, et ils se servent pour cette opération d'un grès arrondi, ayant la forme d'une langue. L'ochre, le noir de fumée, la plombagine, mêlés avec l'huile de loup marin, leur servent à se peindre le visage et le reste du corps d'une manière effroyable.

Lorsqu'ils sont en grande cérémonie, leurs cheveux, longs, sont poudrés et tressés avec le duvet des oiseaux de mer; c'est leur plus grand luxe, et il est peut-être réservé aux chefs de famille : une simple peau couvre leurs épaules; le reste du corps est absolument nu, à l'exception de la tête, qu'ils couvrent ordinairement avec un petit chapeau de paille très artistement tressé; mais quelquefois ils placent sur leur tête des bonnets à deux cornes, des plumes d'aigle, et enfin des têtes d'ours entières, dans lesquelles ils ont enchâssé une calotte de bois. Ces différentes coiffures sont extrêmement variées; mais elles ont pour objet principal, comme presque tous leurs autres usages, de les rendre effrayants, peut-être afin d'imposer davantage à leurs ennemis.

Quelques Indiens avaient des chemises entières de peau de loutre, et l'habillement ordinaire du grand chef était une chemise de peau d'original tannée, bordée d'une frange de sabots de daim et de becs d'oiseaux, qui imitaient le bruit des grelots lorsqu'il dansait : ce même habillement est très connu des sauvages du Canada, et des autres nations qui habitent les parties orientales de l'Amérique.

Je n'ai vu de tatouage que sur les bras de quelques femmes; celles-ci ont un usage qui les rend hideuses, et que j'aurais peine à croire si je n'en avais été le témoin. Toutes, sans exception, ont la lèvre inférieure fendue au ras des gencives, dans toute la largeur de la bouche; elles portent une espèce d'écuelle de bois sans anses qui appuie contre les gencives, à laquelle cette lèvre fendue sert de bourrelet en dehors, de manière que la partie inférieure de la bouche est saillante de deux ou trois pouces. Les jeunes filles n'ont qu'une aiguille dans la lèvre inférieure, et les femmes mariées ont seules le droit de l'écuelle : nous les avons quelquefois engagées à quitter cet ornement; elles s'y déterminaient avec peine. La lèvre inférieure tombait alors sur le menton, et ce second tableau ne valait guère mieux que le premier.

On ne peut douter que le soleil ne soit le dieu de ces peuples; ils lui adressent très fréquemment des prières : mais je n'ai vu ni temple, ni prêtres, ni trace d'aucun culte.

La taille de ces Indiens est à peu près comme la nôtre; les traits de leur visage sont très variés, et n'offrent de caractère particulier que dans l'expression de leurs yeux, qui n'annoncent jamais un sentiment doux. La couleur de leur peau est très brune, parce qu'elle est sans cesse exposée à l'air; mais leurs enfants naissent aussi blancs que les nôtres. Ils ont de la barbe, moins à la vérité que les Européens, mais assez cependant pour qu'il soit impossible de contester le fait; c'est donc une erreur trop légèrement adoptée de croire que tous les Américains sont imberbes. J'ai vu les indigènes de la nouvelle Angleterre, du Canada, de l'Acadie, de la baie d'Hudson, et j'ai trouvé chez ces différentes nations plusieurs individus ayant de la barbe; ce qui m'a porté à croire que les autres étaient dans l'usage de l'arracher (1).

La charpente de leur corps est faible; le moins fort de nos matelots aurait culbuté à la lutte le plus robuste des Indiens. J'en ai vu dont les jambes enflées semblaient annoncer le scorbut; leurs gencives étaient cependant en bon état : mais je doute qu'ils parviennent à une grande vieillesse, et je n'ai aperçu qu'une seule femme qui parût avoir soixante ans; elle ne jouissait d'aucun privilége, et elle était assujettie, comme les autres, aux différents travaux de son sexe.

Mes voyages m'ont mis à portée de comparer les différents peuples, et j'ose assurer que les Indiens du Port des Français ne sont point Esquimaux; ils ont évidemment une origine commune avec tous les habitants de l'intérieur du Canada et des parties septentrionales de l'Amérique.

Des usages absolument différents, une physionomie très particulière, distinguent les Esquimaux des autres Américains. Les premiers me paraissent ressembler aux Groënlandais; ils habitent la côte de Labrador, le détroit d'Hudson, et une lisière de terre dans toute l'étendue de l'Amérique, jusqu'à la presqu'île d'Alaska. Il est fort douteux que l'Asie ou le Groënland aient été la première patrie de ces peuples; c'est une question oiseuse à agiter, et le problème ne sera jamais résolu d'une manière sans réplique : il suffit de dire que les Esquimaux sont un peu-

---

(1) « Les jeunes hommes n'ont pas de barbe, ce qui me fit d'abord croire que c'était
» un défaut naturel à ces peuples : mais je fus bientôt détrompé à cet égard ; car tous
» les Indiens avancés en âge que je fus à portée de voir, avaient le menton entièrement
» garni de barbe, et plusieurs d'entre eux portaient une moustache de chaque côté de la
» lèvre supérieure.
» Comme ce défaut de barbe que l'on suppose aux naturels de l'Amérique, a occasionné
» bien des recherches parmi les savants, je saisis toutes les occasions possibles qui pu-
» rent me faire connaître les causes de cette différence entre les jeunes et les vieux
» Indiens, et l'on m'apprit que les jeunes hommes s'arrachaient les poils de la barbe
» pour s'en débarrasser, et qu'ils les laissaient croître quand ils avançaient en âge. »
(*Voyage de Dixon*, page 337 de la traduction française.)

ple beaucoup plus pêcheur que chasseur, préférant l'huile au sang, et peut-être à tout ; mangeant très ordinairement le poisson cru : leurs pirogues sont toujours bordées avec des peaux de loup marin très tendues ; ils sont si adroits, qu'ils ne diffèrent presque pas des phoques ; ils se retournent dans l'eau avec la même agilité que les amphibies ; leur face est carrée, leurs yeux et leurs pieds petits, leur poitrine large, leur taille courte. Aucun de ces caractères ne paraît convenir aux indigènes de la baie des Français ; ils sont beaucoup plus grands, maigres, point robustes, et maladroits dans la construction de leurs pirogues, qui sont formées, avec un arbre creusé, relevé de chaque côté par une planche.

Ils pêchent, comme nous, en barrant les rivières, ou à la ligne ; mais leur manière de pratiquer cette dernière pêche est assez ingénieuse : ils attachent à chaque ligne une grosse vessie de loup marin, et ils l'abandonnent ainsi sur l'eau ; chaque pirogue jette douze à quinze lignes : à mesure que le poisson est pris, il entraîne la vessie, et la pirogue court après ; ainsi deux hommes peuvent surveiller douze à quinze lignes sans avoir l'ennui de les tenir à la main.

Ces Indiens ont fait beaucoup plus de progrès dans les arts que dans la morale, et leur industrie est plus avancée que celle des habitants des îles de la mer du Sud ; j'en excepte cependant l'agriculture, qui, en rendant l'homme sédentaire, assurant sa subsistance et lui laissant la crainte de voir ravager la terre qu'il a plantée, est peut-être plus propre qu'aucun autre moyen à adoucir ses mœurs et à le rendre sociable.

Les Américains du Port des Français savent forger le fer, façonner le cuivre, filer le poil de différents animaux, et fabriquer à l'aiguille, avec cette laine, un tissu pareil à notre tapisserie ; ils entremêlent dans ce tissu des lanières de peau de loutre, ce qui fait ressembler leurs manteaux à la peluche de soie la plus fine. Nulle part on ne tresse avec plus d'art des chapeaux et des paniers de joncs ; ils y figurent des dessins assez agréables ; ils sculptent aussi très passablement toutes sortes de figures d'hommes, d'animaux, en bois ou en pierre ; ils marquètent, avec des opercules de coquilles, des coffres dont la forme est assez élégante ; ils taillent en bijoux la pierre serpentine, et lui donnent le poli du marbre.

Leurs armes sont le poignard que j'ai déjà décrit, une lance de bois durci au feu, ou de fer, suivant la richesse du propriétaire ; et enfin l'arc et les flèches ; celles-ci sont ordinairement armées d'une pointe de cuivre : mais les arcs n'ont rien de particulier, et ils sont beaucoup moins forts que ceux de plusieurs autres nations.

J'ai trouvé parmi leurs bijoux des morceaux d'ambre jaune ou succin ; mais j'ignore si c'est une production de leur pays, ou si, comme le fer, ils l'ont reçu de l'ancien continent par leur communication indirecte avec les Russes.

J'ai déjà dit que sept grandes pirogues avaient fait naufrage à l'entrée du port ; ces pirogues, dont le plan est pris sur la seule qui se soit sauvée, avaient trente-quatre pieds de long, quatre de large et six de profondeur : ces dimensions considérables les rendaient propres à faire de longs voyages. Elles étaient bordées avec des peaux de loup marin, à la manière des Esquimaux ; ce qui nous fit croire que le Port des Français était un lieu d'entrepôt, habité seulement dans la saison de la pêche.

Il nous parut possible que les Esquimaux des environs des îles Shumagin, et de la presqu'île parcourue par le capitaine Cook, étendissent leur commerce jusque dans cette partie de l'Amérique, qu'ils y répandissent le fer et les autres articles, et qu'ils rapportassent, avec avantage pour eux, les peaux de loutre, que ces derniers recherchent avec tant d'empressement. La forme des pirogues perdues, ainsi que la grande quantité de peaux que nous traitâmes, et qui pouvaient être rassemblées ici pour être vendues à ces étrangers, semblent appuyer cette conjecture ; je ne la hasarde cependant que parce qu'elle me paraît expliquer, mieux qu'une autre, l'origine du fer et des autres marchandises européennes qu'ils possèdent.

J'ai parlé de la passion de ces Indiens pour le jeu ; celui auquel ils se livrent avec une extrême fureur, est absolument un jeu de hasard : ils ont trente bûchettes ayant chacune des marques différentes comme nos dés ; ils en cachent sept ; chacun joue à son tour, et celui qui approche le plus du nombre tracé sur les sept bûchettes, gagne l'enjeu convenu, qui est ordinairement un morceau de fer ou une hache. Ce jeu les rend tristes et sérieux : je les ai cependant entendus chanter très souvent ; et lorsque le chef venait me visiter, il faisait ordinairement le tour du bâtiment en chantant, les bras étendus en forme de croix et en signe d'amitié : il montait ensuite à bord, et y jouait une pantomime qui exprimait, ou des combats, ou des surprises, ou la mort. L'air qui avait précédé cette danse était agréable et assez harmonieux.

Nos caractères ne peuvent exprimer la langue de ces peuples : ils ont, à la vérité, quelques articulations semblables aux nôtres ; mais plusieurs nous sont absolument étrangères.

On s'aperçoit moins de la rudesse de leur langue lorsqu'ils chantent. Je n'ai trouvé aucune ressemblance entre les mots de cette langue et celle d'Alaska, Norton, Nootka, ni celle des Groënlandais, des Esquimaux, des Mexicains, des Nadoessis et des Chipawas, dont j'ai comparé les vocabulaires.

Je finirai l'article de ces peuples en disant que nous n'avons aperçu chez eux aucune trace d'anthropophagie; mais c'est une coutume si générale chez les Indiens de l'Amérique, que j'aurais peut-être encore ce trait à ajouter à leur tableau, s'ils eussent été en guerre et qu'ils eussent fait un prisonnier.

CHAPITRE X

Départ du Port des Français. — Exploration de la côte d'Amérique. — Baie des îles du capitaine Cook. — Port de los Remedios et de Bucarelli du pilote Maurelle. — Iles de la Croyère. — Iles San Carlos. — Description de la côte depuis Gross-Sound jusqu'au cap Hector. — Reconnaissance d'un grand golfe ou canal, et détermination exacte de sa largeur. — Iles Sartine. — Pointe boisée du capitaine Cook. — Vérification de nos horloges marines. — Pointe des brisants. — Iles Necker. — Arrivée à Monterey.

Le séjour forcé que je venais de faire dans le Port des Français, m'avait contraint de changer le plan de ma navigation sur la côte d'Amérique : j'avais encore le temps de la prolonger, et d'en déterminer la direction; mais il m'était impossible de songer à aucune autre relâche, et moins encore à reconnaître chaque baie : toutes mes combinaisons devaient être subordonnées à la nécessité absolue d'arriver à Manille à la fin de janvier, et à la Chine dans le courant de février, afin de pouvoir employer l'été suivant à la reconnaissance des côtes de Tartarie, du Japon, du Kamtschatka, et jusqu'aux îles Alentiennes. Je voyais avec douleur qu'un plan si vaste ne laissait que le temps d'apercevoir les objets, et jamais celui d'éclaircir aucun doute ; mais obligé de naviguer dans des mers à mousson, il fallait, ou perdre une année, ou arriver à Monterey du 10 au 15 septembre, n'y passer que six à sept jours pour compléter l'eau et le bois que nous aurions consommé, et traverser ensuite, le plus promptement possible, le grand Océan sur un espace de plus de 120° de longitude, ou près de deux mille quatre cents lieues marines, parce qu'entre les Tropiques, les degrés diffèrent peu de ceux du grand cercle.

J'avais la crainte la plus fondée de n'avoir pas le temps de visiter, ainsi qu'il m'était ordonné, les îles Carolines, et celles au nord des îles

Mariannes. L'exploration des Carolines devait dépendre du plus ou moins de bonheur de notre traversée, et nous devions la supposer très longue, vu la mauvaise marche de nos bâtiments ; d'ailleurs la position géographique de ces îles, qui sont beaucoup à l'ouest ou sous le vent, ne me permettait que [bien difficilement de les comprendre dans les projets ultérieurs de ma navigation au sud de la ligne.

Ces différentes considérations me déterminèrent à donner à M. de Langle de nouveaux rendez-vous en cas de séparation ; je lui avais assigné précédemment les ports de los Remedios et de Nootka : il fut convenu entre nous que nous ne relâcherions qu'à Monterey ; et ce dernier port fut préféré, parce qu'étant le plus éloigné, nous aurions une plus grande quantité d'eau et de bois à y remplacer.

Nos malheurs, au Port des Français, avaient exigé quelques changements dans les états-majors ; je donnai à M. Darbaud, garde de la marine extrêmement instruit, un ordre pour faire les fonctions d'enseigne, et je remis un brevet de lieutenant de frégate à M. Broudou, jeune volontaire qui, depuis mon départ de France, m'avait donné des preuves d'intelligence et de zèle.

Je proposai aux officiers et passagers de ne vendre nos pelleteries à la Chine qu'au profit des seuls matelots : ma proposition ayant été reçue avec transport et unanimement, je donnai un ordre à M. Dufresne pour être leur subrécargue. Il fut chargé en chef de la traite, de l'emballage, du triage et de la vente de ces différentes fourrures, et comme je suis certain qu'il n'y eût pas une seule peau de traitée en particulier, cet arrangement nous mit à même de connaître, avec la plus grande précision, leur prix en Chine, qui aurait pu varier par la concurrence des vendeurs ; il fut, en outre, plus avantageux aux matelots, et ils furent convaincus que leurs intérêts et leur santé n'avaient jamais cessé d'être l'objet principal de notre attention.

Les commencements de notre nouvelle navigation ne furent pas heureux, et ils ne répondirent point à mon impatience. Nous ne fîmes que six lieues dans les premières quarante-huit heures ; les petites fraîcheurs, pendant ces deux jours, varièrent du nord au sud par l'est ; le temps fut couvert et brumeux : nous étions toujours à trois ou quatre lieues et en vue des terres basses ; mais nous n'apercevions les hautes montagnes que par intervalles : c'était assez pour lier nos relèvements, et pour déterminer avec précision le gisement de la côte, dont nous avions soin d'assujettir les points les plus remarquables à de bonnes déterminations de latitude et de longitude.

J'aurais bien désiré que les vents m'eussent permis d'explorer rapidement cette côte jusqu'au cap Edgecumbe ou Enganno, parce qu'elle avait déjà été vue par le capitaine Cook, qui, à la vérité, en avait passé à une grande distance ; mais ses observations étaient si exactes, qu'il ne pouvait avoir commis que d'infiniment petites erreurs, et je sentais qu'aussi pressé que ce célèbre navigateur, je ne pouvais pas, plus que lui, soigner les détails qui auraient pu être l'objet d'une expédition particulière, et à laquelle il eût fallu employer plusieurs saisons. J'avais la plus vive impatience d'arriver au 55°, et d'avoir un peu de temps à donner à cette reconnaissance jusqu'à Nootka, dont un coup de vent avait éloigné le capitaine Cook de cinquante ou soixante lieues. C'est dans cette partie de l'Amérique que des Chinois ont dû aborder, suivant M. de Guignes ; et c'est aussi par ces mêmes latitudes que l'amiral Fuentes a trouvé l'embouchure de l'archipel Saint-Lazare.

J'étais bien éloigné de croire aux conjectures de M. de Guignes, ni à la relation de l'amiral espagnol, dont je pense qu'on peut conteste jusqu'à l'existence : mais, frappé de l'observation que j'ai déjà faite, qu'on a retrouvé dans ces derniers temps toutes les contrées consignées dans les anciennes relations des Espagnols, quoique très mal déterminées en latitude et en longitude, j'étais porté à croire que quelque ancien navigateur de cette nation laborieuse avait trouvé un enfoncement dont l'embouchure pouvait être dans cette partie de la côte, et que cette seule vérité avait servi de fondement au roman ridicule de Fluentes et de Bernarda.

Je ne me proposais pas de pénétrer dans ce canal, si je le rencontrais ; la saison était trop avancée ; et je n'aurais pu sacrifier à cette recherche le plan entier de mon voyage, que dans l'espoir de pouvoir arriver dans la mer de l'Est, en traversant l'Amérique : mais, certain, depuis le voyage de Hearn, que ce passage était une chimère, j'étais très décidé à ne déterminer que la largeur de ce canal et son enfoncement jusqu'à vingt-cinq ou trente lieues, suivant le temps que j'aurais, laissant aux nations qui, comme les Espagnols, les Anglais et les Américains, ont des possessions sur le continent de l'Amérique, à faire une exploration plus exacte, laquelle ne pouvait être d'aucun intérêt pour la grande navigation, seul objet de notre voyage.

La brume, la pluie et les calmes ne discontinuèrent pas jusqu'au 4 à midi : nous observâmes 57° 45' de latitude nord à trois lieues de la terre, qu'on n'apercevait que confusément à cause de la brume ; elle se dissipa heureusement à quatre heures, et nous reconnûmes parfaitement l'entrée de Gross-Sound, qui me parut former deux baies très profondes, où il est vraisemblable que les vaisseaux trouveraient un bon mouillage.

C'est à Gross-Sound que se terminent les hautes montagnes couvertes de neige, dont les pics ont de treize à quatorze cents toises d'élévation. Les terres qui bordent la mer au sud-est de Gross-Sound, quoique encore élevées de huit ou neuf cents toises, sont couvertes d'arbres jusqu'au sommet ; et la chaîne de montagnes primitives me parut s'enfoncer beaucoup dans l'intérieur de l'Amérique. Au coucher du soleil, je relevai la pointe de Gross-Sound au nord 25° ouest, à environ cinq lieues ; le mont Beau-Temps me restait alors au nord 50° ouest, et le mont Crillon au nord 45° ouest. Cette montagne, presque aussi élevée que le mont Beau-Temps, est au nord de Gross-Sound, comme le mont Beau-Temps est au nord de la baie des Français ; elles servent de reconnaissance au port qu'elles avoisinent : il serait aisé de prendre l'une pour l'autre en venant du sud, si leur latitude ne différait pas de 15'; d'ailleurs, de tous les points, le mont Beau-Temps paraît accompagné de deux montagnes moins élevées, et le mont Crillon, plus isolé, a sa pointe inclinée vers le sud. Je continuai à prolonger la côte à trois lieues de distance, les montagnes toujours fort embrumées ; nous n'apercevions que par intervalles les terres basses, et nous tâchions d'en reconnaître les sommets, afin de ne pas perdre le fil de nos relèvements.

Nous faisions très peu de chemin ; la route de vingt-quatre heures ne fut que de dix lieues : je relevai à la pointe du jour, au nord 29° ouest, un cap qui est au sud de l'entrée de Gross-Sound ; je l'appelai *Cap Gross*. Nous avions, par le travers, une infinité de petites îles basses, très boisées ; les hautes collines paraissaient sur le second plan, et nous n'apercevions plus les montagnes couvertes de neige. J'approchai les petites îles, jusqu'à voir de dessus le pont les brisants de la côte, et je reconnus entre elles plusieurs passages qui devaient former de bonnes rades : c'est à cette partie de l'Amérique que le capitaine Cook a donné le nom de *Baie des Iles*. L'entrée du port de los Remedios nous restait, au coucher du soleil, à l'est 2° sud, celle de la baie Guadeloupe à l'est 21° sud, et le cap Enganno aussi à l'est 33° sud ; mais toutes ces pointes, tous ces caps, étaient mal prononcés, à cause de la brume qui en couvrait les sommets.

Depuis Gross-Sound jusqu'au cap Enganno, sur une étendue de côte de vingt-cinq lieues, je suis convaincu qu'on trouverait vingt ports différents, et que trois mois suffiraient à peine pour développer ce labyrinthe. Je me suis borné, suivant le plan que je m'étais fait en partant du Port des Français, à déterminer bien précisément le commencement et la fin de ces îles, ainsi que leur direction le long de la côte, avec l'entrée des principales baies.

Le 6, le temps s'éclaircit un peu, et nos relèvements ne nous laissèrent rien à désirer ; à sept heures du soir, nous apercevions encore le mont Crillon au nord 66° ouest, le mont Saint-Hyacinthe au nord 78° est, et le cap Enganno à l'est 10° sud : ce dernier est une terre basse couverte d'arbres, qui s'avance beaucoup dans la mer, et sur laquelle repose le mont Saint-Hyacinthe, dont la forme est un cône tronqué arrondi au sommet ; son élévation doit être au moins de deux cents toises.

Le 7 au matin, nous apercevions le côté du cap Enganno opposé à celui que nous avions prolongé la veille. Le mont Saint-Hyacinthe était parfaitement prononcé, et nous découvrions, à l'est de ce mont, une large baie dont un brouillard nous cachait la profondeur ; mais elle est si ouverte aux vents de sud et de sud-est, qui sont les plus dangereux, que les navigateurs doivent craindre d'y mouiller. Les terres sont couvertes d'arbres, et de la même élévation que celle au sud de Gross-Sound : un peu de neige en couvre les sommets ; et ils sont si pointus et si multipliés, qu'il suffit d'un petit déplacement pour en changer l'aspect ; ces sommets sont à quelques lieues dans l'intérieur, et paraissent en troisième plan ; des collines leur sont adossées, et celles-ci sont liées à une terre basse et ondulée qui se termine à la mer. Des îles comme celles dont j'ai déjà parlé sont en avant de cette côte ondulée : nous n'avons placé que les plus remarquables ; les autres sont jetées au hasard, afin d'indiquer qu'elles sont très nombreuses : ainsi, au nord et au sud du cap Enganno, sur un espace de dix lieues, la côte est bordée d'îles. Nous les eûmes toutes doublées à dix heures du matin ; les collines paraissaient à nu, et nous pûmes en saisir les contours. A six heures du soir, nous relevâmes au nord-est un cap qui avançait beaucoup à l'ouest, et formait, avec le cap Enganno, la pointe du sud-est du grand enfoncement, dont le tiers, comme je l'ai déjà dit, est rempli de petites îles.

Depuis la fin de ces îles jusqu'au nouveau cap, nous vîmes deux larges baies qui paraissaient d'une très grande profondeur ; je donnai à ce dernier cap le nom de *cap Tschirikow*, en l'honneur du célèbre navigateur russe qui, en 1741, aborda dans cette même partie de l'Amérique. Derrière ce cap, on trouve, à l'est, une large et profonde baie, que je nommai aussi *baie Tschirikow*.

A sept heures du soir, j'eus connaissance d'un groupe de cinq îlots, séparés du continent par un canal de quatre ou cinq lieues, et dont ni le capitaine Cook ni le pilote Maurelle n'ont fait mention : j'appelai ce groupe *îles de la Croyère*, du nom du géographe français Delisle de la Croyère, qui s'était embarqué avec le capitaine Tschirikow, et qui mourut pendant cette campagne.

Comme la nuit s'approchait, je dirigeai ma route pour en passer au large. La brise de l'ouest continua à nous être favorable pendant toute la journée du 8 ; nous observâmes 55° 39' 31" de latitude nord, et 137° 5' 23" de longitude occidentale. Nous apercevions plusieurs grandes ouvertures entre les îles considérables qui se montraient à nous sur plusieurs plans ; et le continent était dans un si grand éloignement, que nous ne le voyions plus. Ce nouvel archipel, très différent du premier, commence à quatre lieues au sud-est du cap Tschirikow, et se prolonge vraisemblablement jusqu'au cap Hector : les courants étaient très forts aux environs de ces îles, et leur influence s'étendait jusqu'à nous, qui en étions éloignés de trois lieues. Le port Bucarelli du pilote espagnol Maurelle est dans cette partie. Je n'ai rien conçu à sa carte, ni au discours qui devait l'éclaircir ; mais ses volcans et son port Bucarelli sont dans des îles éloignées peut-être de quarante lieues du continent. J'avoue que je serais peu surpris que depuis Gross-Sound nous n'eussions côtoyé que des îles ; car l'aspect de la terre a été très différent de celui plus au nord, et j'ai vu la haute chaîne du mont Crillon se perdre dans l'est.

Le 9, à sept heures du matin, continuant à prolonger la terre à trois lieues, j'ai eu connaissance des îles S. Carlos : la plus considérable court sud-est et nord-ouest, et peut avoir deux lieues de circonférence ; une longue chaîne la lie à d'autres petits îlots très bas, qui s'avancent beaucoup dans le canal. Je suis persuadé cependant qu'il reste un passage assez large : mais je n'en étais pas assez certain pour l'essayer, d'autant qu'il fallait y aller vent arrière ; et si mes conjectures sur ce passage n'eussent pas été fondées, il m'eût été très dificile de doubler au large les îles S. Carlos, et j'aurais perdu un temps très précieux. Je rangeai à une demi-lieue celle qui était le plus en dehors ; et comme, à midi, j'en étais à cette distance, est et ouest de la pointe du sud-est, nous déterminâmes sa position, avec la plus grande précision, à 54° 48' de latitude nord, et 136° 19' de longitude occidentale.

La brise était forte de l'ouest-nord-ouest ; le temps devenait brumeux ; je forçai de voiles vers la terre, qui s'enveloppait de brume à mesure que nous en approchions. A sept heures et demie du soir, nous n'étions guère qu'à une lieue de la côte, et je l'apercevais à peine, quoique j'en visse les brisants de dessus le pont : je relevai un gros cap à l'est-nord-est du compas ; on n'apercevait rien au-delà ; il nous était impossible de juger la direction de cette terre ; je pris le parti de virer de bord, et d'attendre un temps plus clair. La brume ne se dissipa qu'un moment.

Le 10 août, j'avais reviré sur la terre à quatre heures du matin, et je l'aperçus à une lieue et demie au sud-est ; elle ressemblait à une île : mais l'éclaircie fut si courte et si peu étendue, qu'il fut impossible de rien distinguer. Nous ne soupçonnions pas de terre dans cette aire de vent, ce qui augmenta notre incertitude sur la direction de la côte. Nous avions traversé pendant la nuit des courants les plus rapides que j'eusse jamais rencontrés en pleine mer : mais comme, d'après nos observations, il n'y eut point de différence dans notre route estimée, il est probable que ces courants étaient formés par la marée, et qu'ils s'étaient compensés.

Le temps devint très mauvais pendant la nuit du 10 au 11 ; la brume s'épaissit ; il venta grand frais : je fis prendre la bordée du large. Au jour, nous revirâmes vers la côte ; nous l'approchâmes de si près, que, quoiqu'elle fût embrumée, je reconnus, à une heure après midi, la même pointe de la veille qui s'étendait du nord-nord-est au sud-est un quart sud, ce qui lie presque tous nos relèvements, laissant cependant une ouverture de huit à neuf lieues, où nous n'aperçûmes pas de terre : je ne sais si la brume nous la cacha, ou s'il y a quelque profonde baie ou autres ouvertures dans cette partie : ce que je présume, à cause de la violence des courants dont j'ai déjà parlé. Si le temps eût été plus clair, nous n'aurions laissé aucun doute sur cela ; car nous approchâmes à moins d'une lieue de la côte, dont on apercevait distinctement les brisants : elle court beaucoup plus au sud-est que je ne le pensais. Nous avions observé à midi 54° 9' 26" de latitude nord ; je continuai à prolonger la côte à une lieue de distance, jusqu'à quatre heures du soir : alors la brume s'épaissit si fort, que nous n'aperçûmes plus l'Astrolabe, dont nous étions à portée de la voix ; je pris la bordée du large. Il n'y eut point d'éclaircie dans la journée du 12, et je m'éloignai de terre de dix lieues, à cause de l'incertitude où j'étais de sa direction. Le 13 et le 14, le temps fut brumeux et presque calme ; je profitai des petites brises pour rallier la côte, dont nous étions encore éloignés de cinq lieues, à six heures du soir.

Depuis les îles S. Carlos, nous ne trouvions plus fond, même à une lieue de terre, avec une sonde de cent vingt brasses.

Le 15 au matin, le temps s'éclaircit ; nous rapprochâmes la côte à deux lieues ; elle était, en quelques endroits, bordée de brisants qui s'étendaient considérablement au large ; les vents soufflaient de la partie de l'est, et nous relevions dans cette aire de vent une grande baie ; l'horizon était très étendu, quoique le ciel fût couvert : nous apercevions dix-huit à vingt lieues de côte.

A huit heures du matin, je fus obligé de prendre le large, à cause d'une brume épaisse dont nous fûmes enveloppés, et qui dura jusqu'au 16, à dix heures ; nous aperçûmes alors la terre très confusément dans le nord-est : la brume me fit bientôt reprendre le large. Toute la journée du 17 fut calme ; le brouillard se dissipa enfin, et je vis la côte à huit lieues. Le défaut de vent ne me permit pas de l'approcher ; mais le 18 à midi, je n'en étais qu'à une lieue et demie ; je la prolongeai à cette distance, et j'eus connaissance d'une baie si profonde, que je n'apercevais pas les terres qui la terminaient : je lui donnai le nom de *baie de la Touche;* elle est située par 52° 39' de latitude nord, et 134° 49' de longitude occidentale ; je ne doute pas qu'elle n'offre un très bon mouillage.

Une lieue et demie plus à l'est, nous vîmes un enfoncement dans lequel il serait possible de trouver également un abri pour les vaisseaux ; mais ce lieu me parut très inférieur à la baie de la Touche. Depuis le 55° jusqu'au 53° degré, la mer fut couverte de l'espèce de plongeon nommé par Buffon *macareux du Kamtschatka* : il est noir ; son bec et ses pattes sont rouges, et il a sur la tête deux raies blanches qui s'élèvent en huppes, commes celles du catakoua. Nous en aperçûmes quelques-uns au sud ; mais ils étaient rares, et on voyait que c'était en quelque sorte des vayageurs. Ces oiseaux ne s'éloignent jamais de terre de plus de cinq à six lieues ; et les navigateurs qui les rencontrent pendant la brume doivent être à peu près certains qu'ils n'en sont qu'à cette distance : nous en tuâmes deux qui furent empaillés. Cet oiseau n'est connu que par le voyage de Behring.

Le 19 au soir, nous eûmes connaissance d'un cap qui paraissait terminer la côte d'Amérique ; l'horizon était très clair, et nous n'apercevions au-delà que quatre ou cinq petits îlots, auxquels je donnai le nom d'*îlots Kerouart*, et j'appelai la pointe *cap Hector*. Nous restâmes en calme plat toute la nuit, à trois ou quatre lieues de la terre, qu'une petite brise du nord-ouest me permit d'approcher à la pointe du jour : il me fut alors prouvé que la côte que je suivais depuis deux cents lieues finissait ici, et formait vraisemblablement l'ouverture d'un golfe ou d'un canal fort large, puisque je n'apercevais point de terre dans l'est, quoique le temps fût très clair ; je dirigeai ma route au nord, afin de découvrir le revers des terres que je venais de prolonger à l'est. Je rangeai à une lieue les îlots Kerouart et le cap Hector, et je traversai des courants très forts ; ils m'obligèrent même d'arriver, et de m'éloigner de la côte. Le cap Hector, qui forme l'entrée de ce nouveau canal, me parut un point très intéressant à déterminer : sa latitude nord est par 51° 57′ 20″ ; et sa longitude occidentale, suivant nos horloges marines, 133° 37′. La nuit ne me permit pas d'avancer davantage vers le nord, et je me tins bord sur bord. Au jour, je repris ma route de la veille ; le temps était très clair : je vis le revers de la baie de la Touche, auquel je donnai le nom de *cap Buache*, et plus de vingt lieues de la côte orientale que j'avais prolongée les jours précédents. Me rappelant alors la forme de la terre depuis Gross-Sound, je fus assez porté à croire que cet enfoncement ressemblait à la mer de Californie, et s'étendait jusque par 57° de latitude nord.

Ni la saison, ni mes projets ultérieurs, ne me permettaient de m'en assurer ; mais je voulus au moins déterminer avec précision la largeur est et ouest de ce canal ou golfe, comme on voudra l'appeler, et je dirigeai ma route au nord-est. J'observai, le 21 à midi, 52° 1′ de latitude nord, et 133° 7′ 31′ de longitude occidentale : le cap Hector me restait à dix ou douze lieues au sud-ouest, et la sonde ne rapportait pas de fond. Les vents passèrent bientôt au sud-est ; une brume épaisse succéda à ce ciel pur qui nous avait permis, le matin, de découvrir des terres à dix-huit ou vingt lieues; il venta grand frais : la prudence ne me permit plus de continuer ma route au nord-est; je tins le vent, et je courus des bords pendant la nuit.

Au jour, le vent ayant molli, quoique l'horizon fût aussi embrumé, je repris la bordée de terre, et je l'aperçus à midi à travers le brouillard. Ma latitude estimée était alors 52° 22'; la côte s'étendait du nord un quart nord-est à l'est un quart nord-est : la sonde rapporta cent brasses, fond de roche. Après une éclaircie de courte durée, le ciel se rembruma; le temps avait mauvaise apparence : je repris la bordée du large; mais j'avais heureusement fait de très bons relèvements, et je m'étais assuré de la largeur de ce canal ou golfe, de l'est à l'ouest; elle était d'environ trente lieues comprises entre le cap Hector et le *cap Fleurieu*, du nom que j'avais donné à l'île la plus sud-est du nouveau groupe que je venais de découvrir sur la côte orientale de ce canal; et c'est derrière ce groupe d'îles que j'avais aperçu le continent, dont les montagnes primitives, sans arbres et couvertes de neige, se montraient sur plusieurs plans, ayant des pics qui paraissaient situés à plus de trente lieues dans l'intérieur des terres. Nous n'avions vu comparativement que des collines depuis Gross-Sound, et mes conjectures sur un enfoncement de six ou sept degrés au nord en devinrent plus fortes. La saison ne me permettait pas d'éclaircir davantage cette opinion; nous étions déjà à la fin d'août; les brumes étaient presque continuelles; les jours commençaient aussi à devenir courts : mais, bien plus que tous ces motifs, la crainte de manquer la mousson de la Chine me fit abandonner cette recherche, à laquelle il aurait fallu sacrifier au moins six semaines, à cause des précautions nécessaires dans ces sortes de navigations, qui ne peuvent être entreprises que pendant les plus longs et les plus beaux jours de l'année.

Une saison entière suffirait à peine pour un pareil travail, qui doit être l'objet d'une mission particulière : la nôtre, infiniment plus étendue, était remplie par la détermination exacte de la largeur de ce canal, dont nous parcourûmes la profondeur à environ trente lieues au nord : nous assignâmes aussi aux caps qui forment les deux extrémités de son entrée, des latitudes et des longitudes qui méritent la même confiance que celles des caps les plus remarquables des côtes d'Europe. Je voyais avec douleur que depuis vingt-trois jours que nous étions partis de la baie des Français, nous avions fait bien peu de chemin, et je n'avais pas un instant à perdre jusqu'à Monterey. Le lecteur s'apercevra aisément que, pendant tout le cours de cette campagne, mon imagination a toujours été contrainte de se porter à deux ou trois mille lieues de mon vaisseau, parce que mes routes étaient assujetties ou aux moussons, ou aux saisons, dans tous les lieux des deux hémisphères que j'avais à parcourir, devant y naviguer dans des latitudes élevées, et traverser, entre la nouvelle Hollande et la nouvelle Guinée, des détroits vraisemblablement assujettis aux mêmes moussons que ceux des Moluques, ou des autres îles de cette mer.

La brume fut très épaisse pendant la nuit; je fis route au sud-sud-est : il y eut une très belle éclaircie au jour; elle dura peu : mais, à onze heures, le ciel devint pur. Nous relevâmes le cap Fleurieu au nord-est un quart nord, et nous fîmes d'excellentes observations. Notre latitude nord était 51° 47' 54", et la longitude occidentale par nos horloges marines 132° 0' 50". Nous restâmes en calme toute la journée : les vents passèrent au nord-ouest, après le coucher du soleil, avec un horizon très brumeux : j'avais relevé auparavant le cap Fleurieu au nord un quart nord-est; sa latitude et sa longitude, déterminées par M. Dagelet, sont de 51° 45', et de 131° 0' 15".

J'ai déjà dit que ce cap forme la pointe d'une île fort élevée, derrière laquelle je n'apercevais plus alors le continent, qui m'était caché par la brume; elle devint encore plus épaisse pendant la nuit, et je perdis souvent de vue l'Astrolabe, dont j'entendais cependant la cloche.

Au jour, le ciel devint beau; le cap Fleurieu me restait à dix-huit lieues dans le nord-ouest, 18° ouest; le continent s'étendait jusqu'à l'est; l'horizon, quoique terne, permettait de l'apercevoir à vingt lieues. Je fis route à l'est pour m'en approcher; mais bientôt la côte se rembruma, et il y eut, dans le sud-sud-est, une éclaircie qui me fit découvrir un cap dans cette aire de vent.

Je changeai de route, afin de ne pas m'enfoncer, en courant à l'est vent arrière, dans un golfe dont j'aurais eu beaucoup de peine à sortir; je reconnus bientôt que cette terre du sud-sud-est, sur laquelle je gouvernais, était formée de plusieurs groupes d'îles qui s'étendaient du continent aux îles du large, et sur lesquelles je n'aperçus pas un buisson; j'en passai à un tiers de lieue : on y voyait de l'herbe et du bois flotté sur la côte; la latitude et la longitude de l'île le plus à l'ouest, sont 50° 56' et 131° 38'; je nommai ces différents groupes, *îles Sartine*. Il est vraisemblable qu'on trouverait entre elles un passage; mais il ne serait pas prudent de s'y engager sans précaution. Après les avoir doublées, je portai vers le continent le cap à l'est-sud-est; il s'étendait du nord-nord-est au sud-est un quart est; l'horizon était un peu brumeux, quoique assez étendu. Nous ne pouvions distinguer les sommets des montagnes; mais nous apercevions parfaitement les terres basses.

Je restai bord sur bord toute la nuit, afin de ne pas dépasser la pointe boisée du capitaine Cook, que ce navigateur a déterminée; ce qui formait une continuation de côte depuis le mont Saint-Elie jusqu'à Nootka, et, en me procurant l'avantage de comparer nos longitudes aux siennes, anéantissait tous les doutes qui auraient pu rester sur l'exactitude de nos déterminations. Au jour, je fis route sur la terre; je passai à une lieue et demie de la pointe boisée, qui me restait, à midi, au nord un quart nord-ouest, à environ trois lieues : sa latitude nord précise est de 50° 4', et sa longitude occidentale de 130° 25'.

Le 25, je continuai de courir à l'est vers l'entrée de Nootka, dont j'aurais voulu avoir connaissance avant la nuit, quoique cette vue n'eût plus rien d'intéressant après la détermination précise de la pointe boisée. Une brume très épaisse, qui s'éleva à cinq heures du soir, me cacha entièrement la terre, et je dirigeai ma route vers la pointe des brisants, quinze lieues au sud de Nootka, afin de reconnaître la partie de côte comprise entre le cap Flattery et la pointe des brisants, que le capitaine Cook n'a pas été à portée d'explorer : cet espace est d'environ trente lieues.

Le 26, le temps resta fort embrumé; nous restâmes en calme et sans gouverner jusqu'au 28. J'avais profité de quelques petites brises pour m'éloigner de la côte, dont je supposais la direction au sud-est : nous étions environnés de petits oiseaux de terre qui se reposaient sur nos manœuvres; nous en prîmes plusieurs dont les espèces sont si communes en Europe, qu'ils ne méritent pas une description. Enfin, le 28 au soir, à cinq heures, il y eut une éclaircie; nous reconnûmes et relevâmes la pointe des brisants de Cook, qui nous restait au nord : la terre s'étendait ensuite jusqu'au nord-est.

Le temps ne fut pas plus clair le 29 août; mais le baromètre montait, et je fis route vers la terre, espérant qu'il y aurait éclaircie avant la nuit : je sondai de demi-heure en demi-heure; nous passâmes de soixante-dix brasses, fond de sable, à un fond de cailloux roulés de quarante brasses, et nous retombâmes, après avoir fait une lieue, à soixante-quinze brasses, sable vaseux. Il était évident que nous avions passé sur un banc; et il n'est peut-être pas bien aisé d'expliquer comment une montagne de cailloux roulés de cent cinquante pieds d'élévation, et d'une lieue d'étendue, se trouve sur un plateau de sable, à huit lieues au large; on sait que ces cailloux ne prennent une forme ronde que par l'effet des frottements; et cet amoncellement suppose, au fond de la mer, un courant comme celui d'une rivière.

Enfin, comme je m'en étais flatté, il y eut une éclaircie au coucher du soleil. Nous relevâmes la terre depuis l'est-nord-est jusqu'au nord-ouest un quart nord. La dernière pointe que nous avions vue au sud-est ne pouvait être qu'à six ou sept lieues du cap Flattery, dont j'aurais beaucoup désiré avoir connaissance; mais la brume fut très épaisse.

Le 30, je repris le large; et l'horizon ayant moins d'une demi-lieue de rayon, je dirigeai ma route parallèlement à la côte, afin d'arriver promptement au 47°, dans l'intention d'en reconnaître le développement jusqu'au 45°, attendu que cette partie forme une lacune sur la carte du capitaine Cook.

Le 1ᵉʳ septembre, à midi, j'eus connaissance d'une pointe ou d'un cap qui me restait au nord-nord-est, à environ dix lieues. La terre s'étendait jusqu'à l'est ; je l'approchai jusqu'à trois ou quatre lieues : elle se dessinait mal ; la brume en enveloppait toutes les formes. Les courants sont, sur cette côte, d'une violence extraordinaire ; nous étions dans des tourbillons qui ne nous permettaient pas de gouverner avec un vent à filer trois nœuds, et à une distance de cinq lieues de terre.

Je prolongeai la côte pendant la nuit. Au jour, je songeai à me rapprocher de la terre ; nous restâmes en calme plat, à quatre lieues de la côte, ballottés par les courants qui nous faisaient virer de bord à chaque instant, et dans la crainte continuelle d'aborder l'Astrolabe, qui n'était pas en meilleure position. Cette journée de calme fut une des plus inquiétantes que nous eussions passées depuis notre départ de France ; il n'y eut pas un souffle de vent pendant la nuit.

Au jour, nous étions à la même distance de la terre que la veille. Nos relèvements furent presque les mêmes ; et entraînés par des courants qui s'étaient compensés, il semblait que nous eussions tourné pendant les vingt-quatre heures sur un pivot.

Enfin, à trois heures, il s'éleva une petite brise du nord-nord-ouest, à l'aide de laquelle nous pûmes gagner le large, et sortir de ces courants où nous étions engagés depuis deux jours ; cette brise poussait devant elle un banc de brume dont nous fûmes enveloppés, et qui nous fit perdre la terre de vue. Il ne nous restait guère que cinq ou six lieues de côte à développer jusqu'au 45°, point qui a été reconnu par le capitaine Cook : le temps était trop favorable et j'étais trop pressé pour ne pas profiter de ce bon vent. Nous forçâmes de voiles.

La nuit fut belle ; au jour, nous aperçûmes la terre dans le nord un quart nord-est ; le ciel était pur dans cette partie de l'horizon, mais fort embrumé plus à l'est : nous vîmes cependant la côte dans l'est-nord-est, et jusqu'à l'est-sud-est, mais pendant des instants seulement. A midi, nous étions à environ huit lieues de la côte que nous approchâmes en faisant prendre un peu l'est à notre route. A six heures du soir, notre distance était de quatre lieues ; la terre s'étendait du nord-est à l'est-sud-est, et elle était très embrumée. La nuit fut belle ; je prolongeai la terre, qu'on apercevait au clair de la lune : le brouillard nous cacha au lever du soleil ; mais elle reparut à midi, dans une éclaircie, depuis le nord-est jusqu'au sud un quart sud-est.

A deux heures, nous étions par le travers de neuf petites îles ou rochers éloignés d'environ une lieue du cap Blanc, qui restait au nord-est un quart est. Je les nommai *îles Necker*. Je continuai à prolonger la terre, le cap au sud-sud-est : à trois ou quatre lieues de distance, nous n'apercevions que le sommet des montagnes au-dessus des nuages ; elles étaient couvertes d'arbres, et on n'y voyait point de neige. A la nuit, la terre s'étendait jusqu'au sud-est ; mais nos vigies assuraient l'avoir vue jusqu'au sud un quart sud-est. Incertain de la direction de cette côte qui n'avait jamais été explorée, je fis petites voiles au sud-sud-ouest. Au jour, nous apercevions encore la terre, qui s'étendait du nord au nord un quart nord-est. Je fis gouverner au sud-est un quart est pour m'en approcher ; mais à sept heures du matin, un brouillard épais nous la fit perdre de vue. Nous trouvâmes le ciel moins pur dans cette partie de l'Amérique que dans les hautes latitudes, où les navigateurs jouissent, au moins par intervalles, de la vue de tout ce qui se trouve au-dessus de leur horizon : la terre ne s'y montra pas une seule fois avec toutes ses formes.

Le 7, le brouillard fut encore plus épais que le jour précédent ; il s'éclaircit cependant vers midi, et nous vîmes des sommets de montagnes dans l'est, à une assez grande distance. Je continuai à faire route pour approcher la terre, dont je n'étais qu'à quatre lieues à l'entrée de la nuit. Nous aperçûmes alors un volcan sur la cime de la montagne qui nous restait à l'est ; la flamme en était très vive : mais bientôt une brume épaisse vint nous dérober ce spectacle ; il fallut encore s'éloigner de terre. Comme je craignais, en suivant une route parallèle à la côte, de rencontrer quelque île ou rocher un peu écarté du continent, je pris la bordée du large. La brume fut très épaisse.

Le 8, vers dix heures du matin, il y eut une éclaircie : nous aperçûmes la cime des montagnes ; mais une barrière impénétrable à notre vue nous cacha constamment les terres basses. Le temps était devenu très mauvais ; il ventait grand frais, et le baromètre baissait considérablement : je continuai jusqu'à l'entrée de la nuit à courir au sud-est, route qui, en me faisant prolonger la côte, devait aussi m'en approcher ; mais je l'avais perdue de vue depuis midi ; et, à l'entrée de la nuit, l'horizon était si gris, que j'aurais pu en être très près sans la voir. Au jour, le temps fut couvert, mais le vent modéré ; je fis gouverner à l'est vers la terre. La brume me fit bientôt changer de route, et courir à peu près parallèlement à la côte. Le temps ne fut pas plus clair le 10 et le 11 ; le résultat des routes de ces deux jours fut aussi le sud un quart sud-est. Notre horizon ne s'étendit jamais à deux lieues, et très souvent à moins d'une portée de fusil. Les courants, ou une fausse estime, nous avaient portés 30' au sud ; mais nous étions encore à 16' au nord de Monterey.

Je fis gouverner à l'est directement sur la terre : quoique le temps fût brumeux, nous avions un horizon de deux lieues. Je restai bord sur bord toute la nuit. Le ciel fut aussi couvert le lendemain ; je continuai cependant ma route vers la terre ; mais la brume nous enveloppa à quatre heures du soir, et je pris le parti de courir des bords, en attendant un temps plus clair. Nous devions être très près de la côte ; plusieurs oiseaux de terre volaient autour de nos bâtiments, et nous prîmes un faucon de l'espèce des gerfauts. La brume continua toute la nuit ; et le lendemain, à dix heures du matin, nous aperçûmes la terre très embrumée et très près de nous. Il était impossible de la reconnaître ; j'en approchai à une lieue ; je vis les brisants très distinctement : mais quoique je fusse certain d'être dans la baie de Monterey, il était impossible de reconnaître l'établissement espagnol par un temps aussi embrumé. A l'entrée de la nuit, je repris la bordée du large, et au jour je portai vers la terre, avec une brume épaisse qui ne se dissipa qu'à midi. Je suivis alors la côte de très près ; et à trois heures après midi, nous eûmes connaissance du fort de Monterey, et de deux bâtiments à trois mâts qui étaient dans la rade. Les vents contraires nous forcèrent de mouiller à deux lieues au large, et, le lendemain, nous laissâmes tomber l'ancre. Le commandant de ces deux bâtiments, don Estevan Martinez, nous envoya des pilotes pendant la nuit : il avait été informé par le vice-roi du Mexique, ainsi que par le gouverneur du présidio, de notre arrivée présumée dans cette baie.

Il est remarquable que, pendant cette longue traversée, au milieu des brumes les plus épaisses, l'Astrolabe navigua toujours à la portée de la voix de ma frégate, et ne s'en écarta que lorsque je lui donnai l'ordre de reconnaître l'entrée de Monterey.

Avant de terminer ce chapitre, je crois devoir exposer mon opinion sur le prétendu canal de Saint-Lazare de l'amiral de Fuentes. Je suis convaincu que le voyage de cet amiral n'a jamais existé ; une navigation dans l'intérieur de l'Amérique, à travers les lacs et les rivières, et faite en aussi peu de temps, est si absurde, que sans l'esprit de système, qui est préjudiciable à toutes les sciences, des géographes d'une certaine réputation auraient rejeté une histoire dénuée de toute vraisemblance, et fabriquée en Angleterre dans le temps où les partisans et les détracteurs du passage du nord-ouest soutenaient leur opinion avec autant d'enthousiasme qu'on pouvait en mettre, à cette même époque en France, aux questions de théologie.

La relation de l'amiral de Fuentes est donc comme ces fraudes pieuses qui ne peuvent soutenir le flambeau de la discussion : mais on peut presque regarder comme certain que, depuis Cross-Sound, ou du moins le port de los Remedios jusqu'au cap Hector, tous les navigateurs n'ont côtoyé que les îles par 52°, et qu'entre les îles et le continent il existe un canal dont la largeur, est et ouest, peut être plus ou moins considérable ; mais je ne crois pas qu'elle excède cinquante lieues, puisqu'elle est réduite à trente à son embouchure, entre le cap Fleurieu et le cap Hector. Ce canal doit être parsemé d'îles d'une navigation difficile, et je suis assuré qu'entre ces îles il y a plusieurs passages qui communiquent avec le grand Océan.

Le port de los Remedios et le port Bucarelli des Espagnols sont à une grande distance du continent ; et si les prises de possession qui ne sont suivies d'aucun établissement n'étaient pas des titres ridicules, ceux des Espagnols dans cette partie de l'Amérique pourraient être contestés ; car il m'est démontré que le pilote Maurelle n'a pas aperçu ce continent depuis 50° jusqu'au 57° 20' : j'ai d'ailleurs la certitude absolue qu'au nord de Cross-Sound, au Port des Français, nous étions en Amérique, parce que la rivière de Behring, par 59° 9', est si considérable, qu'on n'en pourrait rencontrer de pareilles sur une terre qui ne serait pas d'une extrême profondeur. Je voulus la faire visiter par nos canots, mais ils ne purent vaincre les courants de l'entrée. Nos frégates mouillaient à son embouchure ; l'eau était blanchâtre et douce à trois ou quatre lieues au large : ainsi il est vraisemblable que le canal, entre les îles et le continent, ne court pas plus nord que le 57° 30'. Je sais que les géographes peuvent tirer des lignes au nord-est, laisser le Port des Français et la rivière de Behring en Amérique, et prolonger leur canal au nord et à l'est jusqu'aux bornes de leur imagination : mais un pareil travail, dénué de faits, ne sera qu'une absurdité ; et il est assez vraisemblable que, sur la côte de l'Amérique qui borne ce nouveau canal à l'est, on trouvera l'embouchure de quelque rivière peut-être navigable, parce qu'on ne peut guère supposer que la pente du terrain les dirige toutes vers l'est.

La rivière de Behring ferait cependant exception à cette règle : les probabilités seraient même qu'il n'y aurait point de barre à l'embouchure de ces rivières supposées, parce que ce canal, qui a peu de largeur, est abrité par les îles qui lui sont opposées à l'ouest ; et l'on sait que les barres sont formées par la réaction de la mer sur le courant des rivières.

CHAPITRE XI

Description de la baie de Monterey. — Détails historiques sur les deux Californies et sur leurs missions. — Mœurs et usages des Indiens convertis et des Indiens indépendants. — Grains, fruits, légumes de toute espèce. — Quadrupèdes, oiseaux, poissons, coquilles, etc. — Constitution militaire de ces deux provinces. — Détails sur le commerce, etc.

La baie de Monterey, formée par la pointe du Nouvel-An au nord, et par celle des Cyprès au sud, a huit lieues d'ouverture dans cette direction, et à peu près six d'enfoncement dans l'est, où les terres sont basses et sablonneuses; la mer y roule jusqu'au pied des dunes de sable dont la côte est bordée, avec un bruit que nous avons entendu de plus d'une lieue. Les terres du nord et du sud de cette baie sont élevées et couvertes d'arbres : les vaisseaux qui veulent y relâcher, doivent suivre la côte du sud; et, après avoir doublé la pointe des Pins, qui s'avance au nord, ils ont connaissance du présidio, et ils peuvent mouiller par dix brasses en dedans et un peu en terre de cette pointe, qui les met à l'abri des vents du large.

Les bâtiments espagnols qui se proposent de faire une longue relâche à Monterey, sont dans l'usage d'approcher la terre à une ou deux encâblures, par six brasses; et ils s'amarrent à une ancre qu'ils enfoncent dans le sable du rivage : ils n'ont plus à craindre alors les vents du sud, qui sont quelquefois assez forts, mais qui n'exposent à aucun danger, puisqu'ils viennent de la côte.

Nous trouvâmes fond dans toute la baie, et nous mouillâmes à quatre lieues de terre, par soixante brasses, fond de vase molle; mais la mer y est fort grosse, et on ne peut rester que quelques heures dans un pareil mouillage, en attendant le jour, ou une éclaircie. La marée est haute aux nouvelles et pleines lunes à une heure et demie : elle y monte de sept pieds ; et comme cette baie est très ouverte, le courant y est presque insensible ; je ne l'ai jamais vu filer un demi-nœud. On ne peut exprimer ni le nombre de baleines dont nous fûmes environnés, ni leur familiarité ; elles soufflaient à chaque minute à demi-portée de pistolet de nos frégates, et occasionnaient dans l'air une très grande puanteur. Nous ne connaissions pas cet effet des baleines ; mais les habitants nous apprirent que l'eau qu'elles lançaient était imprégnée de cette mauvaise odeur, et qu'elle se répandait assez au loin : ce phénomène n'en eût vraisemblement pas été un pour les pêcheurs du Groëland ou de Nantukat.

Des brumes presque éternelles enveloppent les côtes de la baie de Monterey, ce qui en rend l'approche assez difficile ; sans cette circonstance, il y en aurait peu de plus faciles à aborder : aucune roche cachée sous l'eau ne s'étend à une encâblure du rivage ; et si la brume est trop épaisse, on a la ressource d'y mouiller, et d'y attendre une éclaircie qui permette d'avoir bonne connaissance de l'établissement espagnol, situé dans l'angle formé par la côte du sud et de l'est.

La mer était couverte de pélicans ; il paraît que ces oiseaux ne s'éloignent jamais de plus de cinq ou six lieues de terre, et les navigateurs qui les rencontrent pendant la brume doivent être certains qu'ils en sont tout au plus à cette distance. Nous en aperçûmes pour la première fois dans la baie de Monterey, et j'ai appris depuis qu'ils étaient très communs sur toute la côte de la Californie : les Espagnols les appellent *alkatræ*.

Un lieutenant-colonel qui fait sa résidence à Monterey (1), est gouverneur des deux Californies : son gouvernement a plus de huit cents lieues de circonférence ; mais ses vrais subordonnés sont deux cent quatre-vingt-deux soldats de cavalerie qui doivent former la garnison de cinq petits forts, et fournir des escouades de quatre ou cinq hommes à chacune des vingt-cinq missions ou paroisses établies dans l'ancienne et dans la nouvelle Californie. D'aussi petits moyens suffisent pour conte-

---

(1) Fondée en 1700, cette ville, qui porte aussi le nom de San-Carlos de Montery, possède aujourd'hui environ 3,000 habitants. La pêche de la baleine qui se fait dans la baie du même nom donne lieu à un commerce considérable. On évalue à 3,500,000 francs par an le mouvement de la navigation dans ce port.

Il ne faut pas confondre cette ville avec celle du même nom qui, située dans le nouveau Mexique, est le siège d'un évêché, possède dans ses environs des mines d'or et d'argent et compte 15,000 habitants.

nir environ cinquante mille Indiens errants (1) dans cette vaste partie de l'Amérique, parmi lesquels dix mille à peu près ont embrassé le christianisme. Ces Indiens sont généralement petits, faibles, et n'annoncent pas cet amour de l'indépendance et de la liberté qui caractérise les nations du nord, dont ils n'ont ni les arts ni l'industrie; leur couleur est très approchante de celle des nègres dont les cheveux ne sont point laineux : ceux de ces peuples sont longs et très forts ; ils les coupent à quatre ou cinq pouces de la racine. Plusieurs ont de la barbe; d'autres, suivant les pères missionnaires, n'en ont jamais eu, et c'est une question qui n'est pas même décidée dans le pays (2). Le gouverneur, qui avait beaucoup voyagé dans l'intérieur de ces terres, et qui vit avec les sauvages depuis quinze ans, nous assura que ceux qu'on voyait sans barbe, l'avaient arrachée avec des coquilles bivalves qui leur servaient de pinces ; le président des missions, qui réside dans la Californie depuis cette même époque, soutenait le contraire : il était difficile à des voyageurs de décider entre eux. Obligés de ne rapporter que ce que nous avons vu, nous sommes forcés de convenir que nous n'avons aperçu de la barbe qu'à la moitié des adultes ; elle était chez quelques-uns très fournie et aurait figuré avec éclat en Turquie, ou dans les environs de Moscou.

Ces Indiens sont très adroits à tirer de l'arc; ils tuèrent devant nous des oiseaux très petits : il est vrai que leur patience pour les approcher est inexprimable; ils se cachent et se glissent en quelque sorte auprès du gibier, et ne le tirent guère qu'à quinze pas.

Leur industrie contre la grosse bête est encore plus admirable. Nous vîmes un Indien ayant une tête de cerf attachée sur la sienne, marcher à quatre pattes, avoir l'air de brouter l'herbe, et jouer cette pantomime avec une telle vérité, que tous nos chasseurs l'auraient tiré à trente pas, s'ils n'eussent été prévenus. Ils approchent ainsi le troupeau de cerfs à la plus petite portée, et les tuent à coups de flèches.

Lorette est le seul présidio de l'ancienne Californie, sur la côte de l'est de cette presqu'île. La garnison est de cinquante-quatre cavaliers, qui fournissent de petits détachements aux quinze missions suivantes, desservies par des pères dominicains qui ont succédé aux jésuites et aux franciscains : ces derniers sont restés seuls possesseurs des dix missions de la nouvelle Californie. Les quinze missions du département de Lorette sont : Saint-Vincent, Saint-Dominique, le Rosaire, Saint-Fernand,

---

(1) Ils changent très fréquemment de demeure, suivant la saison de la pêche ou de la chasse.

(2) Nous avons dit notre opinion sur la barbe des Américains, dans le chapitre précédent : mais nous écrivons les chapitres à mesure que nous voyageons ; et comme nous n'avons pas de système, lorsque nous apprenons des faits nouveaux, nous ne craignons pas de les rapporter.

Saint-François de Borgia, Sainte-Gertrude, Saint-Ignace, la Guadeloupe, Sainte-Rosalie, la Conception, Saint-Joseph, Saint-François-Xavier, Lorette, Saint-Joseph du cap Lucar, et Tous-les-Saints. Environ quatre mille Indiens, convertis et rassemblés auprès des quinze paroisses dont je viens de donner les noms, sont le seul fruit du long apostolat des différents ordres religieux qui se sont succédé dans ce pénible ministère.

On peut lire dans l'*Histoire de la Californie* du père Vénégas, l'époque de l'établissement du fort Lorette, et des différentes missions qu'il protège. En comparant leur état passé avec celui de cette année, on s'apercevra que les progrès temporels et spirituels de ces missions sont bien lents; il n'y a encore qu'une seule peuplade espagnole: il est vrai que le pays est malsain; et la terre de la province de Sonora, qui borde la mer Vermeille au levant, et la Californie au couchant, est bien plus attrayante pour des Espagnols: ils trouvent dans cette contrée un sol fertile et des mines abondantes, objets bien plus précieux à leurs yeux que la pêcherie des perles de la presqu'île, qui exige un certain nombre d'esclaves plongeurs qu'il est souvent très difficile de se procurer.

Mais la Californie septentrionale, malgré son grand éloignement de Mexico, me paraît réunir infiniment plus d'avantages; son premier établissement, qui est San-Diego, ne date que du 26 juillet 1769; c'est le présidio le plus au sud, comme Saint-François le plus au nord; celui-ci fut bâti le 9 octobre 1776, le canal de Sainte-Barbe en septembre 1786, et enfin Monterey, aujourd'hui capitale et chef-lieu des deux Californies, le 3 juin 1770.

La rade de ce présidio fut découverte en 1602 par Sébastien Viscaïno, commandant d'une petite escadre armée à Acapulco, par ordre du vicomte de Monterey, vice-roi du Mexique. Depuis cette époque, les galions, à leur retour de Manille, ont quelquefois relâché dans cette baie, pour s'y procurer quelques rafraîchissements après leurs longues traversées: mais ce n'est qu'en 1770 que les religieux fransciscains y ont établi la première mission; ils en ont dix aujourd'hui, dans lesquelles on compte cinq mille cent quarante-trois Indiens convertis.

La piété espagnole avait entretenu jusqu'à présent, et à grands frais, ces missions, dans l'unique vue de convertir et de civiliser les Indiens de ces contrées; système bien plus digne d'éloge que celui de ces hommes avides qui semblaient n'être revêtus de l'autorité nationale que pour commettre impunément les plus cruelles atrocités. Le lecteur verra bientôt qu'une nouvelle branche de commerce peut procurer à la nation espagnole plus d'avantages que la plus riche mine du Mexique; et que la salubrité de l'air, la fertilité du terrain, l'abondance enfin de toutes les espèces de pelleteries dont le débit est assuré à la Chine, donnent à cette partie de l'Amérique des avantages infinis sur l'ancienne Californie, dont l'insalubrité et la stérilité ne peuvent être compensées par quelques perles qu'il faut aller arracher du fond de la mer.

Avant l'établissement des Espagnols, les Indiens de la Californie ne cultivaient qu'un peu de maïs, et vivaient presque uniquement de pêche et de chasse. Nul pays n'est plus abondant en poisson et en gibier de toute espèce : les lièvres, les lapins et les cerfs y sont très communs ; les loutres de mer et les loups marins s'y trouvent en aussi grande abondance qu'au nord, et on y tue pendant l'hiver une très grande quantité d'ours, de renards, de loups et de chats sauvages.

Les bois taillis et les plaines sont couverts de petites perdrix grises huppées qui, comme celles d'Europe, vivent en société, mais par compagnies de trois ou quatre cents; elles sont grasses et de fort bon goût. Les arbres servent d'habitation aux plus charmants oiseaux ; nos ornithologistes ont empaillé plusieurs variétés de moineaux, de geais bleus, de mésanges, de pics tachetés, et de troupiales. Parmi les oiseaux de proie, on voyait l'aigle à tête blanche, le grand et le petit faucon, l'autour, l'épervier, le vautour noir, le grand duc, et le corbeau.

On trouvait sur les étangs et sur le bord de la mer, le canard, le pélican gris et blanc à huppe jaune, différentes espèces de goélands, des cormorans, des courlis, des pluviers à collier, de petites mouettes de mer, et des hérons ; enfin nous tuâmes et empaillâmes un promérops, que le plus grand nombre des ornithologistes croyait n'appartenir qu'à l'ancien continent.

Cette terre est aussi d'une fertilité inexprimable ; les légumes de toute espèce y réussissent parfaitement : nous enrichîmes les jardins du gouverneur et des missions de différentes graines que nous avions apportées de Paris ; elles s'étaient parfaitement conservées, et leur procureront de nouvelles jouissances.

Les récoltes de maïs, d'orge, de blé et de pois, ne peuvent être comparées qu'à celles du Chili ; nos cultivateurs d'Europe ne peuvent avoir aucune idée d'une pareille fertilité : le produit moyen du blé est de soixante-dix à quatre-vingts pour un ; les extrêmes, soixante et cent. Les arbres fruitiers y sont encore très rares, mais le climat leur convient infiniment : il diffère peu de celui de nos provinces méridionales de France, du moins le froid n'y est jamais plus vif ; mais les chaleurs de l'été y sont beaucoup plus modérées, à cause des brouillards continuels qui règnent dans ces contrées, et qui procurent à la terre une humidité très favorable à la végétation.

Les arbres des forêts sont le pin à pignon, le cyprès, le chêne vert, et le platane d'occident : ils sont clair-semés, et une pelouse, sur laquelle il est très agréable de marcher, couvre la terre de ces forêts ; on y rencontre des lacunes de plusieurs lieues, formant de vastes plaines couvertes de toute sorte de gibier. La terre, quoique très végétale, est sablonneuse et légère, et doit, je crois, sa fertilité à l'humidité de l'air; car elle est fort mal arrosée. Le courant d'eau le plus à portée du présidio en est éloigné de deux lieues : ce ruisseau, qui coule auprès de la mission de Saint-Charles, est appelé par les anciens navigateurs *rivière du Carmel*. Cette trop grande distance de nos frégates ne nous permit pas d'y faire notre eau; nous la puisâmes dans des mares, derrière le fort, où elle était d'une très médiocre qualité, et dissolvant à peine le savon. La rivière du Carmel, qui procure une boisson saine et agréable aux missionnaires et à leurs Indiens, pourrait encore, avec peu de travail, arroser leur jardin.

C'est avec la plus douce satisfaction que je vais faire connaître la conduite pieuse et sage de ces religieux qui remplissent si parfaitement le but de leur institution : je ne dissimulerai pas ce qui m'a paru répréhensible dans leur régime intérieur; mais j'annoncerai qu'individuellement bons et humains, ils tempèrent, par leur douceur et leur charité, l'austérité des règles qui leur ont été tracées par leurs supérieurs. J'avoue que, plus ami des droits de l'homme que théologien, j'aurais désiré qu'aux principes du christianisme on eût joint une législation qui, peu à peu, eût rendu citoyens des hommes dont l'état ne diffère presque pas aujourd'hui de celui des nègres des habitations de nos colonies, régies avec le plus de douceur et d'humanité.

Je connais parfaitement l'extrême difficulté de ce nouveau plan; je sais que ces hommes ont bien peu d'idées, encore moins de constance, et si on cesse de les considérer comme des enfants, ils échappent à ceux qui se sont donné la peine de les instruire ; je sais aussi que les raisonnements ne peuvent presque rien sur eux, et qu'il faut nécessairement frapper leurs sens, et que les punitions corporelles, avec les récompenses en double ration, ont été jusqu'à présent les seuls moyens adoptés par leurs législateurs : mais serait-il impossible à un zèle ardent et à une extrême patience de faire connaître à un petit nombre de familles les avantages d'une société fondée sur le droit des gens ; d'établir parmi elles un droit de propriété, si séduisant pour tous les hommes ; et, par ce nouvel ordre de choses, d'engager chacun à cultiver son champ avec émulation, ou à se livrer à tout autre genre de travail ?

Je conviens que les progrès de cette nouvelle civilisation seraient bien lents ; les soins qu'il faudrait se donner, bien pénibles et bien ennuyeux ; les théâtres sur lesquels il faudrait se transporter, bien éloignés ; et que les applaudissements ne se feraient jamais entendre à celui qui aurait consacré sa vie à les mériter : aussi je ne crains pas d'annoncer que des motifs humains sont insuffisants pour un pareil ministère, et que l'enthousiasme de la religion, avec les récompenses qu'elle promet, peuvent seuls compenser les sacrifices, l'ennui, les fatigues et les risques de ce genre de vie : il ne me reste qu'à désirer un peu plus de philosophie dans les hommes austères, charitables et religieux, que j'ai rencontrés dans ces missions.

J'ai déjà fait connaître avec liberté mon opinion sur les moines du Chili, dont l'irrégularité m'a paru en général scandaleuse (1). C'est avec la même vérité que je peindrai ces hommes vraiment apostoliques, qui ont abandonné la vie paisible d'un cloître, pour se livrer aux fatigues, aux soins et aux sollicitudes de tous les genres. Je vais, suivant mon usage, faire notre propre histoire en racontant la leur, et mettre sous les yeux du lecteur ce que nous avons vu et appris pendant notre court séjour à Monterey.

Nous mouillâmes, le 14 septembre au soir, à deux lieues au large, en vue du présidio et des deux bâtiments qui étaient dans la rade. Ils avaient tiré des coups de canon de quart d'heure en quart d'heure, afin de nous faire connaître le mouillage que le brouillard pouvait nous cacher. A dix heures du soir, le capitaine de la corvette *la Favorite* arriva à mon bord dans sa chaloupe, et m'offrit de piloter nos bâtiments dans le port. La corvette *la Princesse* avait aussi envoyé un pilote avec sa chaloupe à bord de *l'Astrolabe*. Nous apprîmes que ces deux bâtiments étaient espagnols, qu'ils étaient commandés par don Estevan Martinez, lieutenant de frégate du département de Saint-Blas, dans la province de Guadalaxara. Le gouvernement entretient une petite marine dans ce port, sous les ordres du vice-roi du Mexique ; elle est composée de quatre corvettes de douze canons, et d'une goëlette ; leur destination particulière est l'approvisionnement des présidios de la Californie septentrionale. Ce sont ces mêmes bâtiments qui ont fait les deux dernières expéditions des Espagnols sur la côte du nord-ouest de l'Amérique ; ils sont aussi quelquefois envoyés en paquebot, à Manille, pour y faire promptement parvenir les ordres de la cour.

Nous appareillâmes à dix heures du matin, et mouillâmes dans la rade à midi ; nous y fûmes salués de sept coups de canon, que nous rendîmes ; et j'envoyai un officier chez le gouverneur avec la lettre du ministre d'Espagne, qui m'avait été remise en France avant mon départ : elle était décachetée et adressée au vice-roi du Mexique, dont l'autorité s'étend jusqu'à Monterey, quoiqu'à onze cents lieues par terre de sa capitale.

M. Fagès, commandant du fort des deux Californies, avait déjà reçu

---

(1) On peut aussi rencontrer au Chili des religieux d'un grand mérite, mais, en général, ils y jouissent d'une liberté contraire à l'état qu'ils ont embrassé.

des ordres pour nous faire le même accueil qu'aux vaisseaux de sa nation ; il mit dans leur exécution une grâce et un air d'intérêt qui méritent de notre part la plus vive reconnaissance. Il ne s'en tint pas à des paroles obligeantes : les bœufs, les légumes, le lait, furent envoyés à bord avec abondance. L'envie même de nous servir pensa troubler la paix qui régnait entre le gouverneur et le commandant du fort : chacun voulait avoir exclusivement le droit de pourvoir à nos besoins ; et lorsqu'il s'agit d'en solder le compte, nous fûmes obligés d'insister pour qu'on reçût notre argent. Les légumes, le lait, les poules, tous les travaux de la garnison pour nous aider à faire l'eau et le bois, furent fournis *gratis* ; et les bœufs, les moutons, le gain, furent taxés à un prix si modéré, qu'il est évident qu'on ne nous présentait un compte que parce que nous l'avions rigoureusement exigé.

M. Fagès joignait à ces manières généreuses les procédés les plus honnêtes ; sa maison était la nôtre, et nous pouvions disposer de tous ses subordonnés.

Les pères de la mission de Saint-Charles, éloignée de deux lieues de Monterey, arrivèrent bientôt au présidio (1) : aussi obligeants pour nous que les officiers du fort et des deux frégates, ils nous engagèrent à aller dîner chez eux, et nous promirent de nous faire connaître avec détail le régime de leurs missions, la manière de vivre des Indiens, leurs arts, leurs mœurs, et généralement tout ce qui peut intéresser la curiosité des voyageurs. Nous acceptâmes avec empressement des offres que nous n'aurions pas craint de solliciter si nous n'eussions été prévenus ; il fut convenu que nous partirions le surlendemain. M. Fagès voulut nous accompagner, et il se chargea de nous procurer des chevaux. Après avoir traversé une petite plaine couverte de troupeaux de bœufs, et dans laquelle il ne reste que quelques arbres pour servir d'abri à ces animaux contre la pluie ou les trop grandes chaleurs, nous montâmes des collines et nous entendîmes le son de plusieurs cloches qui annonçaient notre arrivée, dont les religieux avaient été prévenus par un cavalier détaché par le gouverneur.

Nous fûmes reçus comme des seigneurs de paroisse qui font leur première entrée dans leurs terres : le président des missions, revêtu de sa chape, le goupillon à la main, nous attendait sur la porte de l'église, qui était illuminée comme aux grands jours de fête ; il nous conduisit au pied du maître-autel, où il entonna le *Te Deum* en actions de grâces de l'heureux succès de notre voyage.

---

(1) Les Espagnols donnent généralement le nom de *présidio* à tous les forts, tant en Afrique qu'en Amérique, qui sont au milieu des pays infidèles ; ce qui suppose qu'il n'y a pas d'habitants, mais seulement une garnison demeurant dans l'intérieur de la citadelle.

Nous avions traversé, avant d'entrer dans l'église, une place sur laquelle les Indiens des deux sexes étaient rangés en haie ; leur physionomie n'annonçait point l'étonnement, et laissait douter si nous serions le sujet de leur conversation pendant le reste de la journée. L'église est fort propre, quoique couverte en chaume ; elle est dédiée à saint Charles, et ornée d'assez bonnes peintures, copiées sur des originaux d'Italie.

On y voit un tableau de l'enfer, où le peintre paraît avoir un peu emprunté l'imagination de Callot ; mais comme il est absolument nécessaire de frapper vivement les sens de ces nouveaux convertis, je suis persuadé qu'une pareille représentation n'a jamais été dans aucun pays plus utile, et qu'il serait impossible au culte protestant, qui proscrit les images, et presque toutes les autres cérémonies de notre église, de faire aucun progrès parmi ce peuple. Je doute que le tableau du paradis, qui est vis-à-vis celui de l'enfer, produise sur eux un aussi bon effet : le quiétisme qu'il représente, et cette douce satisfaction des élus qui environnent le trône de l'Être suprême, sont des idées trop sublimes pour des hommes grossiers ; mais il fallait mettre les récompenses à côté des châtiments, et il était d'un devoir rigoureux de ne se permettre aucun changement dans le genre de délices que la religion catholique promet.

Nous traversâmes, en sortant de l'église, la même haie d'Indiens et d'Indiennes : ils n'avaient point abandonné leur poste pendant le *Te Deum ;* les enfants s'étaient seulement un peu écartés, et formaient des groupes auprès de la maison des missionnaires, qui est en face de la paroisse, ainsi que les différents magasins. Sur la droite est placé le village indien, composé d'environ cinquante cabanes qui servent de logement aux sept cent quarante personnes des deux sexes, les enfants compris, qui composent la mission de Saint-Charles ou de Monterey.

Ces cabanes sont les plus misérables qu'on puisse rencontrer chez aucun peuple ; elles sont rondes, de six pieds de diamètre sur quatre de hauteur : quelques piquets de la grosseur du bras, fixés en terre, et qui se rapprochent en voûte par le haut, en composent la charpente ; huit à dix bottes de paille mal arrangées sur ces piquets garantissent bien ou mal les habitants de la pluie ou du vent, et plus de la moitié de cette cabane reste découverte lorsque le temps est beau : leur seule précaution est d'avoir chacun, près de leur case, deux ou trois bottes de paille en réserve.

Cette architecture générale des deux Californies n'a jamais pu être changée par les exhortations des missionnaires ; les Indiens disent qu'ils aiment le grand air, qu'il est commode de mettre le feu à sa maison lorsqu'on y est dévoré par une trop grande quantité de puces, et d'en pouvoir construire une autre en moins de deux heures. Les Indiens indépendants, qui changent si fréquemment de demeure, comme les peuples chasseurs, ont un motif de plus.

La couleur de ces Indiens, qui est celle des nègres; la maison des religieux; leurs magasins, qui sont bâtis en briques et enduits en mortier; l'aire du sol sur lequel on foule le grain ; les bœufs, les chevaux, tout enfin nous rappelait une habitation de Saint-Domingue, ou de toute autre colonie. Les hommes et les femmes sont rassemblés au son de la cloche; un religieux les conduit au travail, à l'église et à tous les exercices. Nous le disons avec peine, la ressemblance est si parfaite, que nous avons vu des hommes et des femmes chargés de fers, d'autres au bloc (1); et enfin le bruit de coups de fouet aurait pu frapper nos oreilles, cette punition étant aussi admise, mais exercée avec peu de sévérité.

Les moines, par leurs réponses à nos différentes questions, ne nous laissèrent rien ignorer du régime de cette espèce de communauté religieuse; car on ne peut donner d'autre nom à la législation qu'ils ont établie : ils sont les supérieurs au temporel comme au spirituel; les produits de la terre sont confiés à leur administration. Il y a sept heures de travail par jour, deux heures de prière, et quatre ou cinq les dimanches et les fêtes, qui sont consacrés entièrement au repos et au culte divin. Les punitions corporelles sont infligées aux Indiens des deux sexes qui manquent aux exercices de piété ; et plusieurs péchés dont le châtiment n'est réservé en Europe qu'à la justice divine, sont punis par les fers ou le bloc. Pour achever enfin la comparaison avec les communautés religieuses, du moment qu'un néophyte a été baptisé, c'est comme s'il avait prononcé des vœux éternels : s'il s'échappe pour retourner chez ses parents, dans les villages indépendants, on le fait sommer trois fois de revenir; et s'il refuse, les missionnaires réclament l'autorité du gouverneur, qui envoie des soldats pour l'arracher du milieu de sa famille (2), et le fait conduire aux missions, où il est condamné à recevoir une certaine quantité de coups de fouet. Ces peuples sont si peu courageux, qu'ils n'opposent jamais aucune résistance aux trois ou quatre soldats qui violent si évidemment à leur égard le droit des gens ; et cet usage, contre lequel la raison réclame si fortement, est maintenu, parce que des théologiens ont décidé qu'on

---

(1) Le bloc est une poutre sciée dans le sens de la longueur, dans laquelle on a creusé un trou de la grosseur d'une jambe ordinaire : une charnière de fer unit une des extrémités de cette poutre : on l'ouvre de l'autre côté pour y faire passer la jambe du prisonnier, et on la referme avec un cadenas; ce qui l'oblige à rester couché et dans une attitude assez gênante.

(2) Comme ces peuples sont en guerre avec leurs voisins, ils ne peuvent jamais s'écarter de plus de vingt ou trente lieues.

ne pouvait, en conscience, administrer le baptême à des hommes aussi légers, à moins que le gouvernement ne leur servît en quelque sorte de parrain, et ne répondît de leur persévérance.

Le prédécesseur de M. Fagès, M. Philippe de Nève, mort depuis quatre ans, commandant des provinces intérieures du Mexique, homme plein d'humanité, et chrétien philosophe, avait réclamé contre cette coutume ; il pensait que les progrès de la foi seraient plus rapides, et les prières des Indiens plus agréables à l'Être suprême, si elles n'étaient pas contraintes : il aurait désiré une constitution moins monacale, plus de liberté civile aux Indiens, moins de despositime dans la puissance exécutrice des présidios, dont le gouvernement pouvait être confié à des hommes barbares et avides ; il pensait aussi qu'il était peut-être nécessaire de modérer leur autorité par l'érection d'un magistrat qui fût comme le tribun des Indiens, et eût assez d'autorité pour les garantir des vexations. Cet homme juste servait sa patrie depuis son enfance ; mais il n'avait point les préjugés de son état, et il savait que le gouvernement militaire est sujet à de grands inconvénients, lorsqu'il n'est modéré par aucune puissance intermédiaire : on aurait dû sentir cependant combien étaient grandes ces difficultés dans un pays aussi éloigné du gouverneur général du Mexique, puisque les missionnaires, qui sont si pieux, si respectables, y étaient déjà en querelle ouverte avec le gouverneur, qui m'a paru, de son côté, un loyal militaire.

Nous voulûmes être témoins des distributions qu'on faisait à chaque repas ; et comme tous les jours se ressemblent pour ces espèces de religieux, en traçant l'histoire d'un de ces jours, le lecteur saura celle de toute l'année.

Les Indiens se lèvent, ainsi que les missionnaires, avec le soleil, vont à la prière et à la messe, qui durent une heure ; pendant ce temps-là on fait cuire au milieu de la place, dans trois grandes chaudières, de la farine d'orge, dont le grain a été rôti avant d'être moulu : cette espèce de bouillie, que les Indiens appellent *atole*, et qu'ils aiment beaucoup, n'est assaisonnée ni de beurre ni de sel et serait pour nous un mets fort insipide.

Chaque cabane envoie prendre la ration de tous ses habitants dans un vase d'écorce : il n'y a ni confusion ni désordre ; et lorsque les chaudières sont vides, on distribue le gratin aux enfants qui ont le mieux retenu les leçons du catéchisme.

Ce repas dure trois quarts d'heure ; après quoi ils se rendent tous au travail : les uns vont labourer la terre avec des bœufs, d'autres bêcher le jardin ; chacun enfin est employé aux différents besoins de l'habitation, et toujours sous la surveillance d'un ou deux religieux.

Les femmes ne sont guère chargées que du soin de leur ménage, de celui de leurs enfants, et de faire rôtir et moudre les grains : cette dernière opération est très pénible et très longue, parce qu'elles n'ont d'autres moyens pour y parvenir que d'écraser le grain sur une pierre avec cylindre. M. de Langle, témoin de cette opération, fit présent de son moulin aux missionnaires; il était difficile de leur rendre un plus grand service : quatre femmes feront aujourd'hui le travail de cent, et il restera du temps pour filer la laine des troupeaux, et pour fabriquer quelques étoffes grossières. Mais jusqu'à présent les religieux, plus occupés des intérêts du ciel que des biens temporels, ont beaucoup négligé l'introduction des arts les plus usuels : ils sont si austères pour eux-mêmes, qu'ils n'ont pas une seule chambre à feu, quoique l'hiver soit quelquefois très rigoureux ; et les plus grands anachorètes n'ont jamais mené une vie plus édifiante (1).

A midi, les cloches annoncent le dîner; les Indiens laissent alors leur ouvrage, et envoient prendre leur ration dans le même vase que pour le déjeuner : mais cette seconde bouillie est plus épaisse que la première; on y mêle au blé et au maïs, des pois et des fèves; les Indiens lui donnent le nom de *poussole*. Ils retournent au travail depuis deux heures jusqu'à quatre ou cinq; ils font ensuite la prière du soir, qui dure près d'une heure, et qui est suivie d'une nouvelle ration d'*atole* pareille à celle du déjeuner.

Ces trois distributions suffisent à la subsistance du plus grand nombre de ces Indiens, et on pourrait peut-être adopter cette soupe, très économique dans nos années de disette; il faudrait y joindre quelque assaisonnement ; toute la science de cette cuisine consiste à faire rôtir le grain avant de le réduire en farine. Comme les Indiennes n'ont point de vases de terre ni de métal pour cette opération, elles la font dans des corbeilles d'écorce sur de petits charbons allumés ; elles tournent ces espèces de vases avec tant d'adresse et de rapidité, qu'elles parviennent à faire enfler et crever le grain sans brûler la corbeille, quoiqu'elle soit d'une matière très combustible ; et nous pouvons assurer que le café le mieux brûlé n'approche pas de l'égalité de torréfaction que les Indiennes savent donner à leur grain : on le leur distribue tous les matins, et la plus petite infidélité, lorsqu'elles le rendent, est punie par des coups de fouet; mais il est assez rare qu'elles s'y exposent. Ces punitions sont ordonnées par des magistrats indiens appelés *caciques;* il y en a dans chaque mission trois, choisis par le peuple parmi ceux que les missionnaires n'ont pas exclus : mais, pour donner une juste idée de cette magistrature,

---

(1) Le père Firmin de la Suen, président des missions de la nouvelle Californie, est un des hommes les plus estimables et les plus respectables que j'aie jamais rencontrés ; sa douceur, sa charité, son amour pour les Indiens, sont inexprimables.

nous dirons que ces caciques sont, comme les commandeurs d'habitation, des êtres passifs, exécuteurs aveugles des volontés de leurs supérieurs, et que leurs principales fonctions consistent à servir de bedeaux dans l'église, et à y maintenir le bon ordre et l'air de recueillement. Les femmes ne sont jamais fouettées sur la place publique, mais dans un lieu fermé et assez éloigné, peut-être afin que leurs cris n'excitent pas une trop vive compassion, qui pourrait porter les hommes à la révolte ; ces derniers, au contraire, sont exposés aux regards de tous leurs concitoyens, afin que leur punition serve d'exemple : ils demandent ordinairement grâce ; alors l'exécuteur diminue la force des coups, mais le nombre en est toujours irrévocablement fixé.

Les récompenses sont de petites distributions particulières de grains dont ils font des petites galettes cuites sous la braise, et les jours de grandes fêtes, la ration est en bœuf: plusieurs le mangent cru, surtout la graisse, qui leur paraît un mets aussi délicieux que l'excellent beurre, ou le meilleur fromage. Ils dépouillent tous les animaux avec la plus grande adresse; et lorsqu'ils sont gras, ils font, comme les corbeaux, un croassement de plaisir, en dévorant des yeux les parties dont ils sont le plus friands.

On leur permet souvent de chasser et de pêcher pour leur compte, et à leur retour ils font ordinairement aux missionnaires quelque présent en poisson et en gibier; mais ils en proportionnent la quantité à ce qui leur est rigoureusement nécessaire, ayant l'attention de l'augmenter, s'ils savent que de nouveaux hôtes sont en visite chez leurs supérieurs. Les femmes élèvent autour de leurs cabanes quelques poules, dont elles donnent les œufs à leurs enfants ; ces poules sont la propriété des Indiens, ainsi que leurs habillements et les autres petits meubles de ménage et de chasse. Il n'y a pas d'exemple qu'ils se soient jamais volés entre eux, quoique leur fermeture ne consiste qu'en simples bottes de paille qu'ils mettent en travers de l'entrée, lorsque tous les habitants sont absents.

Ces mœurs paraîtront patriarcales à quelques-uns de nos lecteurs ; ils ne considéreront pas que, dans ces habitations, il n'est aucun ménage qui offre des objets capables de tenter la cupidité des habitants de la cabane voisine. La nourriture des Indiens étant assurée, il ne leur reste d'autre besoin que celui de donner la vie à des êtres qui doivent être aussi stupides qu'eux.

Les hommes des missions ont fait de plus grands sacrifices au christianisme que les femmes, parce que la polygamie leur était permise, et qu'ils étaient même dans l'usage d'épouser toutes les sœurs d'une famille.

Les Indiens convertis ont conservé tous les anciens usages que leur nouvelle religion ne prohibe pas : mêmes cabanes, mêmes jeux, mêmes habillements ; celui du plus riche consiste en un manteau de peau de loutre qui couvre ses reins et descend jusque vers le milieu des cuisses. Les plus paresseux n'ont qu'un simple morceau de toile que la mission leur fournit, et un petit manteau de peau de lapin couvre leurs épaules et descend jusqu'à la ceinture ; il est attaché avec une ficelle sous le menton : le reste du corps est absolument nu, ainsi que la tête ; quelques-uns cependant ont des chapeaux de paille très bien nattés.

L'habillement des femmes est un manteau de peau de cerf mal tannée : celles des missions sont dans l'usage d'en faire un petit corset à manches ; c'est leur seule parure, avec un petit tablier de jonc et une jupe de peau de cerf, qui couvre leurs reins, et descend à mi-jambe. Les jeunes filles au-dessous de neuf ans n'ont qu'une simple ceinture, et les enfants de l'un et l'autre sexe sont tout nus.

Les cheveux des hommes et des femmes sont coupés à quatre ou cinq pouces de leurs racines. Les Indiens des rancheries (1), n'ayant point d'instruments de fer, font cette opération avec les tisons allumés ; ils sont aussi dans l'usage de se peindre le corps en rouge, et en noir lorsqu'ils sont en deuil. Les missionnaires ont proscrit la première de ces peintures ; mais ils ont été obligés de tolérer l'autre, parce que ces peuples sont vivement attachés à leurs morts : ils versent des larmes lorsqu'on leur en rappelle le souvenir, quoiqu'ils les aient perdus depuis longtemps ; ils se croient même offensés, si par inadvertance on a prononcé leur nom devant eux. Les liens de la famille ont généralement moins de force que ceux de l'amitié : les enfants reconnaissent à peine leur père ; ils abandonnent sa cabane lorsqu'ils sont capables de pourvoir à leur subsistance : mais ils conservent un plus long attachement pour leur mère, qui les a élevés avec une extrême douceur, et ne les a battus que lorsqu'ils ont montré de la lâcheté dans leurs petits combats contre des enfants du même âge.

Les vieillards des rancheries qui ne sont plus en état de chasser, vivent aux dépens de tout leur village, et sont assez généralement considérés. Les sauvages indépendants sont très fréquemment en guerre ; mais la crainte des Espagnols leur fait respecter les missions, et ce n'est peut-être pas une des moindres causes de l'augmentation des villages chrétiens. Leurs armes sont l'arc et leurs flèches sont armées d'un silex très artistement travaillé : ces arcs, en bois et doublés d'un nerf de bœuf, sont très supérieurs à ceux des habitants de la baie des Français.

On nous assura qu'ils ne mangeaient ni leurs prisonniers ni leurs ennemis tués à la guerre ; que cependant, lorsqu'ils avaient vaincu et mis à mort, sur le champ de bataille, des chefs ou des hommes très cou-

---

(1) Nom des villages des Indiens indépendants.

rageux, ils en mangeaient quelques morceaux, moins en signe de haine et de vengeance, que comme un hommage qu'ils rendaient à leur valeur, et dans la persuasion que cette nourriture était propre à augmenter leur courage. Ils enlèvent, comme au Canada, la chevelure des vaincus, et leur arrachent les yeux, qu'ils ont l'art de préserver de la corruption, et qu'ils conservent précieusement comme des signes de leur victoire. Leur usage est de brûler les morts, et d'en déposer les cendres dans des morais.

Ils ont deux jeux qui occupent tous leurs loisirs. Le premier, auquel ils donnent le nom de *takersia*, consiste à jeter et à faire rouler un petit cercle de trois pouces de diamètre dans un espace de dix toises en carré, nettoyé d'herbe et entouré de fascines. Les deux joueurs tiennent chacun une baguette, de la grosseur d'une canne ordinaire, et de cinq pieds de long; ils cherchent à faire passer cette baguette dans le cercle pendant qu'il est en mouvement : s'ils y réussissent, ils gagnent deux points; et si le cercle, en cessant de rouler, repose simplement sur leur bâton, ils en gagnent un : la partie est en trois points. Ce jeu leur fait faire un violent exercice, parce que le cercle, ou les baguettes, sont toujours en action.

L'autre jeu, nommé *toussi*, est plus tranquille; on le joue à quatre, deux de chaque côté; chacun à son tour cache dans une de ses mains un morceau de bois, pendant que son partenaire fait mille gestes pour occuper l'attention des adversaires. Il est assez curieux pour un observateur de les voir accroupis les uns vis-à-vis des autres, gardant le plus profond silence, observant les traits du visage et les plus petites circonstances qui peuvent les aider à deviner la main qui cache le morceau de bois : ils gagnent ou perdent un point, suivant qu'ils ont bien ou mal rencontré; et ceux qui l'ont gagné ont droit de cacher à leur tour. La partie est en cinq points : l'enjeu ordinaire se compose de rassades. Les Indiens indépendants n'ont aucune connaissance d'un dieu ni d'un avenir, à l'exception de quelques nations du Sud qui en avaient une idée confuse avant l'arrivée des missionnaires : ils plaçaient leur paradis au milieu des mers, où les élus jouissaient d'une fraîcheur qu'ils ne rencontrent jamais dans leurs sables brûlants, et ils supposaient l'enfer dans le creux des montagnes.

Les missionnaires, toujours persuadés, d'après leurs préjugés, et peut-être d'après leur propre expérience, que la raison de ces hommes n'est presque jamais développée, ce qui est pour eux un juste motif de les traiter comme des enfants, n'en admettent qu'un très petit nombre à la communion : ce sont les génies de la peuplade qui, comme Descartes et Newton, auraient éclairé leur siècle et leurs compatriotes, en leur apprenant que quatre et quatre font huit, calcul au-dessus de la portée d'un grand nombre. Le régime des missions n'est pas propre à les faire sortir de cet état d'ignorance; tout y est combiné pour obtenir les récompenses de l'autre vie; et les arts les plus usuels, celui même de la chirurgie de nos villages, n'y sont pas exercés : plusieurs enfants périssent de la suite d'efforts que la plus légère adresse pourrait guérir, et nos chirurgiens ont été assez heureux pour en soulager un petit nombre.

La Californie septentrionale, dont l'établissement le plus au nord est Saint-François, par 37° 58′ de latitude, n'a de bornes, suivant l'opinion du gouverneur de Monterey, que celles de l'Amérique; et nos vaisseaux, en pénétrant jusqu'au mont Saint-Elie, n'en ont pas atteint les limites. Aux motifs de piété qui avaient déterminé l'Espagne à sacrifier des sommes considérables pour l'entretien de ses présidios et des missions, se joignent aujourd'hui de puissantes raisons d'état, qui peuvent diriger l'attention du gouvernement vers cette précieuse partie de l'Amérique, où les peaux de loutre sont aussi communes qu'aux îles Aléotiennes, et dans les autres parages fréquentés par les Russes.

Nous trouvâmes à Monterey un commissaire espagnol appelé L. Vincent Vassadre y Vega; il avait apporté au gouverneur des ordres par lesquels il lui était enjoint de rassembler toutes les peaux de loutre de ses quatre présidios et des dix missions, le gouvernement s'en réservant exclusivement le commerce. M. Fagès m'assura qu'il en pourrait fournir vingt mille chaque année; et comme il connaissait le pays, il ajouta que, si le commerce de la Chine comportait un débit de trente mille peaux, deux ou trois établissements au nord de Saint-François les procureraient bientôt au commerce de sa nation.

On ne peut assez s'étonner que les Espagnols, ayant des rapports si prochains et si fréquents avec la Chine par Manille, aient ignoré jusqu'à présent la valeur de cette précieuse fourrure.

C'est au capitaine Cook, c'est à la publication de son ouvrage, qu'ils doivent ce trait de lumière qui leur procurera les plus grands avantages : ainsi ce grand homme a voyagé pour toutes les nations, et la sienne n'a sur les autres que la gloire de l'entreprise et celle de l'avoir vu naître.

La loutre est un amphibie aussi commun sur toute la côte occidentale de l'Amérique, depuis le 28° jusqu'au 60°, que les loups marins sur la côte du Labrador et de la baie d'Hudson. Les Indiens, qui ne sont pas aussi bons marins que les Esquimaux, et dont les canots, à Monterey, ne sont faits que de joncs (1), les prennent à terre avec des lacs, ou les

(1) Ceux du canal de Sainte-Barbe et de Saint-Diégo ont des pirogues de bois construites à peu près comme celles des habitants de Mowée, mais sans balancier.

assomment à coups de bâtons lorsqu'ils les trouvent éloignés du rivage : pour cet effet, ils se tiennent cachés derrière des roches, car au moindre bruit cet animal s'effraie et plonge tout de suite dans l'eau. Avant cette année, une peau de loutre n'avait pas plus de valeur que deux peaux de lièvre : les Espagnols ne soupçonnaient pas qu'elle pût être recherchée ; ils n'en avaient jamais envoyées en Europe ; et Mexico était un pays trop chaud, pour qu'on pût supposer qu'elles y fussent d'aucun débit.

Je pense qu'il y aura, sous peu d'années, une très grande révolution dans le commerce des Russes à Kiatcha, par la difficulté qu'ils auront à soutenir cette concurrence. La comparaison que j'ai faite des peaux de loutre de Monterey avec celles de la baie des Français, me porte à croire que les peaux du Sud sont un peu inférieures ; mais la différence est si petite, que je n'en suis pas rigoureusement certain, et je doute que cette infériorité puisse faire une différence de dix pour cent dans le prix de la vente. Il est presque certain que la nouvelle compagnie de Manille cherchera à s'emparer de ce commerce ; et c'est ce qui peut arriver de plus heureux aux Russes, parce qu'il est de la nature des priviléges exclusifs de porter la mort ou au moins l'engourdissement dans toutes les branches du commerce et de l'industrie ; et il n'appartient qu'à la liberté de leur donner toute l'activité dont ils sont susceptibles (1).

La nouvelle Californie, malgré sa fertilité, ne compte pas encore un seul habitant ; quelques soldats mariés avec des Indiennes, qui demeurent dans l'intérieur des forts ou qui sont répandus comme des escouades de maréchaussée dans les différentes missions, constituent jusqu'à présent toute la nation espagnole de cette partie de l'Amérique. Elle ne le céderait en rien à la Virginie, qui lui est opposée, si elle était à une moindre distance de l'Europe ; mais sa proximité de l'Asie pourrait l'en dédommager, et je crois que de bonnes lois, et surtout la liberté du commerce, lui procureraient bientôt quelques habitants : car les pos-

---

(1) La loutre est un animal essentiellement aquatique, qui ne marche même que difficilement sur le sol, de sorte qu'on pourrait presque dire que l'eau est son véritable élément. La loutre, dont le pelage est brun et généralement de même nuance foncée, est nocturne, c'est-à-dire qu'elle chasse la nuit et dort le jour, et son pelage est très épais et assez doux ; les poils soyeux qui en garnissent la superficie sont longs, doux, luisants et plus épais dans la pointe qu'à la base. Le duvet placé sous leurs poils est épais et d'une extrême douceur ; aussi, en fourrure, sont-elles très estimées. On connaît un grand nombre d'espèces de loutres ; mais elles diffèrent peu entre elles sous le rapport de la fourrure.

La loutre de mer, plus de deux fois aussi grasse que la loutre d'Europe, habite le Kamtchatka, les îles aléoutiennes et la côte N.-O. de l'Amérique. Elle a le pelage noirâtre, éclatant, il est le plus beau que l'on connaisse. Les Chinois en font un grand cas et chaque année les Russes et les Américains en expédient dans ce pays pour des valeurs considérables.

sessions de l'Espagne sont si étendues, qu'il est impossible de penser que, d'ici à bien longtemps, la population puisse augmenter dans aucune de ses colonies.

Le régime des peuplades converties au christianisme serait plus favorable à la population, si la propriété et une certaine liberté en étaient la base; cependant, depuis l'établissement des dix différentes missions de la Californie septentrionale, les pères y ont baptisé sept mille sept cent un Indiens des deux sexes, et enterré seulement deux mille trois cent quatre-vingt-huit : mais il faut remarquer que ce calcul n'apprend pas, comme ceux ne nos villes d'Europe, si la population augmente ou diminue, parce qu'ils baptisent tous les jours des indiens indépendants; il en résulte seulement que le christianisme se propage, et j'ai déjà dit que les affaires de l'autre vie ne pouvaient être en meilleures mains.

Les franciscains missionnaires sont presque tous européens : ils ont un collége (1) à Mexico, dont le gardien est, en Amérique, le général de son ordre : cette maison ne dépend pas du provincial des franciscains du Mexique, et ses supérieurs sont en Europe.

Le vice-roi est aujourd'hui seul juge des affaires contentieuses des différentes missions qui ne reconnaissent pas l'autorité du commandant de Monterey; celui-ci est seulement obligé de leur donner main-forte lorsqu'ils la réclament : mais comme il a des droits sur tous les Indiens, et principalement sur ceux des rancheries, qu'il commande en outre les escouades de cavalerie en résidence dans les missions, ces différents rapports troublent très fréquemment l'harmonie entre le gouvernement militaire et le gouvernement religieux, qui, en Espagne, a de grands moyens pour ne pas perdre le procès. Ces affaires étaient portées autrefois devant le gouverneur des provinces intérieures; mais le nouveau vice-roi, don Bernardo Galves, a réuni tous les pouvoirs.

L'Espagne donne quatre cents piastres à chaque missionnaire, dont le nombre est fixé à deux par paroisse; s'il y en a un surnuméraire, il ne reçoit point de solde. L'argent est bien peu nécessaire dans un pays où l'on ne trouve rien à acheter; les rassades sont la seule monnaie des Indiens : en conséquence, le collège de Mexico n'envoie jamais une piastre en nature, mais la valeur en effets, tels que bougie pour l'église, chocolat, sucre, huile, vin, avec quelques toiles que les missionnaires divisent en petites ceintures, qu'ils distribuent aux Indiens. La solde du gouverneur est de quatre mille piastres; celle de son lieutenant, de quatre cent cinquante; celle du capitaine inspecteur des deux cent quatre-vingt-trois cavaliers distribués dans les deux Californies, de deux mille. Chaque cavalier en a deux cent dix-sept; mais il est obligé

---

(1) C'est le nom qu'ils donnent à leur couvent.

de pourvoir à sa subsistance, de se fournir de chevaux, d'habillements, d'armement, et généralement de pourvoir à tous ses besoins. Le gouvernement, qui a des haras et des troupeaux de bœufs, vend aux soldats les chevaux, ainsi que la viande nécessaire à leur consommation. Le prix d'un bon cheval est de huit piastres, et celui d'un bœuf de cinq. Le gouverneur est administrateur des haras et parcs à bœufs ; à la fin de l'année, il fait à chaque cavalier le décompte de ce qui lui reste en argent, et le paie très exactement.

Comme les soldats (1) nous avaient rendu mille petits services, je demandai à leur faire présent d'une pièce de drap bleu, et j'envoyai aux missionnaires, des couvertures, des étoffes, des rassades, des outils de fer, et généralement tous les petits effets qui pouvaient leur être nécessaires, et que nous n'avions pas eu occasion de distribuer aux Indiens du Port des Français.

Le président annonça à tout le village que c'était un présent de leurs fidèles et anciens alliés, qui professaient la même religion que les Espagnols ; ce qui nous attira si particulièrement la bienveillance des Indiens que chacun d'eux nous apporta, le lendemain, une botte de foin ou de paille pour les bœufs et les moutons que nous devions embarquer. Notre jardinier donna aux missionnaires quelques pommes de terre du Chili, parparfaitement conservées ; je crois que ce n'est pas un de nos moindres présents, et que cette racine réussira parfaitement dans les terres légères et très végétales des environs de Monterey.

Dès le jour de notre arrivée nous nous étions occupés du soin de faire notre eau et notre bois ; il nous était permis de le couper le plus à portée possible de nos chaloupes. Nos botanistes, de leur côté, ne perdirent pas un moment pour augmenter leur collection de plantes : mais la saison n'était pas favorable ; la chaleur de l'été les avait entièrement desséchées, et leurs graines étaient répandues sur la terre : celles que M. Collignon, notre jardinier, put reconnaître, sont : la grande absinthe, l'absinthe maritime, l'aurone mâle, l'armoise, le thé du Mexique, la verge d'or du Canada, l'aster (œil de christ), la mille-feuille, la morelle à fruit noir, la perce-pierre (criste-marine), et la menthe aquatique. Les jardins du gouverneur et des missions étaient remplis d'une infinité de plantes potagères qui furent cueillies pour nous ; et nos équipages n'ont eu, dans aucun pays, une plus grande quantité de légumes.

Nos lithologistes n'étaient pas moins zélés que les botanistes, mais ils furent encore moins heureux ; ils ne rencontrèrent sur les montagnes, dans les ravins, sur le bord de la mer, qu'une pierre légère et argileuse, d'une décomposition facile, et qui est une espèce de marne ; ils

---

(1) Ils n'étaient que dix-huit au présidio.

trouvèrent aussi des blocs de granit dont les veines récélaient du feldspath cristallisé, quelques morceaux de porphyre et de jaspe roulés, mais nulle trace de métal. Les coquilles n'y sont pas plus abondantes, à l'exception de superbes oreilles de mer, dont la nacre est du plus bel orient; elles ont jusqu'à neuf pouces de longueur, sur quatre de largeur, tout le reste ne vaut pas le soin qu'on se donnerait à le rassembler. La côte orientale et méridionale de l'ancienne Californie est bien plus riche dans cette partie de l'histoire naturelle : on y trouve des huîtres dont les perles égalent en beauté et en grosseur celles de Ceylan, ou du golfe Persique. Ce serait encore un article d'une grande valeur et d'un débit assuré à la Chine; mais il est impossible aux Espagnols de suffire à tous les moyens d'industrie que nécessiterait cette exploitation.

Le 22 au soir tout était embarqué; nous prîmes congé du gouverneur et des missionnaires. Nous emportions autant de provisions qu'à notre sortie de Conception; la basse-cour de M. Fagès et celle des religieux avaient passé dans nos cages : ces derniers avaient joint, en outre, du grain, du sel, des pois, et n'avaient conservé que ce qui leur était rigoureusement nécessaire; ils ne voulaient recevoir aucun paiement, et ils ne cédèrent qu'aux représentations que nous leur fîmes qu'ils n'étaient qu'administrateurs et non propriétaires des missions.

Le 23, les vents furent contraires, et, le 24 au matin, nous mîmes à la voile avec une brise de l'ouest. Don Estevan Martinez s'était rendu à bord dès la pointe du jour; sa chaloupe et tout son équipage furent constamment à nos ordres, et nous aidèrent dans nos travaux. Je ne puis exprimer que bien faiblement les sentiments de reconnaissance que nous devons à ses bons procédés, ainsi qu'à ceux de M. Vincent Vassadre y Vega, jeune homme plein d'esprit et de mérite, qui devait partir peu après pour la Chine, afin d'y conclure un traité de commerce relatif aux peaux de loutre.

Pendant que nos équipages s'occupaient du remplacement de l'eau et du bois qui nous étaient nécessaires, M. Dagelet fit mettre à terre son quart-de-cercle, afin de fixer, avec la plus grande précision, la latitude de Monterey.

D'après les observations de M. de Lamanon, il n'est, peut-être, aucun pays où les différents idiomes soient aussi multipliés que dans la Californie septentrionale. Les nombreuses peuplades qui divisent cette contrée, quoique très près les unes des autres, vivent isolées et ont chacune une langue particulière. C'est la difficulté de les apprendre toutes, qui console les missionnaires de n'en savoir aucune. Ils ont besoin d'un interprète pour leurs sermons et leurs exhortations à l'heure de la mort.

Monterey, et la mission de S. Carlos qui en dépend, comprennent le pays des Achastliens et des Ecclemachs. Les deux langues de ces peuples, en partie réunis dans la même mission, en formeraient bientôt une troisième, si les Indiens chrétiens cessaient de communiquer avec ceux des rancheries. La langue des Achastliens est proportionnée au faible développement de leur intelligence. Comme ils ont peu d'idées abstraites, ils ont peu de mots pour les exprimer.

Le pays des Ecclemachs s'étend à plus de vingt lieues à l'est de Monterey : la langue de ses habitants diffère absolument de toutes celles de leurs voisins ; elle a même plus de rapport avec nos langues européennes qu'avec celles de l'Amérique. Ce phénomène grammatical, le plus curieux à cet égard qui ait encore été observé sur ce continent, intéressera peut-être les savants qui cherchent dans la comparaison des langues l'histoire de la transplantation des peuples. Il paraît que les langues de l'Amérique ont un caractère distinctif qui les sépare absolument de l'ancien continent. En les rapprochant de celles du Brésil, du Chili, d'une partie de la Californie (1), ainsi que des nombreux vocabulaires

(1) CALIFORNIE (HAUTE ET NOUVELLE). — La côte nord de la Californie fut reconnue en 1578 par sir Francis Drake, mais en ce moment et depuis longtemps déjà les Espagnols avaient établi dans l'intérieur du pays les Mexicains dont parle La Pérouse et fondé sur la côte plusieurs comptoirs. Restée unie au Mexique jusqu'en 1836, cette vaste province revendiqua à cette époque son indépendance ; les Mexicains furent chassés et un semblant de gouvernement organisé. En 1846, les Américains occupèrent militairement ce pays qui fut, pendant la lutte avec le Mexique, le théâtre de sanglants combats.

A l'issue de la guerre, par un traité de paix conclu en 1848, la nouvelle Californie fut cédée aux Etats-Unis. Une assemblée fut convoquée l'année suivante pour donner des lois politiques au nouvel Etat. Elle promulgua une constitution dont les sages dispositions, ratifiées par le suffrage du peuple, ont été admirées du monde entier et, dès 1850, l'incorporation de la contrée aux États-Unis comme État souverain fédéré fut admise par le congrès.

La population de ce pays, formée des éléments les plus disparates, s'élève à plus de 300,000 habitants. La seule ville de San Francisco en possède plus de 60,000.

Les gisements d'or, découverts en 1848 par un simple ouvrier mineur, James W. Marshall, donnèrent à ce vaste territoire une importance et une renommée soudaines.

« On vit accourir des milliers d'émigrants de tous pays. San Francisco, qui n'était qu'une bourgade, prit tout à coup les proportions d'une grande ville. Les versants des montagnes, le fond des ravins se couvrirent de mineurs, étudiant le sol avec l'ardeur qu'excite la soif des richesses. Non-seulement alors on découvrit des grains de minerais précieux, mais des pépites de toutes grosseurs, soit d'or pur, soit de métal mélangé de quartz ; quelques-unes pesaient six à huit livres et valaient jusqu'à environ un millier de dollars.... Les principaux gisements sont situés entre les 37° et 40° de latitude N. sur les pentes O. de la Sierra-Nevada. »

Ce n'est pas seulement de l'or que fournit la Californie ; la nature semble avoir choisi pour creusets de prédilections, les montagnes escarpées, rocheuses, volcaniques de ce sol profondément bouleversé ; tous les métaux y abondent : le mercure, le fer, le plomb, le cuivre, l'argent, le platine y sont extrêmement faciles à recueillir en quantité. Le marbre, le granit, la houille et l'asphalte n'y sont pas moins abondants.

Ce trésor que le sol renferme dans son sein ne nuit en rien à la fertilité de la terre ; les pâturages, à eux seuls, constituent une richesse inépuisable que l'on avait méconnue

donnés par les différents voyageurs, on voit que généralement les langues américaines manquent de plusieurs lettres labiales, et plus particulièrement de la lettre F, que les Ecclemachs emploient, et prononcent comme les Européens. L'idiome de cette nation est d'ailleurs plus riche que celui des autres peuples de la Californie, quoiqu'il ne puisse être comparé aux langues des nations civilisées. Si on se pressait de conclure de ces observations, que les Ecclemachs sont étrangers à cette partie de l'Amérique, il faudrait admettre au moins qu'ils l'habitent depuis longtemps; car ils ne diffèrent en rien par la couleur, par les traits, et généralement par toutes les formes extérieures, des autres peuples de cette contrée.

d'abord, mais que l'apaisement de la soif de l'or, ou plutôt les déceptions apportées aux émigrants par l'incertitude du travail des mines et surtout par l'excessive cherté des objets nécessaires à la vie, — cherté qui absorbe presque toujours les produits donnés par la recherche de l'or — ont enfin mis en évidence cette vérité. L'attention et les bras se détournant alors des mines, se sont portés vers la culture; de grands établissements se sont formés, l'élevage des bestiaux s'est développé; une nouvelle source de richesses plus certaines, plus durables et plus saines à tous égards à surgi à côté de la première, la Californie a pris rang parmi les États agricoles les plus prospères de l'Amérique et elle a dû à cette transformation de voir, presque avec indifférence, l'ardeur et l'affluence des chercheurs d'or se tourner du côté de l'Australie, lorsque les *placers* de cette vaste terre océanique vinrent affaiblir la renommée dont avaient joui les gisements de Sierra Nevada.

CALIFORNIE (VIEILLE OU BASSE) Cette vaste péninsule de l'Amérique du Nord fut explorée deux fois, en 1532 et en 1533, par ordre de Cortès qui, lui-même, un peu plus tard, en reconnut les côtes et le golfe. Les missions dont parle La Pérouse ont perdu beaucoup de leur importance, là même où elles n'ont pas complètement disparu; les indigènes, rendus à eux-mêmes, sont retombés dans l'état sauvage et ce que dit La Pérouse de ceux qui étaient restés indépendants peut maintenant s'appliquer à tous: « Ils montrent pour la civilisation un extrême dégoût; ils vivent de la pêche ou de la chasse, vendent aux Européens des peaux, de l'écaille, des perles, et quelques quantités peu importantes de maïs et de fruits secs... Aussitôt qu'ils ont pourvu aux nécessités de leur sobre existence, ils passent leur temps étendus par terre, exposés aux rayons brûlants du soleil. »

Le chiffre de la population ne dépasse guère 30,000 à nos.

CHAPITRE XII

Départ de Monterey. — Projet de la route que nous nous proposons de suivre en traversant l'Océan occidental jusqu'à la Chine. — Vaine recherche de l'île de Nostra Senora de la Gorta. — Découverte de l'île Necker. — Rencontre pendant la nuit d'une vigie sur laquelle nous faillîmes nous perdre. — Description de cette vigie. — Détermination de sa latitude et de sa longitude. — Vaine recherche des îles de la Mira et des Jardins. — Nous avons connaissance de l'île de l'Assomption des Mariannes. — Description et véritable position de cette île en latitude et en longitude ; erreur des anciennes cartes des Mariannes. — Nous déterminons la longitude et la latitude des îles Bashées. — Nous mouillons dans la rade de Macao.

La partie du grand Océan que nous avions à traverser pour nous rendre à Macao, est une mer presque inconnue, sur laquelle nous pouvions espérer de rencontrer quelques îles nouvelles : les Espagnols, qui seuls la fréquentent, n'ont plus, depuis longtemps, cette ardeur des découvertes, que la soif de l'or avait peut-être excitée, mais qui leur faisait braver tous les dangers. A l'ancien enthousiasme a succédé le froid calcul de la sécurité; leur route, pendant la traversée d'Acapulco à Manille, est renfermée dans un espace de vingt lieues, entre le 13° et le 14° degré de latitude; à leur retour, ils parcourent à peu près le 40° parallèle, à l'aide des vents d'ouest, qui sont très fréquents dans ces parages. Certains, par une longue expérience, de n'y rencontrer ni vigies ni basses, ils peuvent naviguer la nuit avec aussi peu de précaution que dans les mers d'Europe; leurs traversées, étant plus directes, sont plus courtes, et les intérêts de leurs commettants en sont moins exposés à être anéantis par des naufrages.

Notre campagne ayant pour objet de nouvelles découvertes et le progrès de la navigation dans des mers peu connues, nous évitions les routes fréquentées, avec autant de soin que les galions en mettent, au contraire, à suivre en quelque sorte le sillon du vaisseau qui les a précédés : nous étions cependant assujettis à naviguer dans la zone des vents alizés ; nous n'aurions pu, sans leur secours, nous flatter d'arriver en six mois à la Chine, et conséquemment suivre le plan ultérieur de notre voyage.

En partant de Monterey, je formai le projet de diriger ma route au sud-ouest, jusque par 28° de latitude parallèle, sur lequel quelques géographes ont placé l'île de Nostra Senora de la Gorta. Toutes mes recherches pour connaître le voyageur qui a fait anciennement cette découverte ont été infructueuses.

Les vents contraires et les calmes nous retinrent deux jours à vue de Monterey ; mais bientôt ils se fixèrent au nord-ouest, et me permirent d'atteindre le 28° parallèle, sur lequel je me proposais de parcourir l'espace de cinq cents lieues, jusqu'à la longitude assignée à l'île de Nostra Senora de la Gorta. J'avais le projet de décliner ensuite vers le sud-ouest, et de couper la route du capitaine Clerke au 20° degré de latitude, et par le 179° degré de longitude orientale, méridien de Paris ; c'est à peu près le point où ce capitaine anglais fut obligé d'abandonner cette route pour se rendre au Kamtschatka.

Ma traversée fut d'abord très heureuse ; les vents du nord-est succédèrent aux vents de nord-ouest, et je ne doutai pas que nous n'eussions atteint la région des vents constants : mais, dès le 18 octobre, ils passèrent à l'ouest, et ils y furent aussi opiniâtres que dans les hautes latitudes, ne variant que du nord-ouest au sud-ouest. Je luttai pendant huit ou dix jours contre ces obstacles, profitant des différentes variations pour m'élever à l'ouest, et gagner enfin la longitude sur laquelle je m'étais proposé d'arriver.

Les pluies et les orages furent presque continuels ; l'humidité était extrême dans nos entre-ponts ; toutes les hardes des matelots étaient mouillées, et je craignais beaucoup que le scorbut ne fût la suite de ce contre-temps : mais nous n'avions plus que quelques degrés à parcourir pour parvenir au méridien que je voulais atteindre ; j'y arrivai le 27 octobre. Nous n'eûmes d'autre indice de terre que deux espèces de coulon-chauds (1), qui furent pris à bord de l'Astrolabe ; mais ils étaient si maigres, qu'il nous parut très possible qu'ils se fussent égarés sur les mers depuis longtemps, et ils pouvaient venir des îles Sandwich, dont nous n'étions éloignés que de cent vingt lieues.

L'île Nostra Senora de la Gorda étant portée sur ma carte espagnole

---

(1) Oiseaux de rivage, plus particulièrement connus sous le nom d'alouettes de mer.

45' plus au sud et 4° plus à l'ouest que sur la carte de l'amiral Anson, je dirigeai ma route dans le dessein de passer sur ce second point, et je ne fus pas plus heureux. Les vents d'ouest continuant toujours à souffler dans ses parages, je cherchai à me rapprocher du Tropique pour trouver enfin les vents alizés qui devaient nous conduire en Asie, et dont la température me paraissait plus propre à maintenir la bonne santé de nos équipages : nous n'avions encore aucun malade ; mais notre voyage, quoique déjà très long, était à peine commencé, relativement à l'espace immense qui nous restait à parcourir. Si le vaste plan de notre navigation n'effrayait personne, nos voiles et nos agrès nous avertissaient chaque jour que nous tenions constamment la mer depuis seize mois; à chaque instant nos manœuvres se rompaient, et nos voiliers ne pouvaient suffire à réparer des toiles qui étaient presque entièrement usées : nous avions, à la vérité, des rechanges à bord ; mais la longueur projetée de notre voyage exigeait la plus sévère économie. Près de la moitié de nos cordages étaient déjà hors de service, et nous étions bien loin d'être à la moitié de notre navigation.

Le 3 novembre, par 24° 4' de latitude nord, et 165° 2' de longitude occidentale, nous fûmes environnés d'oiseaux du genre des fous, des frégates et des hirondelles de mer, qui généralement s'éloignent peu de terre : nous naviguâmes avec plus de précaution, faisant petites voiles la nuit; le 4 novembre, au soir, nous eûmes connaissance d'une île qui nous restait à quatre ou cinq lieues dans l'ouest ; elle paraissait peu considérable, mais nous nous flattions qu'elle n'était pas seule.

Je fis signal de tenir le vent, et de rester bord sur bord toute la nuit, attendant le jour avec la plus vive impatience pour continuer notre découverte. A cinq heures du matin, le 5 novembre, nous n'étions qu'à trois lieues de l'île, et j'arrivai vent arrière pour la reconnaître. Je hélai à l'Astrolabe de chasser en avant, et de se disposer à mouiller, si la côte offrait un ancrage.

Cette île, très petite, n'est, en quelque sorte, qu'un rocher, de cinq cents toises environ de longueur, et tout au plus de soixante d'élévation : on n'y voit pas un seul arbre, mais il y a beaucoup d'herbe. Vers le sommet, le roc nu est couvert de fientes d'oiseaux, et paraît blanc, ce qui le fait contraster avec différentes taches rouges sur lesquelles l'herbe n'a point poussé. J'en approchai à un tiers de lieue; les bords étaient à pic, comme un mur, et la mer brisait partout avec force : ainsi il ne fut pas possible de songer à y débarquer. Sa latitude et sa longitude sont 23° 34' nord, et 166° 52' à l'occident de Paris : je l'ai nommée *île Necker*. Si sa stérilité la rend peu importante, sa position précise devient très intéressante aux navigateurs, auxquels elle pourrait être funeste. Il m'a paru évident que l'île Necker n'est plus aujourd'hui que le noyau d'une île beaucoup plus considérable, que la mer a minée peu à peu, parce qu'elle était vraisemblablement composée d'une substance tendre ou dissoluble : mais le rocher qu'on aperçoit aujourd'hui est très dur; il bravera, pendant bien des siècles, la lime du temps et les efforts de la mer. Comme il nous importait beaucoup de connaître l'étendue de ce banc, nous continuâmes à sonder à bord des deux frégates, en dirigeant notre route à l'ouest. Le fond augmenta graduellement, à mesure que nous nous éloignâmes de terre; et à dix milles environ de distance, une ligne de cent cinquante brasses ne rapporta plus de fond : mais sur cet espace de dix milles nous ne trouvâmes qu'un fond de corail et de coquilles pourries.

Nous eûmes sans cesse, pendant cette journée, des vigies au haut des mâts. Le temps était par grains, et pluvieux; il y avait cependant, de moment en moment, de très beaux éclaircis, et notre horizon s'étendait alors à dix ou douze lieues : au coucher du soleil surtout, il fut le plus beau possible. Nous n'apercevions rien autour de nous : mais le nombre des oiseaux ne diminuait pas, et nous en voyions des volées de plusieurs centaines, dont les routes se croisaient; ce qui mettait en défaut nos observations, relativement au point de l'horizon vers lequel ils paraissaient se diriger.

Nous avions eu une si belle vue à l'entrée de la nuit, et la lune, qui était presque pleine, répandait une si grande lumière, que je crus pouvoir faire route : en effet, j'avais aperçu la veille, au clair de la lune, l'île Necker à quatre ou cinq lieues de distance : j'ordonnai cependant de borner le sillage des frégates à trois ou quatre milles par heure. Depuis notre départ de Monterey, nous n'avions eu ni une plus belle nuit, ni une plus belle mer; et c'est cette tranquillité de l'eau qui pensa nous être si funeste. Vers une heure et demie du matin, nous découvrîmes des brisants à deux encâblures de l'avant de notre frégate; la mer était si belle, comme je l'ai déjà dit, qu'ils ne faisaient presque pas de bruit, ne déferlaient que de loin en loin et très peu.

L'Astrolabe en eut connaissance en même temps; ce bâtiment en était un peu plus éloigné que la Boussole; mais je ne crois pas qu'on puisse estimer à plus d'une encâblure la distance où nous avons été de ces brisants. Nous venons d'échapper au danger le plus imminent où des navigateurs aient pu se trouver; et je dois à mon équipage la justice de dire qu'il n'y a jamais eu, en pareille circonstance, moins de désordre et de confusion : la moindre négligence dans l'exécution des manœuvres que nous avions à faire pour nous éloigner des brisants, eût nécessairement entraîné notre perte. Nous aperçûmes pendant près d'une heure la continuation de ces brisants; mais ils s'éloignaient dans l'ouest, et à trois heures on les avait perdus de vue. Je suis persuadé que si nous n'avions pas reconnu plus particulièrement cette vigie, elle aurait laissé beaucoup de doutes sur la réalité de son existence.

Mais il ne suffisait pas d'en être certain, et d'avoir échappé au danger; je voulais encore que les navigateurs n'y fussent plus exposés : en conséquence, à la pointe du jour, je fis signal de virer de bord pour la retrouver. Nous en eûmes connaissance à huit heures du matin, dans le nord-ouest, je forçai de voiles pour en approcher, et bientôt nous aperçûmes un îlot ou rocher fendu, de cinquante toises au plus de diamètre, et de vingt ou vingt-cinq d'élévation; il était placé sur l'extrémité nord-ouest de cette batture dont la pointe du sud-est, sur laquelle nous avions été si près de nous perdre, s'étendait à plus de quatre lieues dans cette aire de vent. Entre l'îlot et les brisants du sud-est, nous vîmes trois bancs de sable qui n'étaient pas élevés de quatre pieds au-dessus du niveau de la mer; ils étaient séparés entre eux par une espèce d'eau verdâtre qui ne paraissait pas avoir une brasse de profondeur : des rochers à fleur d'eau, sur lesquels la mer brisait avec force, entouraient cet écueil, comme un cercle de diamant entoure un médaillon, et le garantissaient ainsi des fureurs de la mer.

Nous le côtoyâmes à moins d'une lieue de distance dans la partie de l'est, et dans celles du sud et de l'ouest; il ne nous resta d'incertitude que pour la partie du nord, qui n'avait pu être aperçue que du haut des mâts, et à vue d'oiseau : ainsi il est possible qu'elle soit beaucoup plus étendue que nous ne l'avons jugé; mais sa longueur, du sud-est au nord-ouest, ou depuis l'extrémité des brisants qui avaient failli nous être si funestes, jusqu'à l'îlot, est de quatre lieues. La position géographique de cet îlot, qui est le seul endroit apparent, a été fixée par M. Dagelet à 23° 46' de latitude nord, et 168° 10' de longitude occidentale; il est distant de vingt-trois lieues, à l'ouest un quart nord-ouest, de l'île Necker : il ne faut pas perdre de vue que la pointe de l'est en est à quatre lieues plus près. J'ai nommé cet écueil *Basse des frégates françaises*, parce qu'il s'en est fallu de très peu qu'il n'ait été le dernier terme de notre voyage.

Je dirigeai ensuite ma route à l'ouest-sud-ouest. J'avais remarqué que tous les nuages paraissaient s'amonceler dans cette aire de vent, et je me flattais d'y trouver enfin une terre de quelque importance. Une grosse houle, qui venait de l'ouest-nord-sud-ouest, me faisait présumer qu'il n'y avait point d'île au nord, et j'avais de la peine à me persuader que l'île Necker et la Basse des frégates françaises ne précédassent pas un archipel peut-être habité, ou au moins habitable : mais mes conjectures ne se réalisèrent pas; bientôt les oiseaux disparurent, et nous perdîmes tout espoir de rien rencontrer.

Je ne changeai pas le plan que je m'étais fait de couper la route du capitaine Clerke au 179° degré de longitude orientale, et j'atteignis ce point le 16 novembre. Mais quoique au sud du Tropique de plus de deux degrés, nous ne trouvâmes pas ces vents alizés qui, dans l'Océan atlantique, n'éprouvent par cette latitude que des variations légères et momentanées ; et dans un espace de plus de huit cents lieues, jusqu'aux environs des Mariannes, nous avons suivi le parallèle des 29° avec des vents presque aussi variables que ceux qu'on éprouve aux mois de juin et de juillet sur les côtes de France. Les vents de nord-ouest, qui élevaient beaucoup la mer, passaient au nord, et successivement au nord-est ; le temps devenait clair et très beau : bientôt ils tournaient à l'est et au sud-est ; le ciel était alors blanchâtre et terne, et il pleuvait beaucoup : quelques heures après, lorsque ces mêmes vents avaient passé au nord-ouest, l'horizon s'éclaircissait. Cette révolution durait trois ou quatre jours : et il n'est pas arrivé une seule fois que les vents du sud-est soient revenus à l'est et au nord-est.

J'avais dirigé ma route dans le dessein de passer entre l'île de la Mira et les îles Déserte et des Jardins ; mais leurs noms oiseux occupent sur les cartes des espaces où il n'y eut jamais de terre, et trompent ainsi les navigateurs, qui les rencontreront peut-être un jour à plusieurs degrés plus loin au nord ou au sud. L'île de l'Assomption elle-même, qui fait partie d'un groupe d'îles si connues, sur lesquelles nous avons une histoire en plusieurs volumes, est placée, sur la carte des jésuites, copiée par tous les géographes, 30' trop au haut ; sa véritable position est par 19° 45' de latitude nord, et 143° 15' de longitude orientale.

Comme nous avons relevé du mouillage les Mangs 28° ouest à environ cinq lieues, nous avons reconnu que les trois rochers de ce nom sont aussi placés 30' trop au nord ; et il est à peu près certain que même erreur existe pour Uracas, la dernière des îles Mariannes, dont l'archipel ne s'étendrait que jusqu'à 20° 20' de latitude nord. Les jésuites ont assez bien estimé leurs distances entre elles ; mais ils ont fait à cet égard de très mauvaises observations astronomiques. Ils n'ont pas jugé plus heureusement de la grandeur de l'Assomption : ils lui attribuent six lieues de circonférence ; les angles que nous avons pris la réduisent à la moitié, et le point le plus élevé est à environ deux cents toises au-dessus du niveau de la mer. L'imagination la plus vive se peindrait difficilement un lieu plus horrible. L'aspect le plus ordinaire, après une aussi longue traversée, nous eût paru ravissant : mais un cône parfait, dont le pourtour, jusques à quarante toises au-dessus du niveau de la mer, était aussi noir que du charbon, ne pouvait qu'affliger notre vue, en trompant nos espérances ; car, depuis plusieurs semaines, nous nous entretenions des tortues et des cocos que nous nous flattions de trouver sur une des îles Mariannes.

Nous apercevions, à la vérité, quelques cocotiers, qui occupent à peine la quinzième partie de la circonférence de l'île, sur une profondeur de quarante toises, et qui étaient tapis, en quelque sorte, à l'abri des vents d'est ; c'est le seul endroit où il soit possible aux vaisseaux de mouiller, par un fond de trente brasses, sable noir, qui s'étend à moins d'un quart de lieue. L'Astrolabe avait gagné ce mouillage : j'avais aussi laissé tomber l'ancre à une portée de pistolet de cette frégate ; mais ayant chassé une demi-encâblure, nous perdîmes fond et fûmes obligés de la relever avec cent brasses de câble et de courir deux bords pour rapprocher la terre. Ce petit malheur m'affligea peu, parce que je voyais que l'île ne méritait pas un long séjour.

Mon canot était à terre, commandé par M. Boutin, lieutenant de vaisseau, ainsi que celui de l'Astrolabe, dans lequel M. de Langle s'était embarqué avec MM. de la Martinière, Vaujuas, Prévost et le père Receveur. J'avais observé, à l'aide de ma lunette, qu'ils avaient eu beaucoup de peine à débarquer ; la mer brisait partout, et ils avaient profité d'un intervalle en se jetant à l'eau jusques au cou : ma crainte était que le rembarquement ne fût encore plus difficile, la lame pouvant augmenter d'un instant à l'autre ; c'était désormais le seul événement qui pût m'y faire mouiller, car nous étions tous aussi pressés d'en partir que nous avions été ardents à désirer d'y arriver. Heureusement, à deux heures, je vis revenir nos canots, et l'Astrolabe mit sous voile. M. Boutin me rapporta que l'île était mille fois plus horrible qu'elle ne le paraissait d'un quart de lieue ; la lave qui a coulé a formé des ravins et des précipices, bordés de quelques cocotiers rabougris, très clairsemés, et entremêlés de lianes et d'un petit nombre de plantes, entre lesquelles il est presque impossible de faire cent toises en une heure. Quinze ou seize personnes furent employées depuis neuf heures du matin jusqu'à midi, pour porter aux deux canots environ cent noix de cocos, qu'elles n'avaient que la peine de ramasser sous les arbres ; mais l'extrême difficulté consistait à les porter sur le bord de la mer, quoique la distance fût très petite. La lave sortie d'un cratère s'est emparée de tout le pourtour du cône, jusqu'à une lisière d'environ quarante toises vers la mer ; le sommet paraît en quelque sorte comme vitrifié, mais d'un verre noir et couleur de suie. Nous n'avons jamais aperçu le haut de ce sommet, il est toujours resté coiffé d'un nuage : mais quoique nous ne l'ayons pas vu fumer, l'odeur de soufre qui se répandait jusqu'à une demi-lieue en mer, m'a fait soupçonner qu'il n'était pas entièrement éteint, et qu'il était possible que sa dernière éruption ne fût pas ancienne, car il ne paraissait aucune trace de décomposition sur la lave du milieu de la montagne.

Tout annonçait qu'aucune créature humaine, aucun quadrupède, n'avait jamais été assez malheureux pour n'avoir que cet asile, sur lequel nous ne vîmes que des crabes de la plus grande espèce, qui seraient très dangereux la nuit si l'on s'abandonnait au sommeil ; on en rapporta un à bord : il est vraisemblable que ce crustacé a chassé de l'île les oiseaux de mer, qui pondent toujours à terre, et dont les œufs auront été dévorés. Nous ne vîmes au mouillage que trois ou quatre fous ; mais lorsque nous approchâmes des Mangs, nos vaisseaux furent environnés d'une quatité innombrable d'oiseaux. M. de Langle tua sur l'île de l'Assomption un oiseau noir, ressemblant à un merle, qui n'augmenta pas notre collection, parce qu'il tomba dans un précipice. Nos naturalistes y trouvèrent, dans le creux des rochers, de très belles coquilles. M. de la Martinière fit une ample moisson de plantes, et rapporta à bord trois ou quatre espèces de bananiers, que je n'avais jamais vues dans aucun pays. Nous n'aperçûmes d'autres poissons qu'une carangue rouge, des petits requins, et un serpent de mer qui pouvait avoir trois pieds de longueur sur trois pouces de diamètre. Les cent noix de cocos, et le petit nombre d'objets d'histoire naturelle que nous avions si rapidement dérobés à ce volcan, car c'est le vrai nom de l'île, avaient exposé nos canots et nos équipages à d'assez grands dangers. M. Boutin, obligé de se jeter à la mer pour débarquer et se rembarquer, avait eu plusieurs blessures aux mains, qu'il avait été forcé d'appuyer contre les roches tranchantes dont l'île est bordée ; M. de Langle avait aussi couru quelques risques : mais les accidents de ce genre sont inséparables de tous les débarquements dans des îles aussi petites, et surtout d'une forme aussi ronde ; la mer, qui vient du vent, glisse sur la côte, et forme sur tous les points un ressac qui en rend l'approche très dangereuse.

Heureusement nous avions assez d'eau pour nous rendre à la Chine ; car il eût été difficile d'en prendre à l'Assomption, si toutefois il y en a sur cette île : nos voyageurs n'en avaient vu que dans le creux de quelques rochers, où elle se conservait comme dans un vase, et le plus considérable de ces dépôts n'en contenait pas six bouteilles.

A trois heures, l'Astrolabe ayant mis sous voile, nous continuâmes notre route à l'ouest quart nord-ouest, prolongeant, à trois ou quatre lieues, les Mangs, qui nous restaient au nord-est quart nord. J'aurais bien désiré pouvoir déterminer la position d'Uracas, la plus septentrionale des îles Mariannes ; mais il fallait perdre une nuit, et j'étais pressé d'atteindre la Chine, dans la crainte que les vaisseaux d'Europe n'en fussent partis avant notre arrivée : je souhaitais ardemment faire parvenir en France les détails de nos travaux sur la côte de l'Amérique, ainsi que la relation de notre voyage jusqu'à Macao ; et pour ne pas perdre un instant, je fis route toutes voiles dehors.

Les deux frégates furent environnées, pendant la nuit, d'une innombrable quantité d'oiseaux, lesquels me parurent être des habitants des Mangs et d'Uracas, qui ne sont que des rochers. Il est évident que ces oiseaux ne s'en éloignent que sous le vent; car nous n'en avons presque point vu dans l'est des Mariannes, et ils nous ont accompagnés cinquante lieues dans l'ouest. Le plus grand nombre étaient des espèces de frégates et de fous, avec quelques goélands, des hirondelles de mer et des pailleen-queue, ou oiseaux du Tropique.

Les brises furent fortes dans le canal qui sépare les Mariannes des Philippines ; la mer très grosse et les courants nous portèrent constamment au sud : leur vitesse peut être évaluée à un demi-nœud par heure. La frégate fit un peu d'eau, pour la première fois depuis notre départ de France; mais j'en attribuai la cause à quelques coutures de la flottaison, dont l'étoupe s'était pourrie. Nos calfats, qui, pendant cette traversée, reprirent le côté du bâtiment, trouvèrent plusieurs coutures presque entièrement vides; et ils soupçonnaient celles qui étaient auprès de l'eau d'être dans le même état : il ne leur avait pas été possible de les travailler à la mer, mais ce fut leur première occupation à notre arrivée dans la rade de Macao.

Le 28, nous eûmes connaissance des îles Bashées (1). Nous passâmes à une lieue des deux rochers qui sont le plus au nord ; ils doivent être appelés *îlots*, malgré l'autorité de Dampier, parce que le moins gros a une demi-lieue de tour; et, quoiqu'il ne soit point boisé, on aperçoit beaucoup d'herbes du côté de l'est. La longitude orientale de cet îlot, déterminée lorsqu'il nous restait à une lieue au sud, a été fixée, d'après le *medium* de plus de soixante observations de distance, prises dans les circonstances les plus favorables, par 110° 41', et sa latitude nord par 21° 9' 13". M. Bernizet a aussi tracé la direction de toutes ces îles entre elles, et levé un plan qui est le résultat de plus de deux cents relèvements. Je ne me proposai pas d'y relâcher, les Bashées ayant déjà été visitées plusieurs fois, et rien ne pouvant nous y intéresser. Après en avoir déterminé la position, je continuai donc ma route vers la Chine, et, le 2 janvier 1787, nous fûmes environnés d'un très grand nombre de bâteaux pêcheurs qui tenaient la mer par un très mauvais temps : ils ne parurent faire aucune attention à nous. Le genre de leur pêche ne permet pas d'ailleurs qu'ils se détour-

---

(1) Guillaume Dampier les a ainsi nommées parce qu'on y boit abondamment une liqueur enivrante qui porte ce nom.

J'ai cru qu'il était nécessaire d'apprendre aux navigateurs que ces prétendus rochers sont de petites îles, parce que cette dénomination m'a induit en erreur pendant plusieurs heures.

nent pour accoster les vaisseaux; ils draguent sur le fond avec des filets extrêmement longs, et qu'on ne pourrait pas lever en deux heures.

Le même jour, nous eûmes connaissance de la Pierre-Blanche; nous mouillâmes le soir au nord de l'île Ling-Ting, et le lendemain dans la rade de Macao, après avoir embouqué un canal que je crois peu fréquenté, quoique très beau : nous avions pris des pilotes chinois en dedans de l'île Lamma.

CHAPITRE XIII

Arrivée à Macao. — Séjour dans la rade du Typa. — Accueil obligeant du gouverneur. — Description de Macao. — Son gouvernement. — Sa population. — Ses rapports avec les Chinois. — Départ de Macao. — Atterrage sur l'île de Luçon. — Incertitude de la position des bancs de Bulinao, Mansiloq et Marivelle. — Description du village de Marivelle ou Mirabelle. — Nous entrons dans la baie de Manille par la passe du sud ; nous avions essayé vainement celle du nord. — Observation pour louvoyer sans risque dans la baie de Manille. — Mouillage à Cavite.

Les Chinois qui nous avaient pilotés devant Macao, refusèrent de nous conduire au mouillage du Typa; ils montrèrent le plus grand empressement de s'en aller avec leurs bateaux et nous avons appris depuis, que, s'ils avaient été aperçus, le mandarin de Maçao aurait exigé de chacun d'eux la moitié de la somme qu'il avait reçue. Ces sortes de contributions sont assez ordinairement précédées de plusieurs volées de coups de bâton. Ce peuple, dont les lois sont si vantées en Europe, est peut-être le plus malheureux, le plus vexé et le plus arbitrairement gouverné qu'il y ait sur la terre, si toutefois on peut juger du gouvernement chinois par le despotisme du mandarin de Macao.

Le temps, qui était très couvert, nous avait empêchés de distinguer la ville; il s'éclaircit à midi, et nous la relevâmes à l'ouest un degré sud à environ trois lieues. J'envoyai à terre un canot, commandé par M. Boutin, pour prévenir le gouverneur de notre arrivée, et lui annoncer que nous nous proposions de faire quelque séjour dans la rade, afin d'y reposer nos équipages.

M. Bernardo Alexis de Lémos, gouverneur de Macao, reçut cet officier de la manière la plus obligeante; il nous offrit tous les secours qui dépendaient de lui, et il envoya sur-le-champ un pilote more pour nous conduire au mouillage du Typa : nous appareillâmes le lendemain à la pointe du jour, et nous laissâmes tomber l'ancre à huit heures du matin, la ville de Macao restant au nord-ouest, à cinq milles.

Nous mouillâmes à côté d'une flûte française, commandée par M. de Richery, enseigne de vaisseau : elle venait de Manille; elle était destinée, par MM. d'Entrecasteaux et Cossigny, à naviguer sur les côtes de l'est, et à y protéger notre commerce. Nous eûmes donc enfin, après dix-huit mois, le plaisir de rencontrer non-seulement des compatriotes, mais même des camarades et des connaissances. M. de Richery avait accompagné, la veille, le pilote more, et nous avait apporté une quantité très considérable de fruits, de légumes, de viande fraîche, et généralement tout ce qu'il avait supposé pouvoir être agreable à des navigateurs après une longue traversée. Notre air de bonne santé parut le surprendre; il nous apprit les nouvelles politiques de l'Europe, dont la situation était absolument la même qu'à notre départ de France; mais toutes ses recherches à Macao, pour trouver quelqu'un qui eût été chargé de nos paquets, furent vaines; il était plus que probable qu'il n'était arrivé à la Chine aucune lettre à notre adresse, et nous eûmes la douleur de craindre d'avoir été oubliés par nos familles et par nos amis. Les situations tristes rendent injuste : il était possible que ces lettres, que nous regrettions si fort, eussent été confiées au bâtiment de la compagnie qui avait manqué son voyage; il n'était venu cette année que sa conserve, et on avait appris par le capitaine que la plus grande partie des fonds et toutes les lettres avaient été embarquées sur l'autre vaisseau. Nous fûmes peut-être plus affligés que les actionnaires des contre-temps qui avaient empêché l'arrivée de ce bâtiment; et il nous fut impossible de ne pas remarquer que, sur vingt-neuf vaisseaux anglais, cinq hollandais, deux danois, un suédois, deux américains et deux français, le seul qui eût manqué son voyage, était de notre nation.

Comme les Anglais ne confient ces commandements qu'à des marins extrêmement instruits, un pareil événement leur est presque inconnu; lorsqu'arrivés trop tard dans les mers de Chine, ils y trouvent la mousson du nord-est formée, ils luttent avec opiniâtreté contre cet obstacle; ils pénètrent souvent à l'est des Philippines, et, s'élevant au nord dans cette mer infiniment plus vaste et moins exposée aux courants, ils rentrent par le sud des îles Bashées, vont atterrir sur Piedra-Blanca, et passent, comme nous, au nord de la grande Lamma. Nous fûmes témoins de l'arrivée d'un vaisseau anglais qui, après avoir fait cette route, mouilla dix jours après nous dans la rade de Macao, et monta tout de suite à Canton.

Mon premier soin, après avoir affourché la frégate, fut de descendre à terre avec M. de Langle, pour remercier le gouverneur de l'accueil obligeant qu'il avait fait à M. Boutin, et lui demander la permission d'avoir un établissement à terre, afin d'y dresser un observatoire, et de faire reposer M. Dagelet que la traversée avait beaucoup fatigué, ainsi que M. Rollin, notre chirurgien-major, qui, après nous avoir garantis du scorbut et de toutes les autres maladies par ses soins et ses conseils, aurait lui-même succombé aux fatigues de notre longue navigation, si notre arrivée eût été retardée de huit jours.

M. de Lémos nous reçut comme des compatriotes; toutes permissions furent accordées avec une honnêteté que les expressions ne peuvent rendre; sa maison nous fut offerte; et comme il ne parlait pas français, son épouse, jeune Portugaise de Lisbonne, lui servait d'interprète ; elle ajoutait aux réponses de son mari une grâce, une amabilité qui lui étaient particulières, et que des voyageurs ne peuvent se flatter de rencontrer que très rarement dans les principales villes de l'Europe.

Dona Maria de Saldagna avait épousé M. de Lémos à Goa, il y avait douze ans, et j'étais arrivé dans cette ville, commandant la flûte la Seine, peu après son mariage : elle eut la bonté de me rappeler cet incident qui était très présent à ma mémoire, et ajouter obligeamment que j'étais une ancienne connaissance : appelant ensuite tous ses enfants, elle me dit qu'elle se présentait ainsi à ses amis, que leur éducation était l'objet de tous ses soins, qu'elle était fière d'être leur mère, qu'il fallait lui pardonner cet orgueil, et qu'elle voulait se faire connaître avec tous ses défauts.

Aucune partie du monde n'a peut-être jamais offert un tableau plus ravissant; les plus jolis enfants entouraient et embrassaient la mère la plus charmante; et la bonté et la douceur de cette mère se répandait sur tout ce qui l'environnait.

Nous sûmes bientôt qu'à ses agréments et à ses vertus privées, elle joignait un caractère ferme et une âme élevée ; que, dans plusieurs circonstances délicates où M. de Lémos s'était trouvé vis-à-vis des Chinois, il avait été confirmé dans ses résolutions généreuses par Mme de Lémos, et qu'ils avaient pensé l'un et l'autre qu'ils ne devaient pas, à l'exemple de leurs prédécesseurs, sacrifier l'honneur de leur nation à aucun autre intérêt. L'administration de M. de Lémos aurait fait époque, si l'on eût été assez éclairé à Goa pour lui conserver sa place plus de trois années, et pour lui laisser le temps d'accoutumer les Chinois à une résistance dont ils ont perdu le souvenir depuis plus d'un siècle.

Comme on est aussi éloigné de la Chine à Macao qu'en Europe, par l'extrême difficulté de pénétrer dans cet empire, je n'imiterai pas les voyageurs qui en ont parlé sans avoir pu la connaître; et je me bornerai à décrire les rapports des Européens avec les Chinois, l'extrême humiliation qu'ils y éprouvent, la faible protection qu'ils peuvent retirer de l'établissement portugais sur la côte de la Chine, l'importance, enfin, dont pourrait être la ville de Macao pour une nation qui se conduirait avec justice, mais avec fermeté et dignité, contre le gouvernement peut-être le plus injuste, le plus oppresseur et en même temps le plus lâche qui existe dans le monde.

Les Chinois font avec les Européens un commerce de cinquante millions, dont les deux cinquièmes sont soldés en argent, le reste en draps anglais, en calin de Batavia ou de Malac, en coton de Surate ou de Bengale, en opium de Patna, en bois de sandal, et en poivre de la côte de Malabar. On apporte aussi d'Europe quelques objets de luxe, comme glaces de la plus grande dimension, montres de Genève, corail, perles fines; mais ces derniers articles doivent à peine être comptés, et ne peuvent être vendus avec quelque avantage qu'en très petite quantité. On ne rapporte, en échange de toutes ces richesses, que du thé vert ou noir, avec quelques caisses de soie écrue pour les manufactures européennes; car je compte pour rien les porcelaines qui lestent les vaisseaux, et les étoffes de soie qui ne procurent presque aucun bénéfice. Aucune nation ne fait certainement un commerce aussi avantageux avec les étrangers, et il n'en est point cependant qui impose des conditions aussi dures, qui multiplie avec plus d'audace les vexations, les gênes de toute espèce : il ne se boit pas une tasse de thé en Europe qui n'ait coûté une humiliation à ceux qui l'ont embarqué, et ont sillonné la moitié du globe pour apporter cette feuille dans nos marchés.

Il m'est impossible de ne pas rapporter qu'un canonnier anglais, faisant un salut par ordre de son capitaine, tua, il y a deux ans, dans un champan, un pêcheur chinois qui était venu imprudemment se placer sous la volée de son canon et qu'il ne pouvait apercevoir. Le santoq ou gouverneur de Canton réclama le canonnier, et ne l'obtint enfin qu'en promettant qu'il ne lui serait fait aucun mal, ajoutant qu'il n'était pas assez injuste pour punir un homicide involontaire.

Sur cette assurance, ce malheureux lui fut livré, et deux heures après il était pendu. L'honneur national eût exigé une vengeance prompte et éclatante, mais des bâtiments marchands n'en avaient pas les moyens ; et les capitaines de ces navires, accoutumés à l'exactitude, à la bonne foi et à la modération qui ne compromet pas les fonds des commettants, ne purent entreprendre une résistance généreuse, qui aurait occasionné une perte de quarante millions à la compagnie dont les vaisseaux seraient revenus à vide : mais ils ont sans doute dénoncé cette injure, et ils se sont flattés qu'ils en obtiendraient satisfaction. J'oserais assurer que tous les employés des différentes compagnies européennes donneraient collectivement une grande partie de leur fortune, pour qu'enfin on apprît à ces lâches mandarins qu'il est un terme à toutes les injustices, et que les leurs ont passé toutes les bornes.

Les Portugais ont encore plus que tous les autres peuples à se plaindre des Chinois ; on sait à quel titre respectable ils sont possesseurs de Macao. Le don de l'emplacement de cette ville est un monument de la reconnaissance de l'empereur Camby ; elle fut donnée aux Portugais pour avoir détruit, dans les îles des environ de Canton, les pirates qui infestaient les mers et ravageaient toutes les côtes de la Chine. C'est une vaine déclamation d'attribuer la perte de leurs privilèges à l'abus qu'ils en ont fait : leurs crimes sont dans la faiblesse de leur gouvernement. Chaque jour les Chinois leur ont fait de nouvelles injures ; à chaque instant ils ont annoncé de nouvelles prétentions : le gouvernement portugais n'y a jamais opposé la moindre résistance ; et cette place, d'où une nation européenne, qui aurait un peu d'énergie, imposerait à l'empereur de la Chine, n'est plus en quelque sorte qu'une ville chinoise, dans laquelle les Portugais sont soufferts, quoiqu'ils aient le droit incontestable d'y commander, et qu'ils puissent disposer des moyens de s'y faire craindre s'ils y entretenaient seulement une garnison de deux mille Européens, avec deux frégates, quelques corvettes et une galiote à bombes.

Macao, situé à l'embouchure du Tigre, peut recevoir dans sa rade, à l'entrée du Typa, des vaisseaux de soixante-quatre canons ; et dans son port, qui est sous la rivière en remontant dans l'est, des vaisseaux de sept à huit cents tonneaux, à moitié chargés. Suivant nos observations, sa latitude nord est de 22° 12' 40", et sa longitude orientale de 111° 19' 30".

L'entrée de ce port est défendue par une forteresse à deux batteries, qu'il faut ranger, en entrant, à une portée de pistolet. Trois petits forts, dont deux armés de douze canons et un de six, garantissent la partie méridionale de la ville de toute entreprise chinoise : ces fortifications, qui sont dans la plus mauvais état, seraient peu redoutables à des Européens ; mais elles peuvent imposer à toutes les forces maritimes des Chinois. Il y a de plus une montagne qui domine la plage, et sur laquelle un détachement pourrait soutenir un très long siège. Les Portugais de Macao, plus religieux que militaires, ont bâti une église sur les ruines d'un fort qui couronnait cette montagne et formait un poste inexpugnable.

Le côté de terre est défendu par deux forteresses : l'une est armée de quarante canons, et peut contenir mille hommes de garnison ; elle a une citerne, deux sources d'eau vive, et des casemates pour renfermer les munitions de guerre et de bouche : l'autre forteresse, sur laquelle on compte trente canons, ne peut comporter plus de trois cents hommes; elle a une source qui est très abondante et ne tarit jamais. Ces deux citadelles commandent tout le pays.

Les limites portugaises s'étendent à peine à une lieue de distance de la ville ; elles sont bordées d'une muraille gardée par un mandarin avec quelques soldats. Ce mandarin, auquel obéissent les Chinois, est le vrai gouverneur de Macao : il n'a pas le droit de coucher dans l'enceinte des limites ; mais il peut visiter la place et même les fortifications, inspecter les douanes, etc. Dans ces occasions, les Portugais lui doivent un salut de cinq coups de canon. Mais aucun Européen ne peut faire un pas sur le territoire chinois, au-delà de la muraille ; une imprudence le mettrait à la discrétion des Chinois, qui pourraient ou le retenir prisonnier, ou exiger de lui une grosse somme : quelques officiers de nos frégates s'y sont cependant exposés, et cette petite légèreté n'a eu aucune suite fâcheuse.

La population entière de Macao peut être évaluée à vingt mille âmes, dont cent Portugais de naissance, sur deux mille métis ou Portugais indiens ; autant d'esclaves cafres qui leur servent de domestiques ; le reste est Chinois, et s'occupe du commerce et de différents métiers qui rendent ces mêmes Portugais tributaires de leur industrie. Ceux-ci, quoique presque tous mulâtres, se croiraient déshonorés s'ils exerçaient quelque art mécanique, et faisaient ainsi subsister leur famille ; mais leur amour-propre n'est pas révolté de solliciter sans cesse, et avec importunité, la charité des passants.

Le vice-roi de Goa nomme à toutes les places civiles et militaires de Macao ; le gouverneur est de son choix, ainsi que tous les sénateurs qui partagent l'autorité civile. Il vient de fixer la garnison à cent quatre-vingts cipayes indiens et cent vingt hommes de milice : le service de cette garde consiste à faire la nuit des patrouilles ; les soldats sont armés de bâtons, l'officier seul a droit d'avoir une épée, mais, dans aucun cas, il ne peut en faire usage contre un Chinois. Si un voleur de cette nation est surpris enfonçant une porte, ou enlevant quelque effet, il faut l'arrêter avec la plus grande précaution ; et si le soldat, en se défendant contre le voleur, a le malheur de le tuer, il est livré au gouverneur chinois, et pendu au milieu de la place du marché, en présence de cette même garde dont il faisait partie, d'un magistrat portugais, et de deux mandarins chinois qui, après l'exécution, sont salués du canon en sortant de la ville, ainsi qu'ils l'ont été en y entrant : mais si, au contraire, un Chinois tue un Portugais, il est remis entre les mains des juges de sa nation, qui, après l'avoir spolié, font semblant de remplir les autres formalités de la justice, mais le laissent s'évader, très indifférents sur les réclamations qui leur sont faites, et qui n'ont jamais été suivies d'aucune satisfaction.

Les Portugais ont fait, dans ces derniers temps, un acte de vigueur qui sera gravé sur l'airain dans les fastes du sénat. Un cipaye ayant tué un Chinois, ils le firent fusiller eux-mêmes, en présence des mandarins, et refusèrent de soumettre la décision de cette affaire au jugement des Chinois.

Le sénat de Macao est composé du gouverneur, qui en est le président, et de trois *vercadores,* qui sont les vérificateurs des finances de la ville, dont les revenus consistent dans les droits imposés sur les marchandises qui entrent à Macao par les seuls vaisseaux portugais : ils sont si peu éclairés, qu'ils ne permettraient à aucune autre nation de débarquer des effets de commerce dans leur ville, en payant les droits établis ; comme s'ils craignaient d'augmenter le revenu de leur fisc, et de diminuer celui des Chinois à Canton.

Il est certain que si le port de Macao devenait franc, et si cette ville avait une garnison qui pût assurer les propriétés commerciales qu'on y déposerait, les revenus des douanes seraient doublés, et suffiraient sans doute à tous les frais du gouvernement ; mais un petit intérêt particulier s'oppose à un arrangement que la saine raison prescrit. Le vice-roi de Goa vend aux négociants des différentes nations qui font le commerce d'Inde en Inde, des commissions portugaises ; ces mêmes armateurs font au sénat de Macao quelques présents, suivant l'importance de leur expédition, et ce motif mercantile est un obstacle, peut-être invincible, à l'établissement d'une franchise qui rendrait Macao une des villes les plus florissantes de l'Asie, et cent fois supérieure à Goa, qui ne sera jamais d'aucune utilité à sa métropole.

Après les trois *vercadores* dont j'ai parlé, viennent deux juges des orphelins, chargés des biens vacants, de l'exécution des testaments, de la nomination des tuteurs et curateurs et généralement de toutes les discussions relatives aux successions : on peut appeler de leur sentence à Goa.

Les autres causes civiles ou criminelles sont attribuées aussi, en première instance, à deux sénateurs nommés juges. Un trésorier reçoit le produit des douanes, et paie, sur les ordonnances du sénat, les appointements, et les différentes dépenses, qui ne peuvent cependant être ordonnées que par le vice-roi de Goa, si elles excèdent trois mille piastres.

La magistrature la plus importante est celle du procureur de la ville ; il est intermédiaire entre le gouvernement portugais et le gouvernement chinois ; il répond à tous les étrangers qui hivernent à Macao, reçoit et fait parvenir à leur gouvernement respectif les plaintes réciproques des deux nations, dont un greffier, qui n'a point voix délibérative, tient registre, ainsi que de toutes les délibérations du conseil. Il est le seul dont la place soit inamovible ; celle du gouverneur dure trois ans, les autres magistrats sont changés chaque année. Un renouvellement si fréquent, qui s'oppose à tout système suivi, n'a pas peu contribué à l'anéantissement des anciens droits des Portugais, et il ne peut sans doute être maintenu que parce que le vice-roi de Goa trouve son compte à avoir beaucoup de places à donner ou à vendre ; les mœurs et les usages de l'Asie permettent cette conjecture.

On peut appeler à Goa de tous les jugements du sénat ; l'incapacité reconnue de ces prétendus sénateurs rend cette loi extrêmement nécessaire. Les collègues du gouverneur, homme plein de mérite, sont des Portugais de Macao, très vains, très orgueilleux, et plus ignorants que nos magisters des campagnes (1).

L'aspect de cette ville est très riant. Il reste de son ancienne opulence plusieurs belles maisons louées aux subrécargues des différentes compagnies, qui sont obligés de passer l'hiver à Macao ; les Chinois les forçant de quitter Canton, lorsque le dernier vaisseau de leur nation en est parti, et ne leur permettant d'y retourner qu'avec les vaisseaux qui arrivent d'Europe à la mousson suivante.

Le séjour de Macao est très agréable pendant l'hivernage, parce que les différents subrécargues sont généralement d'un mérite distingué, très instruits, et qu'ils ont un traitement assez considérable pour tenir une excellente maison. L'objet de notre mission nous a valu, de leur part, l'accueil le plus obligeant ; nous aurions été presque orphelins, si nous n'eussions eu que le titre de Français, notre compagnie n'ayant encore aucun représentant à Macao.

Nous devons un témoignage public de reconnaissance à M. Elstockenstrom, chef de la compagnie suédoise, dont les manières obligeantes ont été pour nous celles d'un ancien ami, et du compatriote le plus zélé pour les intérêts de notre nation. Il voulut bien se charger, à notre départ, de la vente de nos pelleteries, dont le produit était destiné à être réparti entre nos équipages, et il eut la bonté de nous promettre d'en faire passer le montant à l'île de France.

La valeur de ces pelleteries était dix fois moindre qu'à l'époque où les capitaines Gore et King étaient arrivés à Canton, parce que les Anglais avaient fait cette année six expéditions pour la côte du nord-

---

(1) Macao, qui a été déclaré port franc en 1846, est une des villes de transit les plus importantes ; elle compte environ 36,000 habitants, dont 5,000 Européens. Elle est la résidence d'un gouverneur portugais, d'un mandarin chinois et d'un évêque suffragant de l'archevêque de Goa.

ouest de l'Amérique ; deux bâtiments destinés à cette traite étaient partis de Bombay, deux du Bengale, et deux de Madras. Ces deux derniers étaient seuls de retour, avec une assez petite quantité de peaux ; mais le bruit de cet armement s'était répandu à la Chine, et on ne trouvait plus que douze à quinze piastres de la même spécialité de peaux qui, en 1780, en eût valu plus de cent.

Nous avions mille peaux qu'un négociant portugais avait achetées neuf mille cinq cents piastres ; mais, au moment de notre départ pour Manille, lorsqu'il fallut compter l'argent, il fit difficulté de les recevoir, sous de vains prétextes. Comme la conclusion de notre marché avait éloigné tous les autres concurrents, qui étaient retournés à Canton, il espérait sans doute que, dans l'embarras où nous nous trouverions, nous les céderions au prix qu'on voudrait en donner ; et nous avions lieu de soupçonner qu'il envoya à bord de nouveaux marchands chinois, qui en offrirent une beaucoup moindre somme : mais, quoique peu accoutumés à ces manœuvres, elles étaient trop grossièrement tissues pour n'être pas démêlées ; et nous refusâmes absolument de les vendre.

Il n'y avait de difficulté que pour le débarquement de nos pelleteries et leur entrepôt à Macao. Le sénat, auquel M. Veillard, notre consul, s'adressa, refusa la permission : mais le gouverneur, informé que c'était une propriété de nos matelots, employés à une expédition qui pouvait devenir utile à tous les peuples maritimes de l'Europe, crut remplir les vues du gouvernement portugais en s'écartant des règles prescrites, et se conduisit dans cette occasion, comme dans toutes les autres, avec sa délicatesse ordinaire.

Il est inutile de dire que le mandarin de Macao ne demanda rien pour notre séjour dans la rade du Typa, qui ne fait plus partie, ainsi que les différentes îles, des possessions portugaises ; ses prétentions, s'il en eût montré, eussent été rejetées avec mépris : mais nous apprîmes qu'il avait exigé mille piastres du *crompador* qui fournissait nos vivres. Cette somme n'était pas forte relativement à la friponnerie de ce *crompador*, dont les comptes des cinq ou six premiers jours se montèrent à plus de trois cents piastres : mais, convaincus de sa mauvaise foi, nous le renvoyâmes. Le commis du munitionnaire allait chaque jour au marché, comme dans une ville d'Europe, acheter ce qui était nécessaire, et la dépense totale d'un mois entier fût moindre que celle de la première semaine.

Il est vraisemblable que notre économie déplut au mandarin : mais ce fut pour nous une simple conjecture ; nous ne pouvions rien avoir à démêler avec lui. Les douanes chinoises n'ont de rapport avec les Européens que pour des articles de commerce qui viennent de l'intérieur de la Chine sur les bateaux chinois, ou qui sont embarqués à Macao sur ces mêmes bateaux, pour être vendus dans l'intérieur de l'empire ; mais ce que nous achetions à Macao, pour être transporté à bord de nos frégates par nos propres chaloupes, n'était sujet à aucune visite.

Le climat de la rade du Typa est fort inégal dans cette saison ; le thermomètre variait de huit degrés d'un jour à l'autre : nous eûmes presque tous la fièvre avec de gros rhumes, qui cédèrent à la belle température de l'île de Luçon ; nous l'aperçûmes le 15 février. Nous étions partis de Macao le 5, à huit heures du matin, avec un vent de nord qui nous aurait permis de passer entre les îles, si j'eusse eu un pilote ; mais voulant épargner cette dépense, qui est assez considérable, je suivis la route ordinaire, et je passai au sud de la grande Ladrone. Nous avions embarqué sur chaque frégate six matelots chinois, en remplacement de ceux que nous avions eu le malheur de perdre lors du naufrage de nos canots.

Ce peuple est si malheureux, que, malgré les lois de cet empire, qui défendent, sous peine de la vie, d'en sortir, nous aurions pu enrôler en une semaine deux cents hommes, si nous en eussions eu besoin.

Notre observatoire avait été dressé à Macao, dans le couvent des Augustins, d'où nous avions conclu la longitude orientale de cette ville à 111° 19' 30", par un milieu entre plusieurs suites de distance de la lune au soleil.

Les vents du nord me permirent de m'élever à l'est, et j'aurais pris connaissance de Piedra-Blanca s'ils n'eussent bientôt passé à l'est-sud-est. Les renseignements qu'on m'avait donnés à Macao sur la meilleure route à suivre jusqu'à Manille, ne m'avaient point appris s'il convenait mieux de passer au nord ou au sud du banc de Pratas ; mais je devais conclure de la diversité des opinions, que l'une ou l'autre route était indifférente. Les vents d'est, qui soufflèrent avec violence, me déterminèrent à diriger ma route sous le vent de ce banc, mal placé sur toutes les cartes jusqu'au troisième voyage de Cook.

Le capitaine King, en ayant déterminé avec précision la latitude, a rendu un signalé service aux navigateurs qui font le cabotage de Macao à Manille. Comme je désirais atterrir sur l'île de Luçon par les 17° de latitude, afin de passer au nord du banc de Bulinao, je rangeai le banc de Pratas le plus près qu'il me fut possible ; je passai même à minuit sur le point qu'il occupe sur la carte de M. Daprès, qui a étendu ce danger 25' trop au sud. La position qu'il a donnée aux bancs de Bulinao, de Mansiloq et de Marivelle, n'est pas plus exacte. Une ancienne routine a appris qu'on n'avait rien à craindre en atterrissant au nord de 17°, et cette observation a paru suffisante aux différents gouverneurs de Manille, qui, depuis deux siècles, n'ont pas trouvé un moment pour employer quelques petits bâtiments à faire la recherche de ces dangers, et à déterminer au moins leur latitude, avec leur distance de l'île de Luçon, dont nous eûmes connaissance le 15 février par 18° 14'. Nous nous flattions de n'avoir plus qu'à descendre la côte avec des vents de nord-est jusqu'à l'entrée de Manille : mais les vents de mousson ne pénètrent pas le long de la terre, et jusqu'au 19 février nous n'avançâmes pas d'une lieue par jour. Enfin, les vents de nord ayant fraîchi, nous longeâmes la côte des Illocos à deux lieues, et nous aperçûmes, dans le port de Sainte-Croix, un petit bâtiment à deux mâts, qui, vraisemblablement, chargeait du riz pour la Chine. Nos relèvements nous permettent de donner la direction de cette côte, bien peu connue, quoique très fréquentée. Nous doublâmes, le 20, le cap Bulinao, et relevâmes, le 21, la pointe Capones, qui nous restait à l'est précisément dans le lit du vent : nous courûmes différents bords pour la rapprocher, et gagner le mouillage qui ne s'étend qu'à une lieue du rivage. Nous aperçûmes deux bâtiments espagnols qui paraissaient craindre de se présenter à l'entrée de la baie de Manille, d'où les vents d'est sortaient avec force ; ils restaient à l'abri sous la terre. Nous prolongeâmes notre bordée jusqu'au sud de l'île Marivelle ; et les vents ayant sauté à l'est-sud-est dans l'après-midi, nous dirigeâmes notre route entre cette île et celle de la Monha, et nous eûmes l'espoir d'entrer par la passe du nord ; mais, après avoir couru plusieurs bords dans cette entrée, qui n'a guère qu'une demi-lieue de largeur, nous remarquâmes que les courants portaient à l'ouest avec assez de violence, et s'opposaient invinciblement à notre projet ; nous prîmes alors le parti de relâcher dans le port de Marivelle, qui était à une lieue sous le vent, afin d'y attendre de meilleurs vents ou un courant plus favorable. Ce port n'est ouvert qu'aux vents de sud-ouest ; et la tenue y est si bonne, que je crois qu'on y serait sans aucun danger pendant la mousson où ils règnent.

Comme nous manquions de bois, et que je savais qu'il est très cher à Manille, je me décidai à passer vingt-quatre heures à Marivelle pour en faire quelques cordes, et le lendemain, à la pointe du jour, nous envoyâmes à terre tous les charpentiers des deux frégates avec nos chaloupes ; je destinai en même temps nos petits canots à sonder la baie ; le reste de l'équipage, avec le grand canot, fut réservé pour une partie de pêche dans l'anse du village, qui paraissait sablonneuse et commode pour étendre la seine : mais c'était une illusion ; nous y trouvâmes des roches, et un fond si plat à deux encâblures du rivage, qu'il était impossible d'y pêcher. Nous ne retirâmes d'autre fruit de nos fatigues que quelques bécasses épineuses, assez bien conservées, que nous ajoutâmes à la collection de nos coquilles.

Vers midi, je descendis au village ; il est composé d'environ quarante maisons construites en bambous, couvertes en feuilles, et élevées d'environ quatre pieds au-dessus de la terre. Ces maisons ont pour parquet de petits bambous qui ne joignent point, et qui font assez ressembler ces cabanes à des cages d'oiseaux ; on y monte par une échelle, et je ne crois pas que tous les matériaux d'une pareille maison, le faîtage compris, pèsent deux cents livres.

En face de la principale rue, est un grand édifice en pierre de taille, mais presque entièrement ruiné; on voyait cependant encore deux canons de fonte à des fenêtres qui servaient d'embrasures.

Nous apprîmes que cette masure était la maison du curé, l'église et le fort, mais que tous ces titres n'en avaient pas imposé aux Mores des îles méridionales des Philippines, qui s'en étaient emparés en 1780, avaient brûlé le village, incendié et détruit le fort, l'église, le presbytère, avaient fait esclaves tous les Indiens qui n'avaient pas eu le temps de fuir, et s'étaient retirés avec leurs captifs sans être inquiétés. Cet événement a si fort effrayé cette peuplade, qu'elle n'ose se livrer à aucun genre d'industrie ; les terres y sont presque toutes en friche, et cette paroisse est si pauvre, que nous n'y avons pu acheter qu'une douzaine de poules avec un petit cochon. Le curé nous vendit un jeune bœuf, en nous assurant que c'était la huitième partie de l'unique troupeau qu'il y eût dans la paroisse, dont les terres sont labourées par des bufles.

Ce pasteur était un jeune mulâtre indien, qui fort nonchalamment habitait la masure que j'ai décrite : quelques pots de terre et un grabat composaient son ameublement. Il nous dit que sa paroisse contenait environ deux cents personnes des deux sexes et de tout âge, prêtes, à la moindre alerte, à s'enfoncer dans les bois pour échapper à ces Mores, qui font encore sur cette côte de fréquentes descentes : ils sont si audacieux, et leurs ennemis si peu vigilants, qu'ils pénètrent souvent jusqu'au fond de la baie de Manille : pendant le court séjour que nous avons fait depuis à Cavite, sept ou huit Indiens ont été enlevés dans leurs pirogues, à moins d'une lieue de l'entrée du port. On nous a assuré que des bateaux de passage de Cavite à Manille étaient pris par ces mêmes Mores, quoique ce trajet soit en tout comparable à celui de Brest à Landerneau par mer. Ils font ces expéditions dans des bâtiments à rames très légers ; les Espagnols leur opposent une armadille de galères qui ne marchent point, et ils n'en ont jamais pris aucun.

Le premier officier, après le curé, est un Indien qui porte le nom pompeux d'alcade, et qui jouit du suprême honneur de porter une canne à pomme d'argent: il paraît exercer une grande autorité sur les Indiens ; aucun n'avait le droit de nous vendre une poule sans sa permission, et sans qu'il en eût fixé le prix : il jouissait aussi du funeste privilége de vendre seul, au compte du gouvernement, le tabac à fumer dont ces Indiens font un très grand et presque continuel usage. Cet impôt n'est établi que depuis peu d'années ; la classe la plus pauvre du peuple peut à peine en supporter le poids : il a déjà occasionné plusieurs révoltes, et je serais peu surpris qu'il eût un jour les mêmes suites que celui sur le thé et le papier timbré dans l'Amérique septentrionale.

Nous vîmes chez le curé trois petites gazelles qu'il destinait au gouverneur de Manille, et qu'il refusa de nous vendre : nous n'avions d'ailleurs aucun espoir de les conserver ; ce petit animal est très délicat, il n'excède pas la grosseur d'un fort lapin ; le mâle et la femelle sont absolument la miniature du cerf et de la biche.

Nos chasseurs aperçurent dans les bois les plus charmants oiseaux, variés des plus vives couleurs : mais ces forêts sont impénétrables à cause des lianes dont tous les arbres sont entrelacés ; ainsi leur chasse fut peu abondante, parce qu'ils ne pouvaient tirer que sur la lisière du bois. Nous achetâmes dans le village des tourterelles-à-coup-de-poignard : on leur a donné ce nom, parce qu'elles ont au milieu de la poitrine une tache rouge qui ressemble exactement à une blessure faite par un coup de couteau.

Enfin, à l'entrée de la nuit, nous nous embarquâmes et disposâmes tout pour l'apareillage du lendemain. Un des deux bâtiments espagnols, que nous avions aperçus le 23 sur la pointe Capones, avait pris, comme nous le parti de relâcher à Marivelle, et d'attendre des brises plus modérées. Je lui fis demander un pilote ; le capitaine m'envoya son contre-maître, vieil Indien, qui m'inspira peu de confiance : nous convînmes cependant que je lui donnerais quinze piastres pour nous conduire à Cavite ; et le 25, à la pointe du jour, nous mîmes à la voile, et fîmes route par la passe du sud, le vieil Indien nous ayant assuré que nous ferions de vains efforts pour entrer par celle du nord, où les courants portent toujours à l'ouest.

Quoique la distance du port de Marivelle à celui de Cavite soit seulement de sept lieues, nous ne fîmes ce trajet qu'en trois jours, mouillant chaque soir dans la baie par un bon fond de vase. Nous eûmes occasion d'observer que le plan de M. Daprès est peu exact : l'île du Fraile et celle de Cavalo, qui forment l'entrée de la passe du sud, y sont mal placées ; en général tout y fourmille d'erreurs. Mais nous aurions encore mieux fait de suivre ce guide que le pilote Indien, qui pensa nous échouer sur le banc de Saint-Nicolas ; il voulut continuer sa bordée dans le sud, malgré mes représentations, et nous tombâmes dans moins d'une minute de dix-sept brasses à quatre : je virai de bord à l'instant et je suis convaincu que nous aurions touché, si j'eusse couru une portée de pistolet de plus. La mer est si tranquille dans cette baie, que rien n'y annonce les bas fonds ; mais une seule observation rend le louvoyage très facile : il faut toujours apercevoir l'île de la Monha par la passe du nord de l'île de Marivelle, et virer de bord dès que cette île commence à se fermer. Enfin, le 28, nous mouillâmes dans le port de Cavite, et laissâmes tomber l'ancre à deux encâblures de la ville.

Notre traversée de Macao à Cavite avait été de vingt-trois jours ; et elle eût été bien plus longue si, suivant l'usage des anciens navigateurs portugais et espagnols, nous nous fussions obstinés à vouloir passer au nord du banc de Pratas.

CHAPITRE XIV

Arrivée à Cavite. — Manière dont nous y sommes reçus par le commandant de la place. — M. Boutin, lieutenant de vaisseau, est expédié à Manille vers le gouverneur général. — Accueil qui est fait à cet officier. — Détails sur Cavite et sur son arsenal. — Description de Manille et de ses environs. — Sa population. — Désavantages résultant du gouvernement qui y est établi. — Pénitences dont nous sommes témoins pendant la semaine sainte. — Impôt sur le tabac. — Création de la nouvelle compagnie des Philippines. — Réflexions sur cet établissement. — Détails sur les îles méridionales des Philippines. — Guerre continuelle avec les Maures ou les Mahométans de ces différentes îles. — Séjour à Manille. — État militaire de l'île Luçon.

Nous avions à peine mouillé à l'entrée du port de Cavite, qu'un officier vint à bord, de la part du commandant de cette place, pour nous prier de ne pas communiquer avec la terre, jusqu'à l'arrivée des ordres du gouverneur général, auquel il se proposait de dépêcher un courrier, dès qu'il serait informé des motifs de notre relâche. Nous répondîmes que nous désirions des vivres et la permission de réparer nos frégates, pour continuer le plus promptement possible notre campagne : mais, avant le départ de l'officier espagnol, le commandant de la baie (1) arriva de Manille, d'où l'on avait aperçu nos vaisseaux. Il nous apprit qu'on y était informé de notre arrivée dans les mers de la Chine, et que les lettres du ministre d'Espagne nous avaient annoncés au gouverneur général depuis plusieurs mois. Cet officier ajouta que la saison permettait de mouiller devant Manille, où nous trouverions réunis tous les agré-

---

(1) Le commandant de la baie est, en Espagne, le chef des douaniers ; il a un grade militaire : celui de Manille a rang de capitaine.

ments et toutes les ressources qu'il est possible de se procurer aux Philippines; mais nous étions à l'ancre devant un arsenal, à une portée de fusil de terre, et nous eûmes peut-être l'impolitesse de laisser connaître à cet officier que rien ne pouvait compenser ces avantages : il voulut bien permettre que M. Boutin, lieutenant de vaisseau, s'embarquât dans son canot pour aller rendre compte de notre arrivée au gouverneur général, et le prier de donner des ordres afin que nos différentes demandes fussent remplies avant le 5 avril, le plan ultérieur de notre voyage exigeant que les deux frégates fussent sous voiles le 10 du même mois. M. Basco, brigadier des armées navales, gouverneur général de Manille, fit le meilleur accueil à l'officier que je lui avais envoyé, et donna les ordres les plus formels pour que rien ne pût retarder notre départ.

Il écrivit aussi au commandant de Cavite de nous permettre de communiquer avec la place, et de nous y procurer les secours et les agréments qui dépendaient de lui. Le retour de M. Boutin, chargé des dépêches de M. Basco, nous rendit tous citoyens de Cavite; nos vaisseaux étaient si près de terre, que nous pouvions descendre et revenir à bord à chaque minute. Nous trouvâmes différentes maisons pour travailler à nos voiles, faire nos salaisons, construire deux canots, loger nos naturalistes, nos ingénieurs-géographes; et le bon commandant nous prêta la sienne pour y dresser notre observatoire. Nous jouissions d'une aussi entière liberté que si nous avions été à la campagne, et nous trouvions, au marché et dans l'arsenal, les mêmes ressources que dans un des meilleurs ports de l'Europe.

Cavite, à trois lieues dans le sud-ouest de Manille, était autrefois un lieu assez considérable : mais, aux Philippines, comme en Europe, les grandes villes pompent en quelque sorte les petites; il n'y reste donc plus aujourd'hui que le commandant de l'arsenal, un contador, deux lieutenants de port, le commandant de la place, cent cinquante hommes de garnison, et les officiers attachés à cette troupe.

Tous les autres habitants sont métis ou Indiens, attachés à l'arsenal, et forment, avec leur famille, qui est ordinairement très nombreuse, une population d'environ quatre mille âmes, réparties dans la ville et dans le faubourg Saint-Roch. On y compte deux paroisses, et trois couvents d'hommes, occupés chacun par deux religieux, quoique trente pussent y loger commodément. Les jésuites y possédaient autrefois une très belle maison; la compagnie de commerce, nouvellement établie par le gouvernement, s'en est emparée. En général, on n'y voit plus que des ruines; les anciens édifices en pierre sont abandonnés, ou occupés par des Indiens qui ne les réparent point; et Cavite, la seconde ville des Philippines, la capitale d'une province de son nom, n'est aujourd'hui qu'un méchant village, où il ne reste d'autres Espagnols que des officiers militaires ou d'administration (1). Mais si la ville n'offre aux yeux qu'un monceau de ruines, il n'en est pas de même du port, où M. Bermudès, brigadier des armées navales, qui y commande, a établi un ordre et une discipline qui font regretter que ses talents aient été exercés sur un si petit théâtre. Tous ses ouvriers sont Indiens, et il a absolument les mêmes ateliers que ceux qu'on voit dans nos arsenaux d'Europe. Cet officier, du même grade que le gouverneur général, ne trouve aucun détail au-dessous de lui, et sa conversation nous a prouvé qu'il n'y en avait peut-être pas au-dessus de ses connaissances. Tout ce que nous lui demandâmes fut accordé avec une grâce infinie; les forges, la poulierie, la garniture, travaillèrent pendant plusieurs jours pour nos frégates. M. Bermudès prévenait nos désirs; et son amitié était d'autant plus flatteuse, qu'on jugeait à son caractère qu'il ne l'accordait pas facilement : cette austérité de principes qu'il annonçait avait peut-être nui à sa fortune militaire. Comme nous ne pouvions nous flatter de rencontrer ailleurs un port aussi commode, M. de Langle et moi résolûmes de faire visiter en entier notre gréement, et de décapeler nos haubans. Cette précaution n'emportait aucune perte de temps, puisque nous étions obligés d'attendre, au moins un mois, les différentes provisions dont nous avions adressé l'état à l'intendant de Manille.

Le surlendemain de notre arrivée à Cavite, nous nous embarquâmes pour la capitale avec M. de Langle ; nous étions accompagnés de plusieurs officiers. Nous employâmes deux heures et demie à faire ce trajet dans nos canots, qui étaient armés de soldats, à cause des Mores dont la baie de Manille est souvent infestée. Nous fîmes notre première visite au gouverneur, qui nous retint à dîner, et nous donna son capitaine des gardes pour nous conduire chez l'archevêque, l'intendant et les différents oïdors. Ce ne fut pas pour nous une des journées les moins fatigantes de la campagne. La chaleur était extrême, et nous étions à pied, dans une ville où tous les citoyens ne sortent qu'en voiture : mais on n'en trouve pas à louer, comme à Batavia; et sans M. Sebir, négociant français, qui, informé par hasard de notre arrivée à Manille, nous envoya son carrosse, nous aurions été obligés de renoncer aux différentes visites que nous nous étions proposé de faire.

La ville de Manille, y compris ses faubourgs, est très considérable; on évalue sa population à trente-huit mille âmes, parmi lesquelles on compte à peine mille ou douze cents Espagnols; les autres sont métis,

---

(1) CAVITE. — Ville de la Malaisie espagnole, à dix kilomètres et sur la baie de Manille, compte 5,000 habitants. Cette place forte, entrepôt principal du commerce des îles Philippines, possède un excellent port marchand, un arsenal et une manufacture de tabac.

Indiens ou Chinois, cultivant tous les arts, et s'exerçant à tous les genres d'industrie. Les familles espagnoles les moins riches ont une ou plusieurs voitures; deux très beaux chevaux coûtent trente piastres; leur nourriture et les gages d'un cocher, six piastres par mois : ainsi il n'est aucun pays où la dépense d'un carrosse soit moins considérable, et en même temps plus nécessaire. Les environs de Manille sont ravissants; la plus belle rivière y serpente et se divise en différents canaux, dont les deux principaux conduisent à cette fameuse lagune ou lac de Bay, qui est à sept lieues dans l'intérieur, bordé de plus de cent villages indiens, tous situés au milieu du territoire le plus fertile.

Manille, bâtie sur le bord de la baie de son nom, qui a plus de vingt-cinq lieues de tour, est à l'embouchure d'une rivière navigable jusqu'au lac d'où elle tire sa source; c'est peut-être la ville de l'univers la plus heureusement située. Tous les comestibles s'y trouvent dans la plus grande abondance et au meilleur marché : mais les habillements, les quincailleries d'Europe, les meubles, s'y vendent à un prix excessif. Le défaut d'émulation, les prohibitions, les gênes de toute espèce mises sur le commerce, y rendent les productions et les marchandises de l'Inde et de la Chine au moins aussi chères qu'en Europe; et cette colonie, quoique ses différents impôts rapportent au fisc près de huit cent mille piastres, coûte encore chaque année à l'Espagne quinze cent mille livres, qui y sont envoyées du Mexique. Les immenses possessions des Espagnols en Amérique n'ont pas permis au gouvernement de s'occuper essentiellement des Philippines; elles sont encore, comme ces terres des grands seigneurs, qui restent en friche, et ferait cependant la fortune de plusieurs familles.

Je ne craindrai pas d'avancer qu'une très grande nation qui n'aurait pour colonie que les îles Philippines, et qui y établirait le meilleur gouvernement qu'elles puissent comporter, pourrait voir sans envie tous les établissements européens de l'Afrique et de l'Amérique.

Trois millions d'habitants peuplent ces différentes îles, et celle de Luçon en contient à peu près le tiers. Ces peuples ne m'ont paru en rien inférieurs à ceux d'Europe; ils cultivent la terre avec intelligence, sont charpentiers, menuisiers, forgerons, orfèvres, tisserands, maçons, etc. J'ai parcouru leurs villages : je les ai trouvés bons, hospitaliers, affables; et quoique les Espagnols en parlent avec mépris et les traitent de même, j'ai reconnu que la pluspart des vices qu'ils mettent sur le compte des Indiens doivent être imputés au gouvernement qu'ils ont établi parmi eux. On sait que l'avidité de l'or, et l'esprit de conquête dont les Espagnols et les Portugais étaient animés il y a deux siècles, faisaient parcourir à des aventuriers de ces deux nations les différentes mers et les îles des deux hémisphères, dans la seule vue d'y rencontrer ce riche métal.

Quelques rivières aurifères, et le voisinage des épiceries, déterminèrent sans doute les premiers établissements des Philippines ; mais le produit ne répondit pas aux espérances qu'on avait conçues. A l'avarice de ces motifs on vit succéder l'enthousiasme de la religion : un grand nombre de religieux de tous les ordres furent envoyés pour y prêcher le christianisme, et la moisson fut si abondante, que l'on compta bientôt huit ou neuf cents chrétiens dans ces différentes îles. Si ce zèle avait été éclairé d'un peu de philosophie, c'était sans doute le système le plus propre à assurer la conquête des Espagnols, et à rendre cet établissement utile à la métropole : mais on ne songea qu'à faire des chrétiens, et jamais des citoyens. Ce peuple fut divisé en paroisses, et assujetti aux pratiques les plus minutieuses et les plus extravagantes : chaque faute, chaque péché, est encore puni de coups de fouet ; le manquement à la prière et à la messe est tarifé, et la punition est administrée aux hommes ou aux femmes, à la porte de l'église, par ordre du curé. Les fêtes, les confréries, les dévotions particulières, occupent un temps très considérable ; et comme, dans les pays chauds, les têtes s'exaltent encore plus que dans les climats tempérés, j'ai vu, pendant la semaine sainte, des pénitents masqués traîner des chaînes dans les rues, les jambes et les reins enveloppés d'un fagot d'épines, recevoir ainsi, à chaque station, devant la porte des églises, ou devant des oratoires, plusieurs coups de discipline, et se soumettre enfin à des pénitences aussi rigoureuses que celles des faquirs de l'Inde. Ces pratiques, plus propres à faire des enthousiastes que de vrais dévôts, sont aujourd'hui défendues par l'archevêque de Manille.

A ce régime monastique qui persuade un peu trop à ce peuple, déjà paresseux par l'influence du climat et le défaut de besoins, que la vie n'est qu'un passage et les biens de ce monde des inutilités, se joint l'impossibilité de vendre les fruits de la terre avec un avantage qui en compense le travail. Ainsi, lorsque tous les habitants ont la quantité de riz, de sucre, de légumes, nécessaire à leur subsistance, le reste n'est plus d'aucun prix : on a vu, dans ces circonstances, le sucre être vendu moins d'un sou la livre, et le riz rester sur la terre sans être récolté. Je crois qu'il serait difficile à la société la plus dénuée de lumière, d'imaginer un système de gouvernement plus absurde que celui qui régit ces colonies depuis deux siècles.

Le port de Manille, qui devrait être franc et ouvert à toutes les nations, a été, jusque dans ces derniers temps, fermé aux Européens, et ouvert seulement à quelques Mores ou Portugais de Goa. L'autorité la plus despotique est confiée au gouverneur. L'audience, qui devrait la modérer, est sans pouvoir devant la volonté du représentant du gouvernement espagnol : il peut, non de droit, mais de fait, recevoir ou confisquer les marchandises des étrangers que l'espoir d'un bénéfice a conduits à Manille, et qui ne s'y exposent que sur l'apparence d'un très gros profit; ce qui est ruineux, à la vérité, pour les consommateurs. On n'y jouit d'aucune liberté : le plus beau et le plus charmant pays de l'univers est certainement le dernier qu'un homme libre voulût habiter. Une loi très sage, mais malheureusement sans effet, qui devrait modérer cette autorité excessive, est celle qui permet à chaque citoyen de poursuivre le gouverneur vétéran devant son successeur : mais celui-ci est intéressé à excuser tout ce qu'on reproche à son prédécesseur ; et le citoyen assez téméraire pour se plaindre est exposé à de nouvelles et à de plus fortes vexations.

Les distinctions les plus révoltantes sont établies et maintenues avec la plus grande sévérité. Le nombre des chevaux attelés aux voitures est fixé pour chaque état; les cochers doivent s'arrêter devant le plus grand nombre, et le seul caprice d'un oïdor peut retenir en file derrière sa voiture toutes celles qui ont le malheur de se trouver sur le même chemin. Tant de vices dans ce gouvernement, tant de vexations qui en sont la suite, n'ont cependant pu anéantir entièrement les avantages du climat : les paysans ont encore un air de bonheur qu'on ne rencontre pas dans nos villages d'Europe; leurs maisons sont d'une propreté admirable, ombragées par des arbres fruitiers qui croissent sans culture. L'impôt que paie chaque chef de famille est très modéré; il se borne à cinq réaux et demi, en y comprenant les droits de l'église, que la nation perçoit : tous les évêques, chanoines et curés, sont salariés par le gouvernement ; mais ils ont établi un casuel qui compense la modicité de leurs traitements.

Un fléau terrible s'élève depuis quelques années, et menace de détruire un reste de bonheur; c'est l'impôt sur le tabac : ce peuple a une passion si immodérée pour la fumée de ce narcotique, qu'il n'est pas d'instant dans la journée où un homme, où une femme n'ait un *cigarro* à la bouche; les enfants à peine sortis du berceau contractent cette habitude. Le tabac de l'île de Luçon est le meilleur de l'Asie ; chacun en cultivait autour de sa maison pour sa consommation, et le petit nombre de bâtiments étrangers qui avait la permission d'aborder à Manille en transportait dans toutes les parties de l'Inde.

Une loi prohibitive vient d'être promulguée; le tabac de chaque particulier a été arraché et confiné dans des champs où on ne le cultive plus qu'au profit de la nation. On en a fixé le prix à une demi-piastre la livre ; et, quoique la consommation en soit prodigieusement diminuée, la solde de la journée d'un manœuvre ne suffit pas pour procurer à sa famille le tabac qu'elle consomme chaque jour. Tous les habitants conviennent généralement que deux piastres d'imposition, ajoutées à la capitation des contribuables, auraient rendu au fisc une somme égale à celle de la vente du tabac, et n'auraient pas occasionné les désordres que celle-ci a produits. Des soulèvements ont menacé tous les points de l'île, les troupes ont été employées à les comprimer ; une armée de commis est soudoyée pour empêcher la contrebande et forcer les consommateurs à s'adresser aux bureaux nationaux : plusieurs ont été massacrés ; mais ils ont été promptement vengés par les tribunaux, qui jugent les Indiens avec beaucoup moins de formalités que les autres citoyens. Il reste enfin un levain auquel la plus petite fermentation pourrait donner une activité redoutable, et il n'est pas douteux qu'un peuple ennemi, qui aurait des projets de conquête, ne trouvât une armée d'Indiens à ses ordres le jour où il leur apporterait des armes, et où il mettrait le pied dans l'île.

Le tableau qu'on pourrait tracer de l'état de Manille dans quelques années, serait bien différent de celui de son état actuel, si le gouvernement d'Espagne adoptait pour les Philippines une meilleure constitution. La terre ne s'y refuse à aucune des productions les plus précieuses ; neuf cent mille individus des deux sexes dans l'île de Luçon peuvent être encouragés à la cultiver ; ce climat permet de faire dix récoltes de soie par an, tandis que celui de la Chine laisse à peine l'espérance de deux.

Le coton, l'indigo, les cannes à sucre, le café, naissent sans culture sous les pas de l'habitant qui les dédaigne. Tout annonce que les épiceries n'y seraient pas inférieures à celles des Moluques : une liberté absolue de commerce pour toutes les nations assurerait un débit qui encouragerait toutes les cultures ; un droit modéré sur toutes les exportations suffirait, dans bien peu d'années, à tous les frais de gouvernement; la liberté de religion accordée aux Chinois, avec quelques privilèges, attirerait bientôt dans cette île, cent mille habitants des provinces orientales de leur empire, que la tyrannie des mandarins en chasse. Si à ces avantages, les Espagnols joignaient la conquête de Macao, leurs établissements en Asie, et les bénéfices que leur commerce en retirerait, seraient certainement plus considérables que ceux des Hollandais aux Moluques et à Java. La création de la nouvelle compagnie des Philippines semble annoncer que l'attention du gouvernement s'est enfin tournée vers cette partie du monde ; il a adopté, mais partiellement, le plan du cardinal Alberoni. Ce ministre avait senti que l'Espagne, n'ayant point de manufactures, ferait mieux d'enrichir de ses métaux les nations asiatiques que celles de l'Europe, ses rivales, dont elle alimentait le commerce et augmentait les forces en consommant les objets de leur industrie : il crut donc qu'il devait faire de Manille une foire ouverte à toutes les nations, et il voulait inviter les armateurs des différentes provinces d'Espagne à aller se pourvoir, dans ce marché, de toiles ou autres étoffes de la Chine et des Indes, nécessaires à la consommation des colonies et de la métropole.

On sait qu'Alberoni avait plus d'esprit que de lumières; il connaissait assez bien l'Europe, mais il n'avait pas la plus légère idée de l'Asie. Les objets de la plus grande consommation pour l'Espagne et ses colonies sont ceux de la côte de Coromandel et du Bengale; il est certainement aussi aisé de les apporter à Cadix qu'à Manille, située à une grande distance de cette côte, et dont les parages sont assujettis à des moussons qui exposent les navigateurs à des pertes et à des retardements considérables.

Ainsi la différence du prix de Manille à celui de l'Inde doit être au moins de cinquante pour cent; et si, à ce prix on ajoute les frais immenses des armements faits en Espagne pour un pays aussi éloigné, on sentira que les effets de l'Inde qui ont passé par Manille doivent être vendus très cher dans l'Europe espagnole, encore plus cher dans ses colonies de l'Amérique; et que les nations qui, comme l'Angleterre, la Hollande et la France, font ce commerce directement, pourront toujours en introduire en contre-bande avec le plus grand avantage. C'est cependant ce plan mal combiné qui a servi de base à celui de la nouvelle compagnie, mais, ce qui est pis encore, avec des restrictions et des préjugés qui le rendent bien inférieur à celui d'Alceroni; il est tel, enfin, qu'il ne paraît pas possible que cette compagnie se soutienne quatre ans, quoique son privilège ait, en quelque sorte, englouti le commerce entier de la nation dans ses colonies de l'Amérique. La prétendue foire de Manille, où la nouvelle compagnie doit se pourvoir, n'est ouverte qu'aux nations indiennes; comme si on craignait d'y voir augmenter la concurrence des vendeurs, et d'obtenir les toiles du Bengale à trop vil prix.

On a pu remarquer, d'ailleurs, que ces prétendus pavillons mores, arméniens ou de Goa, ne transportent que des marchandises anglaises; et comme ces différents déguisements occasionnent des frais nouveaux, ils sont à la charge des consommateurs; ainsi, la différence des prix de l'Inde à ceux de Manille n'est plus de cinquante pour cent, mais de soixante et jusqu'à quatre-vingts. A ce vice se joint celui du droit qu'a la compagnie d'acheter exclusivement les productions de l'île Luçon, dont l'industrie, n'étant pas excitée par la concurrence des acheteurs, restera toujours dans cette inertie qui a causé son engourdissement pendant deux siècles.

Assez d'autres ont parlé du gouvernement militaire et civil de Manille; j'ai cru devoir faire connaître cette ville sous ce nouveau rapport, que l'établissement de la nouvelle compagnie a peut-être rendu intéressant, dans un siècle où tous les hommes destinés à occuper un rang dans l'Etat doivent connaître la théorie du commerce.

Les Espagnols ont quelques établissements dans les différentes îles au sud de celle de Luçon : mais ils semblent n'y être que soufferts, et leur situation à Luçon n'engage pas les habitants des autres îles à reconnaître leur souveraineté; ils y sont, au contraire, toujours en guerre. Ces prétendus Mores dont j'ai déjà parlé, qui infestent leurs côtes, qui font de si fréquentes descentes, et emmènent en esclavage les Indiens des deux sexes soumis aux Espagnols, sont les habitants de Mindanao, de Mindoro, de Panay, lesquels ne reconnaissent que l'autorité de leurs princes particuliers, nommés aussi improprement sultans que ces peuples sont appelés Mores; ils sont véritablement Malais, et ont embrassé le mahométisme à peu près à l'époque où l'on a commencé à prêcher le christianisme à Manille. Les Espagnols les ont appelés Mors, et leurs souverains, sultans, à cause de l'identité de leur religion avec celle des peuples d'Afrique de ce nom, ennemis de l'Espagne depuis tant de siècles. Le seul établissement militaire des Espagnols dans les Philippines méridionales est celui de Samboangan dans l'île de Mindanao, où ils entretiennent une garnison de cent cinquante hommes, commandée par un gouverneur militaire, à la nomination du gouverneur général de Manille : il n'y a dans les autres îles que quelques villages défendus par de mauvaises batteries, servies par des milices, et commandées par des alcades, au choix du gouverneur général, mais susceptibles d'être pris parmi toutes les classes de citoyens qui ne sont pas militaires; les véritables maîtres des différentes îles où sont situés les villages espagnols, les auraient bientôt détruits s'ils n'avaient pas un très grand intérêt à les conserver.

Ces Mores sont en paix dans leurs propres îles : mais ils expédient des bâtiments pour pirater sur les côtes de celle de Luçon ; et les alcades achètent un très grand nombre des esclaves faits par ces pirates, ce qui dispense ceux-ci de les apporter à Batavia, où ils n'en trouveraient qu'un beaucoup moindre prix. Ces détails peignent mieux la faiblesse du gouvernement des Philippines que tous les raisonnements des différents voyageurs.

Nous ne passâmes que quelques heures à Manille; et le gouverneur ayant pris congé de nous aussitôt après le dîner pour faire sa sieste, nous eûmes la liberté d'aller chez M. Sebir, qui nous rendit les services les plus essentiels pendant notre séjour dans la baie de Manille. Ce négociant français, l'homme le plus éclairé de notre nation que j'aie rencontré dans les mers de la Chine, avait cru que la nouvelle compagnie des Philippines, et l'intimité des cabinets de Madrid et de Versailles, lui procureraient les moyens d'étendre ses spéculations, qui se trouvaient rétrécies par le rétablissement de la compagnie française des Indes ; il avait, en conséquence, réglé toutes ses affaires à Canton et à Macao, où il était établi depuis plusieurs années, et il avait formé une maison de commerce à Manille, où il poursuivait d'ailleurs la décision d'une affaire très considérable qui intéressait un de ses amis : mais il voyait déjà que les préjugés contre les étrangers, et le despotisme de l'administration, formeraient un obstacle invincible pour l'exécution de ses vues ; il songeait, lorsque nous sommes arrivés, à terminer toutes ses affaires plutôt qu'à les étendre.

Nous rentrâmes dans nos canots à six heures du soir, et fûmes de retour à bord de nos frégates à huit heures ; mais craignant que pendant que nous nous occuperions, à Cavite, de la réparation de nos bâtiments, les entrepreneurs de biscuit, de farine, etc., ne nous rendissent victimes de la lenteur ordinaire des négociants de leur nation, je crus devoir ordonner à un officier de s'établir à Manille, et d'aller, chaque jour, voir les différents fournisseurs auxquels l'intendant nous avait adressés. Je fis choix de M. de Vaujuas, lieutenant de vaisseau, embarqué sur l'Astrolabe : mais bientôt cet officier m'écrivit que son séjour à Manille était inutile ; que M. Gonsoles Carvagnal, intendant des Philippines, se donnait des soins si particuliers pour nous, qu'il allait lui-même, chaque jour, voir les progrès des ouvriers qui travaillaient pour nos frégates, et que sa vigilance était aussi active que s'il eût lui-même fait partie de l'expédition. Ses prévenances, ses attentions, exigent de nous un témoignage public de reconnaissance. Son cabinet d'histoire naturelle a été ouvert à tous nos naturalistes, auxquels il a fait part de ses différentes collections, dans les trois règnes de la nature. Au moment de notre départ, j'ai reçu de lui une collection complète et double des coquilles qui se trouvent dans les mers des Philippines. Son désir de nous être utile s'est porté sur tout ce qui pouvait nous intéresser.

Nous reçûmes, huit jours après notre arrivée à Manille, une lettre de M. Elstockenstrom, par laquelle ce premier subrécargue de la compagnie de Suède nous apprenait qu'il avait vendu nos peaux de loutre dix mille piastres, et nous autorisait à tirer pareille somme sur lui. Je désirais beaucoup de me procurer ces fonds à Manille, pour les distribuer aux équipages, qui, partis de Macao sans recevoir cet argent, craignaient de ne jamais voir réaliser leurs espérances. M. Sebir n'avait dans ce moment aucune remise à faire à Macao : nous eûmes recours à M. Gonsoles, à qui toute affaire de cet ordre était étrangère, mais qui usa de l'influence que l'amabilité de son caractère lui donnait sur les différents négociants de Manille, pour les engager à escompter nos lettres de change; les fonds qui en provinrent furent partagés aux matelots avant notre départ.

Les grandes chaleurs de Manille commencèrent à produire quelques mauvais effets sur la santé de nos équipages. Quelques matelots furent attaqués de coliques, qui n'eurent cependant aucune suite fâcheuse. Mais MM. de Lamanon et Daigremont, qui avaient apporté de Macao un commencement de dyssenterie, occasionnée vraisemblablement par une transpiration supprimée, loin de trouver à terre un soulagement à leur maladie, y virent leur état empirer, au point que M. Daigremont fut sans espérance le vingt-troisième jour après notre arrivée, et mourut le vingt-cinquième ; c'était la seconde personne morte de maladie à bord de l'Astrolabe, et un malheur de ce genre n'avait point encore été éprouvé sur la Boussole, quoique peut-être nos équipages eussent en général joui d'une moins bonne santé que ceux de l'autre frégate. Il faut observer que le domestique qui avait péri dans la traversée du Chili à l'île de Pâque, s'était embarqué poitrinaire ; et M. de Langle avait cédé au désir de son maître, qui s'était flatté que l'air de la mer et des pays chauds opèrerait sa guérison. Quant à M. Daigremont, malgré ses médecins et à l'insu de ses camarades et de ses amis, il voulut guérir sa maladie avec de l'eau-de-vie brûlée, des piments et d'autres remèdes auxquels l'homme le plus robuste n'aurait pu résister, et il succomba victime de son imprudence et dupe de la trop bonne opinion qu'il avait de son tempérament.

Le 28 mars, tous nos travaux étaient finis à Cavite ; nos canots construits, nos voiles réparées, le gréement visité, les frégates calfatées en entier, et nos salaisons mises en barils : nous n'avions pas voulu confier ce dernier travail aux fournisseurs de Manille ; nous savions que les salaisons des galions ne s'étaient jamais conservées trois mois ; et notre confiance dans la méthode du capitaine Cook était très grande : en conséquence il fut remis à chaque saleur une copie du procédé du capitaine Cook, et nous surveillâmes ce nouveau genre de travail. Nous avions à bord du sel et du vinaigre d'Europe, et nous n'achetâmes des Espagnols que des cochons que nous payâmes un prix très modéré.

Les communications entre Manille et la Chine sont si fréquentes, que, chaque semaine, nous recevions des nouvelles de Macao; nous apprîmes avec le plus grand étonnement l'arrivée, dans la rivière de Canton, du vaisseau la Résolution, commandé par M. d'Entrecasteaux, et celle de la frégate la Subtile, aux ordres de M. La Croix de Castries. Ces bâtiments, partis de Batavia lorsque la mousson du nord-est était dans sa force, s'étaient élevés à l'est des Philippines, avaient côtoyé la nouvelle Guinée, traversé des mers remplies d'écueils, dont ils n'avaient aucune carte, et, après une navigation de soixante-dix jours, depuis Batavia, étaient parvenus enfin à l'entrée de la rivière de Canton, où ils avaient mouillé le lendemain de notre départ. Les observations astronomiques qu'ils ont faites pendant ce voyage seront bien importantes pour la connaissance de ces mers, toujours ouvertes aux bâtiments qui ont manqué la mousson; et nous avons déjà dit combien il avait été regrettable que notre compagnie des Indes eût fait choix, à peu près à la même époque, d'un capitaine qui n'avait aucune connaissance de cette route.

Je reçus à Manille une lettre de M. d'Entrecasteaux, qui m'informait des motifs de son voyage ; et, peu de temps après, la frégate la Subtile vint m'apporter elle-même d'autres dépêches.

M. La Croix de Castries, qui avait doublé le Cap de Bonne-Espérance avec la Calypso, nous apprit les nouvelles d'Europe : mais ces nouvelles dataient du 21 avril, et il restait encore à notre curiosité un espace d'une année à regretter; d'ailleurs, nos amis, nos familles, n'avaient pas profité de cette occasion pour nous écrire, et, dans l'état de tranquillité où se trouvait l'Europe, l'intérêt des événements publics était un peu faible auprès de celui qui nourrissait nos craintes et nos espérances. Nous eûmes donc encore un nouveau moyen de faire parvenir nos lettres en France. La Subtile était assez bien armée pour permettre à M. La Croix de Castries de réparer, en partie, les pertes de soldats et d'officiers que nous avions faites en Amérique : il donna quatre hommes avec un officier à chaque frégate; M. Guyet, enseigne de vaisseau, fut embarqué sur la Boussole, et M. le Gobien, garde de la marine, sur l'Astrolabe. Cette augmentation était bien nécessaire ; nous avions huit officiers de moins qu'à notre départ de France, en y comprenant M. de Saint-Ceran, que le délabrement total de sa santé me força de renvoyer à l'Île de France sur la Subtile, tous les chirurgiens ayant déclaré qu'il lui était impossible de continuer le voyage.

Cependant nos vivres avaient été embarqués à l'époque que nous avions déterminée ; mais la semaine sainte, qui suspend toute affaire à Manille, occasionna quelques retards dans nos provisions particulières, et je fus forcé de fixer mon départ au lundi d'après Pâques. Comme la mousson du nord-est était encore très forte, le sacrifice de trois ou quatre jours ne pouvait nuire au succès de l'expédition. Le 3 avril, nous embarquâmes tous nos instruments d'astronomie. La longitude orientale de Cavite, déterminée par un très grand nombre d'observations de distance, fut de 118° 50' 40" ; et la latitude, nord, de 14° 29' 9".

Avant de mettre à la voile, je crus devoir aller avec M. de Langle faire nos remerciments au gouverneur général de la célérité avec laquelle ses ordres avaient été exécutés; et plus particulièrement encore à l'intendant, de qui nous avions reçu tant de marques d'intérêt et de bienveillance. Ces devoirs remplis, nous profitâmes, l'un et l'autre, d'un séjour de quarante-huit heures chez M. Sebir pour aller visiter, en canot ou en voiture, les environs de Manille. On n'y rencontre ni superbes maisons, ni parcs, ni jardins : mais la nature y est si belle, qu'un simple village indien sur le bord de la rivière, une maison à l'européenne, entourée de quelques arbres, forment un coup d'œil plus pittoresque que celui de nos plus magnifiques châteaux, et l'imagination la moins vive se peint toujours le bonheur à côté de cette riante simplicité.

Les Espagnols sont presque tous dans l'usage d'abandonner le séjour de la ville après les fêtes de Pâques, et de passer la saison brûlante à la campagne. Ils n'ont pas cherché à embellir un pays qui n'avait pas besoin d'art : une maison propre et spacieuse, bâtie sur le bord de l'eau, avec des bains très commodes, d'ailleurs sans avenues, sans jardins, mais ombragée de quelques arbres fruitiers, voilà la demeure des citoyens les plus riches; et ce serait un des lieux de la terre les plus agréables à habiter, si un gouvernement plus modéré, et quelques préjugés de moins, assuraient davantage la liberté civile de chaque habitant. Les fortifications de Manille ont été augmentées par le gouverneur général, sous la direction de M. Sauz, habile ingénieur : mais la garnison est bien peu nombreuse; elle consiste, en temps de paix, dans un seul régiment d'infanterie, de deux bataillons, formant ensemble treize cents hommes effectifs.

Ce régiment est mexicain; tous les soldats sont de la couleur des mulâtres : on assure qu'ils ne cèdent point en valeur et en intelligence aux troupes européennes. Il y a, de plus, deux compagnies d'artillerie, commandées par un lieutenant-colonel, et composées chacune de quatre-vingts hommes, ayant pour officiers un capitaine, un lieutenant, un enseigne et un surnuméraire; trois compagnies de dragons, formant un escadron de cent cinquante chevaux, commandé par le plus ancien des trois capitaines; enfin un bataillon de milice de douze cents hommes, levés et soldés anciennement par un métis chinois, fort riche, nommé Tuasson, qui fut anobli.

Tous les soldats de ce corps sont métis chinois : ils font le même service dans la place que les troupes réglées, et reçoivent aujourd'hui la même solde; mais ils seraient d'un faible secours en cas de guerre. On peut mettre sur pied, au besoin, et dans très peu de temps, huit mille hommes de milice, divisés en bataillons de province, commandés par des officiers européens ou créoles. Chaque bataillon a une compagnie de grenadiers : l'une de ces compagnies a été disciplinée par un sergent retiré du régiment qui est à Manille; et les Espagnols, quoique plus portés à décrier qu'à exalter la bravoure et le mérite des Indiens, assurent que cette compagnie ne cède en rien à celles des régiments européens.

La petite garnison de Samboangan, dans l'île de Mindanao, n'est pas prise sur celle de l'île Luçon ; on a formé, pour les îles Mariannes, et pour celle de Mindanao, deux corps de cent cinquante hommes chacun, qui sont invariablement attachés à ces colonies (1).

(1) MANILLE. — Cette ville, fondée en 1571 et capitale des îles Philippines et des établissements espagnols dans la Malaisie, est bâtie sur la vaste baie du même nom, entre la mer et le canal dont les eaux l'entourent d'une ceinture qui lui sert de remparts.

Peu de villes sont situées dans une position plus avantageuse et au milieu de sites plus ravissants. Par malheur la beauté du climat et la fécondité du sol y sont cruellement compensés par des tremblements de terre fréquents et terribles. On cite, entre autres, ceux de 1645 qui détruisirent presque entièrement la ville ; celui de 1706, qui ne fut guère moins affreux, et celui du 20 octobre 1824, dont les habitants conservent encore le terrible souvenir.

Manille, y compris ses faubourgs, compte aujourd'hui 160,000 habitants.

Les possessions espagnoles en Océanie : îles Philippines, Paolos, Carolines et Mariannes, forment ensemble une superficie de 173,915 kil. carrés. Leur population totale est de 6,200,112 habitants, dont 6,000,000 dans les Philippines. Ses importations s'élèvent à 56,000,000 de francs : objets manufacturiers, tissus, confections, etc.; le chiffre des exportations est de 85,000,000 de francs : sucre, café, tabac, cigares, indigo, chanvre, etc.

CHAPITRE XV

Départ de Cavite. — Rencontre d'un banc au milieu du canal de Formose. — Latitude et longitude de ce banc. — Nous mouillons à deux lieues au large de l'ancien fort Zélande. — Nous appareillons le lendemain. — Détails sur les îles Pescadore, ou de Pong-Hou. — Reconnaissance de l'île Botol Tabaco-Xima. — Nous prolongeons l'île Kumi, qui fait partie du royaume de Likeu. — Les frégates entrent dans la mer du Japon, et prolongent la côte de Chine. — Nous faisons route pour l'île Quelpaert. — Nous prolongeons la côte de Corée, et faisons chaque jour des observations astronomiques. — Détails sur l'île Quelpaert, la Corée, etc. — Découverte de l'île Dagelet ; sa longitude et sa latitude.

Le 9 avril, nous mîmes sous voile avec l'espérance de doubler, pendant le jour, toutes les îles des différentes passes de la baie de Manille. Avant notre appareillage, M. de Langle et moi reçûmes la visite de M. Bermudès, qui nous assura que la mousson du nord-est ne reverserait pas d'un mois, et qu'elle était encore plus tardive sur la côte de Formose, le continent de la Chine étant, en quelque sorte, la source des vents du nord qui règnent pendant plus de neuf mois de l'année sur les côtes de cet empire : mais notre impatience ne nous permit pas d'écouter les conseils de l'expérience ; nous nous flattâmes de quelque heureuse exception, et nous prîmes congé de lui. De petites variations de vent nous permirent de gagner bientôt le nord de l'île de Luçon.

Nous eûmes à peine doublé le cap Bujador, que les vents se fixèrent au nord-est avec une opiniâtreté qui ne nous prouva que trop la vérité des conseils de M. Bermudès. Nous eûmes connaissance de l'île Formose le 21 avril. Nous éprouvâmes, dans le canal qui la sépare de celle de Luçon, des lits de marée très violents. Le 22 avril, je relevai l'île de Lamay, qui est à la pointe du sud-ouest de Formose, à l'est un quart sud-est, à la distance d'environ trois lieues. La mer était très grosse, et l'aspect de la côte me persuada que je m'élèverais plus facilement au nord, si je pouvais approcher la côte de la Chine. Les vents de nord-nord-est me permirent de gouverner au nord-ouest, et de gagner ainsi en latitude ; mais au milieu du canal, je remarquai que la mer était extrêmement changée. La sonde rapporta vingt-cinq brasses, fond de sable, et, quatre minutes après, dix-neuf brasses seulement. Un changement de fond si rapide me fit juger que ce brassiage n'était pas celui de la Chine, dont nous étions encore à plus de trente lieues, mais celui d'un banc qui n'est point marqué sur les cartes. Je continuai à sonder, et ne trouvai bientôt que douze brasses : je virai de bord vers l'île Formose, et le fond ne cessa pas d'être irrégulier. Je crus alors devoir prendre le parti de mouiller, et j'en fis le signal à l'Astrolabe. La nuit fut belle ; au jour, nous n'aperçûmes aucun brisant autour de nous. J'ordonnai d'appareiller, et je remis le cap au nord-ouest un quart ouest vers le continent de la Chine : mais à neuf heures du matin, la sonde ayant rapporté vingt-une brasses, et, une minute après, onze brasses, fond de roche, je crus ne pas devoir continuer une recherche si dangereuse ; nos canots naviguaient trop mal pour pouvoir sonder en avant de nos frégates et nous indiquer le brassiage.

Je pris donc le parti de sortir par la même aire de vent, et je fixai la route au sud-est un quart est. Nous fîmes six lieues ainsi, sur un fond inégal de sable et de rocher, depuis vingt-quatre brasses jusqu'à onze : alors le brassiage augmenta, et nous perdîmes entièrement le fond à dix heures du soir, environ à douze lieues du point d'où nous avions viré de bord le matin. Ce banc, dont nous n'avons pas déterminé les limites au nord-ouest, est, sur le milieu de la longueur de la ligne que nous avons parcourue, par 23° de latitude nord, et 116°45' de longitude orientale ; son extrémité sud-est, par 22°52' de latitude, et 117° 3' de longitude : il peut n'être pas dangereux, puisque notre moindre brassiage a été de onze brasses ; mais la nature et l'inégalité de son fond le rendent très suspect, et il est à remarquer que ces bas-fonds, très fréquents dans les mers de Chine, ont presque tous des pointes à fleur d'eau, qui ont occasionné beaucoup de naufrages.

Notre bordée nous ramena sur la côte de Formose, vers l'entrée de la baie de l'ancien fort de Zélande, où est la ville de Taywan, capitale de cette île. J'étais informé de la révolte de la colonie chinoise, et je savais qu'on avait envoyé contre elle une armée de vingt mille hommes commandée par le santoq de Canton. La mousson du nord-est, qui était encore dans toute sa force, me permettant de sacrifier quelques jours au plaisir d'apprendre des nouvelles ultérieures de cet événement, je mouillai à l'ouest de cette baie, par dix-sept brasses, quoique nos canots eussent trouvé quatorze brasses à une lieue et demie du rivage ; mais je n'ignorais pas qu'on ne pouvait approcher l'île de très près, qu'il n'y avait que sept pieds d'eau dans le port de Taywan, et que, dans le temps où les Hollandais en étaient possesseurs, leurs vaisseaux étaient obligés de rester aux îles Pescadores, où est un très bon port, qu'ils avaient fortifié.

Cette circonstance me rendait très indécis sur le parti d'envoyer à terre un canot, que je ne pouvais soutenir avec mes frégates, et qui aurait, vraisemblablement, paru suspect dans l'état de guerre où se trouvait cette colonie chinoise. Ce que je pouvais présumer de plus heureux, était qu'il me fût renvoyé sans avoir la permission d'aborder : si, au contraire, on le retenait, ma position devenait très embarrassante ; et deux ou trois champans brûlés auraient été une faible compensation de ce malheur. Je pris donc le parti de tâcher d'attirer à bord des bateaux chinois qui naviguaient à notre portée ; je leur montrai des piastres, qui m'avaient paru être un puissant aimant pour cette nation : mais toute communication avec les étrangers est apparemment interdite à ces habitants. Il était évident que nous ne les effrayons pas, puisqu'ils passaient à portée de nos armes ; mais ils refusaient d'aborder. Un seul eut cette audace ; nous lui achetâmes son poisson au prix qu'il voulut, afin que cela nous donnât une bonne réputation, s'il osait convenir d'avoir communiqué avec nous. Il nous fut impossible de deviner les réponses que ces pêcheurs firent à nos questions qu'ils ne comprirent certainement point. Non-seulement la langue de ces peuples n'a aucun rapport avec celle des Européens, mais cette espèce de langage pantomime que nous croyons universel, n'en est pas mieux entendu, et le mouvement de tête qui signifie oui parmi nous, a peut-être une acception diamétralement opposée chez eux.

Ce petit essai, supposé même que l'on fît au canot que j'enverrais la réception la plus heureuse, me convainquit encore plus de l'impossibilité qu'il y avait de satisfaire ma curiosité ; je me décidai à appareiller le lendemain avec la brise de terre. Différents feux allumés sur la côte, et qui me parurent des signaux, me firent croire que nous avions jeté l'alarme ; mais il était plus que probable que les armées chinoise et rebelle n'étaient pas aux environs de Taywan, où nous n'avions vu qu'un petit nombre de bateaux pêcheurs qui, dans le moment d'une action de guerre, auraient eu une autre destination. Ce qui n'était pour nous qu'une conjecture, devint bientôt une certitude.

Le lendemain, la brise de terre et du large nous ayant permis de remonter dix lieues vers le nord, nous aperçûmes l'armée chinoise à l'embouchure d'une grande rivière qui est par 23° 25' de latitude nord, et dont les bancs s'étendent à quatre ou cinq lieues au large. Nous mouillâmes par le travers de cette rivière, sur un fond de vase de trente-sept brasses. Il ne nous fut pas possible de compter tous les bâtiments ; plusieurs étaient à la voile, d'autres mouillés en pleine côte, et on en voyait une très grande quantité dans la rivière. L'amiral, couvert de différents pavillons, était le plus au large ; il mouilla sur l'accord des bancs, à une lieue dans l'est de nos frégates. Dès que la nuit fut venue, il mit à tous ses mâts des feux qui servirent de ralliement à plusieurs bâtiments qui étaient encore au vent ; ces bâtiments, obligés de passer auprès de nos frégates pour joindre leur commandant, avaient grand soin de ne nous approcher qu'à la plus grande portée du canon, ignorant sans doute si nous étions amis ou ennemis. La clarté de la lune nous permit jusqu'à minuit de faire ces observations, et nous n'avons jamais plus ardemment désiré que le temps fût beau pour voir la suite des événements.

Nous avions relevé les îles méridionales des Pescadores à l'ouest un quart nord-ouest : il est probable que l'armée chinoise, partie de la province de Fo-Kien, s'était rassemblée dans l'île Pong-Hou, la plus considérable des Pescadores, où il y a un très bon port, et qu'elle était partie de ce point de réunion pour commencer ses opérations. Nous ne pûmes néanmoins satisfaire notre curiosité ; car le temps devint si mauvais, que nous fûmes forcés d'appareiller avant le jour, afin de sauver notre ancre, qu'il nous eût été impossible de lever, si nous eussions retardé d'une heure ce travail. Le ciel s'obscurcit à quatre heures du matin ; l'horizon ne nous permit plus de distinguer la terre. Je vis cependant, à la pointe du jour, le vaisseau amiral chinois courir vent arrière vers la rivière avec quelques autres champans que j'apercevais encore à travers la brume. Je portai au large ; les vents étaient au nord-nord-est, et je me flattais de doubler les Pescadores, le cap au nord-ouest : mais, à mon grand étonnement, j'aperçus à neuf heures du matin plusieurs rochers, faisant partie de ce groupe d'îles, qui me restaient au nord-nord-ouest ; le temps était si gras, qu'il n'avait été possible de les distinguer que lorsque nous en fûmes très près. Les brisants dont ils étaient entourés se confondaient avec ceux qui étaient occasionnés par la lame ; je n'avais vu une plus grosse mer de ma vie. Je revirai de bord vers Formose à neuf heures du matin ; et à midi, l'Astrolabe, qui était devant nous, signala douze brasses, en prenant les amures sur l'autre bord ; je sondai dans l'instant, et j'en trouvai quarante : ainsi, à moins d'un quart de lieue de distance, on tombe de quarante brasses à douze ; et vraisemblablement on tomberait de douze à deux en bien peu de temps, puisque l'Astrolabe ne trouva que huit brasses pendant qu'elle virait de bord, et il était probable que cette frégate n'avait pas encore quatre minutes à courir cette courte bordée.

Cet événement nous apprit que le canal entre les îles du nord-est des Peccadores et les bancs de Formose n'avait pas plus de quatre lieues de largeur ; il eût été conséquemment dangereux d'y louvoyer pendant la nuit par un temps épouvantable, avec un horizon qui avait moins d'une lieue d'étendue, et une si grosse mer, qu'à chaque fois que nous virions vent arrière, nous avions à craindre d'être couverts par les lames. Ces divers motifs me déterminèrent à prendre le parti d'arriver, pour passer dans l'est de Formose : mes instruction ne m'enjoignaient point de diriger ma route par le canal ; il ne m'était d'ailleurs que trop prouvé que je n'y réussirais jamais avant le changement de mousson ; et comme cette époque, qui ne pouvait être que très prochaine, est presque toujours précédée d'un très fort coup de vent, je crus qu'il valait mieux essuyer cette bourrasque au large, et je dirigeai ma route vers les îles méridionales des Pescadores, que je relevai à l'ouest-sud-ouest. Étant obligé de prendre ce parti, je voulais au moins reconnaître ces îles autant qu'un aussi mauvais temps pouvait le permettre. Nous les prolongeâmes à deux lieues de distance, et il paraît qu'elles s'étendent au sud jusque par $23°\ 12'$. Nous ne sommes pas certains de leurs limites au nord : les plus septentrionales dont nous ayons eu connaissance s'étendent jusque par $23°25'$, mais nous ignorons s'il n'y en a pas au-delà.

Ces îles sont un amas de rochers qui présentent toutes sortes de figures ; une, entre autres, ressemble parfaitement à la tour de Cordouan qui est à l'entrée de la rivière de Bordeaux, et l'on jurerait que ce rocher est taillé par la main des hommes. Parmi ces ilots, nous avons compté cinq îles d'une hauteur moyenne, qui paraissaient comme des dunes de sable ; nous n'y avons aperçu aucun arbre. A la vérité, le temps affreux de cette journée rend cette observation très incertaine ; mais ces îles doivent être connues par les relations des Hollandais, qui avaient fortifié le port de Pong-Hou, dans le temps qu'ils étaient les maîtres de Formose ; on sait aussi que les Chinois y entretiennent une garnison de cinq à six cents Tartares, qui sont relevés tous les ans.

Comme la mer était devenue beaucoup plus belle à l'abri de ces îles, nous sondâmes plusieurs fois ; nous trouvâmes un fond de sable si inégal que l'Astrolabe, à une portée de fusil de terre, avait quarante brasses, lorsque notre sonde n'en rapportait que vingt-quatre ; bientôt nous perdîmes entièrement le fond. La nuit approchant, je dirigeai la route au sud un quart sud-est, et, au jour, je revins à l'est-sud-est, pour passer dans le canal entre Formose et les îles Bashées. Nous essuyâmes, le lendemain, une bourrasque aussi forte que celle de la veille, mais qui ne dura que jusqu'à dix heures du soir ; elle fut précédée d'une pluie si abondante, qu'on n'en peut voir de pareille qu'entre les Tropiques. Le ciel fut en feu toute la nuit ; les éclairs les plus vifs partaient de tous les points de l'horizon ; nous n'entendîmes cependant qu'un coup de tonnerre. Nous courûmes vent arrière, sous la misaine et les deux huniers, tous les ris pris, le cap au sud-est, afin de doubler Velerete, qui, d'après le relèvement que nous avions fait la nuit, de la pointe du sud de Formose, devait nous rester à quatre lieues dans l'est. Les vents furent constamment au nord-ouest pendant toute cette nuit ; mais les nuages chassaient avec la plus grande force au sud-ouest, et un brouillard, qui n'était pas à cent toises d'élévation au-dessus de nos têtes, suivait seul l'impulsion des vents inférieurs.

J'avais fait la même observation depuis plusieurs jours ; elle n'avait pas peu servi à me déterminer à prendre le large pendant cette crise de la nature, que les vents annonçaient, et que la pleine lune rendait plus vraisemblable encore. Nous restâmes en calme plat toute la journée du lendemain, et à mi-canal entre les îles Bashées et celles de Botol Tabaco-Xima : ce canal est de seize lieues. Les vents nous ayant permis d'approcher cette île à deux tiers de lieue, j'aperçus distinctement trois villages sur la côte méridionale ; et une pirogue parut faire route sur nous. J'aurais voulu pouvoir visiter ces villages habités vraisemblablement par des peuples semblables à ceux des îles Bashées, que Dampier nous peint si bons et si hospitaliers ; mais la seule baie qui paraissait promettre un mouillage était ouverte aux vents de sud-est, qui semblaient devoir souffler très incessamment, parce que les nuages en chassaient avec force : vers minuit, ils se fixèrent en effet dans cette partie, et me permirent de faire route au nord-est quart nord. Nous avions sondé plusieurs fois, aux approches de Botol Tabaco-Xima, et jusqu'à une demi-lieue de distance de terre, sans trouver fond : tout annonce que s'il y a un mouillage, c'est à une très grande proximité de la côte. Cette île, à laquelle aucun voyageur connu n'a abordé, peut avoir quatre lieues de tour ; elle est séparée, par un canal d'une demi-lieue, d'un îlot ou très gros rocher, sur lequel on apercevait un peu de verdure avec quelques broussailles, mais qui n'est ni habité ni habitable.

L'île, au contraire, paraît contenir une assez grande quantité d'habitants, puisque nous avons compté trois villages considérables dans l'espace d'une lieue. Elle est très boisée, depuis le tiers de son élévation, prise du bord de la mer, jusqu'à la cime, qui nous parut coiffée des plus grands arbres. L'espace de terrain compris entre ces forêts et le sable du rivage conserve une pente encore très rapide ; il était du plus beau vert, et cultivé en plusieurs endroits, quoique sillonné par les ravins que forment les torrents qui descendent des montagnes. Je crois que Botol Tabaco-Xima peut être aperçu de quinze lieues lorsque le temps est clair ; mais cette île est très souvent enveloppée de brouillards, et il paraît que l'amiral Anson n'eut d'abord connaissance que de l'îlot dont j'ai parlé, qui n'a pas la moitié de l'élevation de Botol.

Après avoir doublé cette île, nous dirigeâmes notre route au nord-nord-est, très attentifs, pendant la nuit, à regarder s'il ne se présenterait pas quelque terre devant nous. Un fort courant qui portait au nord, ne nous permettait pas de connaître avec certitude la quantité de chemin que nous faisions : mais un très beau clair de lune et la plus grande attention nous rassuraient sur les inconvénients de naviguer au milieu d'un archipel très peu connu des géographes ; car il ne l'est que par la lettre du père Gaubil, missionnaire, qui avait appris quelques détails du royaume de Likeu et de ses trente-six îles par un ambassadeur du roi de Likeu, qu'il avait connu à Pékin.

On sent combien des déterminations en latitude et en longitude faites sur de telles données sont insuffisantes pour la navigation ; mais c'est toujours un grand avantage de savoir qu'il existe des îles et des écueils dans le parage où l'on se trouve. Le 5 mai, nous eûmes connaissance, à une heure du matin, d'une île qui nous restait au nord-nord-est, et je fis route pour ranger cette île à une demi-lieue dans l'ouest. Nous sondâmes plusieurs fois sans trouver fond à cette distance. Bientôt nous eûmes la certitude que l'île était habitée ; nous vîmes des feux en plusieurs endroits, et des troupeaux de bœufs qui passaient sur le bord de la mer. Lorsque nous eûmes doublé sa pointe occidentale, qui est le côté le plus beau et le plus habité, plusieurs pirogues se détachèrent de la côte pour nous observer. Nous paraissions leur inspirer une extrême crainte : leur curiosité les faisait avancer jusqu'à la portée du fusil, et leur défiance les faisait fuir aussitôt avec rapidité. Enfin nos cris, nos gestes, nos signes de paix, et la vue de quelques étoffes, déterminèrent deux de ces pirogues à nous aborder : je fis donner à chacune une pièce de nankin et quelques médailles. On voyait que ces insulaires n'étaient pas partis de la côte avec l'intention de faire aucun commerce, car ils n'avaient rien à nous offrir en échange de nos présents ; et ils amarrèrent à une corde un seau d'eau douce, en nous faisant signe qu'ils ne se croyaient pas acquittés envers nous, mais qu'ils allaient à terre chercher des vivres, ce qu'ils exprimaient en portant la main dans leur bouche. Avant d'aborder la frégate, ils avaient posé leurs mains sur la poitrine, et levé les bras vers le ciel : nous répétâmes ces gestes, et ils se déterminèrent alors à venir à bord ; mais c'était avec une méfiance que leur physionomie n'a jamais cessé d'exprimer. Ils nous invitaient cependant à approcher la terre, nous faisant connaître que nous n'y manquerions de rien.

Ces insulaires ne sont ni Chinois, ni Japonais ; mais, situés entre ces deux empires, ils paraissent tenir des deux peuples : ils étaient vêtus d'une chemise et d'un caleçon de toile de coton ; leurs cheveux, retroussés sur le sommet de la tête, étaient roulés autour d'une aiguille qui nous a paru d'or; chacun avait un poignard dont le manche était aussi d'or. Leurs pirogues n'étaient construites qu'avec des arbres creusés, et ils les manœuvraient assez mal. J'aurais désiré aborder à cette île; mais comme nous avions mis en panne pour attendre ces pirogues, et que le courant portait au nord avec une extrême vitesse, nous étions beaucoup tombés sous le vent, et nous aurions peut-être fait de vains efforts pour la rapprocher : d'ailleurs nous n'avions pas un moment à perdre, car il nous importait d'être sortis des mers du Japon avant le mois de juin, époque des orages et des ouragans qui rendent ces mers les plus dangereuses de l'univers.

Il est évident que des vaisseaux qui auraient des besoins trouveraient à se pourvoir de vivres, d'eau et de bois, dans cette île, et peut-être même à y lier quelque petit commerce : mais comme elle n'a guère que trois ou quatre lieues de tour, il n'est pas vraisemblable que sa population excède quatre ou cinq cents personnes; et quelques aiguilles d'or ne sont pas une preuve de richesse. Je lui ai conservé le nom d'*île Kumi*. Elle est située par 25° 33' de latitude nord, et 120° 56' de longitude orientale.

L'île Kumi fait partie, sur cette carte, d'un groupe de sept ou huit îles dont elle est la plus occidentale; et celle-ci est isolée, ou au moins séparée de celles qu'on peut lui supposer à l'est, par des canaux de huit à dix lieues, notre horizon ayant eu cette étendue sans que nous ayons aperçu aucune terre. D'après les détails qu'on a sur la grande île de Likéu, capitale de toutes les îles à l'orient de Formose, je suis assez porté à croire que les Européens y seraient reçus, et qu'ils trouveraient peut-être à y faire un commerce aussi avantageux qu'au Japon.

A une heure après midi, je forçai de voiles au nord, sans attendre les insulaires qui nous avaient exprimé par signes qu'ils seraient bientôt de retour avec des comestibles : nous étions encore dans l'abondance, et le meilleur vent nous invitait à ne pas perdre un temps si précieux. Je continuai ma route au nord, toutes voiles dehors, et nous n'étions plus en vue de l'île Kumi au coucher du soleil; le ciel était cependant clair, notre horizon paraissait avoir dix lieues d'étendue. Je fis petites voiles la nuit, et je mis en travers à deux heures du matin, après avoir couru cinq lieues, parce que je supposai que les courants avaient pu nous porter dix à douze milles en avant de notre estime. Au jour, j'eus connaissance d'une île dans le nord-nord-est, et de plusieurs rochers ou îlots plus à l'est. Je dirigeai ma route pour passer à l'ouest de cette île, qui est ronde et bien boisée dans la partie occidentale. Je la rangeai à un tiers de lieue sans trouver fond, et n'aperçus aucune trace d'habitation. Elle est si escarpée que je ne la crois même pas habitable;

son étendue peut être de deux tiers de lieue de diamètre, ou de deux lieues de tour. Lorsque nous fûmes par son travers, nous eûmes connaissance d'une seconde île de même forme, quoiqu'un peu plus basse ; elle nous restait au nord-nord-est ; et entre ces îles, il y avait cinq groupes de rochers autour desquels volait une immense quantité d'oiseaux. J'ai conservé à cette dernière le nom d'*île de Hoapinsu*, et à celle plus au nord et à l'est, le nom de *Tiaoyu-su*, noms donnés à des îles qui se trouvent dans l'est de la pointe septentrionale de Formose. Nos déterminations placent l'île Hoapinsu à 25° 44' de latitude nord, et 121° 14' de longitude orientale : et celle de Tiaoyu-su à 20° 55' de latitude, et 121° 27' de longitude.

Nous étions enfin sortis de l'archipel des îles de Likeu, et nous allions entrer dans une mer plus vaste, entre le Japon et la Chine, où quelques géographes prétendent qu'on trouve toujours fond. Cette observation est exacte : mais ce n'a guère été que par 21° 4' que la sonde a commencé à rapporter soixante-dix brasses ; et depuis cette latitude jusque par delà le canal du Japon, nous n'avons plus cessé de naviguer sur le fond : la côte de Chine est même si plate, que, par les 31 degrés, nous n'avions que vingt-cinq brasses à plus de trente lieues de terre.

Je m'étais proposé, en partant de Manille, de reconnaître l'entrée de la mer Jaune, au nord de Nankin, si les circonstances de ma navigation me permettaient d'y employer quelques semaines : mais, dans tous les cas, il importait au succès de mes projets ultérieurs de me présenter à l'entrée du canal du Japon avant le 20 mai ; et j'éprouvai sur la côte septentrionale de la Chine, des contrariétés qui ne me permirent que de faire sept à huit lieues par jour : les brumes y furent aussi épaisses et aussi constantes que sur les côtes de Labrador ; les vents, très faibles, n'y variaient que du nord-est à l'est ; nous étions souvent en calme plat, obligés de mouiller, et de faire des signaux pour nous conserver à l'ancre, parce que nous n'apercevions point l'Astrolabe, quoiqu'à portée de la voix : les courants étaient si violents, que nous ne pouvions tenir un plomb sur le fond pour nous assurer si nous ne chassions pas ; la marée n'y filait cependant qu'une lieue par heure, mais sa direction était incalculable ; elle changeait à chaque instant, et faisait exactement le tour du compas dans douze heures, sans qu'il y eût un seul moment de mer étale. Dans l'espace de dix ou douze jours, nous n'eûmes qu'un seul bel éclairci, qui nous permit d'apercevoir un îlot ou rocher situé pas 30 45' de latitude nord, et 121° 26' de longitude orientale : bientôt il s'embruma, et nous ignorons s'il est contigu au continent, ou s'il en est séparé par un large canal ; car nous n'eûmes jamais la vue de la côte, et notre moindre fond fut de vingt brasses.

Le 19 mai, après un calme qui durait depuis quinze jours avec un brouillard très épais, les vents se fixèrent au nord-ouest, grand frais : le temps resta terne et blanchâtre, mais l'horizon s'étendit à plusieurs lieues. La mer, qui avait été si belle jusqu'alors, devint extrêmement grosse. J'étais à l'ancre par vingt-cinq brasses au moment de cette crise; je fis signal d'appareiller, et je dirigeai ma route, sans perdre un instant, au nord-est quart est, vers l'île Quelpaert, qui était le premier point de reconnaissance intéressant, avant d'entrer dans le canal du Japon.

Cette île, qui n'est connue des Européens que par le naufrage du vaisseau hollandais Sparrow-hawk en 1635, était, à cette même époque, sous la domination du roi de Corée. Nous en eûmes connaissance, le 21 mai, par le temps le plus beau possible, et dans les circonstances les plus favorables pour les observations de distance. Nous déterminâmes la pointe du sud, par 33° 14' de latitude nord, et 124° 15' de longitude orientale. Je prolongeai, à deux lieues, toute la partie du sud-est, et je relevai avec le plus grand soin un développement de douze lieues. Il n'est guère possible de trouver une île qui offre un plus bel aspect : un pic d'environ mille toises, qu'on peut apercevoir de dix-huit à vingt lieues, s'élève au milieu de l'île, dont il est sans doute le réservoir ; le terrain descend en pente très douce jusqu'à la mer, d'où les habitations paraissent en amphithéâtre. Le sol nous a semblé cultivé jusqu'à une très grande hauteur. Nous apercevions, à l'aide de nos lunettes, les divisions des champs ; ils sont très morcelés, ce qui prouve une grande population. Les nuances très variées des différentes cultures rendaient la vue de cette île encore plus agréable.

Elle appartient malheureusement à un peuple, à qui toute communication est interdite avec les étrangers, et qui retient dans l'esclavage ceux qui ont le malheur de faire naufrage sur ces côtes. Quelques-uns des Hollandais du vaisseau Sparaw-hawk y trouvèrent moyen, après une captivité de dix-huit ans, pendant laquelle ils reçurent plusieurs bastonnades, d'enlever une barque, et de passer au Japon, d'où ils se rendirent à Batavia, et enfin à Amsterdam. Cette histoire, dont nous avions la relation sous les yeux, n'était pas propre à nous engager à envoyer un canot au rivage : nous avions vu deux pirogues s'en détacher ; mais elles ne nous approchèrent jamais à une lieue, et il est vraisemblable que leur objet était seulement de nous observer, et peut-être de donner l'alarme sur la côte de Corée. Je continuai ma route, jusqu'à minuit, au nord-est quart-est. Au jour, j'aperçus la pointe du nord-est de l'île Quelpaert à l'ouest, et je fixai ma route au nord-nord-est pour approcher la Corée. Nous ne cessâmes pas de sonder d'heure en heure, et nous trouvâmes de soixante à soixante-dix brasses. Nous eûmes alors connaissance de différentes îles ou rochers qui forment une chaîne de plus de quinze lieues en avant du continent de la Corée; leur gisement est à peu près nord-est et sud-ouest, et nos observations placent les plus septentrionales par 35° 15' de latitude nord, et 127° 7' de longitude orientale.

Une brume épaisse nous cachait le continent, qui n'en est pas éloigné de plus de cinq à six lieues : nous en eûmes la vue le lendemain, vers onze heures du matin ; il paraissait derrière les îlots ou rochers dont il était encore bordé. A deux lieues au sud de ces îlots, la sonde rapporta constamment de trente à trente-cinq brasses, fond de vase ; le ciel fut aussi toujours terne et blanchâtre : mais le soleil perçait le brouillard, et nous pûmes faire les meilleures observations de latitude et de longitude ; ce qui était bien important pour la géographie, aucun vaisseau européen connu n'ayant jamais parcouru ces mers, tracées sur nos mappemondes d'après des cartes japonaises ou coréennes.

Le 25, nous passâmes, dans la nuit, le détroit de la Corée : nous avions relevé, après le coucher du soleil, la côte du Japon qui s'étend de l'est quart nord-est à l'est-sud-est ; et celle de Corée, du nord-ouest au nord. La mer paraissait très ouverte au nord-est, et une assez grosse houle qui en venait, achevait de confirmer cette opinion ; les vents étaient au sud-ouest, petit frais, la nuit très claire. Nous courûmes vent arrière, ne faisant que deux tiers de lieue par heure, afin de reconnaître à la pointe du jour les relèvements du soir, et de tracer une carte exacte du détroit. Nous sondâmes toutes les demi-heures ; et comme la côte de Corée me parut plus intéressante à suivre que celle du Japon, je l'approchai à deux lieues, et fis une route parallèle à sa direction.

Le canal qui sépare la côte du continent de celle du Japon peut avoir quinze lieues : mais il est rétréci, jusqu'à dix lieues, par des rochers qui, depuis l'île Quelpaert, n'ont pas cessé de border la côte méridionale de Corée, et qui ont fini seulement lorsque nous avons eu doublé la pointe du sud-est de cette presqu'île ; en sorte que nous avons pu suivre le continent de très près, voir les maisons et les villes qui sont sur le bord de la mer, et reconnaître l'entrée des baies.

Nous vîmes, sur des sommets de montagnes, quelques fortifications qui ressemblent parfaitement à des forts européens ; et il est vraisemblable que les plus grands moyens de défense des Coréens sont dirigés contre les Japonais. Cette partie de la côte est très belle pour la navigation ; car on n'y aperçoit aucun danger, et l'on y trouve soixante brasses fond de vase, à trois lieues au large : mais le pays est montueux et paraît très aride ; la neige n'était pas entièrement fondue dans certaines ravines, et la terre semblait peu susceptible de culture. Les habitations sont cependant très multipliées : nous comptâmes une douzaine de champans ou sommes qui naviguaient le long de la côte ; ces sommes ne paraissaient différer en rien de celles des Chinois ; leurs voiles étaient pareillement faites de nattes. La vue de nos vaisseaux ne sembla leur causer que très peu d'effroi : il est vrai qu'elles étaient très près de terre, et qu'elles auraient eu le temps d'y arriver avant d'être jointes, si notre manœuvre leur eût inspiré quelque défiance. J'aurais beaucoup désiré qu'elles eussent osé nous accoster; mais elles continuèrent leur route sans s'occuper de nous, et le spectacle que nous leur donnions, quoique bien nouveau, n'excita pas leur attention. Je vis cependant, à onze heures, deux bateaux mettre à la voile pour nous reconnaître, s'approcher de nous à une lieue, nous suivre pendant deux heures, et retourner ensuite dans le port d'où ils étaient sortis le matin. Il est d'autant plus probable que nous avions jeté l'alarme sur la côte de Corée, que, dans l'après-midi, on vit des feux allumés sur toutes les pointes.

Cette journée du 26 fut une des plus belles de notre campagne, et des plus intéressantes par les relèvements que nous fîmes d'un développement de côte de plus de trente lieues. Malgré ce beau temps, le baromètre descendit à vingt-sept pouces dix lignes ; mais comme il nous avait donné plusieurs fois de faux indices, nous continuâmes notre route jusqu'à minuit le long de la côte, que nous distinguions à la faveur de la lune : les vents sautèrent alors du sud au nord avec assez de violence, sans que cette saute de vent eût été annoncée par aucun nuage ; le ciel était clair et serein, mais il devint très noir, et je fus obligé de m'éloigner de terre pour ne pas être affalé avec les vents d'est. Si les nuages ne nous avaient pas annoncé ce changement, nous avions eu néanmoins un avertissement que nous n'avions pas compris, et qu'il n'est peut-être pas facile d'expliquer : les vigies avaient crié du haut des mâts qu'elles sentaient des vapeurs brûlantes, semblables à celles de la bouche d'un four, qui passaient comme des bouffées et se succédaient d'une demi-minute à l'autre.

Tous les officiers montèrent au haut des mâts et éprouvèrent la même chaleur. La température était alors de 14° sur le pont ; nous envoyâmes sur les barres des perroquets un thermomètre, et il monta à 20° : cependant les bouffées de chaleur passaient très rapidement, et, dans les intervalles, la température de l'air ne différait pas de celle du niveau de la mer. Nous essuyâmes pendant cette nuit un coup de vent de nord qui ne dura que sept ou huit heures ; mais la mer fut très grosse. Comme le canal entre la Corée et le Japon doit être assez large par cette latitude, nous n'avions point à craindre le mauvais temps : je rapprochai, le lendemain, le continent à trois lieues; il était sans brume, et nous reconnûmes les points de la veille. Nous avions un peu gagné au nord malgré la force des vents, et la côte commençait à fuir au nord-nord-ouest ; ainsi nous avions dépassé la partie la plus orientale et déterminé la côte la plus intéressante de la Corée. Je crus devoir diriger ma route sur la pointe du sud-ouest de l'île Niphon, dont le capitaine King avait assujetti la pointe nord-est ou le cap Nabo à des observations exactes. Je fis signal, le 27, d'arriver à l'est.

Bientôt j'aperçus dans le nord-nord-est une île qui n'était portée sur aucune carte, et qui paraissait éloignée de la côte de Corée d'environ vingt lieues : je cherchai à la rapprocher, mais elle était exactement dans le lit du vent ; il changea heureusement pendant la nuit, et je fis route à la pointe du jour pour reconnaître cette île, que je nommai *île Dagelet*, du nom de cet astronome, qui la découvrit le premier. Elle n'a guère que trois lieues de circonférence : je la prolongeai et j'en fis presque le tour à un tiers de lieue de distance, sans trouver fond ; je pris alors le parti de mettre un canot à la mer, commandé par M. Boutin, avec ordre de sonder jusqu'à terre. Il ne trouva fond, par vingt brasses, qu'au commencement des lames qui déployaient sur la côte, et à cent toises environ de l'île, dont la pointe nord-est gît par 37° 25' de latitude nord, et 129° 2' de longitude orientale. Elle est très escarpée, mais couverte, depuis la cime jusqu'au bord de la mer, des plus beaux arbres. Un rempart de roc vif, et presque aussi à pic qu'une muraille, la cerne dans tout son contour, à l'exception de sept petites anses de sable sur lesquelles il est possible de débarquer ; c'est dans ces anses que nous aperçûmes, sur le chantier, des bateaux d'une forme tout-à-fait chinoise. La vue de nos vaisseaux, qui passaient à une petite portée de canon, avait sans doute effrayé les ouvriers, et ils avaient fui dans le bois dont leur chantier n'était pas éloigné de cinquante pas ; nous ne vîmes d'ailleurs que quelques cabanes, sans village ni culture : ainsi il est très vraisemblable que des charpentiers coréens, qui ne sont éloignés de l'île Dagelet que d'une vingtaine de lieues, passent, en été, avec des provisions dans cette île, pour y construire des bateaux, qu'ils vendent sur le continent.

Cette opinion est presque une certitude ; car, après que nous eûmes doublé sa pointe occidentale, les ouvriers d'un autre chantier qui n'avaient pas vu venir le vaisseau, caché par cette pointe, furent surpris par nous auprès de leurs pièces de bois, travaillant à leurs bateaux ; et nous les vîmes s'enfuir dans les forêts, à l'exception de deux ou trois auxquels nous ne parûmes inspirer aucune crainte. Je désirais trouver un mouillage pour persuader à ces peuples, par des bienfaits, que nous n'étions pas leurs ennemis ; mais des courants assez violents nous éloignaient de terre. La nuit approchait ; et la crainte où j'étais d'être porté sous le vent et de ne pouvoir être rejoint par le canot que j'avais expédié sous le commandement de M. Boutin, m'obligea de lui ordonner, par un signal, de revenir à bord au moment où il allait débarquer sur le rivage. Je ralliai l'Astrolabe, qui était beaucoup dans l'ouest, où elle avait été entraînée par les courants, et nous passâmes la nuit dans un calme occasionné par la hauteur des montagnes de l'île Dagelet, qui interceptaient la brise du large (1).

(1) On désigne sous le nom d'archipel de Corée un ensemble de petites îles situées dans la mer jaune au S.-O. de la presqu'île de Corée. Ces îles sont nombreuses, forment plusieurs groupes dont le principal est celui des îles Amerst. Ce sont, en général, des rochers de granit de formes bizarres ; plusieurs cependant sont boisés et nourrissent quelques habitants.

CHAPITRE XVI

Route vers la partie nord-ouest du Japon. — Vue du cap Noto et de l'île Jootsi-Sima. — Détails sur cette île. — Latitude et longitude de cette partie du Japon. — Rencontre de plusieurs bâtiments japonais et chinois. — Nous retournons vers la côte de Tartarie, sur laquelle nous atterrissons par 42 degrés de latitude nord. — Relâche à la baie de Ternai. — Ses productions. — Détails sur ce pays. — Nous en appareillons après y être restés seulement trois jours. — Relâche à la baie de Suffren.

Le 30 mai 1787, les vents s'étant fixés au sud-sud-est, je dirigeai ma route à l'est vers le Japon; mais ce ne fut qu'à bien petites journées que j'en approchai la côte. Les vents nous furent si constamment contraires, et le temps était si précieux pour nous, que sans l'extrême importance que je mettais à déterminer au moins un point ou deux de la côte occidentale de l'île Niphon, j'aurais abandonné cette reconnaissance et fait route, vent arrière, vers la côte de Tartarie. Le 2 juin, par 37° 38' de latitude nord, et 132° 10' de longitude orientale, nous eûmes connaissance de deux bâtiments japonais, dont un passa à la portée de notre voix; il avait vingt hommes d'équipage, tous vêtus de soutanes bleues, de la forme de celle de nos prêtres.

Ce bâtiment, du port d'environ cent tonneaux, avait un seul mât très élevé, planté au milieu et qui paraissait n'être qu'un fagot de mâtereaux réunis par des cercles de cuivre et des rostures. Sa voile était de toile; les lés n'en étaient point cousus, mais lacés dans le sens de la longueur. Cette voile me parut immense; deux focs avec une civadière composaient le reste de la voilure. Une petite galerie de trois pieds de largeur régnait en saillie sur les deux côtés de bâtiment, et se prolongeait depuis l'arrière jusqu'au tiers de la longueur; elle portait sur la tête des baux qui étaient saillants et peints en vert. Le canot, placé en travers de l'avant, excédait de sept ou huit pieds la largeur du vaisseau, qui avait d'ailleurs un tonture très ordinaire, une poupe plate avec deux petites fenêtres, fort peu de sculpture, et ne ressemblait aux sommes chinoises que par la manière d'attacher le gouvernail avec des cordes. Sa galerie latérale n'était élevée que deux ou trois pieds au-dessus de la flottaison ; et les extrémités du canot devaient toucher à l'eau dans les roulis.

Tout me fit juger que ces bâtiments n'étaient pas destinés à s'éloigner des côtes, et qu'on n'y serait pas sans danger dans les grosses mers, pendant un coup de vent : il est vraisemblable que les Japonais ont pour l'hiver des embarcations plus propres à braver le mauvais temps. Nous passâmes si près de ce bâtiment, que nous obervâmes jusqu'à la physionomie des individus; elle n'exprima jamais la crainte, pas même l'étonnement: ils ne changèrent de route que, lorsqu'à portée de pistolet de l'Astrolabe, ils craignirent d'aborder cette frégate. Ils avaient un petit pavillon japonais blanc, sur lequel on lisait des mots écrits verticalement. Le nom du vaisseau était sur une espèce de tambour placé à côté du mât de ce pavillon. L'Astrolabe le héla en passant : nous ne comprîmes pas plus sa réponse qu'il n'avait compris notre question ; et il continua sa route au sud, bien empressé sans doute d'aller annoncer la rencontre de deux vaisseaux étrangers dans des mers où aucun navire européen n'avait pénétré jusqu'à nous.

Le 4 au matin, par 133° 17' de longitude orientale, et 37° 13' de latitude nord, nous crûmes voir la terre; mais le temps était extrêmement embrumé, et bientôt notre horizon s'étendit à un quart de lieue au plus : il ventait très grand frais du sud; le baromètre avait baissé de six lignes depuis douze heures. Espérant que le ciel s'éclaircirait, je voulus d'abord mettre en panne : mais le vent fraîchit encore dans l'après-midi; le perroquet de fouque fut emporté; nous serrâmes les huniers, et mîmes la cape à la misaine.

Nous aperçûmes, à différentes époques de la journée, sept bâtiments chinois, mâtés comme celui que j'ai décrit, mais sans galerie latérale, et quoique plus petits, d'une construction plus propre à soutenir le mauvais temps : ils ressemblaient absolument à celui qu'aperçut le capitaine King lors du troisième voyage de Cook; ayant de même les trois bandes noires dans la partie concave de leur voile; du port également de trente ou quarante tonneaux, avec huit hommes d'équipage. Pendant la force du vent, nous en vîmes un à sec; son mât, nu comme ceux des *chasse-marées*, n'était arrêté que par deux haubans et un étai qui portait sur l'avant: car ces bâtiments n'ont point de beaupré, mais seulement un mâtereau de huit ou dix pieds d'élévation, posé verticalement, auquel les Chinois gréent une petite misaine comme celle d'un canot. Toutes ces sommes couraient au plus près, bâbord amures, le cap à l'ouest-sud-ouest ; et il est probable qu'elles n'étaient pas éloignées de la terre, puisque ces bâtiments ne naviguent jamais que le long des côtes.

La journée du lendemain fut extrêmement brumeuse ; nous aperçûmes encore deux bâtiments japonais, et ce ne fut que le 6 que nous eûmes connaissance du cap Noto, et de l'île Jootsi-Sima, qui en est séparée par un canal d'environ cinq lieues. Le temps était clair et l'horizon très étendu ; quoiqu'à six lieues de la terre, nous en distinguions les détails, les arbres, les rivières et les éboulements. Des îlots ou rochers que nous côtoyâmes à deux lieues, et qui étaient liés entre eux par des chaînes de roches à fleur d'eau, nous empêchèrent d'approcher plus près de la côte. La sonde, à cette distance, rapportait soixante brasses, fond de roc et de corail.

A deux heures, nous aperçûmes l'île Jootsi-Sima dans le nord-est ; je dirigeai ma route pour en prolonger la partie occidentale, et bientôt nous fûmes obligés de serrer le vent pour doubler les brisants, bien dangereux pendant la brume, qui, dans cette saison, dérobe presque toujours à la vue les côtes septentrionales du Japon. La sonde, à une lieue et demie de ces brisants, rapportait également soixante brasses, fond de roche, et l'on ne pouvait songer à y mouiller que dans le cas d'une extrême nécessité.

Cette île est petite, plate, mais bien boisée et d'un aspect agréable : je crois que sa circonférence n'excède pas deux lieues ; elle nous a paru très habitée. Nous avons remarqué entre les maisons des édifices considérables ; et, auprès d'une espèce de château qui était à la pointe du sud-ouest, nous avons distingué des fourches patibulaires, ou au moins des piliers avec une large poutre posée dessus en travers ; peut-être ces piliers avaient-ils une toute autre destination : il serait assez singulier que les usages des Japonais, si différents des nôtres, s'en fussent rapprochés sur ce point. Nous avions à peine doublé l'île Jootsi-Sima, que nous fûmes en un instant enveloppés de la brume la plus épaisse ; heureusement nous avions eu le temps de faire d'excellents relèvements de la côte du Japon, au sud du cap Noto, jusqu'à un cap au-delà duquel on n'apercevait rien.

Nos observations placent le cap Noto par 37° 36' de latitude nord, et 135° 31' de longitude orientale ; l'île Joostsi-Sima, par 37° 51' de latitude, et 135° 20' de longitude ; un îlot ou rocher qui est à l'ouest du cap Noto, par 37° 36' de latitude, et 135° 11' de longitude ; et la pointe la plus sud qui était à notre vue, sur l'île Niphon, par 37° 18' latitude, et 135° 5' de longitude. Nous avions un bien plus vaste champ de découvertes à parcourir sur la côte de Tartarie et dans le détroit de Tessoy. Nous eûmes connaissance de la côte de Tartarie le 11 juin. Le point de la côte sur lequel nous atterrîmes, est précisément celui qui sépare la Corée de la Tartarie des Mantcheoux : c'est une terre très élevée, que nous aperçûmes, le 11, à vingt lieues de distance ; elle s'étendait du nord-nord-ouest au nord-est un quart nord, et paraissait sur différents plans. Les montagnes, sans avoir l'élévation de celles de la côte de l'Amérique, ont au moins six ou sept cents toises de hauteur. Nous ne commençâmes à trouver fond qu'à quatre lieues de terre, par cent quatre-vingts brasses, sable vaseux ; et, à une lieue du rivage, il y avait encore quatre-vingt-quatre brasses. J'approchai la côte à cette distance ; elle était très escarpée, mais couverte d'arbres et de verdure. On apercevait, sur la cime des plus hautes montagnes, de la neige, mais en très petite quantité ; on n'y voyait d'ailleurs aucune trace de culture ni d'habitation, et nous pensâmes que les Tartares Mantcheoux, qui sont nomades et pasteurs, préféraient, à ces bois et à ces montagnes, des plaines et des vallons où leurs troupeaux trouvaient une nourriture plus abondante. Dans cette longueur de côte de plus de quarante lieues, nous ne rencontrâmes l'embouchure d'aucune rivière.

Je me flattais de trouver un lieu plus commode, et je continuai ma route avec le plus beau temps et le ciel le plus clair dont nous eussions joui depuis notre départ d'Europe. Le 14, à six heures du soir, nous fûmes enveloppés de brume, et nous restâmes en calme ; une petite fraîcheur du sud-est nous permettait à peine de gouverner. Jusqu'à ce moment la côte avait couru au nord-est un quart nord ; nous étions déjà par 44° de latitude, et nous avions atteint celle que les géographes donnent au prétendu détroit de Tessoy : mais nous nous trouvions 5° plus ouest que la longitude donnée à ce détroit ; ces 5° doivent être retranchés de la Tartarie, et ajoutés au canal qui la sépare des îles situées au nord du Japon.

Les journées du 15 et du 16 furent très brumeuses ; nous nous éloignâmes peu de la côte de Tartarie, et nous en avions connaissance dans les éclaircies : mais ce dernier jour sera marqué dans notre journal par l'illusion la plus complète dont j'aie été le témoin depuis que je navigue.

Le plus beau ciel succéda, à quatre heures du soir, à la brume la plus épaisse ; nous découvrîmes le continent, qui s'étendait de l'ouest un quart sud-ouest au nord un quart nord-est, et peu après, dans le sud, une grande terre qui allait rejoindre la Tartarie vers l'ouest, ne laissant pas entre elle et le continent une ouverture de 15°. Nous distinguions les montagnes, les ravins, enfin tous les détails du terrain ; et nous ne pouvions pas concevoir par où nous étions entrés dans ce détroit, qui ne pouvait être que celui de Tessoy, à la recherche duquel nous avions renoncé. Dans cette situation, je crus devoir serrer le vent, et gouverner au sud-sud-est; mais bientôt ces mornes, ces ravins, disparurent.

Le banc de brume le plus extraordinaire que j'eusse jamais vû avait occasionné notre erreur : nous le vîmes se dissiper ; ses formes, ses teintes, s'élevèrent, se perdirent dans la région des nuages, et nous eûmes encore assez de jour pour qu'il ne nous restât aucune incertitude sur l'inexistence de cette terre fantastique. Je fis route toute la nuit sur l'espace de mer qu'elle avait paru occuper, et au jour rien ne se montra à nos yeux ; l'horizon était cependant si étendu, que nous voyons parfaitement la côte de Tartarie, éloignée de plus de quinze lieues. Je fis route pour l'approcher ; mais, à huit heures du matin, la brume nous environna : nous avions heureusement eu le temps de faire de bons relèvements, et de reconnaître les pointes de la veille ; ainsi il n'y a aucune lacune sur notre carte de Tartarie, depuis notre atterrage par les 42°, jusqu'au détroit de Ségalien.

La brume fût encore très épaisse le 17, le 18 et le 19 ; mais nous ne fîmes point de chemin, et nous restâmes bord sur bord, afin de retrouver, à la première éclaircie, les mornes déjà aperçus, et portés sur notre carte. Le 19 au soir, la brume se dissipa, nous n'étions qu'à trois lieues de terre ; nous relevâmes une étendue de côte de plus de vingt lieues, depuis l'ouest-sud-ouest jusqu'au nord-nord-est : toutes les formes en étaient parfaitement prononcées, l'air le plus pur nous permettait d'en distinguer toutes les teintes ; mais nous ne vîmes nulle part l'apparence d'une baie, et une sonde de deux cents brasses ne rapportait point de fond à quatre lieues de terre.

Bientôt la brume me força de reprendre le large, et nous ne revîmes la côte que le lendemain à midi : nous en étions très près, nous n'avions jamais été à portée de faire de meilleurs relèvements: notre latitude nord était de 44° 45', et nous relevions au nord-est un quart nord, une pointe qui était au moins à quinze lieues de nous. J'ordonnai à l'Astrolabe de chasser en avant, et de chercher un mouillage ; M. de Langle mit son canot à la mer, et envoya M. de Monti, son second, sonder une baie que nous apercevions devant nous, et qui paraissait présenter un abri. Nous trouvions cent quarante brasses d'eau à deux lieues de terre, nous avions eu deux cents brasses à deux lieues plus au large ; le fond paraissait monter graduellement, et il était vraisemblable qu'à un quart de lieue du rivage, nous trouverions quarante ou cinquante brasses ; ce qui est bien considérable ; mais tous les jours on mouille par de pareils brassiages. Nous continuâmes notre route vers la terre : bientôt il s'en éleva un banc de brume très épais, qu'une légère brise du nord portait sur nous. Avant que M. de Monti eût atteint la baie qu'il avait ordre de sonder, M. de Langle fut obligé de lui faire le signal de revenir à bord ;

— 212 —

et il rejoignit la frégate au moment où nous étions enveloppés de la brume la plus épaisse, et forcés de reprendre le large. Il y eut encore une éclaircie de quelques minutes au coucher du soleil.

Le lendemain, vers huit heures, n'ayant fait que trois lieues à l'est un quart nord-est depuis vingt-quatre heures, nous ne pûmes relever que les points déjà portés sur notre carte : nous vîmes un sommet de montagne dont la forme était absolument celle d'une table ; je lui en ai donné le nom, afin qu'il fût reconnu des navigateurs. Depuis que nous prolongions cette terre, nous n'avions vu aucune trace d'habitation ; pas une seule pirogue ne s'était détachée de la côte ; et ce pays, quoique couvert des plus beaux arbres, ce qui annonce un sol fertile, semble être dédaigné des Tartares et des Japonais : ces peuples pourraient y former de brillantes colonies ; mais la politique de ces derniers est, au contraire, d'empêcher toute émigration et toute communication avec les étrangers ; ils comprennent sous cette dénomination les Chinois comme les Européens (1).

La brume fut très épaisse le 21 et le 22 ; mais nous nous tenions si

---

(1) LE JAPON, nom dont l'étymologie chinoise signifie l'*Empire du Levant*, est formé de 3,850 îles et îlots compris entre la partie russe de l'île Sakhalian et la partie russe de l'archipel du Kouriles au N.; la mer du Japon et le détroit de Corée à l'O.; la mer de Corée et le Pacifique au S. et à l'E.

L'ensemble de ces îles représente une superficie totale de 379,711 kilomètres carrés, occupés par 35,122,608 habitants sur lesquels environ 160,000 chrétiens.

C'est seulement depuis les traités de commerce de 1854 et de 1858, traités suivis de celui de Yokohama, que nos relations avec le Japon ont pris naissance. Ce pays, jusque là, avait été soigneusement fermé aux Européens. Nos missionnaires cependant y avaient pénétré au prix de leur sang ; et si, d'une part, nous avions eu des détails sur les mœurs des habitants, il s'y était fondé d'autre part quelques centres chrétiens.

Aujourd'hui le Japon est un des grands États orientaux où la civilisation européenne a le plus profondément jeté ses racines.

« L'empereur actuel du Japon, le jeune Micado Moutsoukito, investi du double pouvoir spirituel et temporel semble, en effet, avoir pris pour tâche de transformer radicalement le pays en y introduisant tous les progrès accomplis dans l'Europe occidentale. Secondé par les princes Tosa, Satsouma et Nagato, il a anéanti complètement le système féodal établi depuis des siècles et lui a substitué, sans secousse, le régime de la centralisation monarchique.

» ...... En 1372, il a envoyé aux États-Unis, en Angleterre et en France, des ambassadeurs chargés, non seulement de négocier des traités de commerce, mais encore et surtout d'étudier la civilisation de ces pays.

» Le Japon possède aujourd'hui des chemins de fer, des télégraphes, des arsenaux, des fonderies, etc., il fait élever des jeunes gens, aux frais de l'État, dans des collèges de France, d'Angleterre et d'Amérique. L'instruction publique est admirablement organisée dans l'empire ; peu de Japonais ne savent pas lire et le moment est proche où à côté des établissements d'enseignement primaires déjà florissants, s'élèveront des écoles de premier ordre ; l'industrie, en empruntant à l'Europe beaucoup de ses procédés, y fait des progrès rapides.

» Le commerce extérieur s'alimente principalement de l'exportation des sucres bruts et du thé et de l'importation des cotons tissés et imprimés et des étoffes de laine complètement inconnues dans le pays. Quant aux habitants, « il n'y a pas, dit M. Oliphant, attaché à la légation britannique d'Yedo, de peuple plus ingénieux, plus

près de la côte, que nous l'apercevions dès qu'il venait la plus petite éclaircie ; et nous en eûmes presque chaque jour au coucher du soleil. Le froid commença à augmenter lorsque nous eûmes atteint le 45°. Nous trouvâmes cinquante-sept brasses, fond de vase, à une lieue de terre.

Le 23, les vents s'étaient fixés au nord-est : je me décidai à faire route pour une baie que je voyais dans l'ouest-nord-ouest, et où il était vraisemblable que nous trouverions un bon mouillage. Nous y laissâmes tomber l'ancre à six heures du soir, à une demi-lieue du rivage. Je la nommai *baie de Ternai* ; elle est située par 45° 13' de latitude nord, et 135° 9' de longitude orientale.

Partis de Manille depuis soixante-quinze jours, nous avions, à la vérité, prolongé les côtes de l'île Quelpaert, de la Corée, du Japon ; mais ces contrées habitées par des peuples barbares envers les étrangers, ne nous avaient pas permis de songer à y relâcher : nous savions, au contraire, que les Tartares étaient hospitaliers, et nos forces suffisaient d'ailleurs pour imposer aux petites peuplades que nous pouvions rencontrer sur le bord de la mer. Nous brûlions d'impatience d'aller reconnaître cette terre, dont notre imagination était occupée depuis notre départ de France : c'était la seule partie du globe qui eût échappé à l'activité infatigable du capitaine Cook ; et nous devons peut-être au funeste événement qui a terminé ses jours, le petit avantage d'y avoir abordé les premiers. La latitude de la baie de Ternai était précisément la même que celle du port d'Acqueis, où avaient abordé les Hollandais ; néanmoins le lecteur en trouvera la description bien différente.

Cinq petites anses, semblables aux côtés d'un polygone régulier, forment le contour de cette rade ; elles sont séparées entre elles par des coteaux couverts d'arbres jusqu'à la cime. Le printemps le plus frais n'a jamais offert en France des nuances d'un vert si vigoureux et si varié ; et quoique nous n'eussions aperçu, depuis que nous prolongions la côte, ni une seule pirogue, ni un seul feu, nous ne pouvions croire qu'un pays qui paraissait aussi fertile, à une si grande proximité de la Chine,

---

industrieux et qui soit plus porté à adopter les inventions et les améliorations nouvelles.

» Les Japonais avaient construit, rien que sur des dessins, et sans en avoir jamais vu, une machine à vapeur et ils sont depuis longtemps déjà en état d'établir, dans leurs ateliers, des locomotives pour les chemins de fer et des machines pour la navigation que ne désavoueraient pas les constructeurs les plus en renom de l'Europe. Leur premier chemin de fer a été inauguré en 1872. »

Depuis cette époque, les expositions de Philadelphie et de Paris, auxquelles ils ont pris une large part, n'ont fait que stimuler et développer des progrès déjà si remarquables.

Le sol est riche en minerai de toutes sortes.

Capitale : *Yedo*, 1,036,000 h.; villes principales : *Koumamoto*, 300,000 h.; *Kioto*, 239,000 h.; *Osaka*, 281,000 h.; *Kagosima*, 200,000 h.; *Yokohama*, 72,000.; *Nagazaki*, 47.000 h.

fût sans habitants. Avant que nos canots eussent débarqué, nos lunettes étaient tournées vers le rivage; mais nous n'apercevions que des cerfs et quelques ours qui paissaient tranquillement sur le bord de la mer.

Cette vue augmenta l'impatience que chacun avait de descendre ; les armes furent préparées avec autant d'activité que si nous eussions eu à nous défendre contre des ennemis ; et, pendant qu'on faisait ces dispositions, des matelots pêcheurs avaient déjà pris à la ligne douze ou quinze morues. Les habitants des villes se peindraient difficilement les sensations que les navigateurs éprouvent à la vue d'une pêche abondante : les vivres frais sont des besoins pour tous les hommes ; et les moins savoureux sont bien plus salubres que les viandes salées les mieux conservées. Je donnai ordre aussitôt d'enfermer les salaisons, et de les garder pour des circonstances moins heureuses ; je fis préparer des futailles pour les remplir d'une eau fraîche et limpide qui coulait en ruisseau dans chaque anse ; et j'envoyai chercher des herbes potagères dans les prairies, où l'on trouva une immense quantité, des petits oignons, du céleri et de l'oseille. Le sol était tapissé des mêmes plantes qui croissent dans nos climats, mais plus vertes et plus vigoureuses ; la plupart étaient en fleur : on rencontrait à chaque pas des roses, des lis jaunes, des lis rouges, des muguets, et généralement toutes nos fleurs des prés. Les pins couronnaient le sommet des montagnes ; les chênes ne commençaient qu'à mi-côte, et ils diminuaient de grosseur et de vigueur à mesure qu'ils approchaient de la mer ; les bords des rivières et des ruisseaux étaient plantés de saules, de bouleaux, d'érables, et sur la lisière des grands bois on voyait des pommiers et des azeroliers en fleur, avec des massifs de noisetiers dont les fruits commençaient à nouer. Notre surprise redoublait lorsque nous songions qu'un excédant de population surcharge le vaste empire de la Chine, au point que les lois n'y sévissent pas contre les pères assez barbares pour noyer et détruire leurs enfants ; et que ce peuple, dont on vante tant la police, n'ose point s'étendre au-delà de sa muraille pour tirer sa subsistance d'une terre, dont il faudrait plutôt arrêter que provoquer la végétation.

Nous trouvions, à la vérité, à chaque pas, des traces d'hommes marquées par des destructions; plusieurs arbres coupés avec des instruments tranchants; les vestiges des ravages du feu paraissaient en vingt endroits, et nous aperçûmes quelques abris qui avaient été élevés par des chasseurs, au coin des bois. On rencontrait aussi des petits paniers d'écorce de bouleau, cousus avec du fil, et absolument semblables à ceux des Indiens du Canada; des raquettes propres à marcher sur la neige ; tout enfin nous fit juger que des Tartares s'approchent des bords de la mer dans la saison de pêche et de la chasse; qu'en ce moment ils devaient être rassemblés en peuplades le long des rivières, et que le gros de la nation vivait dans l'intérieur des terres, sur un sol peut-être plus propre à la multiplication de ses immenses troupeaux.

Trois canots des deux frégates, remplis d'officiers et de passagers, abordèrent dans l'anse aux Ours à six heures et demie ; et à sept heures ils avaient déjà tiré plusieurs coups de fusil sur différentes bêtes sauvages qui s'étaient enfoncées très promptement dans les bois. Trois jeunes faons furent seuls victimes de leur inexpérience: la joie bruyante de nos nouveaux débarqués avait dû décider les autres à gagner les bois inaccessibles, dont ils étaient peu éloignés. Ces prairies, si ravissantes à la vue, ne pouvaient presque pas être traversées; l'herbe épaisse y était élevée de trois ou quatre pieds, en sorte qu'on s'y trouvait comme noyé, et dans l'impossibilité de diriger sa route. On avait d'ailleurs à craindre d'y être piqué par des serpents, dont nous avions rencontré un grand nombre sur le bord des ruisseaux, quoique nous n'eussions fait aucune expérience sur la qualité de leur venin.

Cette terre n'était donc pour nous qu'une magnifique solitude ; les plages de sable du rivage étaient seules praticables, et partout ailleurs on ne pouvait, qu'avec des fatigues incroyables, traverser les plus petits espaces. La passion de la chasse les fit cependant franchir à M. de Langle et à plusieurs autres officiers ou naturalistes, mais sans aucun succès; et nous pensâmes qu'on n'en pouvait obtenir qu'avec une extrême patience, dans un grand silence, et en se postant à l'affût sur le passage des ours et des cerfs, marqué par leurs traces. Ce plan fut arrêté pour le lendemain ; il était cependant d'une exécution difficile, et l'on ne fait guère dix mille lieues par mer pour aller se morfondre dans l'attente d'une proie au milieu d'un marais rempli de maringouins; nous en fîmes néanmoins l'essai le 25 au soir, après avoir inutilement couru toute la journée : mais chacun ayant pris poste à neuf heures, et à dix heures, instant auquel, selon nous, les ours auraient dû être arrivés, rien n'ayant paru, nous fûmes obligés d'avouer généralement que la pêche nous convenait mieux que la chasse. Nous y obtînmes effectivement plus de succès.

Chacune des cinq anses qui forment le contour de la baie de Ternai offrait un lieu commode pour étendre la seine, et possède un ruisseau auprès duquel notre cuisine était établie; les poissons n'avaient qu'un saut à faire des bords de la mer dans nos marmites. Nous prîmes des morues, des grondins, des truites, des saumons, des harengs, des plies ; nos équipages en eurent abondamment à chaque repas ; ce poisson, et les différentes herbes qui l'assaisonnèrent, pendant les trois jours de notre relâche, furent au moins un préservatif contre les atteintes du scorbut; car personne de l'équipage n'en avait eu jusqu'alors aucun symptôme, malgré l'humidité froide occasionnée par des brumes presque continuelles, que nous avions combattue avec des brasiers placés sous les hamacs des matelots, lorsque le temps ne permettait pas de faire branle-bas.

Ce fut à la suite d'une de ces parties de pêche, que nous découvrîmes, sur le bord d'un ruisseau, un tombeau tartare, placé à côté d'une case ruinée, et presque enterrée dans l'herbe : notre curiosité nous porta à l'ouvrir, et nous y vîmes deux personnes placées l'une à côté de l'autre. Leurs têtes étaient couvertes d'une calotte de taffetas ; leurs corps, enveloppés dans une peau d'ours, avaient une ceinture de cette même peau à laquelle pendaient de petites monnaies chinoises et différents bijoux de cuivre. Des rassades bleues étaient répandues et comme semées dans ce tombeau : nous y trouvâmes aussi dix ou douze espèces de bracelets d'argent, du poids de deux gros chacun, que nous apprîmes par la suite être des pendants d'oreilles ; une hache de fer, un couteau du même métal, une cuiller de bois, un peigne, un petit sac de nankin bleu, plein de riz. Rien n'était encore dans l'état de décomposition, et l'on ne pouvait guère donner plus d'un an d'ancienneté à ce monument : sa construction nous parut inférieure à celle des tombeaux de la baie des Français ; elle ne consistait qu'en un petit mulon formé de tronçons d'arbres, revêtu d'écorce de bouleau ; on avait laissé entre eux un vide, pour y déposer les deux cadavres : nous eûmes grand soin de les recouvrir, remettant religieusement chaque chose à sa place, après avoir seulement emporté une très petite partie des divers objets contenus dans ce tombeau afin de constater notre découverte. Nous ne pouvions pas douter que les Tartares chasseurs ne fissent de fréquentes descentes dans cette baie : une pirogue laissée auprès de ce monument nous annonçait qu'ils y venaient par mer, sans doute de l'embouchure de quelque rivière que nous n'avions pas encore aperçue.

Les monnaies chinoises, le nankin bleu, le taffetas, les calottes, prouvent que ces peuples sont en commerce réglé avec ceux de la Chine, et il est vraisemblable qu'ils sont sujets aussi de cet empire.

Le riz enfermé dans le petit sac de nankin bleu désigne une coutume chinoise fondée sur l'opinion d'une continuation de besoins dans l'autre vie : enfin la hache, le couteau, la tunique de peau d'ours, le peigne, tous ces objets ont un rapport très marqué avec ceux dont se servent les Indiens de l'Amérique ; et comme ces peuples n'ont peut-être jamais communiqué ensemble, de tels points de conformité entre eux ne peuvent-ils pas faire conjecturer que les hommes, dans le même degré de civilisation, et sous les mêmes latitudes, adoptent presque les mêmes usages, et que, s'ils étaient exactement dans les mêmes circonstances, ils ne différeraient pas plus entre eux que les loups du Canada ne diffèrent de ceux de l'Europe ?

Le spectacle ravissant que nous présentait cette partie de la Tartarie orientale, n'avait cependant rien d'intéressant pour nos botanistes et nos lithologistes. Les plantes y sont absolument les mêmes que celles de France, et les substances dont le sol est composé n'en diffèrent pas davantage. Des schistes, des quartz, du jaspe, du porphyre violet, de petits cristaux, des roches roulées ; voilà les échantillons que les lits des rivières nous ont offerts, sans que nous ayons pu y voir la moindre trace de métaux. Le minerai de fer, qui est généralement répandu sur tout le globe, ne paraissait que décomposé en chaux, servant, comme un vernis, à colorer différentes pierres. Les oiseaux de mer et de terre étaient aussi fort rares ; nous vîmes cependant des corbeaux, des tourterelles, des cailles, des bergeronnettes, des hirondelles, des gobe-mouches, des albatros, des goélands, des macreuses, des butors et des canards : mais la nature n'était point animée par les vols innombrables d'oiseaux qu'on rencontre en d'autres pays inhabités. A la baie de Ternai, ils étaient solitaires, et le plus sombre silence régnait dans l'intérieur des bois. Les coquilles n'étaient pas moins rares ; nous ne trouvâmes sur le sable que des détriments de moules, de lepas, de limaçons et de pourpres.

Enfin, le 27 au matin, après avoir déposé à terre différentes médailles avec une bouteille et une inscription qui contenait la date de notre arrivée, les vents ayant passé au sud, je mis à la voile, et je prolongeai la côte à deux tiers de lieue du rivage, naviguant toujours sur un fond de quarante brasses, sable vaseux, et assez près pour distinguer l'embouchure du plus petit ruisseau. Nous fîmes ainsi cinquante lieues, avec le plus beau temps que des navigateurs puissent désirer. Les vents m'obligèrent le soir de m'éloigner de terre ; nous nous en rapprochâmes le lendemain. Quoique le temps fût très brumeux, l'horizon ayant cependant trois lieues d'étendue, nous relevâmes la même côte que nous avions aperçue la veille dans le nord, et qui nous restait à l'ouest : elle était plus basse, plus coupée de petits mornes, et nous ne trouvâmes, à deux lieues au large, que trente brasses, fond de roche. Nous restâmes en calme plat sur cette espèce de banc, et nous prîmes plus de quatre-vingts morues. Un petit vent du sud nous permit de nous en éloigner pendant la nuit, et au jour nous revîmes la terre à quatre lieues : elle ne paraissait s'étendre que jusqu'au nord-nord-ouest ; mais la brume nous cachait les pointes plus au nord. Nous continuâmes à prolonger de très près la côte.

Le 1ᵉʳ juillet, une brume épaisse nous ayant enveloppés à une si petite distance de terre, que nous entendions la lame déferler sur le rivage, je fis signal de mouiller, par trente brasses, fond de vase et de coquilles pourries. Le temps fut si brumeux jusqu'au 4, qu'il nous fut impossible de faire aucun relèvement, ni d'envoyer nos canots à terre ; mais nous prîmes plus de huit cents morues. J'ordonnai de saler et de mettre en barriques l'excédant de notre consommation. La drague rapporta aussi une assez grande quantité d'huîtres, dont la nacre était si belle, qu'il paraissait très possible qu'elles continssent des perles, quoique nous n'en eussions trouvé que deux à demi formées dans le talon. Cette rencontre rend très vraisemblable le récit des jésuites, qui nous ont appris qu'il se fait une pêche de perles à l'embouchure de plusieurs rivières de la Tartarie orientale : mais on doit supposer que c'est vers le sud, aux environs de la Corée, car plus au nord, le pays est trop dépourvu d'habitants pour qu'on puisse y effectuer un pareil travail, puisqu'après avoir parcouru deux cents lieues de cette côte, souvent à la portée du canon, et toujours à une petite distance de terre, nous n'avons aperçu ni pirogues, ni maisons ; et nous n'avons vu, lorsque nous sommes descendus à terre, que les traces de quelques chasseurs, qui ne paraissent pas être dans l'usage de s'établir dans les lieux que nous visitions.

Le 4, à trois heures du matin, nous avions, par notre travers, à deux milles dans l'ouest-nord-ouest, une grande baie dans laquelle coulait une rivière de quinze à vingt toises de largeur. Un canot de chaque frégate, aux ordres de MM. de Vaujuas et Darbaud, fut armé pour aller la reconnaître. MM. de Monneron, la Martinière, Rollin, Bernizet, Collignon, l'abbé Mongès et le père Receveur s'y embarquèrent : la descente était facile, et le fond montait graduellement jusqu'au rivage. L'aspect du pays est à peu près le même que celui de la baie de Ternai ; et quoiqu'à trois degrés plus au nord, les productions de la terre, et les substances dont elle est composée, n'en diffèrent que très peu.

Les traces d'habitants étaient ici beaucoup plus fraîches ; on voyait des branches d'arbres coupées avec un instrument tranchant, auxquelles les feuilles vertes tenaient encore ; deux peaux d'élan, très artistement tendues sur de petits morceaux de bois, avaient été laissées à côté d'une petite cabane, qui ne pouvait loger une famille, mais qui suffisait pour servir d'abri à deux ou trois chasseurs ; et peut-être y en avait-il un petit nombre que la crainte avait fait fuir dans les bois. M. de Vaujuas crut devoir emporter une de ces peaux ; mais il laissa, en échange, des haches et autres instruments de fer, d'une valeur centuple de la peau d'élan, qui me fut envoyée. Le rapport de cet officier et celui des différents naturalistes ne me donnèrent aucune envie de prolonger mon séjour dans cette baie, à laquelle je donnai le nom de *baie de suffren*.

CHAPITRE XVII

Nous continuons de faire route au nord. — Reconnaissance d'un pic dans l'est. — Nous nous apercevons que nous naviguons dans un canal — Nous dirigeons notre route vers la côte de l'île Ségalien. — Relâche à la baie de Langle. — Mœurs et coutumes des habitants. — Ce qu'ils nous apprennent nous détermine à continuer notre route au nord. — Nous prolongeons la côte de l'île. — Relâche à la baie d'Estaing. — Départ. — Nous trouvons que le canal entre l'île et le continent de la Tartarie est obstrué par des bancs. — Arrivée à la baie de Castries sur la côte de Tartarie.

J'appareillai de la Baie de Suffren avec une petite brise du nord-est, à l'aide de laquelle je crus pouvoir m'éloigner de la côte. Cette baie est située par 47° 51' de latitude nord, et 137° 25, de longitude orientale. Nous donnâmes plusieurs coup de drague en partant ; et nous prîmes des huîtres, auxquelles étaient attachées des poulettes, petites coquilles bivalves que très communément on rencontre pétrifiés en Europe, et dont on n'a trouvé l'analogue que depuis quelques années dans les mers de Provence ; de gros buccins, beaucoup d'oursins de l'espèce commune, une grande quantité d'étoiles et d'holothuries, avec de très petits morceaux d'un joli corail. La brume et le calme nous obligèrent à mouiller à une lieue plus au large, par quarante-quatre brasses, fond de sable vaseux. Nous continuâmes à prendre des morues ; mais c'était un faible dédommagement de la perte du temps pendant lequel la saison s'écoulait trop rapidement, eu égard au désir que nous avions d'explorer entièrement cette mer.

Enfin, le 5, je mis à la voile. Nous avions relevé du mouillage, dans un moment d'éclaircie qui avait duré environ dix minutes, huit ou dix lieues de côte au nord-est un quart nord : ainsi nous pouvions faire, sans inconvénient, sept ou huit lieues au nord-est un quart est, et je fixai la route à cette aire de vent, en sondant de demi-heure en demi-heure; car l'horizon avait moins de deux portées de fusil d'étendue. Nous naviguâmes ainsi sur un fond de cinquante brasses, jusqu'à l'entrée de la nuit, et nous luttâmes contre les vents contraires pendant toute la journée du 6 juillet. Notre latitude observée était de 48° nord, et la longitude orientale de 138° 20'. Il se fit une éclaircie à midi, nous relevâmes quelques sommets de montagnes qui s'étendaient jusqu'au nord; mais un brouillard nous cachait le bas de la côte, où nous n'apercevions aucune pointe, quoique nous n'en fussions éloignés que de trois lieues.

La nuit qui suivit cette journée fut extrêmement belle; nous courûmes parallèlement à la côte, au clair de la lune. Nous la prolongeâmes à la pointe du jour: nous nous flattions d'arriver avant la nuit au 50° degré de latitude, terme que j'avais fixé pour cesser notre navigation sur la côte de Tartarie, et retourner vers le Jesso et l'Oku-Jesso, bien certain, s'ils n'existaient pas, de rencontrer au moins les Kuriles en avançant vers l'est; mais, à huit heures du matin, nous eûmes connaissance d'une île qui paraissait très étendue, et qui formait, avec la Tartarie, une ouverture de 30 degrés. Nous ne distinguions aucune pointe de l'île, et ne pouvions relever que des sommets, qui, s'étendant jusqu'au sud-est, annonçaient que nous étions déjà assez avancés dans le canal qui la sépare du continent. Notre latitude était dans ce moment de 48° 35', et celle de l'Astrolabe, qui avait chassé deux lieues en avant, de 48° 40'. Je pensai d'abord que c'était l'île Ségalien, et je jugeai que, si je dirigeais ma route dans le canal, je serais forcé de le suivre jusqu'à sa sortie dans la mer d'Okhotsk, à cause de l'opiniâtreté des vents de sud qui, pendant cette saison, règnent constamment dans ces parages. Cette situation eût mis un obstacle invincible au désir que j'avais d'explorer entièrement cette mer; et, après avoir levé la carte la plus exacte de la côte de Tartarie, il ne me restait, pour effectuer ce plan, qu'à prolonger à l'ouest les premières îles que je rencontrerais jusqu'au 41° degré: en conséquence, je dirigeai ma route vers le sud-est.

L'aspect de cette terre était bien différent de celui de la Tartarie: on n'y apercevait que des rochers arides, dont les cavités conservaient encore de la neige; mais nous en étions à une trop grande distance pour découvrir les terres basses, qui pouvaient, comme celles du continent, être couvertes d'arbres et de verdure. Je donnai à la plus élevée de ces montagnes, qui se termine comme le soupirail d'un fourneau, le nom de *pic Lamanon*, à cause de sa forme volcanique, et parce que le physicien de ce nom a fait une étude particulière des différentes matières mises en fusion par le feu des volcans.

Les vents de sud me forcèrent de louvoyer, toutes voiles dehors, pour doubler l'extrémité méridionale de la nouvelle terre, dont nous n'avions pas aperçu la fin. Il ne nous avait été possible que de relever des sommets, durant quelques minutes, une brume épaisse nous ayant enveloppés: mais la sonde s'étendait à trois ou quatre lieues de la côte de Tartarie vers l'ouest; et, en courant vers l'est, je virais de bord lorsque nous trouvâmes quarante-huit brasses. J'ignorais à quelle distance cette sonde nous mettait de l'île nouvellement découverte. Au milieu de ces ténèbres, nous obtînmes cependant, le 9 juillet, une latitude avec un horizon de moins d'une demi-lieue; elle donnait 48° 15'. L'opiniâtreté des vents du sud ne se démentit pas pendant les journées du 9 et du 10; il étaient accompagnés d'une brume si épaisse, que notre horizon ne s'étendait guère qu'à une portée de fusil. Nous naviguions à tâtons dans ce canal, bien certains que nous avions des terres depuis le sud-est, par l'est et le nord, jusqu'au sud-ouest. Les nouvelles réflexions que ce relèvement du sud-sud-est m'avait fait faire, me portaient assez à croire que nous n'étions pas dans le canal de l'île Ségalien, à laquelle aucun géographe n'a jamais assigné une position si méridionale, mais bien dans l'ouest de la terre de Jesso, dont les Hollandais avaient vraisemblablement parcouru la partie orientale; et que, comme nous avions navigué très près de la côte de Tartarie, nous étions entrés, sans nous en apercevoir, dans le golfe que la terre de Jesso formait peut-être avec cette partie de l'Asie. Il ne nous restait plus qu'à connaître si le Jesso est une île ou une presqu'île, formant avec la Tartarie chinoise à peu près la même figure que la Kamtschatka forme avec la Tartarie russe. J'attendais, avec la plus vive impatience, une éclaircie pour prendre le parti qui devait décider cette question: elle se fit le 11 après midi. Ce n'est que dans ces parages à brume, que l'on voit, trop rarement à la vérité, des horizons d'une très grande étendue; comme si la nature voulait, en quelque sorte, compenser par des instants de la plus vive clarté les ténèbres profondes et presque éternelles qui sont répandues sur toutes ces mers. Le rideau se leva à deux heures après midi, et nous relevâmes des terres depuis le nord un quart nord-est jusqu'au nord un quart nord-ouest. L'ouverture n'était plus que de 22° et demi, et plusieurs personnes assuraient avoir vu des sommets qui la fermaient entièrement. Cette incertitude d'opinions me rendait fort indécis sur le parti que je devais prendre: il y avait un grand inconvénient à arriver vingt ou trente lieues au nord, si nous avions réellement aperçu le fond du golfe, parce que la saison s'écoulait, et que nous ne pouvions pas nous flatter de remonter ces vingt lieues contre le vent de sud, en moins de huit ou dix jours, puisque nous ne nous étions élevés que de douze lieues depuis cinq jours que nous courrions des bordées dans ce canal. D'un autre côté, le but de notre mission n'était pas rempli, si nous manquions le détroit qui sépare le Jesso de la Tartarie. Je crus donc que le meilleur parti était de relâcher, et de chercher à nous procurer quelques renseignements des naturels du pays. Le 11 et le 12, le temps fut clair, parce que la brise était très forte, et nous fûmes obligés de prendre des ris. Nous approchâmes la côte de l'île à moins d'une lieue ; elle courait absolument nord et sud. Je désirais trouver un enfoncement où nos vaisseaux fussent à l'abri ; mais cette côte ne formait pas le plus petit creux, et la mer était aussi grosse à une demi-lieue de terre qu'au large : ainsi, je fus obligé de continuer à lutter, toutes voiles dehors, contre les vents de sud.

L'éloignement où j'étais de cette côte, lorsque je l'aperçus pour la première fois, m'avait induit en erreur ; mais en l'approchant davantage, je la trouvai aussi boisée que celle de Tartarie. Enfin, le 12 juillet au soir, la brise du sud étant beaucoup diminuée, j'accostai la terre, et je laissai tomber l'ancre à deux milles d'une petite anse dans laquelle coulait une rivière.

M. de Langle, qui avait mouillé une heure avant moi, se rendit tout de suite à mon bord ; il avait déjà débarqué ses canots et chaloupes, et il me proposa de descendre avant la nuit pour reconnaître le terrain, et savoir s'il y avait espoir de tirer quelques informations des habitants. Nous apercevions, à l'aide de nos lunettes, quelques cabanes, et deux insulaires qui paraissaient s'enfuir vers les bois. J'acceptai la proposition de M. de Langle : je le priai de recevoir à sa suite M. Boutin et l'abbé Mongès ; et après que la frégate eut mouillé, que les voiles furent serrées, et nos chaloupes débarquées, j'armai la biscayenne, commandée par M. de Clonard, suivi de MM. Duché, Prevost et Collignon, et je leur donnai ordre de se joindre à M. de Langle, qui avait déjà abordé le rivage. Ils trouvèrent les deux seules cases de cette baie abandonnées, mais depuis très peu de temps, car le feu y était encore allumé ; aucun des meubles n'en avait été enlevé : on y voyait une portée de petits chiens dont les yeux n'étaient pas encore ouverts ; et la mère, qu'on entendait aboyer dans les bois, faisait juger que les propriétaires de ces cases n'étaient pas éloignés.

M. de Langle y fit déposer des haches, différents outils de fer, des rassades, et généralement tout ce qu'il crut utile et agréable à ces insulaires, persuadé qu'après son rembarquement les habitants y retourneraient, et que nos présents leur prouveraient que nous n'étions pas des ennemis. Il fit en même temps étendre la seine, et prit, en deux coups de filet, plus de saumons qu'il n'en fallait aux équipages pour la consommation d'une semaine.

Au moment où il allait retourner à bord, il vit aborder sur le rivage une pirogue avec sept hommes, qui ne parurent nullement effrayés de notre nombre. Ils échouèrent leur petite embarcation sur le sable, et s'assirent sur des nattes au milieu de nos matelots, avec un air de sécurité qui nous prévint beaucoup en leur faveur. Dans ce nombre étaient deux vieillards, ayant une longue barbe blanche, vêtus d'une étoffe d'écorce d'arbres, assez semblable aux pagnes de Madagascar. Deux des sept insulaires avaient des habits de nankin bleu ouatés, et la forme de leur habillement différait peu de celle des Chinois ; d'autres n'avaient qu'une longue robe qui fermait entièrement au moyen d'une ceinture et de quelques petits boutons, ce qui les dispensait de porter des caleçons. Leur tête était nue, et, chez deux ou trois seulement, entourée d'un bandeau de peau d'ours ; ils avaient le toupet rasé, tous les cheveux de derrière conservés dans la longueur de huit ou dix pouces, mais d'une manière différente des Chinois, qui ne laissent qu'une touffe de cheveux en rond, qu'ils appellent *pentsec*. Tous avaient des bottes de peau de loup marin, avec un pied à la chinoise très artistement travaillé. Leurs armes étaient des arcs, des piques et des flèches garnies en fer. Le plus vieux de ces insulaires, celui auquel les autres témoignaient le plus d'égards, avait les yeux dans un très mauvais état : il portait autour de la tête un garde-vue pour se garantir de la trop grande clarté du soleil. Les manières de ces habitants étaient graves, nobles, et très affectueuses. M. de Langle leur donna le surplus de ce qu'il avait apporté avec lui, et leur fit entendre, par signes, que la nuit l'obligeait de retourner à bord, mais qu'il désirait beaucoup les retrouver le lendemain pour leur faire de nouveaux présents. Ils firent signe, à leur tour, qu'ils dormaient dans les environs, et qu'ils seraient exacts au rendez-vous.

Nous crûmes généralement qu'ils étaient les propriétaires d'un magasin de poisson que nous avions rencontré sur le bord de la petite rivière, et qui était élevé sur des piquets, à quatre ou cinq pieds au-dessus du niveau du terrain. M. de Langle, en le visitant, l'avait respecté comme les cabanes abandonnées ; il y avait trouvé du saumon, du hareng séché et fumé, avec des vessies remplies d'huile, ainsi que des peaux de saumon, minces comme du parchemin. Ce magasin était trop considérable pour la subsistance d'une famille, et il jugea que ces peuples faisaient commerce de ces divers objets. Les canots ne furent de retour à bord que vers onze heures du soir ; le rapport qui me fut fait excita vivement ma curiosité. J'attendis le jour avec impatience, et j'étais à terre avec la chaloupe et le grand canot avant le lever du soleil. Les insulaires arrivèrent dans l'anse peu de temps après ; ils venaient du nord, où nous avions jugé que leur village était situé : ils furent bientôt suivis d'une seconde pirogue, et nous comptâmes vingt-un habitants. Dans ce nombre se trouvaient les propriétaires des cabanes, que les effets laissés par M. de Langle avaient rassurés, mais pas une seule femme, et nous avons lieu de croire qu'ils en sont très jaloux.

Nous entendions des chiens aboyer dans les bois ; ces animaux étaient vraisemblablement restés auprès des femmes. Nos chasseurs voulurent y pénétrer : mais les insulaires nous firent les plus vives instances pour nous détourner de porter nos pas vers le lieu d'où venaient ces aboiements ; et, dans l'intention où j'étais de leur faire des questions importantes voulant leur inspirer de la confiance, j'ordonnai de ne les contrarier sur rien.

M. de Langle, avec presque tout son état-major, arriva à terre bientôt après moi, et avant que notre conversation avec les insulaires eût commencé ; elle fut précédée de présents de toute espèce. Ils paraissaient ne faire cas que des choses utiles : le fer et les étoffes prévalaient sur tout ; ils connaissaient les métaux comme nous ; ils préféraient l'argent au cuivre, le cuivre au fer, etc. Ils étaient fort pauvres ; trois ou quatre seulement avaient des pendants d'oreilles d'argent, ornés de rassades bleues, absolument semblables à ceux que j'avais trouvés dans le tombeau de la baie de Ternai, et que j'avais pris pour des bracelets. Leurs autres petits ornements étaient de cuivre, comme ceux du même tombeau ; leurs briquets et leurs pipes paraissaient chinois ou japonais ; celles-ci étaient de cuivre blanc parfaitement travaillé. En désignant de la main le couchant, ils nous firent entendre que le nankin bleu dont quelques-uns étaient couverts, les rassades et les briquets, venaient du pays des Mantcheoux ; et ils prononçaient ce nom absolument comme nous-mêmes. Voyant ensuite que nous avions tous du papier et un crayon à la main pour faire un vocabulaire de leur langue, ils devinèrent notre intention ; ils prévinrent nos questions, présentèrent eux-mêmes les différents objets, ajoutèrent le nom du pays, et eurent la complaisance de le répéter quatre ou cinq fois, jusqu'à ce qu'ils fussent certains que nous avions bien saisi leur prononciation.

La facilité avec laquelle ils nous avaient devinés me porte à croire que l'art de l'écriture leur est connu ; et l'un de ces insulaires, qui, comme l'on va voir, nous traça le dessin du pays, tenait le crayon de la même manière que les Chinois tiennent leur pinceau. Ils paraissaient désirer beaucoup nos haches et nos étoffes, ils ne craignaient même pas de les demander ; mais ils étaient aussi scrupuleux que nous à ne jamais prendre que ce que nous leur avions donné : il était évident que leurs idées sur le vol ne différaient pas des nôtres, et je n'aurais pas craint de leur confier la garde de nos effets. Leur attention à cet égard s'étendait jusqu'à ne pas même ramasser, sur le sable, un seul des saumons que nous avions pêchés, quoiqu'ils y fussent étendus par milliers, car notre pêche avait été aussi abondante que celle de la veille ; nous fûmes obligés de les presser, à plusieurs reprises, d'en prendre autant qu'ils voudraient.

Nous parvînmes enfin à leur faire comprendre que nous désirions qu'ils figurassent leur pays et celui des Mantcheoux. Alors un des vieillards se leva, et avec le bout de sa pique il traça la côte de Tartarie, à l'ouest, courant à peu près nord et sud. A l'est, vis-à-vis, et dans la même direction, il figura son île ; et, en portant la main sur la poitrine, il nous fit entendre qu'il venait de tracer son propre pays : il avait laissé entre la Tartarie et son île un détroit, et se tournant vers nos vaisseaux, qu'on apercevait du rivage, il marqua par un trait qu'on pouvait y passer. Au sud de cette île, il en avait figuré une autre, et avait laissé un détroit, en indiquant que c'était encore une route pour nos vaisseaux. Sa sagacité pour deviner nos questions était très grande, mais moindre encore que celle d'un autre insulaire, âgé à peu près de trente ans, qui, voyant que les figures tracées sur le sable s'effaçaient, prit un de nos crayons avec du papier ; il y traça son île, qu'il nomma *Tchoka,* et il indiqua par un trait la petite rivière sur le bord de laquelle nous étions, qu'il plaça aux deux tiers de la longueur de l'île, depuis le nord vers le sud. Il dessina ensuite la terre des Mantcheoux, laissant, comme le vieillard, un détroit au fond de l'entonnoir, et, à notre grande surprise, il y ajouta le fleuve Ségalien, dont ces insulaires prononçaient le nom comme nous ; il plaça l'embouchure de ce fleuve un peu au sud de la pointe du nord de son île, et il marqua par des traits, au nombre de sept, la quantité de journées de pirogue nécessaire pour se rendre du lieu où nous étions à l'embouchure du Ségalien : mais comme les pirogues de ces peuples ne s'écartent jamais de terre d'une portée de pistolet, en suivant le contour des petites anses, nous jugeâmes qu'elles ne faisaient guère en droite ligne que neuf lieues par jour ; parce que la côte permettant de débarquer partout, on descend à terre pour faire cuire les aliments et prendre les repas, et qu'il est vraisemblable qu'on se repose souvent : ainsi nous évaluâmes à soixante-trois lieues au plus notre éloignement de l'extrémité de l'île. Ce même insulaire nous répéta ce qui nous avait été dit, qu'ils se procuraient des nankins et d'autres objets de commerce par leur communication avec les peuples qui habitent le bord du fleuve Ségalien ; et il marqua également, par des traits, pendant combien de journées de pirogue ils remontaient ce fleuve jusqu'aux lieux où se faisait ce commerce. Tous les autres insulaires étaient témoins de cette conversation, et approuvaient par leurs gestes les discours de leur compatriote.

Nous voulûmes ensuite savoir si ce détroit était fort large ; nous cherchâmes à lui faire comprendre notre idée : il la saisit, et plaçant ses deux mains perpendiculairement et parallèlement, à deux ou trois pouces l'une de l'autre, il nous fit entendre qu'il figurait ainsi la largeur de la petite rivière de notre aiguade ; en les écartant davantage, que cette seconde largeur était celle du fleuve Ségalien ; et en les éloignant enfin beaucoup plus, que c'était la largeur du détroit qui sépare son pays de la Tartarie. Il s'agissait de connaître la profondeur de l'eau ; nous l'entraînâmes sur le bord de la rivière, dont nous n'étions éloignés que de dix pas, et nous y enfonçâmes le bout d'une pique : il parut nous comprendre ; il plaça une main au-dessus de l'autre à la distance de cinq ou six pouces, nous crûmes qu'il nous indiquait ainsi la profondeur du fleuve Ségalien ; et enfin il donna à ses bras toute leur extension, comme pour figurer la profondeur du détroit. Il nous restait à savoir s'il avait représenté des profondeurs absolues ou relatives ; car, dans le premier cas, ce détroit n'aurait eu qu'une brasse ; et ce peuple dont les embarcations n'avaient jamais approché nos vaisseaux, pouvait croire que trois ou quatre pieds d'eau nous suffisaient, comme trois ou quatre pouces suffisent à leurs pirogues : mais il nous fut impossible d'avoir d'autres éclaircissements là-dessus. M. de Langle et moi crûmes que, dans tous les cas, il était de la plus grande importance de reconnaître si l'île que nous prolongions était celle à laquelle les géographes on donné le nom d'île Ségalien, sans en soupçonner l'étendue au sud. Je donnai ordre de tout disposer sur les deux frégates pour appareiller le lendemain. La baie où nous étions mouillés reçut le nom de *baie de Langle,* du nom de ce capitaine, qui l'avait découverte et y avait mis pied à terre le premier.

Nous employâmes le reste de la journée à visiter le pays et le peuple qui l'habite. Nous n'en avons pas rencontré, depuis notre départ de France, qui ait plus excité notre curiosité et notre admiration. Nous savions que les nations les plus nombreuses, et peut-être les plus anciennement policées, habitent les contrées qui avoisinent ces îles : mais il ne paraît pas qu'elles les aient jamais conquises, parce que rien n'a pu y tenter leur cupidité ; et il était très contraire à nos idées de trouver chez un peuple chasseur et pêcheur, qui ne cultive aucune production de la terre et qui n'a point de troupeaux, des manières en général plus douces, plus graves, et peut-être une intelligence plus étendue que chez aucune nation de l'Europe.

Assurément les connaissances de la classe instruite des Européens l'emportent de beaucoup, en tous les points, sur celles des vingt-un insulaires avec qui nous avons communiqué dans la baie de Langle : mais chez les peuples de ces îles, les connaissances sont généralement plus répandues qu'elles ne le sont dans les classes communes des peuples de l'Europe ; tous les individus y paraissent avoir reçu la même éducation. Ce n'était plus cet étonnement stupide des Indiens de la baie des Français : nos arts, nos étoffes, attiraient l'attention des insulaires de la baie de Langle ; ils retournaient en tout sens ces étoffes, ils en causaient entre eux, et cherchaient à découvrir par quel moyen on était parvenu à les fabriquer. La navette leur est connue : j'ai rapporté un métier avec lequel ils font des toiles absolument semblables aux nôtres et dont le fil est fait avec de l'écorce d'un saule très commun dans leur île, et qui m'a paru différer peu de celui de France. Quoiqu'ils ne cultivent pas la terre, ils profitent avec la plus grande intelligence de ses productions spontanées. Nous avons trouvé, dans leurs cabanes, beaucoup de racines d'une espèce de lis, que nos botanistes ont reconnu être le lis jaune ou la *saranne* du Kamtschatka. Ils les font sécher, et c'est leur provision d'hiver. Il y avait aussi beaucoup d'ail et d'angélique; on trouve ces plantes sur la lisière des bois.

Notre court séjour ne nous permit pas de reconnaître si ces insulaires ont une forme de gouvernement, et nous ne pourrions là-dessus que hasarder des conjectures : mais on ne peut douter qu'ils n'aient beaucoup de considération pour les vieillards, et que leurs mœurs ne soient très douces; et certainement, s'ils étaient pasteurs, et qu'ils eussent de nombreux troupeaux, je ne me formerais pas une autre idée des usages et des mœurs des patriarches. Ils sont généralement bien faits, d'une constitution forte, d'une physionomie assez agréable, et velus d'une manière remarquable : leur taille est petite; je n'en ai observé aucun de cinq pieds cinq pouces, et plusieurs avaient moins de cinq pieds. Ils permirent à nos peintres de les dessiner; mais ils se refusèrent constamment au désir de M. Rollin, notre chirurgien, qui voulait prendre la mesure des différentes dimensions de leur corps : ils crurent peut-être que c'était une opération magique; car on sait, par les voyageurs, que cette idée de magie est très répandue à la Chine et dans la Tartarie, et qu'on y a traduit devant les tribunaux plusieurs missionnaires, accusés d'être magiciens, pour avoir imposé les mains sur des enfants lorsqu'ils les baptisaient. Ce refus, et leur obstination à cacher et éloigner de nous leurs femmes, sont les seuls reproches que nous ayons à leur faire. Nous pouvons assurer que les habitants de cette île forment un peuple policé, mais si pauvre, que de longtemps ils n'auront à craindre ni l'ambition des conquérants, ni la cupidité des négociants : un peu d'huile et du poisson séché sont de bien minces objets d'exportation. Nous ne traitâmes que de deux peaux de martre; nous vîmes bien des peaux d'ours et de loup marin, morcelées et taillées en habits, mais en très petit nombre : les pelleteries de ces îles seraient d'une bien petite importance pour le commerce. Nous trouvâmes des morceaux de charbon de terre roulés sur le rivage, mais pas un seul caillou qui contînt de l'or, du fer ou du cuivre.

Je suis très porté à croire qu'ils n'ont aucune mine dans leurs montagnes. Tous les bijoux d'argent de ces vingt-un insulaires ne pesaient pas deux onces; et une médaille avec une chaîne d'argent, que je mis au cou d'un vieillard qui semblait être le chef de la troupe, leur parut d'un prix inestimable. Chacun des habitants avait au pouce un fort anneau, ressemblant à une gimblette; ces anneaux étaient d'ivoire, de corne ou de plomb. Ils laissent croître leurs ongles comme les Chinois; ils saluent comme eux, et l'on sait que ce salut consiste à se mettre à genoux et à se prosterner jusqu'à terre; leur manière de s'asseoir sur des nattes est la même; ils mangent, comme eux, avec de petites baguettes. S'ils ont avec les Chinois et avec les Tartares une origine commune, leur séparation d'avec ces peuples est bien ancienne; car ils ne leur ressemblent en rien par l'extérieur, et bien peu par les habitudes morales.

Les Chinois que nous avions à bord n'entendaient pas un seul mot de la langue de ces insulaires; mais ils comprirent parfaitement celle de deux Tartares Mantcheoux, qui, depuis quinze ou vingt jours, avaient passé du continent sur cette île, peut-être pour faire quelque achat de poisson.

Nous ne les rencontrâmes que dans l'après-midi; leur conversation se fit de vive voix avec un de nos Chinois qui savait très bien le tartare : ils lui firent absolument les mêmes détails de la géographie du pays, dont ils changèrent seulement les noms, parce que vraisemblablement chaque langue a les siens. Les vêtements de ces Tartares étaient de nankin gris, pareils à ceux des koolis ou porte-faix de Macao. Leur chapeau était pointu et d'écorce; ils avaient la touffe de cheveux ou le *pentsec* à la chinoise : leurs manières et leur physionomie étaient bien moins agréables que celles des habitants de l'île. Ils dirent qu'ils habitaient à huit journées, dans le haut du fleuve Ségalien. Tous ces rapports, joints à ce que nous avions vu sur la côte de Tartarie, prolongée de si près par nos vaisseaux, nous firent penser que les bords de la mer de cette partie de l'Asie ne sont presque pas habités, depuis les 42°, où les limites de la Corée, jusqu'au fleuve Ségalien; que des montagnes, peut-être inaccessibles, séparent cette contrée maritime du reste de la Tartarie; et qu'on n'y aborderait que par mer, en remontant quelques rivières, quoique nous n'en eussions aperçu aucune d'une certaine étendue (1).

Les cabanes de ces insulaires sont bâties avec intelligence : toutes les précautions y sont prises contre le froid; elles sont en bois, revêtues d'écorce de bouleau, surmontées d'une charpente couverte en paille

---

(1) Ces insulaires n'ont jamais donné à entendre qu'ils fissent quelque commerce avec la côte de Tartarie, connue d'eux, puisqu'ils l'ont dessinée, mais seulement avec le peuple qui habite à huit journées, dans le haut du fleuve Ségalien.

séchée et arrangée comme le chaume de nos maisons de paysans ; la porte est très basse et placée dans le pignon ; le foyer est au milieu, sous une ouverture du toit, qui donne issue à la fumée ; de petites banquettes en planches, élevées de huit ou dix pouces, règnent au pourtour, et l'intérieur est parqueté avec des nattes. La cabane que je viens de décrire était située au milieu d'un bois de rosiers, à cent pas du bord de la mer : ces arbustes étaient en fleur, ils exhalaient une odeur délicieuse ; mais elle ne pouvait compenser la puanteur du poisson et de l'huile, qui aurait prévalu sur tous les parfums de l'Arabie. Nous voulûmes connaître si les sensations agréables de l'odorat sont, comme celles du goût, dépendantes de l'habitude. Je donnai à l'un des vieillards, dont j'ai parlé, un flacon rempli d'une eau de senteur très suave ; il le porta à son nez, et marqua pour cette eau la même répugnance que nous éprouvions pour son huile. Ils avaient sans cesse la pipe à la bouche ; leur tabac était d'une bonne qualité, à grandes feuilles : j'ai cru comprendre qu'ils le tiraient de la Tartarie ; mais ils nous ont expliqué clairement que leurs pipes venaient de l'île qui est au sud, sans doute du Japon. Notre exemple ne put les engager à respirer du tabac en poudre ; et c'eût été leur rendre un mauvais service, que de les accoutumer à un nouveau besoin.

Le 14 juillet, à la pointe du jour, je fis signal d'appareiller avec les vents du sud, et par un temps brumeux, qui bientôt se changea en une brume très épaisse. Jusqu'au 19, il n'y eut pas la plus petite éclaircie. Je dirigeai ma route au nord-ouest, vers la côte de Tartarie ; et lorsque, suivant notre estime, nous fûmes sur le point d'où nous avions découvert le pic Lamanon, nous serrâmes le vent, et louvoyâmes à petites voiles dans le canal, attendant la fin de ces ténèbres auxquelles, selon moi, ne peuvent être comparées celles d'aucune mer. Le brouillard disparut pour un instant, le 19, au matin, et nous vîmes la terre de l'île depuis le nord-est un quart nord jusqu'à l'est-sud-est ; mais elle était encore si enveloppée de vapeurs, qu'il nous fut impossible de reconnaître aucune des pointes que nous avions relevées les jours précédents. Je fis route pour en approcher ; mais nous la perdîmes bientôt de vue. Cependant, guidés par la sonde, nous continuâmes à la prolonger, jusqu'à deux heures après midi, que nous laissâmes tomber l'ancre à l'ouest d'une très bonne baie, à deux milles du rivage.

A quatre heures, la brume se dissipa ; et nous relevâmes la terre, derrière nous, au nord un quart nord-est. J'ai nommé cette baie, la meilleure dans laquelle nous ayons mouillé depuis notre départ de Manille, *baie d'Estaing* : elle est située par 48° 59' de latitude nord, et 140° 32' de longitude orientale. Nos canots y abordèrent, à quatre heures du soir, au pied de dix ou douze cabanes, placées sans aucun ordre, à une assez grande distance les unes des autres, et à cent pas environ du bord de la mer. Elles étaient un peu plus considérables que celles que j'ai décrites : on avait employé à leur construction les mêmes matériaux ; mais elles étaient divisées en deux chambres : celle du fond contenait tous les petits meubles du ménage, le foyer, et la banquette qui règne autour et celle de l'entrée, absolument nue, paraissait destinée à recevoir les visites, les étrangers n'étant pas vraisemblablement admis en présence des femmes. Quelques officiers en rencontrèrent deux qui avaient fui et s'étaient cachées dans les herbes. Lorsque nos canots abordèrent dans l'anse, des femmes effrayées poussèrent des cris, comme si elles avaient craint d'être dévorées ; elles étaient cependant sous la garde d'un insulaire, qui les ramenait chez elles, et qui semblait vouloir les rassurer. M. Blondela eut le temps de les dessiner, et son dessin rend très heureusement leur physionomie : elle est un peu extraordinaire, mais assez agréable ; leurs yeux sont petits, leurs lèvres grosses ; la supérieure peinte ou tatouée en bleu, car il n'a pas été possible de s'en assurer : leurs jambes étaient nues ; une longue robe de chambre de toile les enveloppait ; et comme elles avaient pris un bain dans la rosée des herbes, cette robe de chambre, collée au corps, a permis au dessinateur de rendre toutes les formes, qui sont peu élégantes : leurs cheveux avaient toute leur longueur, et le dessus de la tête n'était point rasé, tandis qu'il l'était chez les hommes.

M. de Langle, qui débarqua le premier, trouva les insulaires rassemblés autour de quatre pirogues chargées de poisson fumé ; ils aidaient à les pousser à l'eau ; et il apprit que les vingt-quatre hommes qui formaient l'équipage étaient Mantcheoux, et qu'ils étaient venus des bords du fleuve Ségalien pour acheter ce poisson. Il eut une longue conversation avec eux par l'entremise de nos Chinois, auxquels ils firent le meilleur accueil. Ils dirent, comme nos premiers géographes de la baie de Langle, que la terre que nous prolongions était une île ; ils lui donnèrent le même nom ; ils ajoutèrent que nous étions encore à cinq journées de pirogue de son extrémité, mais qu'avec un bon vent l'on pouvait faire ce trajet en deux jours, et coucher tous les soirs à terre : ainsi tout ce qu'on nous avait déjà dit dans la baie de Langle, fut confirmé dans cette nouvelle baie, mais exprimé avec moins d'intelligence par le Chinois qui nous servait d'interprète. M. de Langle rencontra aussi, dans un coin de l'île, une espèce de cirque planté de quinze ou vingt piquets, surmontés chacun d'une tête d'ours ; les ossements de ces animaux étaient épars aux environs. Comme ces peuples n'ont pas l'usage des armes à feu, qu'ils combattent les ours corps à corps, et que leurs flèches ne peuvent que les blesser, ce cirque nous parut être destiné à conserver la mémoire de leurs exploits ; et les vingt têtes d'ours exposées aux yeux devaient retracer les victoires qu'ils avaient remportées depuis dix ans, à en juger par l'état de décomposition dans lequel se trouvaient le plus grand nombre de ces trophées.

Les productions et les substances du sol de la baie d'Estaing ne diffèrent presque point de celles de la baie de Langle : le saumon y était aussi commun, et chaque cabane avait son magasin ; nous découvrîmes que ces peuples consomment la tête, la queue, et l'épine du dos, et qu'ils boucanent et font sécher, pour être vendus aux Mantcheoux, les deux côtés du ventre de ce poisson, dont ils ne se réservent que le fumet, qui infecte leurs maisons, leurs meubles, leurs habillements, et jusqu'aux herbes qui environnent leurs villages. Nos canots partirent enfin, à huit heures du soir, après que nous eûmes comblé de présents les Tartares et les insulaires ; nous étions de retour aux frégates à huit heures trois quarts, et j'ordonnai de tout disposer pour l'appareillage du lendemain.

Le 20, le jour fut très beau ; nous fîmes d'excellentes observations de latitude et de distance de la lune au soleil, d'après lesquelles nous corrigeâmes les points des six derniers jours, depuis le départ de la baie de Langle, située par 47° 49' de latitude nord, et 140° 29' de longitude orientale. La direction de la côte occidentale de cette île, depuis le parallèle de 47° 39', où nous avions aperçu la baie de Langle, jusqu'au 52°, étant absolument nord et sud, nous la prolongeâmes à une petite lieue ; et à sept heures du soir, une brume épaisse nous ayant enveloppés, nous mouillâmes par trente-sept brasses, fond de vase et de petits cailloux. La côte était beaucoup plus montueuse et plus escarpée que dans la partie méridionale. Nous n'aperçûmes ni feu, ni habitation ; et comme la nuit approchait, nous n'envoyâmes point de canot à terre : mais nous prîmes, pour la première fois depuis que nous avions quitté la Tartarie, huit ou dix morues ; ce qui semblait annoncer la proximité du continent, que nous avions perdu depuis les 49° de latitude.

Obligé de suivre l'une ou l'autre côte, j'avais donné la préférence à celle de l'île, afin de ne pas manquer le détroit, s'il en existait un vers l'est ; ce qui demandait une extrême attention, à cause des brumes qui ne nous laissaient que de très courts intervalles de clarté : aussi m'y suis-je en quelques sorte collé, et ne m'en suis-je jamais éloigné de plus de deux lieues, depuis la baie de Langle jusqu'au fond du canal. Mes conjectures sur la proximité de la côte de Tartarie étaient tellement fondées, qu'aussitôt que notre horizon s'étendait un peu, nous en avions une parfaite connaissance. Le canal commença à rétrécir par les 50 degrés, et il n'eut bientôt plus que douze ou treize lieues de largeur.

Le 22 au soir, je mouillai à une lieue de terre. J'étais par le travers d'une petite rivière ; on voyait à trois lieues au nord un pic très remarquable ; sa base est sur le bord de la mer, et son sommet, de quelque côté qu'on l'aperçoive, conserve la forme la plus régulière ; il est couvert d'arbres et de verdure jusqu'à la cime : je lui ai donné le nom de *pic la Martinière*, parce qu'il offre un beau champ aux recherches de la botanique, dont le savant de ce nom fait son occupation principale.

Comme, en prolongeant la côte de l'île depuis la baie d'Estaing, je n'avais découvert aucune habitation, je voulus éclaircir mes doutes à ce sujet ; je fis armer quatre canots des deux frégates, commandés par M. de Clonard, capitaine de vaisseau, et je lui donnai ordre d'aller reconnaître l'anse dans laquelle coulait la petite rivière dont nous apercevions le ravin. De retour à huit heures du soir, il ramena, à mon grand étonnement, tous ses canots pleins de saumons, quoique les équipages n'eussent ni lignes ni filets. Il me dit qu'il avait abordé à l'embouchure d'un ruisseau, dont la largeur n'excédait pas quatre toises, et la profondeur un pied ; il l'avait trouvé tellement rempli de saumons, que le lit en était tout couvert, et que nos matelots, à coups de bâton, en avaient tué douze cents dans une heure : il n'avait d'ailleurs rencontré que deux ou trois abris abandonnés, qu'il supposait avoir été élevés par des Tartares Mantcheoux, venus, suivant leur coutume, du continent pour commercer dans le sud de cette île.

La végétation était encore plus vigoureuse que dans les baies où nous avions abordé : les arbres étaient d'une plus forte dimension ; le céléri et le cresson croissaient en abondance sur les bords de la rivière ; c'était la première fois que nous rencontrions cette dernière plante depuis notre départ de Manille. On aurait pu aussi ramasser de quoi remplir plusieurs sacs de baies de genièvre ; mais nous donnâmes la préférence aux herbes et aux poissons. Nos botanistes firent une ample collection de plantes assez rares ; et nos lithologistes rapportèrent beaucoup de cristaux, de spath, et d'autres pierres curieuses : mais ils ne rencontrèrent ni marcassites, ni pyrites, rien enfin qui annonçât que ce pays eût aucune mine de métal. Les sapins et les saules étaient en beaucoup plus grand nombre que le chêne, l'érable, le bouleau et l'azerolier ; et si d'autres voyageurs sont descendus un mois après nous sur les bords de cette rivière, ils y auront cueilli beaucoup de groseilles, de fraises et de framboises, qui étaient alors en fleur.

Pendant que les équipages de nos canots faisaient à terre cette abondante moisson, nous prenions à bord beaucoup de morues ; et ce mouillage de quelques heures nous donna des provisions fraîches pour une semaine. Je nommai cette rivière *le ruisseau du saumon*, et j'appareillai à la pointe du jour. Je continuai à prolonger de très près cette île, qui ne se terminait jamais au nord, quoique chaque pointe un peu avancée que j'apercevais m'en laissât l'espoir. Le 23, nous observâmes 50° 54′ de latitude nord, et notre longitude n'avait presque pas changé depuis la baie de Langle. Nous relevâmes par cette latitude une très bonne baie, la seule, depuis que nous prolongions cette île, qui offrît aux vaisseaux un abri assuré contre les vents du canal. Quelques habitations paraissaient çà et là sur le rivage, auprès d'un ravin qui marquait le lit d'une rivière un peu plus considérable que celles que nous avions déjà vues : je ne jugeai pas à propos de reconnaître plus particulièrement cette baie, que j'ai nommée *baie de la Jonquière;* j'en ai cependant traversé la largeur. Mais j'étais si pressé, et le temps clair dont nous jouissions était si rare et si précieux pour nous, que je crus ne devoir l'employer qu'à m'avancer vers le nord. Depuis que nous avions atteint le 50° de latitude nord, j'étais revenu entièrement à ma première opinion ; je ne pouvais plus douter que l'île que nous prolongions depuis les 47°, et qui, d'après le rapport des naturels, devait s'étendre beaucoup plus au sud, ne fût l'île Ségalien, dont la pointe septentrionale a été fixée par les Russes à 54°, et qui forme, dans une direction nord et sud, une des plus longues îles du monde : ainsi le prétendu détroit de Tessoy ne serait que celui qui sépare l'île Ségalien de la Tartarie, à peu près par les 52°. J'étais trop avancé pour ne pas vouloir reconnaître ce détroit, et savoir s'il est praticable. Je commençais à craindre qu'il ne le fût pas, parce que le fond diminuait avec une rapidité extrême, en avançant vers le nord, et que les terres de l'île Ségalien n'étaient plus que des dunes noyées et presque à fleur d'eau, comme des bancs de sable.

Le 23 au soir, je mouillai à trois lieues de terre, par vingt-quatre brasses, fond de vase. J'avais trouvé le même brassiage deux lieues plus à l'est, à trois milles du rivage ; et depuis le coucher du soleil jusqu'au moment où nous laissâmes tomber l'ancre, j'avais fait deux lieues vers l'ouest, perpendiculairement à la direction de cette côte, afin de reconnaître si, en nous éloignant de l'île Ségalien, le fond augmenterait : mais il fut constamment le même ; et je commençais à soupçonner que le talus était du sud au nord, dans le sens de la longueur du canal, à peu près comme un fleuve dont l'eau diminue en avançant vers sa source.

Le 24, à la pointe du jour, nous mîmes à la voile, ayant fixé la route au nord-ouest. Le fond haussa jusqu'à dix-huit brasses en trois heures : je fis gouverner à l'ouest, et il se maintint dans une égalité parfaite. Je pris le parti de traverser deux fois ce canal, est et ouest, afin de m'assurer s'il n'y avait point un espace plus creux, et trouver ainsi le chenal de ce détroit, s'il y en avait un. Cette combinaison était la seule raisonnable dans la circonstance où nous nous trouvions ; car l'eau diminuait si rapidement lorsque la route prenait du nord, qu'à chaque lieue dans cette direction, le fond s'élevait de trois brasses : ainsi, en supposant un atterrissement graduel, nous n'étions plus qu'à six lieues du fond du golfe, et nous n'apercevions aucun courant. Cette stagnation des eaux paraissait être une preuve qu'il n'y avait point de chenal, et était la cause bien certaine de l'égalité parfaite du talus.

Nous mouillâmes, le soir du 26, sur la côte de Tartarie ; et le lendemain à midi, la brume s'étant dissipée, je pris le parti de courir au nord-nord-est, vers le milieu du canal, afin d'achever l'éclaircissement de ce point de géographie, qui nous coûtait tant de fatigues. Nous naviguâmes ainsi, ayant parfaitement connaissance des deux côtes : comme je m'y étais attendu, le fond haussa de trois brasses par lieue ; et après avoir fait quatre lieues, nous laissâmes tomber l'ancre par neuf brasses, fond de sable. Les vents étaient fixés au sud avec une telle constance, que, depuis près d'un mois, ils n'avaient pas varié de 20° ; et nous nous exposions, en courant ainsi vent arrière vers le fond de ce golfe, à nous affaler de manière à être obligés peut-être d'attendre le reversement de la mousson pour en sortir. Mais ce n'était pas le plus grand inconvénient ; celui de ne pouvoir tenir à l'ancre, avec une mer aussi grosse que celles des côtes d'Europe qui n'ont point d'abri, était d'une bien autre importance. Ces vents de sud, dont la racine, si on peut s'exprimer ainsi, est dans les mers de Chine, parviennent, sans aucune interruption, jusqu'au fond du golfe de l'île Ségalien ; ils y agitent la mer avec force, et y sont plus fixes que les vents alizés entre les Tropiques. Nous étions si avancés, que je désirais toucher ou voir le sommet de cet atterrissement ; malheureusement le temps était devenu très incertain, et la mer grossissait de plus en plus : nous mîmes cependant nos canots à la mer pour sonder autour de nous. M. Boutin eut ordre d'aller vers le sud-est, et M. de Vaujuas fut chargé de sonder vers le nord, avec la défense expresse à tous deux de s'exposer à rendre problématique leur retour à bord. Cette opération ne pouvait être confiée qu'à des officiers d'une extrême prudence, parce que la mer qui grossissait, et le vent qui forçait, pouvaient nous contraindre à appareiller pour sauver nos vaisseaux. J'ordonnai donc à ces officiers de ne compromettre, sous quelque prétexte que ce pût être, ni la sûreté de nos vaisseaux, si nous attendions leurs chaloupes, ni la leur, si les circonstances étaient assez impérieuses pour nous forcer à appareiller.

Mes ordres furent exécutés avec la plus grande exactitude. M. Boutin revint bientôt après : M. de Vaujuas fit une lieue au nord, et ne trouva plus que six brasses ; il atteignit le point le plus éloigné que l'état de la mer et du temps lui permit de sonder. Parti à sept heures du soir, il ne fut de retour qu'à minuit : déjà la mer était agitée ; et n'ayant pu oublier le malheur que nous avions éprouvé à la baie des Français, je commençais à être dans la plus vive inquiétude. Son retour me parut une compensation de la très mauvaise situation où se trouvaient nos vaisseaux ; car, à la pointe du jour, nous fûmes forcés d'appareiller. La mer était si grosse, que nous employâmes quatre heures à lever notre ancre : le tournevire, la marguerite, cassèrent ; le cabestan fut brisé : par cet événement, trois hommes furent grièvement blessés ; nous fûmes contraints, quoiqu'il ventât très grand frais, de faire porter à nos frégates toute la voile que leurs mâts pouvaient supporter. Heureusement quelques légères variations du sud au sud-sud-ouest et au sud-sud-est nous furent favorables, et nous nous élevâmes, en vingt-quatre heures, de cinq lieues.

Le 28, au soir, la brume s'étant dissipée, nous nous trouvâmes sur la côte de Tartarie, à l'ouverture d'une baie qui paraissait très profonde, et offrait un mouillage sûr et commode : nous manquions absolument de bois, et notre provision d'eau était fort diminuée : je pris le parti d'y relâcher, et je fis signal à l'Astrolabe de sonder en avant. Nous mouillâmes à la pointe du nord de cette baie, à cinq heures du soir, par onze brasses, fond de vase. M. de Langle ayant de suite fait mettre son canot à la mer, sonda lui-même cette rade, et me rapporta qu'elle offrait le meilleur abri possible derrière quatre îles qui la garantissaient des vents du large. Il était descendu dans un village de Tartares où il avait été très bien accueilli ; il avait découvert une aiguade où l'eau la plus limpide pouvait tomber en cascade dans nos chaloupes ; et ces îles, dont le bon mouillage ne devait être éloigné que de trois encâblures, étaient couvertes de bois. D'après le rapport de M. de Langle, je donnai ordre de tout disposer pour entrer au fond de la baie à la pointe du jour ; et nous y mouillâmes à huit heures du matin, par six brasses, fond de vase. Cette baie fut nommée *baie de Castries*.

CHAPITRE XVIII

Relâche à la baie de Castries. — Description de cette baie et d'un village tartare. — Mœurs et coutumes des habitants. — Leur respect pour les tombeaux et les propriétés. — Extrême confiance qu'ils nous inspirent. — Leur tendresse pour leurs enfants. — Leur union entre eux. — Rencontre de quatre pirogues étrangères dans cette baie. — Détails géographiques que nous donnent les équipages. — Production de la baie de Castries. — Ses coquilles, quadrupèdes, oiseaux, pierres, plantes.

L'impossibilité reconnue de débouquer au nord de l'île Ségalien ouvrait un nouvel ordre d'événements devant nous : il était fort douteux que nous pussions arriver cette année au Kamtschatka.

La baie de Castries, dans laquelle nous venions de mouiller, est située au fond d'un golfe, et éloignée de deux cents lieues du détroit de Sangaar, la seule porte, dont nous fussions certains, pour sortir des mers du Japon. Les vents du sud étaient plus fixes, plus constants, plus opiniâtres, que dans les mers de Chine, d'où ils nous étaient envoyés ; parce que, resserrés entre deux terres, leur plus grande variation n'était que de deux quarts, vers l'est ou vers l'ouest : pour peu que la brise fût fraîche, la mer s'élevait d'une manière alarmante pour la conservation de nos mâts ; et nos vaisseaux enfin n'étaient pas assez bons voiliers pour nous laisser l'espoir de gagner, avant la fin de la belle saison, deux cents lieues au vent, dans cet étroit canal, où des brumes presque continuelles rendent le louvoyage extrêmement difficile. Cependant, le seul parti qui nous restât à prendre était de le tenter, à moins d'attendre la mousson du nord, qui pouvait être retardée jusqu'en novembre. Je ne m'arrêtai pas un instant à cette dernière idée : je crus, au contraire, devoir redoubler d'activité, en tachant de pourvoir, dans le plus court espace de temps possible, à nos besoins d'eau et de bois; et j'annonçai que notre relâche ne serait que de cinq jours.

Dès que nous fûmes affourchés, les canots et les chaloupes des deux frégates reçurent, de M. de Langle et de moi, leur destination particulière; elle fut invariable pendant tout notre séjour. La chaloupe fit notre eau, le grand canot notre bois; les petits canots furent donnés à MM. Blondela, Bellegarde, Mouton, Bernizet et Prevost jeune, qui avaient ordre de lever le plan de cette baie; nos yoles, qui tiraient peu d'eau, furent affectées à la pêche du saumon, dans une petite rivière qui en était remplie; nos biscayennes, enfin, nous servirent, à M. de Langle et à moi, pour aller surveiller nos différents travaux, et nous transporter avec les naturalistes au village tartare, dans les différentes îles, et en général sur tous les points qui paraissaient susceptibles d'être observés. La première opération, la plus importante, était la vérification de la marche de nos horloges marines; et nos voiles étaient à peine serrées, que MM. Dagelet, Lauriston et Darbaud, avaient établi leurs instruments sur une île située à une très petite distance de nos vaisseaux; je lui ai donné le nom de l'*île de l'Observatoire*: elle devait aussi fournir à nos charpentiers le bois, dont nous étions presque entièrement dépourvus.

La baie de Castries est la seule, de toutes celles que nous avons visitées sur la côte de Tartarie, qui mérite la qualification de baie; elle assure un abri aux vaisseaux contre le mauvais temps, et il serait possible d'y passer l'hiver. Le fond y est de vase, et monte graduellement de douze brasses jusqu'à cinq, en approchant de la côte, dont les batures s'étendent à trois encâblures au large; en sorte qu'il est très difficile d'y aborder, même en canot, lorsque la marée est basse: on a d'ailleurs à lutter contre des herbes (1) entre lesquelles il ne reste que deux ou trois pieds d'eau, et qui opposent aux efforts des canotiers une résistance invincible.

Il n'y a point de mer plus fertile en *fucus* de différentes espèces, et la végétation de nos plus belles prairies n'est ni plus verte, ni plus fourrée. Un très grand enfoncement, sur le bord duquel était le village tartare, et que nous supposâmes d'abord assez profond pour recevoir nos vaisseaux, parce que la mer était haute lorsque nous mouillâmes au fond de la baie, ne fut plus pour nous, deux heures après, qu'une vaste prairie d'herbes marines; on y voyait sauter des saumons qui sortaient d'un ruisseau dont les eaux se perdaient dans ces herbes, et où nous en avons pris plus de deux mille en un jour.

Les habitants, dont ce poisson est la subsistance la plus abondante et

---

(1) Herbes marines ou *fucus*, les mêmes que celles qui servent, à Marseille, à emballer les différentes caisses d'huile ou de liqueur : c'est le *goèmon*, *goesmon* ou *gouesmon*.

la plus assurée, voyaient les succès de notre pêche sans inquiétude, parce qu'ils étaient certains, sans doute, que la quantité en est inépuisable. Nous débarquâmes au pied de leur village, le lendemain de notre arrivée dans la baie. M. de Langle nous y avait précédés, et ses présents nous y procurèrent des amis.

On ne peut rencontrer, dans aucune partie du monde, une peuplade d'hommes meilleurs. Le chef, ou le plus vieux, vint nous recevoir sur la plage, avec quelques autres habitants. Il se prosterna jusqu'à terre en nous saluant, à la manière des Chinois, et nous conduisit ensuite dans sa cabane, où étaient sa femme, ses belles-filles, ses enfants et ses petits-enfants. Il fit étendre une natte propre, sur laquelle il nous proposa de nous asseoir; et une petite graine, que nous n'avons pu reconnaître, fut mise dans une chaudière sur le feu avec du saumon, pour nous être offerte. Cette graine est leur mets le plus précieux: ils nous firent comprendre qu'elle leur vient du pays des Mantcheoux; ils donnent exclusivement ce nom aux peuples qui habitent à sept ou huit journées dans le haut du fleuve Ségalien, et qui communiquent directement avec les Chinois. Ils firent comprendre, par signes, qu'ils étaient de la nation des Orotchys; nous montrant ensuite quatre pirogues étrangères, que nous avions vues arriver le même jour dans la baie, et qui s'étaient arrêtées devant leur village, ils en nommèrent les équipages *des Bitchys;* ils nous firent comprendre que ces derniers habitaient plus au sud, mais peut-être à moins de sept à huit lieues : car ces nations, comme celles du Canada, changent de nom et de langage à chaque bourgade. Ces étrangers, dont je parlerai plus en détail dans la suite de ce chapitre, avaient allumé du feu sur le sable, au bord de la mer, auprès du village des Orotchys; ils y faisaient cuire leur graine et leur poisson dans une chaudière de fer, suspendue par un crochet de même métal à un trépied formé par trois bâtons liés ensemble. Ils arrivaient du fleuve Ségalien, et rapportaient dans leur pays des nankins et de la graine, qu'ils avaient eus probablement en échange d'huile, de poisson séché, et peut-être de quelques peaux d'ours ou d'élan, seuls quadrupèdes, avec les chiens et les écureuils, dont nous ayons aperçu chez eux les dépouilles.

Ce village des Orotchys était composé de quatre cabanes solidement construites avec des tronçons de sapin dans toute leur longueur, proprement entaillés dans les angles; une charpente assez bien travaillée soutenait la toiture, formée par des écorces d'arbres. Une banquette, comme celle des cases de l'île Ségalien, régnait autour de l'appartement; et le foyer était placé de même au milieu, sous une ouverture assez large pour donner issue à la fumée. Nous avons lieu de croire que ces quatre maisons appartiennent à quatre familles différentes qui vivent entre elles dans la plus grande union et la plus parfaite confiance. Nous avons vu partir une de ces familles pour un voyage de quelque durée; car elle n'a point reparu pendant les cinq jours que nous avons passés dans cette baie. Les propriétaires mirent quelques planches devant la porte de leur maison pour empêcher les chiens d'y entrer, et la laissèrent remplie de leurs effets. Nous fûmes bientôt tellement convaincus de l'inviolable fidélité de ces peuples, et du respect, presque religieux, qu'ils ont pour les propriétés, que nous laissions au milieu de leurs cabanes, et sous le sceau de leur probité, nos sacs pleins d'étoffes, de rassades, d'outils de fer, et généralement de tout ce qui servait à nos échanges, sans que jamais ils aient abusé de notre extrême confiance; et nous sommes partis de cette baie avec l'opinion qu'ils ne soupçonnaient même pas que le vol fut possible.

Chaque cabane était entourée d'une sécherie de saumons, lesquels restaient exposés sur des perches à l'ardeur du soleil, après avoir été boucanés pendant trois ou quatre jours autour du foyer qui est au milieu de chaque case; les femmes chargées de cette opération ont le soin, lorsque la fumée a pénétré les poissons, de les porter en plein air, où ils acquièrent la dureté du bois.

Ils faisaient leur pêche dans la même rivière que nous, avec des filets ou des dards; et nous leur voyions manger crus, avec une avidité répugnante, le museau, les ouïes, les osselets, et quelquefois la peau entière du saumon, qu'ils dépouillaient avec beaucoup d'adresse; ils suçaient le mucilage de ces parties, comme nous avalons une huître. Le plus grand nombre de leurs poissons n'arrivaient à l'habitation que dépouillés, excepté lorsque la pêche avait été très abondante; alors les femmes cherchaient avec la même avidité les poissons entiers, et en dévoraient, d'une manière aussi vorace, les parties mucilagineuses, qui leur paraissaient le mets le plus exquis. C'est à la baie de Castries que nous apprîmes l'usage du bourrelet de plomb ou d'os que ces peuples, ainsi que ceux de l'île Ségalien, portent comme une bague au pouce; il leur sert de point d'appui pour couper et dépouiller le saumon avec un couteau tranchant qu'ils ont, tous, pendu à leur ceinture.

Leur village était construit sur une langue de terre basse et marécageuse, exposée au nord, et qui nous a paru inhabitable pendant l'hiver; mais, à l'opposite et de l'autre côté du golfe, dans un site plus élevé, à l'exposition du midi et à l'entrée d'un bois, était un second village, composé de huit cabanes, plus vastes et mieux construites que les premières. Au-dessus, et à une très petite distance, nous avons visité trois jourtes, ou maisons souterraines, absolument semblables à celles des Kamtschadales, décrites dans le quatrième volume du dernier voyage de Cook; elles étaient assez étendues pour contenir, pendant la rigueur du froid, les habitants de huit cabanes. Enfin, sur une des ailes de cette bourgade, on trouvait plusieurs tombeaux, mieux construits et aussi grands que les maisons : chacun d'eux renfermait trois, quatre ou cinq bières, proprement travaillées, ornées d'étoffes de Chine, dont quelques morceaux étaient de brocart. Des arcs, des flèches, des filets, et généralement les meubles les plus précieux de ces peuples, étaient suspendus dans l'intérieur de ces monuments, dont la porte, en bois, se fermait avec une barre maintenue à ses extrémités par deux supports.

Leurs maisons étaient remplies d'effets, comme les tombeaux ; rien de ce qui leur sert n'en avait été enlevé : les habillements, les fourrures, les raquettes, les arcs, les flèches, les piques, tout était resté dans ce village désert, qu'ils n'habitent que pendant la mauvaise saison. Ils passent l'été de l'autre côté du golfe, où ils étaient et d'où ils nous voyaient entrer dans les cases, descendre même dans l'intérieur des tombeaux, sans que jamais ils nous y aient accompagnés, sans qu'ils aient témoigné la moindre crainte de voir enlever leurs meubles, qu'ils savaient cependant exciter beaucoup nos désirs, parce que nous avions déjà fait plusieurs échanges avec eux. Nos équipages n'avaient pas moins vivement senti que les officiers le prix d'une confiance aussi grande, et le déshonneur et le mépris eussent couvert l'homme qui eût été assez vil pour commettre le plus léger vol.

Il était évident que nous n'avions visité les Orotchys que dans leurs maisons de campagne, où ils faisaient leur récolte de saumon, qui, comme le blé en Europe, fait la base de leur subsistance. J'ai vu parmi eux si peu de peaux d'élan, que je suis porté à croire que la chasse y est peu abondante. Je compte aussi, pour une très petite partie de leur nourriture, quelques racines de lis jaune ou de *saranne*, que les femmes arrachent sur la lisière des bois, et qu'elles font sécher auprès de leur foyer.

On aurait pu penser qu'une si grande quantité de tombeaux, car nous en trouvions sur toutes les îles et dans toutes les anses, annonçait une épidémie récente qui avait ravagé ces contrées, et réduit la génération actuelle à un très petit nombre d'hommes : mais je suis porté à croire que les différentes familles dont cette nation est composée, étaient dispersées dans les baies voisines pour y pêcher et sécher du saumon, et qu'elles ne se rassemblent que l'hiver ; elles apportent alors leur provision de poisson pour subsister jusqu'au retour du soleil. Il est plus vraisemblable de supposer que le respect religieux de ces peuples pour les tombeaux de leurs ancêtres les porte à les entretenir, à les réparer, et à retarder ainsi, peut-être pendant plusieurs siècles, l'effet inévitable de la lime du temps.

Je n'ai aperçu aucune différence extérieure entre les habitants. Il n'en est pas de même des morts, dont les cendres reposent d'une manière plus ou moins magnifique, suivant leurs richesses ; il est assez probable que le travail d'une longue vie suffit à peine aux frais d'un de ces somptueux mausolées, qui n'ont cependant qu'une magnificence relative, et dont on se ferait une très fausse idée, si on les comparait aux monuments des peuples plus civilisés. Les corps des habitants les plus pauvres sont exposés en plein air, dans une bière placée sur un théâtre soutenu par des piquets de quatre pieds de hauteur : mais tous ont leurs arcs, leurs flèches, leurs filets, et quelques morceaux d'étoffes auprès de leurs monuments, et ce serait vraisemblablement un sacrilège de les enlever.

Ces peuples sembleraient, ainsi que ceux de l'île Ségalien, ne reconnaître aucun chef, et n'être soumis à aucun gouvernement. La douceur de leurs mœurs, leur respect pour les vieillards, peut rendre parmi eux cette anarchie sans inconvénient. Nous n'avons jamais été témoins de la plus petite querelle. Leur affection réciproque, leur tendresse pour leurs enfants, offraient à nos yeux un spectacle touchant : mais nos sens étaient révoltés par l'odeur fétide de ce saumon, dont les maisons, ainsi que leurs environs, se trouvaient remplies. Les os en étaient épars, et le sang répandu autour du foyer ; des chiens avides, quoique assez doux et familiers, léchaient et dévoraient ces restes. Ce peuple est d'une malpropreté et d'une puanteur révoltantes ; il n'en existe peut-être pas de plus faiblement constitué, ni d'une physionomie plus éloignée des formes auxquelles nous attachons l'idée de la beauté : leur taille moyenne est au-dessous de quatre pieds dix pouces ; leur corps est grêle, leur voix faible et aiguë, comme celle des enfants ; ils ont les os des joues saillants ; les yeux petits, chassieux, et fendus diagonalement ; la bouche large, le nez écrasé, le menton court, presque imberbe, et une peau olivâtre vernissée d'huile et de fumée. Ils laissent croître leurs cheveux qu'ils portent tressés. Ceux des femmes leur tombent épars sur les épaules ; et le portrait que je viens de tracer convient autant à leur physionomie qu'à celle des hommes, dont il serait assez difficile de les distinguer, si une légère différence dans l'habillement n'annonçait leur sexe : elles ne sont cependant assujetties à aucun travail forcé qui ait pu, comme chez les Indiens de l'Amérique, altérer l'élégance de leurs traits, si la nature les eût pourvues de cet avantage. Tous leurs soins se bornent à tailler et à coudre leurs habits, à disposer le poisson pour être séché, et à soigner leurs enfants, qu'elles allaitent jusqu'à l'âge de trois ou quatre ans ; ma surprise fut extrême d'en voir un de cet âge, qui, après avoir bandé un petit arc, tiré assez juste une flèche, donné des coups de bâton à un chien, se jeta sur le sein de sa mère, et y prit la place d'un enfant de cinq à six mois, qui s'était endormi sur ses genoux.

Les épouses et les mères paraissent jouir parmi eux d'une assez grande considération. Ils n'ont jamais conclu aucun marché avec nous sans le consentement de leurs femmes ; les pendants d'oreilles d'argent, et les bijoux de cuivre servant à orner les habits, sont uniquement réservés aux femmes et aux petites filles. Les hommes et les petits garçons sont vêtus d'une camisole de nankin, ou de peau de chien ou de poisson, taillée comme les blouses des charretiers. Si elle descend au-dessous du genou, ils n'ont point de caleçon. Dans le cas contraire, ils en portent un à la chinoise, qui tombe jusqu'au gras de la jambe. Tous ont des bottes de peau de loup marin, mais ils les conservent pour l'hiver ; et ils portent, dans tous les temps et à tout âge, même à la mamelle, une ceinture de cuir à laquelle sont attachés un couteau à gaine, un briquet, un petit sac pour contenir du tabac et une pipe.

Le costume des femmes est un peu différent ; elles sont enveloppées d'une large robe de nankin, ou de peau de saumon, qu'elles ont l'art de tanner parfaitement et de rendre extrêmement souple. Cet habillement leur descend jusqu'à la cheville du pied, et est quelquefois bordé d'une frange de petits ornements de cuivre, qui font un bruit semblable à celui des grelots. Les saumons dont la peau sert à leur habillement, ne se pêchent pas en été, et pèsent trente ou quarante livres. Ceux que nous venions de prendre, au mois de juillet, étaient du poids de trois ou quatre livres seulement ; mais leur nombre et la délicatesse de leur goût compensaient ce désavantage : nous estimions tous n'en avoir jamais mangé de meilleurs.

Nous ne pouvons parler de la religion de ce peuple, n'ayant aperçu ni temples ni prêtres, mais seulement quelques objets, grossièrement sculptés, suspendus au plancher de leurs cabanes, représentant des enfants, des bras, des mains, des jambes, et ressemblant beaucoup aux *ex-voto* de quelques-unes de nos chapelles de campagne. Il serait possible que ces simulacres, que nous avons peut-être faussement pris pour des idoles, ne servissent qu'à leur rappeler le souvenir d'un enfant dévoré par des ours, ou de quelque chasseur blessé par ces animaux : il n'est cependant guère vraisemblable qu'un peuple si faiblement constitué soit exempt de superstition. Nous avons soupçonné qu'ils nous prenaient quelquefois pour des sorciers ; ils répondaient avec inquiétude, quoique avec politesse, à nos différentes questions ; et lorsque nous tracions des caractères sur le papier, ils semblaient prendre les mouvements de la main qui écrivait, pour des signes de magie, et se refusaient à répondre à ce que nous leur demandions, en faisant entendre que c'était un mal. Ce n'est qu'avec une extrême difficulté et la plus grande patience que M. Lavaux, chirurgien-major de l'Astrolabe, est parvenu à former le vocabulaire des Orotchys et celui des Bitchys. Nos présents ne pouvaient vaincre leurs préjugés à cet égard ; ils ne les recevaient même qu'avec répugnance, et ils les refusèrent souvent avec opiniâtreté. Je crus m'apercevoir qu'ils désiraient peut-être plus de délicatesse dans la manière de les leur offrir ; et, pour vérifier si ce soupçon était fondé, je m'assis dans une de leurs cases, et, après avoir approché de moi deux petits enfants de trois ou quatre ans et leur avoir fait quelques légères caresses, je leur donnai une pièce de nankin, couleur de rose, que j'avais apportée dans ma poche.

Je vis les yeux de toute la famille témoigner une vive satisfaction, et je suis certain qu'ils auraient refusé ce présent si je le leur eusse directement adressé. Le mari sortit de sa case, et rentra bientôt après avec son plus beau chien, qu'il me pria d'accepter ; je le refusai, en cherchant à lui faire comprendre qu'il lui serait plus utile qu'à moi ; mais il insista ; et, voyant que c'était sans succès, il fit approcher les deux enfants qui avaient reçu le nankin, et appuyant leurs petites mains sur le dos du chien, il me fit entendre que je ne devais pas refuser ses enfants. La délicatesse de ces manières ne peut exister que chez un peuple très policé. Je crois que la civilisation d'une nation, qui n'a ni troupeaux ni culture, ne peut aller au-delà. Je dois faire observer que les chiens sont leur bien le plus précieux : ils les attellent à de petits traîneaux fort légers, très bien faits, absolument semblables à ceux des Kamtschadales. Ces chiens, de l'espèce des chiens-loups, sont forts, quoique d'une taille moyenne, extrêmement dociles, très doux, et paraissent avoir le caractère de leurs maîtres ; tandis que ceux du Port des Français, beaucoup plus petits, mais de la même espèce, étaient sauvages et féroces. Un chien de ce port, que nous avions pris et conservé pendant plusieurs mois à bord, se vautrait dans le sang lorsqu'on tuait un bœuf ou un mouton ; il courait sur les poules comme un renard ; il avait plutôt les inclinations d'un loup que celles d'un chien domestique. Il tomba à la mer pendant la nuit, dans un fort roulis, poussé peut-être par quelque matelot dont il avait dérobé la ration.

Les voyageurs dont les quatre pirogues étaient échouées devant le village, avaient excité notre curiosité. Nous employâmes toute notre adresse à les questionner sur la géographie de leur pays, nous traçâmes sur du papier la côte de Tartarie, le fleuve Ségalien, l'île de ce nom, qu'ils appellent aussi *Tchoka,* vis-à-vis de cette même côte, et nous laissâmes un passage entre deux. Ils prirent le crayon de nos mains, et joignirent par un trait l'île au continent ; poussant ensuite leur pirogue sur le sable, ils nous donnèrent à entendre qu'après être sortis du fleuve ils avaient poussé ainsi leur embarcation sur le banc de sable, qui joint l'île au continent, banc qu'ils venaient de tracer ; puis arrachant, au fond de la mer, de l'herbe, dont j'ai déjà dit que le fond de ce golfe était rempli, ils la plantèrent sur le sable, pour exprimer qu'il y avait aussi de l'herbe marine sur le banc qu'ils avaient traversé. Ce rapport fait sur les lieux par des voyageurs qui sortaient du fleuve, rapport si conforme au résultat de ce que nous avions vu, puisque nous ne nous étions arrêtés que par les six brasses, ne nous laissa aucun doute. Pour qu'on puisse concilier ce récit avec celui des peuples de la baie de Langle, il suffit de supposer qu'à mer haute il reste, sur quelques points du banc, des ouvertures avec trois ou quatre pieds d'eau, quantité plus que suffisante pour leurs pirogues. Comme c'était cependant une question intéressante, et qu'elle n'avait point été résolue directement devant moi, je fus à terre le lendemain, et nous eûmes par signes une conversation dont le résultat fut le même.

Enfin, M. de Langle et moi chargeâmes M. Lavaux, qui avait une sagacité particulière pour s'exprimer et comprendre les langues étrangères, de faire de nouvelles recherches. Il trouva les Bitchys invariables dans leur rapport ; et j'abandonnai alors le projet que j'avais formé d'envoyer ma chaloupe jusqu'au fond du golfe, qui ne devait être éloigné de la baie de Castries que de dix ou douze lieues. Ce plan aurait d'ailleurs eu de grands inconvénients : la plus petite brise du sud fait grossir la mer, dans le fond de cette Manche, au point qu'un bâtiment, qui n'est pas ponté, court risque d'être rempli par les lames, qui brisent souvent comme sur une barre ; d'ailleurs, les brumes continuelles et l'opiniâtreté des vents du sud rendaient l'époque du retour de la chaloupe fort incertaine ; or nous n'avions pas un instant à perdre. Au lieu donc d'envoyer la chaloupe éclaircir un point de géographie sur lequel il ne pouvait me rester aucun doute, je me proposai de redoubler d'activité pour sortir du golfe dans lequel nous naviguions depuis trois mois, que nous avions exploré presque entièrement jusqu'au fond, traversé plusieurs fois dans tous les sens, et sondé constamment, autant pour notre sûreté que pour ne laisser rien à désirer aux géographes. La sonde pouvait seule nous guider au milieu de brumes dans lesquelles nous avons été si longtemps enveloppés ; elles n'ont pas lassé du moins notre patience, et nous n'avons pas laissé un seul point des deux côtes sans relèvement. Il ne nous restait plus qu'un point intéressant à éclaircir, celui de l'extrémité méridionale de l'île Ségalien, que nous connaissions seulement jusqu'à la baie de Langle, par 47° 49' ; et j'avoue que j'en aurais peut-être laissé le soin à d'autres, s'il m'eût été possible de déboucher, parce que la saison s'avançait, et que je ne me dissimulais pas l'extrême difficulté de remonter deux cents lieues au vent, dans un canal aussi étroit, plein de brumes, et où les vents de sud n'avaient jamais varié que de deux quarts vers l'est ou vers l'ouest. Je savais, à la vérité, par la relation du Kastricum, que les Hollandais avaient eu des vents de nord au mois d'août : mais il faut observer qu'ils avaient navigué sur la côte orientale de leur prétendu Jesso ; que nous, au contraire, nous étions engolfés entre deux terres dont l'extrémité se trouvait dans les mers à mousson, et que cette mousson règne sur les côtes de Chine et de Corée jusqu'au mois d'octobre.

Il nous paraissait que rien ne pouvait détourner les vents de la première impulsion qu'ils avaient reçue : ces réflexions ne me rendaient que plus ardent à hâter notre départ, et j'en avais fixé irrévocablement l'époque au 2 août. Le temps qui nous restait jusqu'à ce moment fut employé à reconnaître quelque partie de la baie, ainsi que les différentes îles dont elle est formée. Nos naturalistes firent des courses sur tous les points de la côte qui paraissaient devoir satisfaire notre curiosité. M. de Lamanon lui-même, qui avait essuyé une longue maladie, et dont la convalescence était très lente, voulut nous accompagner : les laves, et autres matières volcaniques, dont il apprit que ces îles étaient formées, ne lui permirent pas de songer à sa faiblesse. Il reconnut, avec l'abbé Mongès et le père Receveur, que la plus grande partie des substances des environs de la baie et des îles qui en forment l'entrée, étaient des laves rouges, compactes, ou poreuses : des basaltes gris, en table, ou en boule ; et enfin des trapps qui paraissaient n'avoir pas été attaqués par le feu, mais qui avaient fourni la matière des laves et des basaltes qui s'étaient fondus dans le fourneau : différentes cristallisations se rencontraient parmi ces matières volcaniques dont l'éruption était jugée très ancienne. Ils ne purent découvrir les cratères du volcan ; un séjour de plusieurs semaines eût été nécessaire pour étudier et suivre les traces qui pouvaient y conduire.

M. de la Martinière parcourut, avec son activité ordinaire, les ravins, le cours des rivières, pour chercher, sur leurs bords, des plantes nouvelles ; mais il ne trouva que les mêmes espèces qu'il avait rencontrées dans les baies de Ternai et de Suffren, et en moindre quantité. La végétation était à peu près au point où on la voit aux environs de Paris, vers le 15 mai : les fraises et les framboises étaient encore en fleur, le fruit des groseillers commençait à rougir ; et le céleri ainsi que le cresson étaient très rares. Nos conchyliologistes furent plus heureux ; ils trouvèrent des huîtres feuilletées, extrêmement belles, d'une couleur vineuse et noire, mais si adhérentes au rocher, qu'il fallait beaucoup d'adresse pour les en détacher ; leurs feuilles étaient si minces, qu'il nous a été très difficile d'en conserver d'entières : nous prîmes aussi à la drague quelques buccins d'une belle couleur, des peignes, de petites moules de l'espèce la plus commune, ainsi que différentes cames.

Nos chasseurs tuèrent plusieurs gélinottes, quelques canards sauvages, des cormorans, des guillemots, des bergeronnettes blanches et noires, un petit gobe-mouche d'un bleu azuré, que nous n'avons trouvé décrit par aucun ornithologiste : mais toutes ces espèces étaient peu répandues. La nature de tous les êtres vivants est comme engourdie dans ces climats presque toujours glacés, et les familles y sont peu nombreuses. Le cormoran, le goéland, qui se réunissent en société sous un ciel plus heureux, vivent ici solitaires sur la cime des rochers. Un deuil affligeant et sombre semble régner sur le bord de la mer, et dans les bois, qui ne retentissent que du croassement de quelques corbeaux, et servent de retraite à des aigles à tête blanche, et à d'autres oiseaux de proie. Le martinet, l'hirondelle de rivage, paraissent seuls être dans leur vraie patrie : on en voyait des nids et des vols sous tous les rochers qui forment des voûtes au bord de la mer. Je crois que l'oiseau le plus généralement répandu sur tout le globe est l'hirondelle de cheminée ou de rivage, ayant rencontré l'une ou l'autre espèce dans tous les pays où j'ai abordé.

Quoique je n'aie point fait creuser la terre, je crois qu'elle reste gelée pendant l'été à une certaine profondeur, parce que l'eau de notre aiguade n'avait qu'un degré et demi de chaleur au-dessus de la glace, et que la température des eaux courantes, observée avec un thermomètre, n'a jamais excédé quatre degrés : le mercure cependant se tenait constamment à quinze degrés, quoique en plein air. Cette chaleur momentanée ne pénètre point ; elle hâte seulement la végétation, qui doit naître et mourir en moins de trois mois, et elle multiplie, en peu de temps, à l'infini, les mouches, les moustiques, les maringouins, et autres insectes incommodes.

Les indigènes ne cultivent aucune plante; ils paraissent cependant aimer beaucoup les substances végétales : la graine des Mantcheoux, qui pourrait bien être un petit millet mondé, fait leurs délices. Ils ramassent avec soin différentes racines spontanées, qu'ils font sécher pour leur provision d'hiver, entre autres celle du lis jaune ou saranne, qui est un véritable oignon. Très inférieurs, par leur constitution physique et par leur industrie, aux habitants de l'île Ségalien, ils n'ont pas, comme ces derniers, l'usage de la navette, et ne sont vêtus que d'étoffes chinoises les plus communes, et de dépouilles de quelques animaux terrestres ou de loups marins. Nous avons tué un de ces derniers à coups de bâton ; notre jardinier, M. Collignon, le trouva endormi sur le bord de la mer : il ne différait en rien de ceux de la côte du Labrador et de la baie d'Hudson. Cette rencontre fut suivie, pour lui, d'un évènement malheureux : une ondée de pluie l'ayant surpris dans le bois, pendant qu'il y semait des graines d'Europe, il voulut faire du feu pour se sécher, et fit imprudemment usage de poudre pour l'allumer ; le feu se communiqua à sa poire à poudre qu'il tenait à la main, l'explosion lui brisa l'os du pouce, et il fut si grièvement blessé, qu'il n'a dû la conservation de son bras qu'à l'habileté de M. Rollin, notre chirurgien-major.

Je prendrai occasion de dire ici que M. Rollin, en partageant ses soins à tous les hommes de notre équipage, s'attachait particulièrement à ceux qui paraissaient jouir de la meilleure santé. Il avait remarqué chez plusieurs un commencement de scorbut, annoncé par des enflures aux gencives et aux jambes ; ce principe s'était développé à terre ; il aurait cédé à un séjour de deux semaines : mais nous ne pouvions les passer à la baie de Castries ; nous nous flattâmes que le moût de bière, la sapinette, l'infusion de quinquina mêlée avec l'eau, dissiperaient ces faibles symptômes, et nous donneraient le temps d'attendre une relâche où il nous fût possible de séjourner plus longtemps (1).

---

(1) Cette baie, découverte par La Pérouse dans la Manche de Tartarie, et nommée par lui *baie de Castries*, tire son importance de l'embouchure de l'Amour qui s'y jette dans la mer.

CHAPITRE XIX

Départ de la baie de Castries. — Découverte du détroit qui sépare le Jesso de l'Oku-Jesso. — Relâche à la baie de Crillon sur la pointe de l'île Tchoka ou Ségalien. — Détail sur ses habitants et sur leur village. — Nous traversons le détroit et reconnaissons toutes les terres découvertes par les Hollandais du Kastricum. — Ile des Etats. — Détroit d'Uriès. — Terre de la Compagnie. — Ile des Quatre-Frères. — Ile de Marikan. — Nous traversons les Kuriles et faisons route pour le Kamtschatka.

Le 2 août, ainsi que je l'avais annoncé, nous mîmes à la voile avec une petite brise de l'ouest, qui ne régnait qu'au fond de la baie. Les vents du sud nous attendaient à une lieue au large de la pointe de Clostercam ; ils furent d'abord clairs et très modérés : nous louvoyâmes avec assez de succès, et les bordées nous furent favorables. Je m'attachai plus particulièrement à reconnaître la petite partie de la côte de Tartarie, que nous avions perdue de vue depuis le 49º degré jusqu'au 50°, parce que nous avions serré de très près l'île Ségalien. Je prolongeai donc, au retour, la côte du continent, jusqu'au point de notre dernier relèvement à la vue du pic Lamanon. Le temps, qui avait été très beau, devint très mauvais, le 6 ; nous essuyâmes un coup de vent du sud, moins alarmant par sa violence que par l'agitation qu'il causait à la mer. Nous fûmes forcés de faire porter à nos bâtiments toute la voile que les mâts et le côté des frégates pouvaient supporter, afin de moins dériver, et de ne pas perdre en un jour ce que nous avions gagné dans trois. La pluie, la brume, le vent, la position où nous nous trouvions dans un canal dont les terres nous étaient cachées par les brumes, tout contribuait à rendre notre situation, au moins extrêmement fatigante. Mais ces bourrasques dont nous murmurions, étaient les avant-coureurs des vents du nord, sur lesquels nous n'avions pas compté ; ils se déclarèrent, le 8, après un orage, et nous firent atteindre, le 9 au soir, la latitude de la baie de Langle, d'où nous étions partis depuis le 11 juillet.

Un banc, dont le fond est très régulier, et sur lequel il n'y a aucun danger, se prolonge de dix lieues, du nord au sud, devant la baie de Langle, et se porte à environ huit lieues dans l'ouest. Nous le dépassâmes en courant au sud et je mis en panne à dix heures du soir jusqu'au jour, afin de ne pas laisser la plus petite ouverture sans la reconnaître. Le lendemain, nous continuâmes à prolonger la côte, à deux lieues de distance, et nous aperçûmes, dans le sud-ouest, une petite île plate, qui formait, avec celle de Ségalien, un canal d'environ six lieues. Je l'appelai *île Monneron,* du nom de l'officier du génie employé dans cette expédition. Nous dirigeâmes notre route entre ces deux îles, où nous ne trouvâmes jamais moins de cinquante brasses d'eau. Bientôt nous eûmes connaissance d'un pic, dont l'élévation était au moins de mille ou douze cents toises ; il paraissait n'être composé que d'un roc vif, et conserver de la neige dans ses fentes ; on n'y apercevait ni arbres ni verdures : je l'ai nommé *pic de Langle.* Nous voyions en même temps d'autres terres plus basses.

La côte de l'île Ségalien se terminait en pointe ; on n'y remarquait plus de doubles montagnes : tout annonçait que nous touchions à son extrémité méridionale, et que les terres du pic étaient sur une autre île. Nous mouillâmes, le soir, avec cette espérance, qui devint une certitude le lendemain, que le calme nous força de mouiller à la pointe méridionale de l'île Ségalien. Cette pointe, que j'ai nommée *cap Crillon,* est située par 45° 57' de latitude nord, et 140° 34' de longitude orientale ; elle termine cette île, une des plus étendues du nord au sud qui soient sur le globe, séparée de la Tartarie par une Manche qui finit au nord par des bancs, entre lesquels il n'y a point de passage pour les vaisseaux, mais où il reste vraisemblablement quelque chenal pour des pirogues, à travers ces grandes herbes marines qui obstruent le détroit. Cette même île est l'Oku-Jesso ; et l'île de Chicha, qui était par notre travers, séparée de celle de Ségalien par un canal de douze lieues, et du Japon par le détroit de Sangaar, est le Jesso des Japonais, et s'étend au sud jusqu'au détroit de Sangaar. La chaîne des îles Kuriles est beaucoup plus orientale, et forme, avec le Jesso et l'Oku-Jesso, une seconde mer qui communique avec celle d'Okhotsk, et d'où on ne peut pénétrer sur la côte de Tartarie qu'en traversant, ou le détroit que nous venons de découvrir par 45° 40', ou celui de Sangaar, après avoir débouqué entre les Kuriles.

Ce point de géographie, le plus important de ceux que les voyageurs modernes avaient laissé à résoudre à leurs successeurs, nous coûtait bien des fatigues, et il avait nécessité beaucoup de précautions, parce que les brumes rendent cette navigation difficile. Depuis le 10 avril, époque de notre départ de Manille, jusqu'au jour auquel nous traversâmes le détroit, nous n'avons relâché que trois jours dans la baie de Ternai, un jour dans la baie de Langle, et cinq jours dans la baie de Castries. C'est au cap Crillon que nous reçûmes à bord, pour la première fois, la visite des insulaires; car, sur l'une ou l'autre côte, ils avaient reçu la nôtre sans témoigner la moindre curiosité ou le moindre désir de voir nos vaisseaux. Ceux-ci montrèrent d'abord quelque défiance, et ne s'approchèrent que lorsque nous leur eûmes prononcé plusieurs mots du vocabulaire que M. Lavaux avait fait à la baie de Langle.

Si leur crainte fut d'abord assez grande, leur confiance devint bientôt extrême. Ils montèrent sur nos vaisseaux comme s'ils eussent été chez leurs meilleurs amis, s'assirent en rond sur le gaillard, y fumèrent leurs pipes. Nous les comblâmes de présents; je leur fis donner des nankins, des étoffes de soie, des outils de fer, des rassades, du tabac, et généralement tout ce qui me paraissait leur être agréable : mais je m'aperçus bientôt que l'eau-de-vie et le tabac étaient pour eux les denrées les plus précieuses; et ce fut néanmoins celles que je leur fis distribuer le plus sobrement, parce que le tabac était nécessaire à nos équipages, et que je craignais les suites de l'eau-de-vie. Nous remarquâmes encore plus particulièrement dans la baie de Crillon que les figures de ces insulaires sont belles et d'une proportion de traits fort régulière; ils étaient fortement constitués et taillés en hommes vigoureux. Leur barbe descend sur la poitrine, et ils ont les bras, le cou et le dos couverts de poils; si j'en fais la remarque, c'est comme caractère général, car on trouverait facilement en Europe plusieurs individus aussi velus que ces insulaires.

Je crois leur taille moyenne inférieure d'environ un pouce à celle des Français; mais on s'en aperçoit difficilement, parce que la juste proportion des parties de leur corps, leurs différents muscles fortement prononcés, les font paraître en général de beaux hommes. Leur peau est aussi basanée que celle des Algériens ou des autres peuples de la côte de Barbarie.

Leurs manières sont graves, et leurs remerciements étaient exprimés par des gestes nobles; mais leurs instances pour obtenir de nouveaux présents furent répétées jusqu'à l'importunité. Leur reconnaissance n'alla jamais jusqu'à nous offrir, à leur tour, même du saumon, dont leurs pirogues étaient remplies, et qu'ils remportèrent en partie à terre, parce que nous avions refusé le prix excessif qu'ils en demandaient : ils avaient cependant reçu, en pur don, des toiles, des étoffes, des instruments de fer, des rassades, etc. La joie d'avoir rencontré un détroit, autre que celui de Sangaar, nous avait rendus généreux : nous ne pûmes nous empêcher de remarquer combien, à l'égard de la gratitude, ces insulaires différaient des Orotchys de la baie de Castries, qui, loin de solliciter des présents, les refusaient souvent avec obstination, et faisaient les plus vives instances pour qu'on leur permît de s'acquitter. Si leur morale est en cela bien inférieure à celle de ces Tartares, ils ont sur eux, par leur physique et par leur industrie, une supériorité bien décidée.

Tous les habits de ces insulaires sont tissés de leurs propres mains ; leurs maisons offrent une propreté et une élégance dont celles du continent n'approchent pas ; leurs meubles sont artistement travaillés, et presque tous de fabrique japonaise. Ils ont un objet de commerce très important, inconnu dans la Manche de Tartarie, et dont l'échange leur procure toutes leurs richesses ; c'est l'huile de baleine. Ils en récoltent des quantités considérables : leur manière de l'extraire n'est cependant pas la plus économique : elle consiste à couper par morceaux la chair des baleines, et à la laisser pourrir en plein air sur un talus exposé au soleil ; l'huile qui en découle est reçue dans des vases d'écorce, ou dans des outres de peau de loup marin. Il est à remarquer que nous n'avons pas vu une seule baleine sur la côte occidentale de l'île, et que ce cétacé abonde sur celle de l'est.

Il est difficile de douter que ces insulaires ne soient une race d'hommes absolument différente de celle que nous avons observée sur le continent, quoiqu'ils n'en soient séparés que par un canal de trois ou quatre lieues, obstrué par des bancs de sable et de goémon : ils ont cependant la même manière de vivre ; la chasse, et plus particulièrement la pêche, fournissent presque entièrement à leur subsistance. Ils laissent en friche la terre la plus fertile, et ils ont vraisemblablement, les uns et les autres, dédaigné l'éducation des troupeaux, qu'ils auraient pu faire venir du haut du fleuve Ségalien, ou du Japon. Mais un même régime diététique a formé des constitutions bien différentes : il est vrai que le froid des îles est moins rigoureux par la même latitude que celui des continents ; cette seule cause ne peut cependant avoir produit une différence si remarquable. Je pense donc que l'origine des Bitchys, des Orotchys, et des autres Tartares du bord de la mer, jusqu'aux environs de la côte septentrionale du Ségalien, leur est commune avec celle des Kamtschadales, des Kuriaques, et de ces espèces d'hommes qui, comme les Lapons et les Samoïèdes, sont, à l'espèce humaine, ce que leurs bouleaux et leurs sapins rabougris sont aux arbres des forêts plus méridionales.

Les habitants de l'île Ségalien sont, au contraire, très supérieurs par leur physique aux Japonais, aux Chinois, et aux Tartares Mantcheoux ; leurs traits sont plus réguliers et approchent davantage des formes européennes. Au surplus, il est très difficile de fouiller et de savoir lire dans les archives du monde pour découvrir l'origine des peuples ; et les voyageurs doivent laisser les systèmes à ceux qui lisent leurs relations.

Nos premières questions furent sur la géographie de l'île, dont nous connaissions une partie mieux qu'eux. Il paraît qu'ils ont l'habitude de figurer un terrain ; car, du premier coup, ils tracèrent la partie que nous venions d'explorer, jusque vis-à-vis le fleuve Ségalien, en laissant un passage assez étroit pour leurs pirogues. Ils marquèrent chaque couchée, et lui donnèrent un nom : enfin on ne peut pas douter que, quoique éloignés de l'embouchure de ce fleuve de plus de cent cinquante lieues, ils n'en aient une parfaite connaissance ; et, sans cette rivière, formant le point de communication avec les Tartares Mantchcoux, lesquels commercent avec la Chine, les Bitchys, les Orotchys, les Ségaliens, et généralement tous les peuples de ces contrées maritimes, auraient aussi peu de connaissance des Chinois et de leurs marchandises qu'en ont les habitants de la côte d'Amérique.

Leur sagacité fut en défaut lorsqu'il leur fallut dessiner la côte orientale de leur île ; ils la tracèrent toujours sur la même ligne nord et sud, et parurent ignorer que la direction en fût différente ; en sorte qu'ils nous laissèrent des doutes, et nous crûmes un instant que le cap Crillon nous cachait un golfe profond, après lequel l'île Ségalien reprenait au sud. Cette opinion n'était guère vraisemblable. Le fort courant qui venait de l'est annonçait une ouverture : mais comme nous étions en calme plat, et que la prudence ne nous permettait pas de nous laisser dériver à ce courant, qui aurait pu nous entraîner trop près de la pointe, M. de Langle et moi crûmes devoir envoyer à terre un canot, commandé par M. de Vaujuas ; et nous donnâmes ordre à cet officier de monter sur le point le plus élevé du cap Crillon, et d'y relever toutes les terres qu'il apercevrait en delà. Il était de retour avant la nuit. Son rapport confirma notre première opinion ; et nous demeurâmes convaincus qu'on ne saurait être trop circonspect, trop en garde contre les méprises, lorsqu'on veut faire connaître un grand pays d'après des données aussi vagues, aussi sujettes à illusion, que celles que nous avions pu nous procurer. Ces peuples semblent n'avoir aucun égard, dans leur navigation, au changement de direction. Une crique de la longueur de trois ou quatre pirogues leur paraît un vaste port ; et une brasse d'eau une profondeur presque incommensurable : leur échelle de comparaison est leur pirogue, qui tire quelques pouces d'eau et n'a que deux pieds de largeur.

M. de Vaujuas visita, avant de revenir à bord, le village de la pointe, où il fut parfaitement bien reçu. Il y fit quelques échanges, et nous rapporta beaucoup de saumons. Il trouva les maisons mieux bâties, et surtout plus luxueusement meublées, que celles de la baie d'Estaing ; plusieurs étaient décorées intérieurement avec de grands vases vernis du Japon.

Comme l'île Ségalien n'est séparée de l'île Chicha que par un détroit de douze lieues de largeur, il est plus aisé aux habitants des bords du détroit de se procurer les marchandises du Japon, qu'il ne l'est à leurs compatriotes établis plus au nord ; ceux-ci, à leur tour, sont plus près du fleuve Ségalien et des Tartares Mantcheoux, auxquels ils vendent l'huile de baleine, qui est la base de leurs échanges (1).

Les insulaires qui étaient venus nous visiter se retirèrent avant la nuit, et nous firent comprendre par signes qu'ils reviendraient le lendemain. Ils étaient effectivement à bord à la pointe du jour, avec quelques saumons, qu'ils échangèrent contre des haches et des couteaux : ils nous vendirent aussi un sabre, un habit de toile de leur pays ; et ils parurent voir avec chagrin que nous nous préparions à mettre à la voile. Ils nous engagèrent fort à doubler le cap Crillon, et à relâcher dans une anse qu'ils dessinaient, et qu'ils appelaient *Tabouoro;* c'était le golfe d'Aniva.

Il venait de s'élever une petite brise du nord-est ; je fis signal d'appareiller, et je dirigeai d'abord la route au sud-est, pour passer au large du cap Crillon, qui est terminé par un îlot ou une roche, vers laquelle la marée portait avec la plus grande force. Dès que nous l'eûmes doublée, nous aperçûmes du haut des mâts une seconde roche, qui paraissait à quatre lieues de la pointe, vers le sud-est ; je l'ai nommée *la Dangereuse,* parce qu'elle est à fleur d'eau, et qu'il est possible qu'elle soit couverte à la pleine mer. Je fis route pour passer sous le vent de cette roche, et je l'arrondis à une lieue. La mer brisait beaucoup autour d'elle ; mais je n'ai pu savoir si c'était l'effet de la marée, ou celui des battures qui l'environnent. A cette distance, la sonde rapporta constamment vingt-trois brasses ; et lorsque nous l'eûmes doublée, l'eau augmenta, et nous tombâmes bientôt sur un fond de cinquante brasses, où le courant paraissait modéré.

Jusque-là nous avions traversé, dans ce canal, des lits de marée plus forts que ceux du Four ou du Raz de Brest : on ne les y éprouve pourtant que sur la côte de l'île Ségalien, ou dans la partie septentrionale de ce détroit. La côte méridionale, vers l'île de Chicha, y est beaucoup moins exposée ; mais nous y fûmes ballottés par une houle du large ou de l'est, qui nous mit toute la nuit dans le plus grand danger d'aborder l'Astrolabe, parce qu'il faisait calme plat, et que ni l'une ni l'autre frégate ne gouvernait. Nous nous trouvâmes, le lendemain, au nord du village d'Acqueis, ainsi nommé dans le voyage du Kastricum. Nous venions de traverser le détroit qui sépare le Jesso de l'Oku-Jesso, et nous étions

---

(1) Le texte du Voyage de la Pérouse porte *Ségalien;* on dit et on écrit aujourd'hui *Sakhalian.*

très près de l'endroit où les Hollandais avaient mouillé à Acqueis. Ce détroit leur avait été sans doute caché par des brumes; et il est vraisemblable que les sommets de montagnes qui sont sur l'une et l'autre île, leur avaient fait croire qu'ils étaient liés entre eux par des terres basses : d'après cette opinion, ils avaient tracé une continuation de côte dans l'endroit même où nous avons passé. A cette erreur près, les détails de leur navigation sont assez exacts. Nous relevâmes le cap Aniva, presque au même rumb que celui qui est indiqué sur les cartes hollandaises. Nous aperçûmes aussi le golfe auquel le Kastricum a donné le même nom d'Aniva : il est formé par le cap de ce nom et le cap Crillon. La latitude de ces caps ne différait que de dix à douze minutes, et leur longitude, depuis le cap Nabo, de moins d'un degré, de celles que nous avons déterminées ; précision étonnante pour le temps où fut faite la campagne du Kastricum. Je me suis imposé la loi de ne changer aucun des noms donnés par les Hollandais, lorsque la similitude des rapports me les a fait connaître : mais une singularité assez remarquable, c'est que les Hollandais, en faisant route d'Acqueis au golfe d'Aniva, passèrent devant le détroit que nous venions de découvrir, sans se douter, lorsqu'ils furent mouillés à Aniva, qu'ils étaient sur une autre île; tant sont semblables les formes extérieures, les mœurs et les manières de vivre de ces peuples.

Le temps fut très beau le lendemain ; mais nous fîmes peu de chemin à l'est. Nous relevâmes le cap Aniva au nord-ouest, et nous en aperçûmes la côte orientale qui remonte au nord vers le cap Patience, par la latitude de 49°. Le temps continua d'être beau ; mais les vents d'est-sud-est, qui soufflaient constamment depuis quatre jours, retardèrent notre marche vers les îles des États et de la Compagnie. Notre latitude nord fut observée, le 15, de 46° 9', et notre longitude orientale de 142° 57'. Nous n'apercevions aucune terre, et nous essayâmes plusieurs fois, et toujours vainement, de trouver fond avec une ligne de deux cents brasses.

Le 16 et le 17, le ciel fut couvert, blanchâtre, et le soleil ne parut pas; les vents passèrent à l'est, et je pris la bordée du sud pour m'approcher de l'île des États, dont nous eûmes une parfaite connaissance. Le 19, nous relevâmes le cap Troun au sud, et le cap Uriès au sud-est un quart est.

Le 20, nous aperçûmes l'île de la Compagnie, et reconnûmes le détroit d'Uriès, qui était cependant très embrumé. Nous prolongeâmes, à trois ou quatre lieues, la côte septentrionale de l'île de la Compagnie ; elle est aride, sans arbres ni verdure ; elle nous parut inhabitable. Nous remarquâmes les taches blanches dont parlent les Hollandais ; nous les prîmes d'abord pour de la neige, mais un plus mûr examen nous fit apercevoir de larges fentes dans des rochers, lesquelles avaient la couleur du plâtre. A six heures du soir, nous étions par le travers de la pointe du nord-est de cette île, terminée par un cap très escarpé, que j'ai nommé *cap Kastricum*, du nom du vaisseau à qui l'on doit cette découverte. Nous apercevions au-delà quatre petites îles ou îlots, et, au nord, un large canal qui paraissait ouvert à l'est-nord-est, et formait la séparation des Kuriles d'avec l'île de la Compagnie.

Le 21, le 22 et le 23 furent si brumeux, qu'il nous fut impossible de continuer notre route à l'est, à travers les Kuriles, que nous n'aurions pu apercevoir à deux encâblures. Nous restâmes bord sur bord à l'ouvert du détroit, où la mer ne paraissait agitée par aucun courant. Le temps, quoique très brumeux, nous avait permis de faire route pendant une partie de ces journées, parce qu'il y eut de fréquentes éclaircies; et nous aperçûmes et relevâmes la plus septentrionale des îles des Quatre-Frères, et deux pointes de l'île Marikan, que nous prenions pour deux îles. La plus méridionale restait à l'est 15° sud. Nous n'avions avancé, depuis trois jours, que de quatre lieues vers le nord-est ; et les brumes s'étant beaucoup épaissies, et ayant continué sans aucune éclaircie, le 24, le 25 et le 26, nous fûmes obligés de rester bord sur bord entre ces îles, dont nous ne connaissions ni l'étendue ni la direction, n'ayant pas, comme sur les côtes de la Tartarie et de l'Oku-Jesso, la ressource de sonder pour connaître la proximité de la terre, parce qu'ici l'on ne trouve point de fond. Cette situation, une des plus fatigantes et des plus ennuyeuses de la campagne, ne finit que le 29. Il se fit une éclaircie, et nous aperçûmes des sommets dans l'est ; je fis route pour les approcher. Bientôt les terres basses commencèrent à se découvrir, et nous reconnûmes l'île Marikan, que je regarde comme la première des Kuriles méridionales. Son étendue, du nord-est au sud-ouest, est d'environ douze lieues. Un gros morne la termine à chacune de ses extrémités; et un pic, ou plutôt un volcan, à en juger par sa forme, s'élève au milieu. Comme j'avais le projet de sortir des Kuriles par la passe que je supposais au nord de l'île Marikan, je fis route pour approcher la pointe du nord-est de cette île. J'en apercevais deux autres à l'est-nord-est, mais plus éloignées, et elles paraissaient laisser entre elles et la première un canal de quatre à cinq lieues: mais, à huit heures du soir, les vents passèrent au nord et faiblirent ; la mer étant fort houleuse, je fus obligé de virer de bord et de porter à l'ouest pour m'éloigner de la côte, parce que la lame nous jetait à terre, et que nous n'avions pas trouvé fond à une lieue du rivage, avec une ligne de deux cents brasses. Ces vents du nord me décidèrent à déboucher par le canal qui est au sud de l'île Marikan et au nord des Quatre-Frères ; il m'avait paru large : sa direction était au sud, parallèle à peu près à celle du canal d'Uriès ; ce qui m'éloignait de ma route : mais les vents ne me laissaient pas le choix d'un autre parti ; et les jours clairs étaient si rares, que je crus devoir profiter du seul que nous eussions eu depuis dix jours.

Nous forçâmes de voiles pendant la nuit pour arriver à l'entrée de ce canal ; il ventait fort peu, et la mer était extrêmement grosse. Au jour, nous relevâmes au sud-est, à environ deux lieues de distance, la pointe du sud-ouest de Marikan, que j'ai nommée *cap Rollin*, du nom de notre chirurgien-major ; et nous restâmes en calme plat sans avoir la ressource de mouiller, si nous étions portés à terre ; car la sonde ne rapportait point de fond. Heureusement, le courant nous entraînait sensiblement vers le milieu du canal, dont la largeur est d'environ quinze lieues, et nous avançâmes à peu près de cinq lieues vers l'est-sud-est, sans qu'il y eût assez de vent pour gouverner. Nous apercevions, dans le sud-ouest, les îles des Quatre-Frères. La nuit fut très belle ; les vents se fixèrent à l'est-nord-est, et nous donnâmes dans la passe, au clair de la lune : je l'ai nommée *canal de la Boussole*, et je crois que ce canal est le plus beau de tous ceux qu'on peut rencontrer entre les Kuriles. Nous fîmes très bien de saisir cet intervalle ; car le temps se couvrit à minuit, et la brume la plus épaisse nous enveloppa le lendemain à la pointe du jour, avant que nous eussions la certitude d'être entièrement débouqués. Je continuai la bordée du sud au milieu de ces brumes, avec le projet d'approcher à la première éclaircie les îles situées au nord, et de les relever, s'il était possible, jusqu'à la pointe de Lopatka ; mais les brumes étaient encore plus constantes ici que sur la côte de Tartarie. Depuis dix jours, nous n'avions eu de clarté que pendant vingt-quatre heures : encore ce temps fut-il passé en calme presque plat ; et nous fûmes heureux de profiter de la moitié d'une belle nuit pour débouquer.

A six heures du soir, je pris la bordée du nord, vers la terre, dont je me supposais éloigné de douze lieues : la brume était toujours aussi épaisse. Vers minuit, les vents passèrent à l'ouest, et je fis route à l'est, attendant le jour pour me rapprocher de la côte. Le jour parut sans que la brume se dissipât ; le soleil perça cependant deux fois dans la matinée, et il étendit pendant quelques minutes seulement notre horizon à une ou deux lieues : nous en profitâmes pour prendre les hauteurs absolues du soleil, afin de connaître l'heure et d'en conclure la longitude. Ces observations nous laissaient quelque incertitude, parce que l'horizon n'était pas terminé : elles nous apprirent néanmoins que nous avions été portés d'environ dix lieues dans le sud-est ; ce qui était très conforme aux résultats des différents relèvements que nous avions faits la veille pendant le calme. La brume reprit avec opiniâtreté ; elle fut aussi épaisse le lendemain : alors, comme la saison s'avançait, je me décidai à abandonner l'exploration des Kuriles septentionales, et à faire route pour le

Kamtschatka. Nous avions déterminé les plus méridionales ; c'étaient celles qui avaient laissé des incertitudes aux géographes. La position géographique de l'île Marikan étant bien fixée, ainsi que celle de la pointe de Lopatka, il me parut inutile de sacrifier à une recherche sans résultats avantageux pour la science géographique, la santé des équipages, qui commençaient à avoir besoin de repos, et que les brumes continuelles entretenaient dans une humidité très malsaine, malgré les précautions que nous prenions pour les en garantir. En conséquence, je fis route à l'est-nord-est, et je renonçai au projet que j'avais de mouiller à l'une des Kuriles, pour y observer la nature du terrain et les mœurs des habitants : je suis assuré qu'ils sont le même peuple que celui de Tchoka et de Chicha, d'après les relations des Russes, qui ont donné un vocabulaire de la langue de ces insulaires, parfaitement semblable à celui que nous avons formé à la baie de Langle. La seule différence consiste dans la manière dont nous avons entendu et exprimé leur prononciation, laquelle ne peut avoir frappé d'une manière pareille des oreilles russes et françaises. D'ailleurs, l'aspect des îles méridionales, que nous avons prolongées de très près, est horible; et je crois que la terre de la Compagnie, celle des Quatre-Frères, l'île Marikan, etc., sont inhabitables. Des rochers arides, sans verdure, sans terre végétale, ne peuvent que servir de refuge à des naufragés, qui n'auraient ensuite rien de mieux à faire que de gagner promptement les îles de Chicha ou de Tchoka, en traversant les canaux qui les séparent.

La brume fut aussi opiniâtre jusqu'au 5 septembre, qu'elle l'avait été précédemment mais comme nous étions au large, nous forçâmes de voiles au milieu des ténèbres ; et, à six heures du soir de ce même jour, il se fit une éclaircie qui nous laissa voir la côte du Kamtchatka. Elle s'étendait de l'ouest un quart nord-ouest au nord un quart nord-ouest, et les montagnes que nous relevâmes à cette aire de vent étaient précisément celles du volcan qui est au nord de Saint-Pierre et Saint-Paul, dont nous étions cependant éloignés de plus de trente-cinq lieues, puisque notre latitude n'était que de 51° 30'. Toute cette côte paraissait hideuse ; l'œil se reposait avec peine, et presque avec effroi, sur ces masses énormes de rochers que la neige couvrait encore au commencement de septembre, et qui semblaient n'avoir jamais eu aucune végétation.

Nous fîmes route au nord. Le lendemain, le temps continua d'être clair. Nous avions approché la terre : elle était agréable à voir de près ; la base de ces sommets énormes, couronnés de glaces éternelles, était tapissée de la plus belle verdure, du milieu de laquelle on voyait s'élever différents bouquets d'arbres.

Nous eûmes connaissance, le 6 au soir, de l'entrée de la baie d'Avatscha ou Saint-Pierre et Saint-Paul. Le phare que les Russes ont élevé sur la pointe de l'est de cette entrée, ne fut point allumé pendant la nuit : le gouverneur nous dit, le lendemain, qu'il avait fait de vains efforts pour en entretenir le feu ; le vent avait sans cesse éteint la mèche du fanal, qui n'était abritée que par quatre planches de sapin mal jointes. Le lecteur s'apercevra que ce monument, digne du Kamtschatka, n'a été calqué sur aucun des phares de l'ancienne Grèce, de l'Egypte ou de l'Italie ; mais aussi faudrait-il peut-être remonter aux temps héroïques qui ont précédé le siége de Troie, pour trouver une hospitalité aussi affectueuse que celle qu'on exerce dans ce pays sauvage. Nous entrâmes dans la baie le 7, à deux heures après midi. Le gouverneur vint à cinq lieues au-devant de nous, dans sa pirogue : quoique le soin du fanal l'eût occupé toute la nuit, il s'imputait la faute de n'avoir pu réussir à tenir sa mèche allumée. Il nous dit que nous étions annoncés depuis longtemps, et qu'il croyait que le gouverneur général de la presqu'île, qui était attendu à Saint-Pierre et Saint-Paul dans cinq jours, avait des lettres pour nous.

A peine avions-nous mouillé, que nous vîmes monter à bord le bon pope de Paratounka, avec sa femme et tous ses enfants. Dès lors nous prévîmes que nous pourrions voir paraître et qu'il nous serait facile de remettre sur la scène une partie des personnages dont il est question dans le dernier Voyage de Cook.

CHAPITRE XX

Supplément aux chapitres précédents. — Nouveaux détails sur la côte orientale de la Tartarie. — Doute sur la prétendue pêcherie de perles dont parlent les jésuites. — Différences physiques entre les insulaires de ces contrées et les continentaux. — Pauvreté du pays. — Impossibilité d'y faire aucun commerce utile. — Vocabulaire des habitants de l'île Tchoka ou Ségalien.

Notre navigation, depuis Manille jusqu'à l'île Quelpaert, sur la côte méridionale de la Corée, n'était nouvelle que pour nous ; car les Hollandais font depuis longtemps le commerce du Japon, et envoient tous les ans un ou deux vaisseaux à Nangasacki (1) ; mais j'ignore s'ils dirigent leur route par le canal de Formose, ou s'ils passent dans l'est de cette île. On m'a assuré que les capitaines faisaient serment, avant leur départ de Batavia, de tenir secrets les détails de leur navigation, et de ne permettre à personne de prendre copie des cartes manuscrites qui leur sont remises. Une semblable précaution annoncerait-elle que d'autres Européens seraient reçus au Japon, et pourraient y faire le commerce concuremment avec eux ? ou la prestation de ce serment n'est-elle qu'un ancien usage qu'on a négligé de réformer ?

Quoi qu'il en soit, nous croyons que le moment est arrivé où tous les voiles qui couvrent les navigations particulières vont être levés : l'art des navigateurs a fait assez de progrès dans ces derniers temps pour n'être plus arrêté par de pareils obstacles. Bientôt la géographie ne sera plus une science problématique, parce que l'esprit de la discussion et de critique deviendra inutile, lorsque tous les points principaux seront assujettis à des déterminations exactes de latitude et de longitude ; et nous touchons au moment où tous les peuples connaîtront l'étendue des

(1) Nagazaki.

mers qui les environnent, et des terres qu'ils habitent. Quoique les mers de Tartarie que nous avons explorées soient les limites du continent le plus anciennement habité, elles étaient aussi ignorées des Européens que le détroit d'Aman ou l'archipel de Saint-Lazare ; et les jésuites, dont les relations nous ont si bien fait connaître la Chine, n'avaient pu donner aucun éclarcissement sur la partie orientale de ce vaste empire. On n'avait pas permis à ceux qui faisaient le voyage de Tartarie de s'approcher des bords de la mer ; cette précaution, et la défense faite dans tous les temps par l'empereur du Japon de naviguer au nord de ses états, étaient un motif de croire que cette partie de l'Asie recélait des richesses que la politique japonaise et chinoise craignait de laisser connaître aux Européens. Les détails des chapitres précédents ont dû prouver aux lecteurs que la côte de la Tartarie orientale est encore moins habitée que celle du nord de l'Amérique. Séparée, en quelque sorte, du continent par le fleuve Ségalien, dont le cours est presque parallèle à sa direction, et par des montagnes inaccessibles, elle n'a jamais été visitée des Chinois et des Japonais que vers les bords, du côté de la mer ; le très petit nombre d'habitants qu'on y rencontre, tirent leur origine des peuples qui sont au nord de l'Asie, et ils n'ont rien de commun à cet égard avec les Tartares Mantcheoux, et encore moins avec les insulaires de l'Oku-Jesso, du Jesso et des Kuriles. On sent qu'un pareil pays adossé à des montagnes éloignées de moins de vingt lieues des bords de la mer, ne peut avoir de rivière considérable : le fleuve Ségalien, qui est au-delà, reçoit toutes les eaux dont la partie est dirigée vers l'ouest; celles qui coulent à l'est se divisent en ruisseaux dans toutes les vallées, et il n'est aucun pays mieux arrosé, ni d'une fraîcheur plus ravissante pendant la belle saison. Je n'évalue pas à trois mille habitants le nombre total des individus composant les petites peuplades de cette contrée, depuis le point sur lequel nous avons atterri, par le 42°, jusqu'à la baie de Castries, aux environs de l'embouchure du fleuve Ségalien. Cette rivière, que les Tartares Mantcheoux ont descendue en pirogues jusqu'à la mer, d'où ils se sont répandus sur les côtes, au nord et au sud, forme la seule voie ouverte au commerce de l'intérieur : elle est, à la vérité, très fréquentée aujourd'hui ; il n'y a peut-être pas un seul individu sur cette partie du continent, et sur les îles de Jesso et d'Oku-Jesso, qui ne connaisse le Ségalien, comme les habitants de l'Egypte et de la Judée connaissaient le Nil. Mais le commerce ne s'y fait qu'à huit ou dix journées dans le haut de cette rivière : il paraît que son embouchure, comme celle du Gange, offre des bords inhabités ; et on doit sans doute l'attribuer à la stérilité du pays qui est presque noyé, couvert de marais, et où les troupeaux, la principale richesse des Tartares, ne peuvent trouver une substance salubre. J'ai dit que les jésuites avaient annoncé qu'il se faisait une pêche de perles sur cette côte. Nous avons effectivement trouvé des huîtres qui en contenaient : mais j'avoue que je ne sais où placer cette pêcherie, à moins que ce ne soit sur les confins de la Corée ou à l'embouchure du Ségalien ; alors je supposerais qu'elle n'est en rien comparable à celles de Bassora ou du golfe de Monaar, qui occupent cinq ou six mille personnes. Il est possible que quelques familles de pêcheurs s'y réunissent pour chercher des perles, qu'elles échangent ensuite contre des nankins et autres objets de commerce de la Chine, de peu de valeur : j'ai cependant essayé de montrer aux Bitchys et aux insulaires de l'Oku-Jesso, des perles fausses, parfaitement imitées, et je ne me suis pas aperçu qu'ils en aient été plus frappés que des rassades ordinaires.

On se ferait la plus fausse idée de ce pays, si l'on supposait qu'on peut y aborder par les rivières qui viennent de l'intérieur, et que les Chinois y font quelque commerce. Nous avons prolongé la côte de très près, souvent à une portée de canon, sans apercevoir aucun village. Nous avons vu, à la baie de Ternai, les ours, les biches, les faons, paître comme des animaux domestiques, et, levant leur tête, regarder avec étonnement l'arrivée de nos vaisseaux dans la baie. Un tombeau et quelques arbres brûlés annonçaient seuls que ce pays avait d'autres habitants. La baie de Suffren n'était pas moins déserte. Vingt-cinq ou trente personnes paraissaient composer la peuplade de la baie de Castries, qui aurait pu en contenir dix mille.

Nos naturalistes n'ont trouvé, sur le bord de la mer et à l'embouchure des rivières, ni pyrites, ni morceaux de mine roulés, ni grains d'or disséminés dans le sable, rien enfin qui annonce un pays où il y ait des métaux. Nous avons rencontré des silex, des calcédoines, des cristaux de spath, des zoolithes, du porphyre et quantité de matières volcaniques, qui contenaient fort peu de schorls, mais beaucoup de cristallisations assez belles, et d'incrustations qu'on rencontre fréquemment dans les laves de volcans éteints. La côte de l'Oku-Jesso, qui forme la partie orientale de la Manche de Tartarie, est encore plus fertile en plantes que celle du continent qui lui est opposée : il m'a paru que la végétation y avait plus de force ; mais les insulaires n'en fatiguent pas davantage le sol. Le règne animal fournit, presque en entier, à leur subsistance : car je compte pour rien quelques oignons de saranne et d'ail, que les femmes font sécher, et qu'elles trouvent sur la lisière des bois. Je suis même porté à croire que la chasse est, pour ces peuples, plutôt un amusement qu'un travail ; le poisson frais ou séché est, comme le blé en France, la base de leur nourriture. Deux chiens qui m'avaient été donnés à la baie de Castries refusèrent d'abord de manger de la viande et se jetèrent sur le poisson avec une voracité qu'on ne peut comparer qu'à celle des loups qui ont souffert une longue faim. La nécessité seule les a accoutumés peu à peu à une autre nourriture.

Quelques peaux d'ours et d'élan, dont ces peuples étaient vêtus, ne me laissent pas douter qu'ils ne fassent, l'hiver, la chasse à ces animaux : mais les continentaux sont en général trop faibles pour oser les attaquer avec leurs flèches ; ils nous ont exprimé par signes qu'ils leur tendaient des pièges, en attachant une amorce à un arc fortement bandé : l'animal, en dévorant cette amorce, fait partir une détente qui pousse une flèche dirigée vers l'appât. Les insulaires, plus généreux parce qu'ils sont plus robustes, paraissent s'enorgueillir de plusieurs cicatrices qu'ils se plaisaient à nous montrer, en nous faisant entendre qu'ils avaient combattu des ours avec des pieux, après les avoir blessés à coups de flèches.

Les pirogues sont faites d'un sapin creusé, et peuvent contenir sept à huit personnes. Ils les manœuvrent avec des avirons très légers, et entreprennent, sur ces frêles bâtiments, des voyages de deux cents lieues depuis l'extrémité méridionale de l'Oku-Jesso et du Jesso, par les 42°, jusqu'au fleuve Ségalien, par 53° : mais ils ne s'éloignent jamais de terre d'une portée de pistolet, excepté lorsqu'ils traversent la mer d'une île à l'autre ; et ils attendent pour cela un calme absolu. Le vent, qui suit toujours la direction du canal, ne pousse jamais la lame sur le rivage ; en sorte qu'on peut aborder dans toutes les anses, comme dans les rades les mieux fermées : chaque soir, ils échouent leurs pirogues sur le sable du rivage ; ils portent avec eux des écorces qui avec quelques branches de sapin, bouleau, leur servent à construire dans l'instant une cabane. Des ruisseaux remplis de saumon leur offrent une subsistance assurée ; chaque patron de pirogue a sa chaudière, son trépied, son briquet, son amadou. Dans quelque lieu qu'ils abordent, la cabane est dressée, le poisson dardé, et la cuisine faite une heure après la descente. Cette navigation est aussi sûre que celle du canal de Languedoc : ils arrivent dans un nombre de jours déterminé, et s'arrêtent tous les soirs aux mêmes anses et auprès des mêmes ruisseaux. Ils marquèrent sur notre carte le nombre de leurs couchées depuis le cap Crillon jusqu'au fleuve Ségalien, et il en résulte qu'ils faisaient onze lieues par jour. Quoique leurs pirogues n'aient ni mâts ni vergues, ils attachent quelquefois un fragment de vêtement à deux avirons en croix, et vont ainsi à la voile avec moins de fatigue qu'à la rame. On voit, auprès des villages, de petites pirogues pour un ou deux hommes seulement : elles ne servent pas pour les longs voyages, elles sont destinées à entrer dans les ruisseaux où ils font leur pêche. La légèreté en est telle, que lorsque le fond n'a que douze ou quinze pouces d'eau, ils se servent de petites béquilles au lieu de perches, et, restant assis, ils poussent sur le fond, et communiquent à leur bateau une très grande vitesse : lorsque l'eau est plus profonde, ils manœuvrent ces petites embarcations avec des pagaies.

Les usages et les mœurs des deux peuples ne diffèrent que par des nuances : même manière de vivre, même architecture navale et civile, même respect pour les vieillards. Mais, de ce parallèle, je suis convaincu que les Tartares l'emportent par le moral, et les insulaires par l'industrie, et principalement par le caractère et les autres vertus qui tiennent à l'opinion de ses propres forces. Nous avons cru remarquer dans l'Oku-Jesso une distinction d'état qui n'existe pas en Tartarie : il y avait dans chaque pirogue un homme avec lequel les autres ne faisaient pas société ; il ne mangeait pas avec eux, et leur paraissait absolument subordonné : nous avons soupçonné qu'il pouvait être esclave ; ce n'est qu'une simple conjecture, mais il était au moins d'un rang très inférieur au leur.

Les Jessois et les Oku-Jessois ont un objet de commerce très considérable, qui manque absolument aux Bitchys et aux Orotchys ; c'est l'huile de baleine. Ce cétacée abonde sur la côte orientale de leurs îles, où nous en avons aperçu un aussi grand nombre que dans le détroit de le Maire ; mais nous n'en avons pas vu un seul dans la Manche de Tartarie. La communication plus directe des insulaires avec le Japon donne aux meubles de leurs cabanes un air d'opulence qu'on ne trouve pas sur le continent, excepté dans les tombeaux, pour lesquels les Tartares réservent toutes leurs richesses ; nous n'avons rencontré chez les Ségaliens aucun monument de ce genre ainsi décoré. Nous avons remarqué, comme dans la baie de Castries, des simulacres suspendus au plancher de leurs cabanes : le patron d'une des pirogues de la baie de Crillon, auquel j'avais donné une bouteille d'eau-de-vie, en jeta, avant de partir, quelques gouttes dans la mer, nous faisant comprendre que cette libation était une offrande qu'il adressait à l'Être suprême. Il paraît que le ciel sert ici de voûte à son temple, et que les chefs de famille sont ses ministres.

Il est aisé de conclure de cette relation, qu'aucun motif de commerce ne peut faire fréquenter ces mers aux Européens ; un peu d'huile de baleine et du poisson séché ou fumé sont, avec quelques peaux d'ours ou d'élan, de bien petits articles d'exportation pour couvrir les dépenses d'un si long voyage : je dois même ajouter, comme une maxime générale, qu'on ne peut se flatter de faire un commerce un peu considérable qu'avec une grande nation ; et si ces objets étaient de quelque importance, on ne parviendrait pas à en compléter le chargement d'un vaisseau de trois cents tonneaux sur ces différentes côtes, qui ont un développement de plus de mille lieues. Quoique le saumon séché de la baie de Castries m'eût paru d'une bonne qualité, et qu'il me fût très-possible d'en acheter, j'avoue que je m'en fis un scrupule, dans la crainte que ces malheureux ne nous vendissent leurs provisions d'hiver, et qu'ils ne mourussent de faim pendant cette saison.

Nous n'avons aperçu aucune loutre de mer ; nous leur avons montré des échantillons de nos peaux, et il nous a paru que ces fourrures leur étaient inconnues : ils ne semblaient pas y mettre plus de prix qu'à celles des loups marins, dont ils font leurs bottes. Il est vraisemblable que cet amphibie ne se trouve que dans la partie orientale des Kuriles septentrionales ; ce qui indique que sa vraie patrie est à l'est de l'Asie, vers les côtes de l'Amérique, où, comme je l'ai dit, il est répandu en très grande quantité depuis la pointe d'Oonolaska jusqu'à Saint-Diego, sur la côte occidentale de la Californie.

En lisant les différentes relations qui avaient donné bien des idées fausses du vaste pays que nous venons de reconnaître, on y trouve beaucoup de vérités éparses, mais qu'il était fort difficile de démêler. Le père des Anges (1) avait certainement connu ces peuples, et la description qu'il fait de cette contrée est exacte : mais, placé à l'extrémité méridionale du Jesso, vis-à-vis le Japon, il n'avait ni pu embrasser ni osé supposer une si grande étendue de pays ; et le détroit de Tessoy, dont il parle, et que les insulaires lui ont dit être embarrassé d'herbes marines, et si près du continent, qu'on aperçoit à la vue simple un cheval paître sur l'autre bord, n'est autre que le fond du golfe où nous avons pénétré, et d'où nous avons aperçu la pointe Boutin, sur l'île de l'Oku-Jesso, s'avancer vers le continent, et se terminer vers la mer, comme un banc de sable d'une toise ou deux d'élévation.

Les relations de Kæmpfer, les lettres du père Gaubil (2), contenaient aussi quelques vérités ; mais l'un et l'autre rapportaient ce que les Japonais ou les Tartares leur avaient dit, et ils s'étaient entretenus avec des hommes trop ignorants pour que leur rapport fût exact.

Les Russes enfin niaient l'existence de ces deux îles, plus considérables que les îles britanniques ; ils les confondaient avec les Kuriles, et ne supposaient aucune terre intermédiaire entre ces îles et le continent de l'Asie. Dans cette hypothèse, les mers du Japon et de la Corée étaient ouvertes à leurs vaisseaux d'Okhotsk : mais cette supposition anéantissait le voyage des Hollandais en 1634. Si le détroit que nous avons découvert a échappé aux recherches des Hollandais, les marins qui connaissent les parages à brumes en seront peu surpris. La latitude et la longitude de ce détroit ont été déterminées dans notre voyage d'une manière si précise, qu'il n'y a plus aucune difficulté à pénétrer par cette passe dans les mers de la Corée. Le pic de Langle, élevé de plus

---

(1) Jésuite missionnaire. — (2) Idem.

de douze cents toises au-dessus du niveau de la mer, et qu'on peut apercevoir de quarante lieues par un temps clair, est une excellente reconnaissance de la côte méridionale de ce canal, qu'il convient de ranger préférablement à celle du nord, parce que les courants y sont plus modérés. La connaissance précise de la géographie de cette partie du continent, que les fatigues de notre campagne auront procurée à la France et aux autres nations de l'Europe, pourra devenir d'une utilité prochaine aux Russes, qui peut-être auront un jour une grande navigation à Okhotsk, et feront fleurir les arts et les sciences de l'Europe dans ces contrées, habitées aujourd'hui par quelques hordes de Tartares errants, et plus particulièrement par des ours et d'autres animaux des forêts.

Je n'essaierai point d'expliquer comment le Jesso, l'Oku-Jesso, et toutes les Kuriles, sont peuplés d'une race d'hommes différente de celle des Japonais, des Chinois, des Kamtschadales, et des Tartares, dont les Oku-Jessois ne sont séparés, au nord, que par un canal peu large et peu profond. En ma qualité de voyageur, je rapporte seulement les faits et j'indique les différences. Quoique je n'aie point abordé aux Kuriles, je suis certain, d'après les relations des Russes, et l'identité du langage, que les habitants des Kuriles et ceux du Jesso et de l'Oku-Jesso ont une origine commune. Leurs mœurs, leur manière de vivre, diffèrent aussi très peu de celles des continentaux; mais la nature a imprimé une différence si marquée dans le physique de ces deux derniers peuples, que cette empreinte, mieux qu'une médaille ou tout autre monument, est une preuve incontestable que cette partie du continent n'a point peuplé ces îles, et que leurs habitants sont une colonie peut-être même étrangère à l'Asie. Quoique l'Oku-Jesso soit à plus de cent cinquante lieues à l'occident des Kuriles, et qu'il soit impossible de faire cette traversée avec d'aussi frêles bâtiments que leurs pirogues de sapin, ils peuvent cependant communiquer ensemble avec facilité, parce que toutes ces îles, séparées entre elles par des canaux plus ou moins larges, forment une espèce de cercle, et qu'aucun de ces canaux ne présente une étendue de quinze lieues : il serait donc possible d'aller en pirogue du Kamtschatka à l'embouchure du fleuve Ségalien, en suivant la chaîne de ces îles jusqu'à l'île Marikan, et passant de l'île Marikan à celles des Quatre-Frères, de la Compagnie, des Etats, du Jesso, et enfin de l'Oku-Jesso, et d'atteindre ainsi les limites de la Tartarie russe. Mais on prononcerait vainement chez tous ces insulaires les noms de Jesso et d'Oku-Jesso, qui vraisemblablement sont japonais ; ni les Tartares ni les prétendus Jessois et Oku-Jessois n'en ont aucune connaissance : ceux-ci donnent à leur île le nom de *Tchoka*, et au Jesso celui de *Chicha*. Cette confusion de noms nuit beaucoup aux progrès de la géographie, ou du moins fatigue très inutilement la mémoire ; je crois que, lorsque les noms d'un pays sont connus, ils doivent être religieusement conservés, ou, à leur défaut, ceux qui ont été donnés par les plus anciens navigateurs. Nous avons dressé un vocabulaire de la langue des habitants de l'île Tchoka, formé à la baie de Langle ; leur prononciation est douce, et ressemble à celle des personnes qui grasseyent légèrement.

Je n'ai ni vu danser ni entendu chanter ces insulaires ; mais ils savent tous tirer des sons agréables de la tige principale d'un grand céleri, ou d'une espèce d'euphorbe, ouverte par les deux extrémités ; ils soufflent par le petit bout : ces sons imitent assez bien les tons adoucis de la trompette. L'air qu'ils jouent est indéterminé ; c'est une suite de tons hauts et bas, dont la totalité peut aller à une octave et demie ou deux octaves, c'est-à-dire à douze ou seize notes. Nous ne leur avons pas reconnu d'autre instrument de musique.

CHAPITRE XXI

Mouillage dans la baie d'Avatscha. — Accueil obligeant du lieutenant Kaborof. — Arrivée de M. Kasloff-Ougrenin, gouverneur d'Okhotsk, au havre de Saint-Pierre et Saint-Paul. — Il est suivi à bord par M. Schmaleff, et par le malheureux Ivachkin, qui nous inspire le plus vif intérêt. — Bienveillance officieuse du gouverneur à notre égard. — Bal des Kamtschadales. — Un courrier, arrivant d'Okhotsk, nous apporte nos lettres de France. — Nous découvrons le tombeau de M. de la Croyère, et nous y attachons, ainsi qu'à celui du capitaine Clerke, une inscription gravée sur cuivre. — Nouvelles vues d'administration de M. Kasloff, relatives au Kamtschatka. — Nous obtenons la permission d'envoyer notre interprète en France avec nos paquets. — Départ de la baie d'Avatscha.

Nous n'étions pas encore affourchés devant le port de Saint-Pierre et Saint-Paul, lorsque nous reçûmes la visite du toyon ou chef du village, et de plusieurs autres habitants; ils nous apportaient chacun quelques présents en saumons ou en raies, et nous offraient leurs services pour aller chasser aux ours, ou aux canards dont les étangs et les rivières sont couverts. Nous acceptâmes ces offres, nous leur prêtâmes des fusils, nous leur donnâmes de la poudre et du plomb, et nous ne manquâmes pas de gibier pendant notre séjour dans la baie d'Avatscha: ils ne demandaient aucun salaire pour prix de leurs fatigues; mais nous avions été si abondamment pourvus, à Brest, d'objets très précieux pour des Kamtschadales, que nous insistâmes pour leur faire accepter des marques de notre reconnaissance, et notre richesse permettait de les proportionner à leurs besoins plus encore qu'aux produits de leur chasse. Le gouvernement du Kamtschatka était entièrement changé depuis le départ des Anglais; il n'était plus qu'une province de celui d'Okhostk, et les différents postes de cette presqu'île avaient des commandants particuliers, qui ne devaient des comptes qu'au seul commandant général d'Okhotsk. Le capitaine Schmaleff, le même qui avait succédé par *interim* au major

Behm, était encore dans le pays, avec le titre de commandant particulier des Kamtschadales ; M. Reinikin, le vrai successeur du major Behm, et qui était arrivé au Kamtshatka peu de temps après le départ des Anglais, n'avait gouverné le pays que pendant quatre ans, et il était retourné à Pétersbourg en 1784. Nous apprîmes ces détails du lieutenant Kaborof, qui commandait au havre de Saint-Pierre et Saint-Paul, et avait sous ses ordres un sergent et un détachement de quarante soldats ou Cosaques.

Cet officier nous combla de politesses ; sa personne, celles de ses soldats, tous ses moyens, étaient à notre disposition. Il ne voulut pas permettre que je fisse partir moi-même un officier pour Bolcherestk, où, par le plus heureux hasard, se trouvait le gouverneur d'Okhotsk, M. Kasloff-Ougrenin, qui faisait sa tournée dans cette province : il me dit que, sous très peu de jours, ce gouverneur devait arriver à Saint-Pierre et Saint-Paul, et que vraisemblablement il était déjà en chemin ; il ajouta que ce voyage était beaucoup plus considérable que nous ne pouvions le penser, parce que la saison ne permettait pas de le faire en traîneau, et qu'il fallait absolument voyager moitié à pied, et moitié en pirogue par les rivières d'Avatscaa et de Bolcheretsk. M. Kaborof me proposa en même temps de faire partir un Cosaque pour porter mes dépêches à M. Kasloff, dont il parlait avec un enthousiasme et une satisfaction qu'il était difficile de ne pas partager ; il se félicitait à chaque instant de ce que nous aurions occasion de communiquer et de traiter avec un homme dont l'éducation, les manières et les connaissances, ne le cédaient à celles d'aucun officier de l'empire de Russie, ou de toute autre nation.

M. de Lesseps, notre jeune interprète, parlait la langue russe avec la même facilité que le français ; il traduisit les discours du lieutenant, et il adressa en mon nom une lettre russe au gouverneur d'Okhotsk, auquel j'écrivis de mon côté en français. Je lui marquais que la relation du troisième voyage du capitaine Cook avait rendu célèbre l'hospitalité du gouvernement du Kamtschatka, et que j'osais me flatter de recevoir le même accueil que les navigateurs anglais, puisque notre voyage, comme le leur, avait pour but l'utilité commune de toutes les nations maritimes. La réponse de M. Kasloff ne pouvait nous parvenir qu'après un intervalle de cinq ou six jours ; et le bon lieutenant nous dit qu'il prévenait ses ordres et ceux de l'impératrice de Russie, en nous priant de nous regarder comme dans notre patrie, et de disposer de tout ce que le pays offrait. On voyait dans ses gestes, dans ses yeux et dans ses expressions, que, s'il avait été en son pouvoir de faire un miracle, ces montagnes, ces marais, seraient devenus pour nous des lieux **enchanteurs**.

Le bruit se répandit que M. Kasloff n'avait point de lettres pour nous, mais que l'ancien gouverneur du Kamtschatka, M. Steinheil, auquel M. Schmaleff a succédé en qualité de capitaine-ispravnik ou inspecteur des Kamtschadales, et qui résidait à Verkhneï-Kamtschatka, pouvait en avoir ;, et à l'instant, sur ce simple bruit qui n'avait presque aucune vraisemblance, il fit partir un exprès qui devait faire à pied plus de cent cinquante lieues. M. Kaborof savait combien nous désirions recevoir des lettres : M. de Lesseps lui avait fait connaître quelle avait été notre douleur lorsque nous avions appris qu'il n'était arrivé à Saint-Pierre et Saint-Paul aucun paquet à notre adresse. Il paraissait aussi affligé que nous : sa sollicitude et ses soins semblaient nous dire qu'il irait lui-même chercher nos lettres en Europe, s'il avait l'espoir de nous retrouver à son retour. Le sergent et tous les soldats montraient le même empressement pour nous servir. Madame Kaborof avait aussi la politesse la plus aimable ; sa maison nous était ouverte à toutes les heures de la journée ; on nous y offrait du thé et tous les rafraîchissements du pays. Chacun voulait nous faire des présents ; et malgré la loi que nous nous étions faite de n'en pas recevoir, nous ne pûmes résister aux pressantes sollicitations de madame Kaborof, qui força nos officiers, M. de Langle et moi, d'accepter quelques peaux de martre-zibeline, de renne et de renard, beaucoup plus utiles, sans doute, à ceux qui nous les offraient qu'à nous, qui devions retourner vers les Tropiques. Heureusement nous avions les moyens de nous acquitter ; et nous demandâmes avec instance qu'il nous fût permis, à notre tour, d'offrir ce qui pouvai ne pas se trouver au Kamtschatka. Si nous étions plus riches que nos hôtes, nos manières ne pouvaient présenter cette bonté naïve et touchante, bien supérieure à tous les présents.

Je fis témoigner à M. Kaborof, par M. de Lesseps, que je désirais former un petit établissement à terre pour loger nos astronomes, et placer un quart de cercle et un pendule. La maison la plus commode du village nous fut offerte sur-le-champ ; et comme nous ne la visitâmes que quelques heures après cette demande, nous crûmes pouvoir l'accepter sans indiscrétion, parce qu'elle nous parut inhabitée ; mais nous apprîmes, depuis, que le lieutenant avait délogé le caporal, son secrétaire, la troisième personne du pays, pour nous placer chez lui. La discipline russe est telle, que ces sortes de mouvements s'exécutent aussi promptement que ceux de l'exercice militaire, et qu'ils sont ordonnés par un simple signe de tête.

Nos astronomes eurent à peine dressé leur observatoire, que nos naturalistes, qui n'avaient pas moins de zèle, voulurent aller visiter le volcan dont la distance paraissait moindre de deux lieues, quoiqu'il y en eût huit au moins à faire pour parvenir jusqu'au pied de cette montagne, presque entièrement couverte de neige, et au sommet de laquelle se trouve le cratère. La bouche de ce cratère, tournée vers la baie d'Avatscha, offrait sans cesse à nos yeux des tourbillons de fumée : nous vîmes une seule fois, pendant la nuit, des flammes bleuâtres et jaunes; mais elles ne s'élèvent qu'à une très petite hauteur.

Le zèle de M. Kaborof fut aussi ardent pour nos naturalistes que pour nos astronomes : huit Cosaques furent commandés aussitôt pour accompagner MM. Bernizet, Mongès et Receveur ; la santé de M. Lamanon n'était pas encore assez affermie pour qu'il pût entreprendre un pareil voyage. On n'en avait peut-être jamais fait, pour les sciences, d'aussi pénible ; et aucun des savants, soit Anglais, soit Allemands ou Russes, qui avaient voyagé au Kamtschatka, n'avait tenté une entreprise aussi difficile. L'aspect de la montagne me la faisait croire inaccessible ; on n'y apercevait aucune verdure, mais seulement un roc vif, et dont le talus était extrêmement roide. Nos intrépides voyageurs partirent dans l'espoir de vaincre ces obstacles. Les Cosaques étaient chargés de leur bagage, qui consistait en une tente, différentes fourrures, et des vivres dont chacun s'était pourvu pour quatre jours.

L'honneur de porter les baromètres, les thermomètres, les acides et les autres objets propres aux observations, fut réservé aux naturalistes eux-mêmes, qui ne pouvaient confier à d'autres ces fragiles instruments: leurs guides d'ailleurs ne devaient les conduire qu'au pied du pic, un préjugé, aussi ancien peut-être que le Kamtschatka, faisant croire aux Kamtschadales et aux Russes qu'il sort de la montagne des vapeurs qui doivent étouffer tous ceux qui auront la témérité d'y monter. Ils se flattaient sans doute que nos physiciens s'arrêteraient comme eux au pied du volcan ; et quelques coups d'eau-de-vie, qu'on leur avait donnés avant le départ, leur avaient inspiré vraisemblablement ce tendre intérêt pour eux : ils partirent gaiement avec cet espoir.

La première station fut au milieu des bois, à six lieues du havre de Saint-Pierre et Saint-Paul. On avait toujours voyagé sur un terrain peu difficile, couvert de plantes, et d'arbres dont le plus grand nombre était de l'espèce des bouleaux ; les sapins qui s'y trouvaient étaient rabougris et presque nains ; une de ces espèces porte des pommes de pin dont les graines ou petites noix sont bonnes à manger ; et de l'écorce du bouleau découle une liqueur fort saine et assez agréable, que les Kamtschadales ont soin de recevoir dans des vases, et dont ils font un très grand usage. Des baies de toute espèce, rouges et noires, de toutes les nuances, s'offraient aussi sous les pas des voyageurs ; leur saveur est généralement un peu acide, mais le sucre les rend fort agréables. Au coucher du soleil, la tente fut dressée, le feu allumé, et toutes les dispositions prises pour la nuit, avec une promptitude inconnue aux peuples accoutumés à passer leur vie sous des toits.

On prit de grandes précautions pour que le feu ne s'étendît point aux arbres de la forêt : des coups de bâton sur le dos des Cosaques n'auraient pu expier une faute aussi grave, parce que le feu met en fuite toutes les zibelines. Après un pareil accident on n'en trouve plus pendant l'hiver, qui est la saison de la chasse ; et comme la peau de ces animaux est la seule richesse du pays, celle qu'on donne en échange de toutes les denrées dont on a besoin, celle qui doit solder le tribut annuel dû à la couronne, on sent l'énormité d'un crime qui prive les Kamtschadales de tous ces avantages. Aussi les Cosaques eurent-ils le plus grand soin de couper l'herbe autour du foyer, et de creuser, avant le départ, un trou profond pour recevoir les charbons qu'ils étouffèrent en les couvrant de terre arrosée de beaucoup d'eau. On n'aperçut dans cette journée d'autre quadrupède qu'un lièvre, presque blanc ; on ne vit ni ours, ni renne, quoique ces animaux soient très communs dans le pays.

Le lendemain, à la pointe du jour, on continua le voyage : il avait beaucoup neigé pendant la nuit ; et, ce qui était pis encore, un brouillard épais couvrait la montagne du volcan, dont nos physiciens n'atteignirent le pied qu'à trois heures du soir.

Les guides s'arrêtèrent, suivant leur convention, dès qu'ils furent arrivés aux limites de la terre végétale ; ils dressèrent leurs tentes et allumèrent du feu. Cette nuit de repos était bien nécessaire avant d'entreprendre la course du lendemain. MM. Bernizet, Mongès et Receveur, commencèrent à gravir à six heures du matin, et ne s'arrêtèrent qu'à trois heures après midi sur le bord même du cratère, mais dans sa partie inférieure. Ils avaient eu souvent besoin de s'aider de leurs mains pour se soutenir entre ces rochers broyés, dont les intervalles présentaient des précipices très dangereux. Toutes les substances dont cette montagne est composée, sont des laves plus ou moins poreuses et presque dans l'état de ponce ; ils rencontrèrent, sur le sommet, des matières gypseuses et des cristallisations de soufre, mais beaucoup moins belles que celles du pic de Ténériffe ; et généralement les schorls qu'ils trouvèrent, et toutes les autres pierres, nous parurent inférieures en beauté à celles de cet ancien volcan, qui n'a pas été en éruption depuis un siècle, (1) tandis que celui-ci a jeté des matières en 1778, pendant le séjour

---

(1) « Le pic de Ténériffe, dit M. Germond de Lavigne, s'élève du milieu d'un cirque de plus de 55 kilomètres de circonférence, formé par un ensemble de montagnes de 2,200 à 3,500 mètres de hauteur, en pentes assez douces depuis les côtes, mais formant intérieurement une espèce de rempart de près de 245 mètres de hauteur.

» On pénètre dans ce circuit pour atteindre la base du pic, par plusieurs gorges étroites et sauvages qui semblent violemment pratiquées à travers les montagnes. Le pic élancé

du capitaine Clerke dans la baie d'Avatscha. Ils rapportèrent cependant quelques morceaux de chrysolithe assez beaux ; mais ils essuyèrent un si mauvais temps, et ils parcoururent un chemin si difficile, qu'on doit être fort étonné qu'ils aient pu ajouter de nouveaux poids à ceux des baromètres, des thermomètres et de leurs autres instruments : leur horizon n'eut jamais plus d'une portée de fusil d'étendue, excepté pendant quelques minutes seulement, durant lesquelles ils aperçurent la baie d'Avatscha, et nos frégates qui, de cette élévation, leur paraissaient moins grosses que de petites pirogues. On pouvait calculer que nos voyageurs avaient monté à environ quinze cents toises, hauteur prodigieuse relativement aux difficultés qu'ils eurent à vaincre. Mais ils furent si contrariés par les brouillards, qu'ils se déterminèrent à recommencer cette course le lendemain, si le temps était plus favorable : les difficultés n'avaient qu'accru leur zèle ; ils descendirent la montagne avec cette courageuse résolution, et arrivèrent à leurs tentes.

La nuit étant commencée, leurs guides avaient déjà fait des prières pour eux, et avalé une partie des liqueurs qu'ils ne croyaient plus nécessaires à des morts. Le lieutenant, informé, au retour, de cette précipitation, fit donner aux plus coupables cent coups de bâton, qui leur furent comptés avant que nous en fussions instruits et qu'il nous eût été possible de demander grâce. La nuit qui suivit ce voyage fut affreuse ; la neige redoubla, il en tomba plusieurs pieds d'épaisseur en quelques heures : il ne fut pas possible de songer à l'exécution du plan de la veille, et on arriva le soir même au village de Saint-Pierre et Saint-Paul, après un trajet de huit lieues, moins fatigant au retour par la pente naturelle du terrain.

Pendant que nos lithologistes et nos astronomes employaient si bien leur temps, nous remplissions d'eau nos futailles, notre cale de bois, et nous coupions et faisions sécher du foin pour les bestiaux que nous attendions, car il ne nous restait plus qu'un seul mouton. Le lieutenant avait écrit à M. Kasloff pour le prier de rassembler le plus de bœufs qu'il pourrait; il calculait avec douleur qu'il nous était impossible d'attendre ceux que les ordres du gouverneur faisaient sans doute venir de Verkhneï,

---

du milieu de ce cirque, sa pointe de difficile accès, dont le sommet se trouve à plus de 3,660 mètres au-dessus du niveau de la mer. De cette cime élevée, un spectacle sublime s'offre aux regards. La vue s'étend sur tout l'archipel des Canaries et l'observateur isolé sur ce point perdu dans l'espace, se croit même séparé de l'île de Ténériffe. Ce qu'il aperçoit à ses pieds, de cette énorme hauteur, forme un petit territoire rétréci où tout est confondu, les montagnes et les gorges. Il lui semble, par un effet d'optique ou de vertige, que cette base est insuffisante pour retenir en équilibre l'énorme masse du pic qui paraît prête à chavirer, comme il arrive pour les montagnes de glace, lorsque la base en est peu à peu diminuée. Le cratère qui occupe le sommet n'est plus aujourd'hui qu'une mine de soufre de 80 mètres de diamètre sur 25 mètres de profondeur. »

parce que le trajet en devait être de six semaines. L'indifférence des habitants du Kamtschatka pour les troupeaux n'a pas permis de les voir se multiplier dans la partie méridionale de cette presqu'île, où, avec quelques soins, on pourrait en avoir autant qu'en Irlande. L'herbe la plus fine et la plus épaisse s'élève dans des prairies naturelles à plus de quatre pieds; et l'on pourrait y faucher une immense quantité de fourrages pour l'hiver, qui dure sept à huit mois dans ce climat. Mais les Kamtschadales sont incapables de pareils soins; il faudrait des granges, des écuries vastes et à l'abri du froid : il leur paraît plus commode de vivre du produit de la chasse, et surtout du saumon, qui, tous les ans, dans la même saison, vient, comme la manne du désert, remplir leurs filets, et leur assure la subsistance de l'année.

Les Cosaques et les Russes, plus soldats que cultivateurs, ont adopté ce même régime. Le lieutenant et le sergent avaient seuls de petits jardins remplis de pommes de terre et de navets : leurs exhortations, leur exemple, ne pouvaient influer sur leurs compatriotes, qui mangeaient cependant très volontiers des pommes de terre, mais qui n'auraient pas voulu, pour s'en procurer, se livrer à un autre genre de travail qu'à celui de les arracher, si la nature les leur avait offertes spontanément dans les champs, comme la saranne, l'ail, et surtout les baies dont ils font des boissons agréables, et des confitures qu'ils réservent pour l'hiver. Nos graines d'Europe s'étaient très bien conservées : nous en avons donné une grande quantité à M. Schmaleff, au lieutenant et au sergent; nous espérons apprendre un jour qu'elles auront parfaitement réussi. Au milieu de ces travaux, il nous restait du temps pour nos plaisirs ; et nous fîmes différentes parties de chasse sur les rivières d'Avatscha et de Paratounka ; car notre ambition était de tuer des ours ou des rennes : il fallut cependant nous contenter de quelques canards ou sarcelles, qui ne valaient pas les courses longues et pénibles que nous faisions pour un si chétif gibier. Nous fûmes plus heureux par nos amis les Kamtschadales ; ils nous apportèrent, pendant notre séjour, quatre ours et un renne, avec une telle quantité de plongeons et de macareux, que nous en distribuâmes à tous nos équipages, qui étaient déjà lassés de poisson.

Un seul coup de filet que nous donnions très près de nos frégates, aurait suffi à la subsistance de six bâtiments : mais les espèces de poissons étaient peu variées ; nous ne prîmes guère que de petites morues, des harengs, des plies, et des saumons. Je donnai ordre d'en saler quelques barriques seulement, parce qu'on me représenta que tous ces poissons étaient si petits et si tendres, qu'ils ne résisteraient pas à l'activité corrosive du sel, et qu'il valait mieux conserver ce sel pour les cochons que nous trouverions sur les îles de la mer du Sud.

Pendant que nous passions des jours qui nous paraissaient si doux après les fatigues de l'exploration que nous venions de faire des côtes de l'Oku-Jesso et de la Tartarie, M. Kasloff s'était mis en route pour le havre de Saint-Pierre et Saint-Paul ; mais il voyageait lentement, parce qu'il voulait tout observer, et que son voyage avait pour objet d'établir dans cette province la meilleure administration possible. Il savait qu'on ne peut former à cet égard un plan général qu'après avoir examiné les productions d'un pays, et celles dont une culture soignée et relative au climat le rend susceptible. Il voulait aussi connaître les pierres, les minéraux, et généralement toutes les substances du sol de la province. Ses observations l'avaient retenu quelques jours aux Eaux-Chaudes qui sont à vingt lieues de Saint-Pierre et Saint-Paul ; il en rapporta différentes pierres et autres matières volcaniques, avec une gomme que M. Mongès soumit à l'analyse : il dit fort honnêtement, en arrivant, qu'ayant appris par les papiers publics que plusieurs naturalistes habiles avaient été embarqués sur nos frégates, il avait voulu profiter de cette circonstance heureuse, pour connaître les différentes substances de la presqu'île du Kamtschatka, et s'instruire ainsi lui-même. Les politesses de M. Kasloff, ses procédés, étaient absolument les mêmes que ceux des habitants les mieux élevés des grandes villes d'Europe ; il parlait français ; il avait des connaissances sur tout ce qui faisait l'objet de nos recherches, tant en géographie qu'en histoire naturelle : nous étions surpris qu'on eût placé au bout du monde, dans un pays si sauvage, un officier d'un mérite qui eût été distingué chez toutes les nations de l'Europe.

Il est aisé de sentir que des liaisons même d'intimité durent bientôt s'établir entre le colonel Kasloff et nous. Le lendemain de son arrivée, il vint dîner à mon bord, avec M. Schmaleff et le curé de Paratounka ; je le fis saluer de treize coups de canon. Nos visages, qui annonçaient une meilleure santé que celle même dont nous jouissions à notre départ d'Europe, le surprirent extrêmement ; je lui dis que nous la devions un peu à nos soins, et beaucoup à l'abondance où nous étions dans son gouvernement. M. Kasloff parut partager notre heureuse situation ; mais il nous témoigna la plus vive douleur de l'impossibilité où il était de rassembler plus de sept bœufs avant l'époque de notre départ, qui était trop prochain pour songer à en faire venir de la rivière du Kamtschatka, distante de cent lieues de Saint-Pierre et Saint-Paul. Il attendait depuis six mois le bâtiment qui devait apporter d'Okhotsk des farines et les autres provisions nécessaires à la garnison de cette province, et il présumait avec chagrin que ce bâtiment devait avoir essuyé quelque malheur : la surprise où nous étions de n'avoir reçu aucune lettre diminua, lorsque nous apprîmes de lui que, depuis son départ d'Okhostk, il n'en avait reçu aucun courrier : il ajouta qu'il allait y retourner par terre, en cotoyant la mer d'Okhotsk, voyage presqu'aussi long ou du moins plus difficile que celui d'Okhotsk à Pétersbourg.

Le gouverneur dîna le lendemain avec toute sa suite à bord de l'Astrolabe ; il y fut également salué de treize coups de canon : mais il nous pria avec instance de ne plus faire de compliment, afin que nous pussions nous voir à l'avenir avec plus de liberté et de plaisir.

Il nous fut impossible de faire accepter au gouverneur le prix des bœufs : nous eûmes beau représenter qu'à Manille nous avions acquitté toutes nos dépenses, malgré l'étroite alliance de la France avec l'Espagne ; M. Kasloff nous dit que le gouvernement russe avait d'autres principes, et que son regret était d'avoir aussi peu de bestiaux à sa disposition. Il nous invita, pour le jour suivant, à un bal qu'il voulut donner, à notre occasion, à toutes les femmes, tant Kamtschadales que russes, de Saint-Pierre et Saint-Paul. Si l'assemblée ne fut pas nombreuse, elle était au moins extraordinaire : treize femmes, vêtues d'étoffes de soie, dont dix Kamtschadales avec de gros visages, de petits yeux et des nez plats, étaient assises sur des bancs autour de l'appartement ; les Kamtschadales avaient, ainsi que les Russes, des mouchoirs de soie qui leur enveloppaient la tête, à peu près comme les portent les femmes mulâtres de nos colonies. On commença par des danses russes, dont les airs sont très agréables, et qui ressemblent beaucoup à la cosaque qu'on a dansée à Paris il y a peu d'années.

Les danses kamtschadales leur succédèrent ; elles ne peuvent être comparées qu'à celles des convulsionnaires du fameux tombeau de saint Médard : il ne faut que des bras, des épaules, et presque point de jambes, aux danseurs de cette partie de l'Asie ; les danseuses kamtschadales, par leurs convulsions et leurs mouvements de contraction, inspirent un sentiment pénible à tous les spectateurs ; il est encore plus vivement excité par le cri de douleur qui sort du creux de la poitrine de ces danseuses, qui n'ont que cette musique pour mesure de leurs mouvements. Leur fatigue est telle pendant cet exercice, qu'elles sont toutes ruisselantes de sueur, et restent étendues par terre, sans avoir la force de se relever. Les abondantes exhalaisons qui émanent de leur corps parfument l'appartement d'une odeur d'huile et de poisson, à laquelle des nez européens sont trop peu accoutumés pour en sentir les délices. Comme les danses de tous les peuples ont toujours été imitatives, et qu'elles ne sont en quelque sorte que des pantomimes, je demandai ce qu'avaient voulu exprimer deux de ces femmes qui venaient de faire un exercice si violent. On me répondit qu'elles avaient figuré une chasse d'ours : la femme qui se roulait à terre représentait l'animal ; et l'autre, qui tournait autour d'elle, le chasseur : mais les ours, s'ils parlaient et voyaient une pareille pantomime, auraient beaucoup à se plaindre d'être si grossièrement imités. Cette danse, presque aussi fatigante pour les spectateurs que pour les acteurs, était à peine finie, qu'un cri de joie annonça l'arrivée d'un courrier d'Okhotsk ; il était chargé d'une grosse malle remplie de nos paquets.

Le bal fut interrompu, et chaque danseuse renvoyée avec un verre d'eau-de vie, digne rafraîchissement de ces Terpsichores. M. Kasloff s'apercevant de l'impatience où nous étions d'apprendre des nouvelles de tout ce qui nous intéressait en Europe, nous pria avec instance de ne pas différer ce plaisir. Il nous établit dans sa chambre, et se retira pour ne pas gêner l'épanchement des divers sentiments dont nous pouvions être affectés, suivant les nouvelles que chacun de nous recevrait de sa famille ou de ses amis. Elles furent heureuses pour tous, mais plus particulièrement pour moi, qui, par une faveur à laquelle je n'osais aspirer, avais été promu au grade de chef d'escadre. Les compliments que chacun s'empressait de me faire parvinrent bientôt à M. Kasloff, qui voulut célébrer cet événement par le bruit de toute l'artillerie de sa place ; je me rappellerai, toute ma vie, avec l'émotion la plus vive, les marques d'amitié et d'affection que je reçus de lui dans cette occasion. Je n'ai point passé avec ce gouverneur un instant qui ne fût marqué par quelques traits de bonté ou d'attention ; et il est inutile de dire que, depuis son arrivée, tous les habitants du pays chassaient ou pêchaient pour nous ; nous ne pouvions suffire à consommer tant de provisions.

Il y joignait des présents de toute espèce pour M. de Langle et pour moi ; nous fûmes forcés d'accepter un traîneau de Kamtschadales pour la collection des curiosités du roi, et deux aigles royaux pour la ménagerie, ainsi que beaucoup de zibelines. Nous lui offrîmes, à notre tour, ce que nous imaginions pouvoir lui être utile ou agréable ; mais nous n'étions riches qu'en effets de traite pour des sauvages, et nous n'avions rien qui fût digne de lui. Nous le priâmes d'accepter la relation du troisième voyage de Cook, qui paraissait lui faire grand plaisir ; il avait à sa suite presque tous les personnages que l'éditeur a mis sur la scène, M. Schmaleff, le bon curé de Paratounka, le malheureux Ivaschkin ; il leur traduisait tous les articles qui les regardaient, et ils répétaient, à chaque fois, que tout était de la plus exacte vérité. Le sergent seul qui commandait alors au havre de Saint-Pierre et Saint-Paul était mort ; les autres jouissaient de la meilleure santé, et habitaient encore le pays, excepté le major Behm, qui était retourné à Pétersbourg, et Port, qui résidait à Irkoutsk.

Je témoignai à M. Kasloff ma surprise de trouver le vieillard Ivaschkin au Kamtschatka, les relations anglaises annonçant qu'il avait enfin obtenu la permission d'aller habiter Okhotsk. Nous ne pûmes nous empêcher de prendre le plus vif intérêt à cet infortuné, en apprenant que son seul délit consistait dans quelques propos indiscrets tenus sur l'impératrice Elisabeth, au sortir d'une partie de table, où le vin avait égaré sa raison; il était alors âgé de moins de vingt ans, officier aux gardes, d'une famille distinguée de Russie, d'une figure aimable que le temps ni les malheurs n'ont pu changer : il fut dégradé, envoyé en exil au fond du Kamtschatka, après avoir reçu le knout et avoir eu les narines fendues. L'impératrice Catherine, dont les regards s'étendent jusque sur les victimes des règnes qui ont précédé le sien, a fait grâce depuis plusieurs années à cet infortuné : mais un séjour de plus de cinquante ans au milieu des vastes forêts du Kamtschatka, le souvenir amer du supplice honteux qu'il a subi, peut-être un secret sentiment de haine pour une autorité qui a si cruellement puni une faute que les circonstances pouvaient excuser, ces divers motifs l'ont rendu insensible à cet acte tardif de justice, et il se proposait de mourir dans son exil.

Nous le priâmes d'accepter du tabac, de la poudre, du plomb, du drap, et généralement tout ce que nous jugions lui être utile : il avait été élevé à Paris, il entendait encore un peu le français, et il retrouva beaucoup de mots pour nous exprimer sa reconnaissance. Il aimait M. Kasloff comme son père, il l'accompagnait dans son voyage par affection; et ce bon gouverneur avait pour lui des égards bien propres à opérer dans son âme l'entier oubli de ses malheurs. Il nous rendit le service de nous faire connaître le tombeau de M. de la Croyère, qu'il avait vu enterrer au Kamtschatka en 1741. Nous y attachâmes l'inscription suivante, gravée sur cuivre, et composée par M. Dagelet, membre, comme lui, de l'académie des sciences :

Ci-gît Louis de l'Isle de la Croyère, de l'académie royale des sciences de Paris, mort en 1741, au retour d'une expédition faite par ordre du czar pour reconnaître les côtes d'Amérique; astronome et géographe, émule de deux frères célèbres dans les sciences, il mérita les regrets de sa patrie. En 1786, M. le comte de la Pérouse, commandant les frégates du roi la Boussole et l'Astrolabe, consacra sa mémoire en donnant son nom à une île près des lieux où ce savant avait abordé.

Nous demandâmes aussi à M. Kasloff la permission de faire graver sur une plaque du même métal l'inscription du tombeau du capitaine Clerke, qui n'était que tracée au pinceau sur le bois, matière trop destructible pour perpétuer la mémoire d'un navigateur si estimable. Le gouverneur eut la bonté d'ajouter aux permissions qu'il nous donna, la promesse de faire élever incessamment un monument plus digne de ces deux hommes célèbres qui ont succombé dans leurs pénibles travaux, à une grande distance de leur patrie. Nous apprîmes de lui que

M. de la Croyère s'était marié à Tobolsk, et que sa postérité y jouissait de beaucoup de considération.

L'histoire des navigations de Behring et du capitaine Tschirikow était parfaitement connue de M. Kasloff: il nous dit, à cette occasion, qu'il avait laissé à Okhotsk M. Billings, chargé par l'Etat de faire construire deux bâtiments pour continuer les découvertes des Russes dans les mers du Nord. Il avait donné des ordres pour que tous les moyens dont il pouvait disposer fussent employés afin d'accélérer cette expédition ; mais son zèle, sa bonne volonté, son extrême désir de remplir les vues de l'impératrice, ne pouvaient vaincre les obstacles qui devaient se rencontrer dans un pays presque aussi brut qu'il l'était le premier jour de sa découverte, et où la rigueur du climat suspend les travaux pendant plus de huit mois de l'année. Il sentait qu'il eût été plus économique, et beaucoup plus prompt, de faire partir M. Billings d'un port de la Baltique, où il aurait pu pourvoir à tous ses besoins pour plusieurs années.

Nous levâmes le plan de la baie d'Avatscha, ou, pour mieux dire, nous vérifiâmes celui des Anglais, qui est fort exact, et M. Bernizet en fit un dessin très élégant, qu'il pria le gouverneur d'accepter; M. Blondela lui offrit aussi une copie de la vue de l'Ostrog, et MM. les abbés Mongès et Receveur lui firent présent d'une petite boîte d'acides, pour l'analyse des eaux et la connaissance des différentes substances dont le sol du Kamtschatka est composé. La chimie et la minéralogie n'étaient pas des sciences étrangères à M. Kasloff; il avait un goût particulier pour les travaux chimiques; mais il nous dit, par une raison dont l'évidence est bien aisée à sentir, qu'avant de s'occuper des minéraux d'un pays inculte, le premier soin d'une administration sage et éclairée devait tendre à procurer du pain à ses habitants, en accoutumant les indigènes à la culture. La végétation du terrain annonçait une grande fertilité, et il ne doutait pas qu'au défaut du blé-froment, qui pouvait ne pas germer à cause du froid, le seigle ou l'orge, du moins, ne donnassent d'abondantes récoltes. Il nous fit remarquer la beauté de plusieurs petits champs de pommes de terre, dont les graines étaient venues d'Irkoutsk depuis quelques années ; et il se proposait d'adopter des moyens doux, mais certains, pour rendre cultivateurs les Russes, les Cosaques et les Kamtschadales.

La petite vérole, en 1769, a diminué des trois quarts le nombre des individus de cette nation, qui est réduite aujourd'hui, dans toute la presqu'île, à moins de quatre mille indigènes ; et elle disparaîtra bientôt entièrement par le mélange continuel des Russes et des Kamtschadales, qui se marient fréquemment ensemble. Une race de métis, plus laborieux que les Russes, qui ne sont propres qu'à être soldats, beaucoup plus forts et d'une forme moins disgraciée de la nature que les Kamtschadales, naîtra de ces mariages et succèdera aux anciens habitants. Les naturels ont déjà abandonné les yourtes dans lesquelles ils se terraient, comme des blaireaux, pendant tout l'hiver, et où ils respiraient un air infect qui occasionnait beaucoup de maladies.

Les plus riches d'entre eux construisent aujourd'hui des isbas ou maisons de bois, à la manière des Russes : elles ont absolument la même forme que les chaumières de nos paysans ; elles sont divisées en trois petites chambres ; un poële en brique les échauffe, et y entretient une chaleur de plus de trente degrés, insupportable aux personnes qui n'en ont pas l'habitude. Les autres passent l'hiver, comme l'été, dans des balagans, qui sont des espèces de colombiers de bois, couverts en chaume, élevés sur des piquets de douze à treize pieds de hauteur, et où les femmes, ainsi que les hommes, montent par des échelles très difficiles. Mais bientôt ces derniers bâtiments disparaîtront ; les Kamtschadales ont l'esprit imitatif, ils adoptent presque tous les usages de leurs vainqueurs : les femmes sont déjà coiffées et presque entièrement vêtues à la manière des Russes, dont la langue prévaut dans tous les ostrogs ; ce qui est fort heureux, parce que chaque village kamtschadale avait un jargon différent, et les habitants d'un hameau n'entendaient pas ceux du hameau voisin.

On peut dire à la louange des Russes que, quoiqu'ils aient établi dans ces âpres climats un gouvernement despotique, il est tempéré par des principes de douceur et d'équité qui en rendent les inconvénients nuls. Les Russes n'ont pas de reproches d'atrocité à se faire, comme les Anglais au Bengale, et les Espagnols au Mexique et au Pérou. L'impôt qu'ils lèvent sur les Kamtschadales est si léger qu'il ne peut être considéré que comme un tribut de reconnaissance envers la Russie : et le produit d'une demi journée de chasse acquitte l'impôt d'une année. On est surpris de voir dans ces chaumières, plus misérables à la vue que celles du hameau le plus pauvre de nos pays de montagnes, une circulation d'espèces qui paraît d'autant plus considérable, qu'elle n'existe que parmi un petit nombre d'habitants ; ils consomment si peu d'effets de Russie et de Chine, que la balance du commerce est absolument en leur faveur, et qu'il faut nécessairement leur payer en roubles l'excédant de ce qui leur est dû. Les pelleteries, au Kamtschatka, sont à un prix beaucoup plus haut qu'à Canton ; ce qui prouve que, jusqu'à présent, les marchés de Kiatcha ne se sont pas ressentis des avantages du nouveau débouché qui s'est ouvert en Chine : les marchands chinois ont eu sans doute l'adresse de faire écouler ces pelleteries d'une manière insensible, et de se procurer ainsi des richesses immenses ; car, à Macao, ils nous achetèrent, pour le prix modique de dix piastres, ce qui en valait cent vingt à Pékin. Une peau de loutre vaut à Saint-Pierre et Saint-Paul trente roubles; une de zibeline, trois ou quatre : le prix des renards ne peut pas être fixée ; je ne parle pas des renards noirs, qui sont trop rares pour être comptés, et qu'on vend plus de cent roubles, Les gris et blancs varient depuis deux jusqu'à vingt roubles. suivant qu'ils approchent plus du noir ou du roux: ces derniers ne diffèrent de ceux de France que par la douceur et le fourré de leur poil.

Les Anglais, qui, par l'heureuse constitution de leur compagnie, peuvent laisser au commerce particulier de l'Inde toute l'activité dont il est susceptible, avaient envoyé, l'année dernière, un petit bâtiment au Kamtschatka : il était expédié par une maison du Bengale, et commandé par le capitaine Peters, qui fit remettre au colonel Kasloff une lettre en français, dont il m'a donné lecture : il demandait, au nom de l'étroite alliance qui règne en Europe entre les deux couronnes, la permission de commercer au Kamtschatka, en y apportant les divers effets de l'Inde et de la Chine, tant en étoffes qu'en sucre, thé, arack, et il offrait de recevoir en paiement les pelleteries du pays. M. Kasloff était trop éclairé pour ne pas sentir qu'une pareille proposition était ruineuse pour le commerce de la Russie, qui vendait avec un grand bénéfice ces mêmes objets aux Kamtschadales, et qui en faisait un plus grand encore sur les peaux que les Anglais voulaient exporter ; mais il savait aussi que certaines permissions limitées ont quelquefois été données, au détriment de la métropole pour l'accroissement d'une colonie, qui enrichit ensuite la mère-patrie, lorsqu'elle est parvenue au degré où elle n'a plus besoin du commerce étranger : ces considérations avaient empêché M. Kasloff de décider la question ; et il avait permis que les Anglais fissent passer cette proposition à la cour de Pétersbourg. Il sentait cependant que, quand même leur demande serait accordée, le pays consommait trop peu d'effets de l'Inde et de la Chine, et trouvait un débouché de pelleteries trop avantageux dans les marchés de Kiatcha, pour que les négociants du Bengale pussent suivre avec profit cette spéculation. D'ailleurs, le bâtiment même qui avait apporté cette ouverture du commerce fit naufrage sur l'île de Cuivre, peu de jours après sa sortie de la baie d'Avatscha, et il ne s'en sauva que deux hommes, auxquels je parlai et fis fournir des habillements dont ils avaient le plus grand besoin : ainsi les vaisseaux du capitaine Cook et les nôtres sont les seuls jusqu'à présent qui aient abordé heureusement dans cette partie de l'Asie.

Je donnerais des détails plus particuliers sur le Kamtschatka, si les ouvrages de Coxe et ceux de Steller laissaient quelque chose à désirer. L'éditeur du *troisième Voyage du capitaine Cook* a puisé à ces sources, et a rappelé avec intérêt tout ce qui est relatif à ce pays, sur lequel on a déjà beaucoup plus écrit que sur plusieurs provinces intérieures de l'Europe, et qui, pour le climat et les productions du sol, peut et doit être comparé à la côte de Labrador des environs du détroit de Belle-Ile; mais les hommes, comme les animaux, y sont très différents : les Kamtschadales m'ont paru être les mêmes peuples que ceux de la baie de Castries, sur la côte de Tartarie ; leur douceur, leur probité est la même, et leurs formes physiques sont très peu différentes ; ainsi ils ne doivent pas plus être comparés aux Esquimaux, que les zibelines aux martres du Canada.

La baie d'Avatscha est certainement la plus belle, la plus commode, la plus sûre qu'il soit possible de rencontrer dans aucune partie du monde ; l'entrée en est étroite, et les bâtiments seraient forcés de passer sous le canon des forts qu'on pourrait y établir ; la tenue y est excellente, le fond est de vase ; deux ports vastes, l'un sur la côte de l'est et l'autre sur celle de l'ouest, pourraient recevoir tous les vaisseaux de la marine de France et d'Angleterre. Les rivières d'Avatscha et de Paratounka ont leur embouchure dans cette baie ; mais elles sont embarrassées de bancs, et l'on ne peut y entrer qu'à la pleine mer.

Le village de Saint-Pierre et Saint-Paul est situé sur une langue de terre qui, semblable à une jetée faite de main d'homme, forme derrière ce village un petit port, fermé comme un cirque, dans lequel trois ou quatre bâtiments désarmés peuvent passer l'hiver : l'ouverture de cette espèce de bassin est de moins de vingt-cinq toises ; et la nature ne peut rien offrir de plus sûr et de plus commode. C'est sur le bord de ce bassin que M. Kasloff se propose de tracer le plan d'une ville, qui sera quelque jour la capitale du Kamschatka, et peut-être le centre d'un grand commerce avec la Chine, le Japon, les Philippines et l'Amérique. Un vaste étang d'eau douce est situé au nord de l'emplacement de cette ville projetée ; et à trois cents toises seulement, coulent divers petits ruisseaux dont la réunion très facile procurerait à ce terrain toutes les commodités nécessaires à un grand établissement. M. Kasloff connaissait le prix de ces avantages ; mais « avant tout, répétait-il cent fois, il faut du pain et des bras, et nous en avons bien peu. » Il avait cependant donné des ordres qui annonçaient une prochaine réunion de divers ostrogs à celui de Saint-Pierre et Saint-Paul, où il se proposait de faire bâtir incessamment une église.

La religion grecque a été établie parmi les Kamtschadales sans persécution, sans violence, et avec une extrême facilité. Le curé de Paratounka est fils d'une Kamtschadale et d'un Russe ; il débite ses prières et son cathéchisme avec une bonhomie qui est fort du goût des indigènes : ceux-ci reconnaissent ses soins par des offrandes ou des aumônes, mais il ne lui payent pas de dîmes. Le rit grec permet aux prêtres de se marier ; je les crois fort ignorants, et il m'est impossible de supposer qu'ils puissent de longtemps avoir besoin de plus de science. La fille, la femme, la sœur du curé, étaient de toutes les femmes celles qui dansaient le mieux, et elles paraissaient jouir de la meilleure santé. Ce bon prêtre savait que nous étions très catholiques, ce qui nous valut une ample aspersion d'eau bénite, et il nous fit aussi baiser la croix qui était portée par son clerc : ces cérémonies se passaient au milieu du village ; son presbytère était sous une tente, et son autel en plein air : mais sa demeure ordinaire est à Paratounka, et il n'était venu à Saint-Pierre et Saint-Paul que pour nous faire visite.

Il nous donna divers détails sur les Kuriles, dont il est aussi curé, et où il fait une tournée tous les ans. Les Russes ont trouvé plus commode de substituer des numéros aux anciens noms de ces îles, sur lesquels les auteurs ont beaucoup varié ; ainsi ils disent : la première, la deuxième, etc., jusqu'à la vingt-unième ; cette dernière est celle qui termine les prétentions des Russes. D'après le rapport du curé, cette île pourrait être celle de Marikan ; mais je n'en suis pas très certain, parce que le bon prêtre était fort diffus, et nous avions cependant un interprète qui entendait le russe comme le français : mais M. de Lesseps croyait que le curé ne s'entendait pas lui-même. Néanmoins voici les détails sur lesquels il n'a pas varié, et qu'on peut regarder comme à peu près certains: Des vingt-une îles qui appartiennent à la Russie, quatre seulement sont habitées : la première, la deuxième, la treizième et la quatorzième ; ces deux dernières pourraient n'être comptées que pour une, parce que les habitants de la treizième passent tous l'hiver sur la quatorzième, et reviennent sur la treizième passer l'été ; les autres sont absolument inhabitées, et les insulaires n'y abordent en pirogue que pour la chasse des loutres et des renards.

Plusieurs de ces dernières îles ne sont que des îlots ou de gros rochers, et l'on ne trouve du bois sur aucune. Les courants sont très violents entre les îles, et à l'ouvert des canaux, dont quelques-uns sont embarrassés de roches à fleur d'eau. Le curé n'a jamais fait le voyage d'Avatscha aux Kuriles qu'en pirogue, que les Russes appellent *baidar* ; et il nous a dit qu'il avait été plusieurs fois sur le point de faire naufrage, et surtout de mourir de faim, ayant été poussé hors de vue de terre : mais il est persuadé que son eau bénite et son étole l'ont préservé du danger. Les habitants réunis des quatre îles habitées forment au plus une population de quatorze cents personnes ; ils sont très velus, portent de longues barbes, et ne vivent que de phoques, de poisson et de chasse ; ils viennent d'être dispensés, pour dix ans, de payer le tribut qu'ils doivent à la Russie, parce que les loutres sont devenues très rares sur ces îles : au surplus, ils sont bons, hospitaliers, dociles, et ils ont tous embrassé la religion chrétienne. Les insulaires, plus méridionaux et indépendants, traversent quelques fois en pirogue les canaux qui les séparent des Kuriles russes, pour échanger quelques marchandises du Japon contre des pelleteries. Ces îles font partie du gouvernement de M. Kasloff : mais comme il est très difficile d'y aborder, et qu'elles sont peu intéressantes pour la Russie, il ne se proposait pas de les visiter ; et quoiqu'il regrettât d'avoir laissé à Bolcheretsk une carte russe de ces îles, il ne paraissait pas cependant y mettre beaucoup de confiance : il nous en marquait une si grande, que nous aurions bien voulu, à notre tour, lui communiquer les détails de notre campagne ; son extrême discrétion à cet égard mérite nos éloges.

Nous lui donnâmes néanmoins un petit précis de notre voyage, et nous ne lui laissâmes pas ignorer que nous avions doublé le cap Horn, visité la côte du nord-ouest de l'Amérique, abordé à la Chine, aux Philippines, d'où nous étions arrivés au Kamtschatka. Nous ne nous permîmes pas d'entrer dans d'autres détails ; mais je l'assurai que, si la publication de notre campagne était ordonnée, je lui adresserais un des premiers exemplaires de notre relation : j'avais déjà obtenu la permission d'envoyer mon journal en France par M. de Lesseps, notre jeune interprète russe (1). Ma confiance dans M. Kasloff et dans le gouvernement de Russie ne m'aurait certainement laissé aucune inquiétude, si j'avais été obligé de remettre mes paquets à la poste ; mais je crus rendre service à ma patrie, en procurant à M. de Lesseps l'occasion de connaître par lui-même les diverses provinces de l'empire de Russie, où vraisemblablement il remplacera un jour son père, notre consul général à Pétersbourg. M. Kasloff me dit obligeamment qu'il l'acceptait pour son aide-de-camp jusqu'à Okhotsk, d'où il lui faciliterait les moyens de se rendre à Pétersbourg, et que, dès ce moment, il faisait partie de sa famille. Une politesse si douce, si aimable, est plus vivement sentie qu'exprimée ; elle nous faisait regretter le temps que nous avions passé dans la baie d'Avatscha pendant qu'il était à Bolcheretsk.

Le froid nous avertissait qu'il était temps de songer à partir ; le terrain que nous avions trouvé, à notre arrivée, le 7 septembre, du plus beau vert, était aussi jaune et aussi brûlé le 25 du même mois, qu'il l'est à la fin de décembre aux environs de Paris ; toutes les montagnes élevées de deux cents toises au-dessus du niveau de la mer étaient couvertes de neige. Je donnai ordre de tout disposer pour le départ, et nous mîmes sous voiles le 29. M. Kasloff vint prendre congé de nous ;

---

(1) C'est lui qui a apporté en France une des parties les plus intéressantes du voyage de la Pérouse.

et le calme nous ayant forcé de mouiller au milieu de la baie, il dîna à bord. Je l'accompagnai à terre avec M. de Langle et plusieurs officiers ; il nous y donna un très bon souper et un nouveau bal : le lendemain, à la pointe du jour, les vents ayant passé au nord, je fis signal d'appareiller. Nous étions à peine sous voiles, que nous entendîmes un salut de toute l'artillerie de Saint-Pierre et Saint-Paul. Je fis rendre ce salut, qui fut renouvelé lorsque nous fûmes dans le goulet, le gouverneur ayant envoyé un détachement pour nous faire rendre les honneurs du départ à l'instant où nous passerions devant la petite batterie qui est au nord du fanal de l'entrée.

Nous ne pûmes quitter sans attendrissement M. de Lesseps, que ses qualités précieuses nous avait rendu cher, et que nous laissions sur une terre étrangère au moment d'entreprendre un voyage aussi long que pénible. Nous emportâmes de ce pays le souvenir le plus doux avec la certitude que dans aucune contrée, dans aucun siècle, on n'a jamais porté plus loin les égards et les soins de l'hospitalité.

CHAPITRE XXII

Détails sommaires sur le Kamtschatka. — Indication pour entrer dans la baie d'Avatscha et en sortir sans risques. — Nous parcourons, sur le parallèle de 37° 30', un espace de trois cents lieues, pour chercher une terre découverte, dit-on, par les Espagnols en 1620. — Nous coupons la Ligne pour la troisième fois. — Nous avons connaissance des îles des Navigateurs, après avoir passé sur l'île du Danger de Byron. — Nous sommes visités par beaucoup de pirogues, nous faisons des échanges avec leurs équipages, et nous mouillons à l'île Maouna.

Ce n'est point aux navigateurs étrangers que la Russie doit ses découvertes et ses établissements sur les côtes de la Tartarie orientale et sur celle de la presqu'île du Kamtschatka. Les Russes, aussi avides de pelleteries, que les Espagnols d'or et d'argent, ont, depuis très longtemps, entrepris par terre les voyages les plus longs et les plus difficiles pour se procurer les précieuses dépouilles des zibelines, des renards et des loutres de mer : mais, plus soldats que chasseurs, il leur a paru plus commode d'assujettir les indigènes à un tribut en les subjuguant, que de partager avec eux les fatigues de la chasse. Ils ne découvrirent la presqu'île du Kamtschatka que sur la fin du dernier siècle; leur première expédition contre la liberté de ces malheureux habitants eut lieu en 1696. L'autorité de la Russie ne fut pleinement reconnue dans toute la presqu'île qu'en 1711 ; les Kamtschadales acceptèrent alors les conditions d'un tribut assez léger, et qui suffit à peine pour solder les frais d'administration : trois cents zibelines, deux cents peaux de renard gris ou rouge, quelques peaux de loutre, forment les revenus de la Russie dans cette partie de l'Asie, où elle entretient quatre cents soldats, presque tous Cosaques ou Sibériens, et plusieurs officiers qui commandent dans les différents districts.

La cour de Russie a changé plusieurs fois la forme du gouvernement de cette presqu'île; celle que les Anglais y trouvèrent établie en 1778, n'exista que jusqu'en 1784: le Kamtschatka devint, à cette époque, une province du gouvernement d'Okhotsk, qui lui-même dépend de la cour souveraine d'Irkoutsk.

L'ostrog de Bolcheretsk, précédemment la capitale du Kamtschatka, où le major Behm faisait sa résidence à l'arrivée des Anglais, n'est commandé aujourd'hui que par un sergent, nommé Martinoff. M. Kaborof, lieutenant, commande, comme on l'a dit, à Saint-Pierre et Saint-Paul; et le major Eléonoff, à Nijenei-Kamtschatka, ou ostrog du bas Kamtschatka; Verhneï enfin, ou le haut Kamtschatka, est sous les ordres du sergent Momayeff. Ces divers commandants ne se doivent l'un à l'autre aucun compte; ils rendent chacun le leur directement au gouverneur d'Okhotsk, qui a établi un officier-inspecteur, ayant grade de major, pour commander en particulier aux Kamtschadales, et les garantir, sans doute, des vexations présumées du gouvernement militaire.

Ce premier aperçu du commerce de ces contrées ferait connaître très imparfaitement les avantages que la Russie retire de ses colonies à l'orient de l'Asie, si le lecteur ignorait qu'aux voyages par terre ont succédé des navigations dans l'est du Kamtschatka, vers les côtes d'Amérique; celles de Behring et de Tschirikow sont connues de toute l'Europe. Après les noms de ces hommes célèbres par leurs expéditions et par les malheurs qui en ont été la suite, on peut compter d'autres navigateurs qui ont ajouté aux possessions de la Russie les îles Aleutiennes, les groupes plus à l'est connus sous le nom d'Oonolaska, et toutes les îles au sud de la presqu'île.

La dernière campagne du capitaine Cook a déterminé des expéditions encore plus à l'est; mais j'ai appris, au Kamtschatka, que les indigènes du pays où ont abordé les Russes, s'étaient refusés jusqu'à présent à leur payer le tribut, et même à faire aucun commerce avec eux: ceux-ci, vraisemblablement, ont eu la maladresse de leur laisser connaître le dessein qu'ils avaient formé de les subjuguer; et on sait combien les Américains sont fiers de leur indépendance et jaloux de leur liberté.

La Russie ne fait que très peu de dépense pour étendre ses possessions: des négociants ordonnent des armements à Okhotsk, où ils construisent, à frais immenses, des bâtiments de quarante-cinq à cinquante pieds de longueur, ayant un seul mât au milieu, à peu près comme nos cutters, et montés par quarante ou cinquante hommes, tous plus chasseurs que marins; ceux-ci partent d'Okhotsk au mois de juin, débouquent ordinairement entre la pointe de Lopatka et la première des Kuriles, dirigent leur route à l'est, et parcourent différentes îles pendant trois ou quatre ans, jusqu'à ce qu'ils aient, ou acheté aux naturels du pays, ou tué eux-mêmes, une assez grande quantité de loutres pour couvrir les frais de l'armement, et donner aux armateurs un profit au moins de cent pour cent pour leurs avances.

La Russie n'a encore formé aucun établissement à l'est du Kamtschatka : chaque bâtiment en fait un dans le port où il hiverne ; et lorsqu'il part, il le détruit, ou le cède à quelque autre vaisseau de sa nation. Le gouvernement d'Okhotsk a grand soin d'ordonner aux capitaines de ses cutters de faire reconnaître l'autorité de la Russie par tous les insulaires qu'ils visitent, et il fait embarquer sur chaque vaisseau une espèce d'officier des douanes, chargé d'imposer et de lever un tribut pour la couronne. On m'a rapporté qu'il devait partir incessamment un missionnaire d'Okhotsk pour prêcher la foi chez les peuples subjugués, et acquitter en quelque sorte, par des biens spirituels, les compensations que leur doivent les Russes pour les tributs qu'ils leur ont imposés par le seul droit du plus fort.

On sait que les fourrures se vendent très avantageusement à Kiakhta sur les frontières de la Chine et de la Russie ; mais ce n'est que depuis la publication de l'ouvrage de M. Coxe (1), que l'on connaît en Europe l'étendue de cet objet de commerce, dont l'importation et l'exportation se montent à plus de dix-huit millions de livres par an. On m'a assuré que vingt-cinq bâtiments, dont les équipages s'élèvent à environ mille hommes, tant Kamtschadales que Russes ou Cosaques, étaient envoyés, cette année, à la recherche des fourrures vers l'est du Kamtschaka ; ces bâtiments doivent être dispersés depuis la rivière de Cook jusqu'à l'île Behring : une longue expérience leur a appris que les loutres ne fréquentent guère les latitudes plus septentrionales que le 60me degré, ce qui détermine à cet égard toutes les expéditions vers les parages de la presqu'île d'Alaska, ou plus à l'est, mais non au détroit de Behring, sans cesse obstrué de glaces qui ne fondent jamais.

Lorsque ces bâtiments reviennent, ils relâchent quelquefois à la baie d'Avatscha, mais ils font constamment leur retour à Okhotsk, où résident leurs armateurs et les négociants qui vont directement commercer avec les Chinois, sur la frontière des deux empires. Comme les glaces permettent, dans tous les temps, d'entrer dans la baie d'Avatscha, les navigateurs russes y relâchent lorsque la saison est trop avancée pour qu'ils puissent arriver à Okhotsk avant la fin de septembre : un règlement très sage de l'impératrice de Russie a défendu de naviguer dans la mer d'Okhotsk après cette époque, à laquelle commencent les oura-

---

(1) William Coxe, voyageur historien anglais, mort en 1828, a publié de nombreux et intéressants ouvrages peu connus en France, notamment un voyage en Pologne, en Russie, en Suède et en Danemark, qui contient de précieux détails sur le climat, les habitants et les mœurs du nord de l'Europe.

gans et les coups de vent, qui ont occasionné sur cette mer de si fréquents naufrages.

Les glaces ne s'étendent jamais, dans la baie d'Avatscha, qu'à trois ou quatre cents toises du rivage ; il arrive souvent, pendant l'hiver, que les vents de terre font dériver celles qui embarrassent l'embouchure des rivières de Paratounka et d'Avatscha, et la navigation en devient alors praticable. Comme l'hiver est généralement moins rigoureux au Kamtschatka qu'à Pétersbourg et dans plusieurs provinces de l'empire de Russie, les Russes en parlent comme les Français de celui de Provence ; mais les neiges dont nous étions environnés, dès le 20 septembre, la gelée blanche dont la terre était couverte tous les matins et la verdure qui était aussi fanée que l'est celle des environs de Paris au mois de janvier, tout nous faisait pressentir que l'hiver doit y être d'une rigueur insupportable pour les peuples méridionaux de l'Europe.

Nous étions cependant, à certains égards, moins frileux que les habitants, Russes ou Kamtschadales, de l'ostrog de Saint-Pierre et Saint-Paul ; ils étaient vêtus des fourrures les plus épaisses, et la température de l'intérieur de leurs isbas, dans lesquels ils ont toujours des poêles allumés, était de 28 ou 30 degrés au-dessus de la glace : nous ne pouvions respirer dans un air aussi chaud, et le lieutenant avait le soin d'ouvrir les fenêtres lorsque nous étions dans son appartement.

Ces peuples se sont accoutumés aux extrêmes ; on sait que leur usage, en Europe comme en Asie, est de prendre des bains de vapeur dans des étuves, d'où ils sortent couverts de sueur, et vont ensuite se rouler sur la neige. L'ostrog de Saint-Pierre avait deux de ces bains publics, dans lesquels je suis entré avant qu'ils fussent allumés ; ils consistent en une chambre très basse, au milieu de laquelle est un four bâti en pierre sèche, qu'on chauffe comme les fours destinés à cuire le pain ; la voûte est entourée de bancs disposés en amphithéâtre, pour ceux qui veulent se baigner, de sorte que la chaleur est plus ou moins forte, suivant qu'on est placé sur un gradin supérieur ou inférieur : on jette de l'eau sur le sommet de la voûte, lorsqu'elle est rougie par le feu qui est dessous ; cette eau s'élève aussitôt en vapeurs, et excite la transpiration la plus abondante. Les Kamtschadales ont adopté cet usage, ainsi que beaucoup d'autres, de leurs vainqueurs ; et sous très peu d'années, le caractère primitif qui les distinguait des Russes d'une manière si marquée, sera entièrement effacé. Leur population n'excède pas aujourd'hui quatre mille âmes dans toute la presqu'île, qui s'étend cependant depuis le 51e degré jusqu'au 63e, sur une largeur de plusieurs degrés en longitude : ainsi l'on voit qu'il y a plusieurs lieues carrées par individu. Ils ne cultivent aucune production de la terre ; et la préférence qu'ils ont donnée aux chiens sur les rennes pour le service des traîneaux, les empêche d'élever ni cochons, ni moutons, ni jeunes rennes, ni poulains, ni veaux, parce que ces animaux seraient dévorés avant qu'ils eussent acquis des forces suffisantes pour se défendre. Le poisson est la base de la nourriture de leurs chiens d'attelage, qui font journellement jusqu'à vingt-quatre lieues; on ne leur donne à manger que lorsqu'ils ont achevé leur course.

Le lecteur a déjà vu que cette manière de voyager n'est pas particulière aux Kamtschadales; les peuples de Tchoka, et les Tartares de la baie de Castries, n'ont pas d'autres attelages. Nous avions un extrême désir de savoir si les Russes ont quelque connaissance de ces différents pays, et nous apprîmes de M. Rasloff que les bâtiments d'Okhotsk avaient aperçu plusieurs fois la pointe septentrionale de l'île qui est à l'embouchure du fleuve Amour, mais qu'ils n'y étaient jamais descendus, parce qu'elle est en delà des limites de l'empire de Russie sur cette côte (1).

La baie d'Avatscha ressemble beaucoup à celle de Brest; mais elle lui est infiniment supérieure par la qualité du fond, qui est de vase : son entrée est aussi plus étroite, et conséquemment plus facile à défendre. Nos lithologistes et nos botanistes ne rencontrèrent sur ses rivages que des substances extrêmement communes en Europe. On doit faire attention à deux bancs situés à l'est et à l'ouest de l'entrée de cette baie, et séparés par un large chenal pour le passage des vaisseaux; on est certain de les éviter, en laissant deux rochers isolés qui sont sur la côte de l'est, ouverts par la pointe du fanal, et en tenant, au contraire, fermée par la côte de l'ouest, une grosse roche qu'on laisse à bâbord, et qui n'est séparée de la terre que par un canal de moins d'une encâblure de largeur. Tous les mouillages de la baie sont également bons; et l'on peut s'approcher plus ou moins de l'ostrog, selon le désir que l'on a de communiquer avec le village (2).

---

(1) Ce fleuve, que les Mantchoux appellent *Sakhalian* et les Chinois Hoen-Thoug-Kiang, est un des plus grands cours d'eau de la Chine. Son cours, de 3,500 kilomètres, est navigable dans toute son étendue.
Une partie du bassin septentrional de l'Amour a contribué à former une des grandes divisions administratives de l'empire russe, division créée en 1858 dans la Sibérie orientale. Cette circonscription, appelée *Territoire de l'Amour*, est destinée à devenir le centre d'un commerce des plus considérables entre la Russie, l'Amérique, la Chine et le Japon.
Le Territoire de l'Amour forme deux provinces dont la plus petite est d'une étendue supérieure à celle de la France.

(2) La mer de Kamtschatka ou Behring forme plusieurs golfes sur les côtes qui l'entourent. Les principaux sont la baie de Bristol et celle de Norton sur la côte américaine; les golfes d'Anadyr et de Kamtschatka sur la côte asiatique ou du Kamtschatka.
Dès 1690, les Russes eurent connaissance de ce pays; ce ne fut cependant qu'en 1799 qu'ils y établirent un premier poste, occupé par soixante-seize Cosaques, commandés par un de leurs chefs nommé Moracko.

Les vents du nord, qui nous étaient si favorables pour sortir de la baie d'Avatscha, nous abandonnèrent à deux lieues au large ; ils se fixèrent à l'ouest, avec une opiniâtreté et une violence qui ne me permirent pas de suivre le plan que je m'étais proposé, de reconnaître et de relever les Kuriles jusqu'à l'île Marikan. Les coups de vent et les orages se succédèrent si rapidement, que je fus obligé de mettre souvent à la cape à la misaine ; et je me trouvai écarté de la côte de quatre-vingts lieues. Je ne cherchai pas à lutter contre ces obstacles, parce que la reconnaissance de ces îles était peu importante, et je dirigeai ma route pour couper, par les 165° de longitude, le parallèle de 37° 30', sur lequel quelques géographes ont placé une grande île riche et bien peuplée, découverte, dit-on, en 1620, par les Espagnols. Il me paraissait que, parmi les différentes recherches qui m'étaient plutôt indiquées qu'ordonnées par mes instructions, celle-là méritait la préférence.

Je n'atteignis le parallèle de 37° 39' que le 14, à minuit : nous avions vu, dans cette même journée, cinq ou six petits oiseaux de terre, de l'espèce des linots, se percher sur nos manœuvres ; et nous aperçûmes, le même soir, deux vols de canards ou de cormorans, oiseaux qui ne s'écartent presque jamais du rivage. Le temps était fort clair, et, sur l'une et l'autre frégate, des vigies furent constamment au haut des mâts. Une récompense assez considérable était promise à celui qui, le premier, apercevrait la terre : ce motif d'émulation était peu nécessaire ; chaque matelot enviait l'honneur de faire le premier une découverte qui, d'après ma promesse, devait porter son nom. Mais, malgré les indices certains du voisinage d'une terre, nous ne découvrîmes rien, quoique l'horizon fût très étendu : je supposai que cette île devait être au sud, et que les vents violents qui avaient récemment soufflé de cette partie, avaient écarté vers le nord les petits oiseaux que nous avions vus se poser sur nos agrès ; en conséquence, je fis route au sud jusqu'à minuit. J'ordonnai alors de gouverner à l'est, à très petites voiles, attendant le jour avec la plus vive impatience. Il se fit, et nous vîmes encore deux petits oiseaux ; je continuai la route à l'est : une grosse tortue passa, le même soir, le long du bord. Le lendemain, en parcourant toujours le même parallèle vers l'est, nous vîmes un oiseau plus petit qu'un roitelet de France, perché sur le bras du grand hunier, et

---

L'année suivante, Vladimir Atlassow s'empara de la partie arrosée par le fleuve qui porte le nom du pays, fit payer un tribut aux habitants et construisit le fort de Nijnei-Kamtschatka. Kobelew, officier russe, y fit une troisième expédition, et Kalassow une quatrième par mer. Enfin, dès 1706, le Kamtschatka était entièrement soumis aux Russes. Après avoir été longtemps réuni au gouvernement d'Irkoutsk, il forme aujourd'hui une des divisions de la Sibérie orientale.

Le Kamtschatka qui avait, avant la conquête Russe, 100,000 habitants au moins, n'en compte plus aujourd'hui que 10,000 à peine.

un troisième vol de canards : ainsi, à chaque instant, nos espérances étaient soutenues ; mais nous n'avions jamais le bonheur de les voir se réaliser.

Nous éprouvâmes, pendant cette recherche, un malheur trop réel : un matelot du bord de l'Astrolabe tomba à la mer en serrant le petit perroquet ; soit qu'il se fût blessé dans sa chute, ou qu'il ne sût pas nager, il ne reparut point, et tous nos soins pour le sauver furent inutiles.

Les indices de terre continuèrent le 18 et le 19, quoique nous eussions fait beaucoup de chemin à l'est. On aperçut, chacun de ces jours, des vols de canards ou d'autres oiseaux de rivage ; un soldat prétendit même avoir vu passer quelques brins de goémons : mais comme ce fait n'était soutenu d'aucun autre témoignage, nous rejetâmes unanimement son récit, en conservant cependant les plus fortes espérances de la découverte prochaine de quelque terre. A peine eûmes-nous atteint le 175° de longitude orientale, que tous les indices cessèrent ; je continuai cependant la même route jusqu'au 22, à midi : mais a'ors j'ordonnai la route au sud, afin de trouver des mers plus tranquilles.

Depuis notre départ du Kamtschatka, nous avions toujours navigué au milieu des plus grosses lames ; un coup de mer avait même emporté notre petit canot, placé sur le passe-avant, et avait jeté à bord plus de cent barriques d'eau. Ces contrariétés auraient à peine été remarquées, si, plus heureux, nous eussions rencontré l'île dont la recherche nous coûtait tant de fatigues, et qui certainement existe dans les environs de la route que nous avons parcourue : les indices de terre ont été trop fréquents et d'une nature trop marquée, pour que nous puissions en douter. Je suis porté à croire que nous avons couru sur un parallèle trop septentrional ; et, si j'avais à recommencer cette recherche, je naviguerais en suivant le parallèle de 35°, depuis 160° jusqu'à 170° de longitude : c'est sur cet espace que nous aperçûmes le plus d'oiseaux de terre ; ils paraissaient venir du sud, et avoir été poussés par la violence des vents qui avaient soufflé de cette partie.

Le plan ultérieur de notre campagne ne me laissait pas le temps de vérifier cette conjecture, en faisant vers l'ouest le même chemin que nous venions de parcourir à l'est : les vents qui soufflent presque sans cesse de l'occident ne m'auraient pas permis de faire en deux mois le trajet que j'avais fait en huit jours. Je dirigeai ma navigation vers l'hémisphère sud, dans ce vaste champ de découvertes où les routes des Quiros, des Mendana, des Tasman, etc., sont croisées en tout sens par celles des navigateurs modernes, et où chacun de ceux-ci a ajouté quelques îles nouvelles aux îles déjà connues, mais sur lesquelles la curiosité des Européens avait à désirer des détails plus circonstanciés que ceux qui se trouvent dans les relations des premiers navigateurs.

On sait que dans cette vaste partie du grand Océan équatorial, il existe une zone, de 12 à 15 degrés environ, du nord au sud, et de 110 degrés de l'est à l'ouest, parsemée d'îles qui sont, sur le globe terrestre, ce qu'est la voie lactée dans le ciel. Le langage, les mœurs de leurs habitants ne nous sont plus inconnus, et les observations qui ont été faites par les derniers voyageurs nous permettent même de former des conjectures probables sur l'origine de ces peuples, qu'on peut attribuer aux Malais; comme celle de différentes colonies des côtes d'Espagne et d'Afrique, aux Phéniciens. C'est dans cet archipel que mes instructions m'ordonnaient de naviguer pendant la troisième année de notre campagne : la partie occidentale et méridionale de la nouvelle Calédonie, dont la côte orientale fut découverte par le capitaine Cook dans son second voyage; les îles du sud de l'archipel des Arsacides, dont celles du nord avaient été reconnues par Surville; la partie septentrionale des terres de la Louisiade, que M. de Bougainville n'avait pu explorer, mais dont il avait, le premier, prolongé la côte du sud-est : tous ces points de géographie avaient principalement fixé l'attention du gouvernement, et il m'était enjoint d'en marquer les limites, et de les assujettir à des déterminations précises de latitude et de longitude.

Les îles de la Société, celles des Amis, celles des Hébrides, etc., étaient connues et ne pouvaient plus intéresser la curiosité des Européens : mais comme elles offraient des ressources en vivres, il m'était permis d'y relâcher suivant le besoin que j'en aurais; et l'on avait présumé, avec raison, qu'en sortant du Kamtschatka, j'aurais une bien petite provision de vivres frais, si nécessaires à la conservation de la santé des marins.

Il ne fut pas possible d'avancer assez rapidement au sud pour éviter un coup de vent qui souffla de cette partie le 23 octobre; la mer était extrêmement grosse, et nous fûmes obligés de passer la nuit à la cape à la misaine : les vents furent très variables et les mers très agitées jusqu'au 30º degré de latitude, parallèle que nous atteignîmes le 29 octobre. Notre santé se trouva généralement affectée par le passage trop rapide du froid au plus grand chaud, mais nous n'éprouvâmes que de légères incommodités qui n'obligèrent personne à garder le lit.

Le premier novembre, par 26° 27' de latitude nord, et 175° 38' de longitude occidentale, nous vîmes un grand nombre d'oiseaux, entre autres des courlieux et des pluviers, espèces qui ne s'éloignent jamais de terre. Le temps était couvert et par grains : mais toutes les parties de l'horizon s'éclaircirent successivement, excepté vers le sud, où de gros nuages restaient constamment fixés; ce qui me fit croire qu'une terre pouvait se trouver dans cette aire de vent. Je fis suivre cette route : le 2, le 3 et le 4, nous continuâmes à voir des oiseaux; peu à peu les indices de terre cessèrent : mais il est vraisemblable que nous passâmes assez près de quelque île basse, dont nous n'eûmes point connaissance, et que le hasard offrira peut-être à un autre navigateur. Nous commençâmes alors à jouir d'un ciel pur, et il nous fut enfin possible d'obtenir des longitudes par des distances de la lune au soleil, observations que nous n'avions pu faire depuis notre départ du Kamtschatka. Nous prîmes quelques dorades et deux requins, qui furent pour nous des mets délicieux, parce que nous étions tous réduits au lard salé, qui même commençait à se ressentir de l'influence des climats brûlants. Nous répétâmes les mêmes observations de distance les jours suivants, et la différence fut constamment la même.

Nous avions enfin atteint le Tropique, le ciel devenait plus beau, et notre horizon était très étendu : nous n'aperçûmes aucune terre ; mais nous vîmes tous les jours des oiseaux de rivage qu'on ne rencontre jamais à une grande distance. Le 4 novembre, nous étions par 23° 40' de latitude nord, et 175° 58' 47" de longitude occidentale ; nous prîmes à bord un pluvier doré, qui était encore assez gras, et qui ne pouvait être depuis longtemps égaré sur les mers. Le 5, nous coupâmes la ligne de notre route, de Monterey à Macao ; le 6, celle du capitaine Clerke, des îles Sandwich au Kamtschatka : les oiseaux avaient absolument disparu. Nous étions extrêmement fatigués par une grosse lame de l'est, qui, comme celle de l'ouest dans l'Océan atlantique, règne constamment sur cette vaste mer, et nous ne trouvions ni bonites, ni dorades ; à peine apercevions-nous quelques poissons volants ; nos provisions fraîches étaient absolument consommées et nous avions un peu trop compté sur le poisson pour adoucir l'austérité de notre régime.

Le 9, nous passâmes sur la pointe méridionale de la basse de Villa Lobos, d'après la position qui lui avait été assignée sur les cartes qui m'avaient été remises par M. de Fleurieu. Je réglai la voilure de manière à dépasser sa latitude pendant le jour : mais, comme nous n'aperçûmes ni oiseaux ni goémons, je suis porté à croire que, si cette batture existe, il faut lui assigner une position plus occidentale, les Espagnols ayant toujours placé trop près des côtes de l'Amérique leurs découvertes dans le grand Océan. La mer se calma un peu à cette époque, et les brises furent plus modérées ; mais le ciel se couvrit de nuages épais, et nous eûmes à peine atteint le 10° degré de latitude nord, que nous essuyâmes une pluie presque constante, au moins pendant le jour, car les nuits étaient assez belles. La chaleur fut étouffante ; et l'hygromètre n'avait jamais marqué plus d'humidité depuis notre départ d'Europe ; nous respirions un air sans ressort, qui, joint aux mauvais aliments, diminuait nos forces et nous aurait rendus presque incapables de travaux pénibles, si les circonstances en eussent exigé. Je redoublai de soins pour conserver la santé des équipages pendant cette crise produite par un passage trop subit du froid au chaud et à l'humide; je fis distribuer, chaque jour, du café au déjeuner; j'ordonnai de sécher et d'aérer le dessous des ponts; l'eau de la pluie servit à laver les chemises des matelots, et nous mîmes ainsi à profit l'intempérie du climat que nous étions obligés de traverser, et dont je craignais plus l'influence que celle des latitudes élevées que nous avions parcourues.

Nous prîmes, le 6 novembre, pour la première fois, huit bonites, qui procurèrent un bon repas à tout l'équipage, et aux officiers, qui, ainsi que moi, n'avaient plus d'autres aliments que ceux de la cale. Ces pluies, ces orages et ces grosses mers, cessèrent vers le 15, lorsque nous eûmes atteint le 5e degré de latitude nord; nous jouîmes alors du ciel le plus tranquille; un horizon de la plus grande étendue, au moment du coucher du soleil, nous rassurait sur la route de la nuit; d'ailleurs, l'air était si pur, le ciel si serein, qu'il en résultait une clarté à l'aide de laquelle nous eussions aperçu les dangers comme en plein jour. Ce beau temps nous accompagna en delà de l'Equateur, que nous coupâmes le 21 novembre, pour la troisième fois depuis notre départ de Brest : nous nous en étions éloignés trois fois d'environ 60 degrés au nord ou au sud; et le plan ultérieur de notre voyage ne devait nous ramener vers l'hémisphère nord que dans la mer Atlantique, lorsque nous retournerions en Europe. Rien n'interrompait la monotonie de cette longue traversée; nous faisions une route à peu près parallèle à celle que nous avions parcourue, l'année précédente, en allant de l'île de Pâques aux îles Sandwich; pendant cette route, nous avions été sans cesse environnés d'oiseaux et de bonites, qui nous avaient fourni une nourriture saine et abondante : dans celle-ci, au contraire, une vaste solitude régnait autour de nous; l'air et les eaux de cette partie du globe étaient sans habitants.

Nous prîmes cependant, le 23, deux requins, qui fournirent deux repas aux équipages; et nous tuâmes, le même jour, un courlieu très maigre, et qui paraissait très fatigué; nous pensâmes qu'il pouvait venir de l'île du Duc d'York, dont nous étions éloignés d'environ cent lieues : il fut mangé à ma table, apprêté en salmis, et il n'était guère meilleur que les requins. A mesure que nous avancions dans l'hémisphère sud, les foux, les frégates, les hirondelles de mer et les paille-en-culs volaient autour des bâtiments; nous les prîmes pour les avant-coureurs de quelque île que nous avions une extrême impatience de rencontrer : nous murmurions de la fatalité qui nous avait fait parcourir, depuis notre départ du Kamtschatka, une longue ligne sans faire la plus petite découverte. Ces oiseaux, dont la quantité devint innombrable lorsque nous eûmes atteint les quatrième degré de latitude sud, nous donnaient, à chaque instant, l'espoir de rencontrer quelque terre; mais quoique l'horizon fût de la plus vaste étendue, aucune ne s'offrait à notre vue : nous faisions, à la vérité, peu de chemin. Les brises cessèrent lorsque nous fûmes par les deux degrés de latitude sud, et il leur succéda des vents très faibles du nord à l'ouest-nord-ouest, avec lesquels je m'élevai un peu dans l'est, parce que je craignais d'être porté sous le vent des îles des Amis.

Pendant ces calmes, nous prîmes quelques requins, que nous préférions aux viandes salées, et nous tuâmes des oiseaux de mer, que nous mangeâmes en salmis; quoique très maigres, et d'un goût et d'une odeur de poisson insupportables, ils nous parurent, dans la disette de vivres frais où nous nous trouvions, presque aussi bons que des bécasses. Les goélettes noires, ou absolument blanches, sont particulières à la mer du Sud, et je n'en ai jamais aperçu dans l'Océan atlantique; nous en avons beaucoup plus tué que de foux et de frégates : celles-ci volaient en si grande quantité autour de nos bâtiments, surtout la nuit, que nous étions assourdis par le bruit qu'elles faisaient, et on avait de la peine à suivre une conversation sur le gaillard : nos chasses, qui étaient assez heureuses, nous vengeaient de leurs criailleries, et nous procuraient un aliment supportable; mais elles disparurent lorsque nous eûmes dépassé le 6° degré.

Les vents du nord-ouest à l'ouest, qui avaient commencé vers le 3° degré de latitude sud, mais très faibles et fort clairs, régnèrent alors impérieusement, et ils ne cessèrent que par le 12°. Une grosse houle de l'ouest rendait notre navigation extrêmement fatigante : nos cordages, pourris par l'humidité constante que nous avions éprouvée pendant notre navigation sur la côte de Tartarie, cassaient à chaque instant, et nous ne les remplacions qu'à la dernière extrémité, de crainte d'en manquer; les grains, les orages, la pluie, nous accompagnèrent constamment jusque par le 10° 50', que nous atteignîmes le 2 décembre. Les vents, sans cesser d'être à l'ouest, devinrent plus modérés et très clairs. Nous passâmes précisément sur le point assigné aux îles du Danger, de Byron, car nous étions par leur latitude; et comme nous n'aperçûmes aucune terre, ni le moindre indice qu'il y en eût une à notre proximité, il est évident qu'il faut assigner à ces îles une autre longitude. Le lendemain 3 décembre, nous étions précisément sur le parallèle de l'île de la Belle-Nation, de Quiros, et un degré plus à l'est. J'aurais voulu courir quelques degrés dans l'ouest pour la rencontrer : mais les vents soufflaient directement de cette partie; et l'île est placée d'une manière trop incertaine pour la chercher en louvoyant : je crus donc devoir profiter de ces mêmes vents d'ouest pour atteindre le parallèle des îles des Navigateurs, de Bougainville, qui sont une découverte des Français, et où nous pouvions espérer de trouver quelques rafraîchissements dont nous avions grand besoin.

Nous eûmes connaissance de l'île la plus orientale de cet archipel, le 6 décembre, à trois heures après midi; nous fîmes route pour l'approcher, jusqu'à onze heures du soir, et nous nous tînmes bord sur bord le reste de la nuit. Comme je me proposais d'y mouiller, si j'y trouvais un ancrage, je passai par le canal qui est entre la grande et la petite île que M. de Bougainville avait laissées dans le sud : il est étroit et n'a guère qu'une lieue de largeur, mais il paraissait sain et sans aucun danger. Nous étions dans la passe à midi, et nous y observâmes, à un mille de la côte, 11° 7' de latitude méridionale; la pointe du sud de l'une de ces îles nous restait alors au sud 36° ouest : ainsi la pointe méridionale de cette île est située par 14° 8' de latitude sud.

Nous n'aperçûmes de pirogues que lorsque nous fûmes dans le canal : nous avions vu des habitations au vent de l'île; et un groupe considérable d'Indiens, assis en rond sous des cocotiers, paraissait jouir, sans émotion, du spectacle que la vue de nos frégates leur donnait; ils ne lancèrent alors aucune pirogue à la mer, et ne nous suivirent pas le long du rivage. Cette terre, d'environ deux cents toises d'élévation, est très escarpée, et couverte, jusqu'à la cime, de grands arbres, parmi lesquels nous distinguions un grand nombre de cocotiers : les maisons en sont bâties à peu près à mi-côte; et dans cette position, les insulaires y respirent un air plus tempéré. Nous remarquions auprès quelques terres défrichées, qui devaient être plantées vraisemblablement en patates ou en ignames : mais, en totalité, cette île paraît peu fertile, et, dans toute autre partie de la mer du Sud, je l'aurais crue inhabitée.

Mon erreur eût été d'autant plus grande, que même deux petites îles qui forment la côte occidentale du canal par lequel nous avons passé, ont aussi leurs habitants; nous vîmes s'en détacher cinq pirogues, qui se joignirent à onze autres, sorties de l'île de l'est. Les pirogues, après avoir fait plusieurs fois le tour de nos deux bâtiments avec un air de méfiance, se hasardèrent enfin à nous approcher, et à former avec nous quelques échanges, mais si peu considérables, que nous n'en obtînmes qu'une vingtaine de cocos et deux poules-sultanes bleues. Ces insulaires étaient, comme tous ceux de la mer du Sud, de mauvaise foi dans leur commerce; et lorsqu'ils avaient reçu d'avance le prix de leurs cocos, il était rare qu'ils ne s'éloignassent pas sans avoir livré les objets d'échange convenus : ces vols étaient, à la vérité, de bien peu d'importance, et quelques colliers de rassade, avec de petits coupons de drap rouge, ne valaient guère la peine d'être réclamés. Nous sondâmes plusieurs fois dans le canal, et une ligne de cent brasses ne rapporta point de fond, quoiqu'à moins d'un mille de distance du rivage.

Nous continuâmes notre route pour doubler une pointe derrière laquelle nous espérions trouver un abri ; mais l'île n'avait pas la largeur indiquée sur le plan de M. de Bougainville : elle se termine, au contraire, en pointe, et son plus grand diamètre est au plus d'une lieue. Nous trouvâmes la brise de l'est battant sur cette côte, qui est hérissée de récifs et il nous fut prouvé qu'on y chercherait en vain un mouillage. Nous dirigeâmes alors notre route en dehors du canal, dans le dessein de prolonger les deux îles de l'ouest, qui sont ensemble à peu près aussi considérables que la plus orientale : un canal de moins de cent toises sépare l'une de l'autre ; et l'on aperçoit, à leur extrémité occidentale, un îlot, que j'aurais appelé un gros rocher s'il n'eût été couvert d'arbres. Avant de doubler les deux pointes méridionales du canal, nous restâmes en calme plat, ballottés par une assez grosse houle qui me fit craindre d'aborder l'Astrolabe ; heureusement quelques folles brises nous tirèrent bientôt de cette situation désagréable : elle ne nous avait pas permis de faire attention à la harangue d'un vieux Indien, qui tenait une branche de kava à la main, et prononçait un discours assez long. Nous savions, par la lecture de différents voyages, que c'était un signe de paix ; et, en lui jetant quelques étoffes, nous lui répondîmes par le mot *tayo*, qui veut dire *ami* dans l'idiome de plusieurs peuples des îles de la mer du Sud : mais nous n'étions pas encore assez exercés pour entendre et prononcer distinctement les mots des vocabulaires que nous avions extraits des Voyages de Cook.

Lorsque nous fûmes enfin atteints par la brise, nous fîmes de la voile pour nous écarter de la côte et sortir de la lisière des calmes. Toutes les pirogues nous abordèrent alors ; elles marchent en général assez bien à la voile, mais très médiocrement à la pagaie : ces embarcations ne pourraient servir à des peuples moins bons nageurs que ceux-ci ; elles chavirent à chaque instant. Mais cet accident les surprend et les inquiète moins que chez nous la chute d'un chapeau : ils soulèvent sur leurs épaules la pirogue submergée ; et, après avoir vidé l'eau, ils y rentrent, bien certains d'avoir à recommencer cette opération une demi-heure après, l'équilibre étant presque aussi difficile à garder dans ces frêles bâtiments que l'est celui de nos voltigeurs sur leurs cordes.

Ces insulaires sont généralement grands, et leur taille moyenne me parut être de cinq pied sept à huit pouces ; la couleur de leur peau est à peu près celle des Algériens ou des autres peuples de la côte de Barbarie ; leurs cheveux sont longs et retroussés sur le sommet de la tête ; leur physionomie paraissait peu agréable. Je ne vis que deux femmes, et leurs traits n'avaient pas plus de délicatesse : la plus jeune, à laquelle on pouvait supposer dix-huit ans, avait, sur une jambe, un ulcère affreux et dégoûtant. Plusieurs de ces insulaires avaient des plaies considérables; et il serait possible que ce fût un commencement de lèpre, car je remarquai parmi eux deux hommes, dont les jambes ulcérées et aussi grosses que le corps, ne pouvaient laisser aucun doute sur le genre de leur maladie. Ils nous approchèrent avec crainte et sans armes, et tout annonce qu'ils sont aussi paisibles que les habitants des îles de la Société ou des Amis. Nous croyions qu'ils étaient partis sans retour, et leur pauvreté apparente ne nous laissait qu'un faible regret; mais la brise ayant beaucoup molli dans l'après-midi, les mêmes pirogues, auxquelles se joignirent plusieurs autres, vinrent, à deux lieues au large, nous proposer de nouveaux échanges : elle avaient été à terre en nous quittant, et elles retournaient un peu plus richement chargées que la première fois. Nous obtînmes des insulaires, à cette reprise, plusieurs curiosités relatives à leurs costumes, cinq poules, dix poules-sultanes, un petit cochon, et la plus charmante tourterelle que nous eussions vue; elle était blanche, sa tête du plus beau violet, ses ailes vertes, et sa guimpe semée de petites taches rouges et blanches, semblables à des feuilles d'anémone : ce petit animal était privé, mangeait dans la main et dans la bouche; mais il n'était guère vraisemblable qu'il pût arriver vivant en Europe : en effet, sa mort ne nous permit que de conserver sa robe, qui perdit bientôt tout son éclat. Comme l'Astrolabe nous avait toujours précédés dans cette route, les pirogues avaient toutes commencé leurs échanges avec M. de Langle, qui avait acheté des Indiens deux chiens que nous trouvâmes très bons (1).

Quoique les pirogues de ces insulaires soient artistement construites, et qu'elles forment une preuve de leur habileté à travailler le bois, nous ne pûmes jamais parvenir à leur faire accepter nos haches ni aucun instrument de fer; ils préféraient quelques grains de verre, qui ne pouvaient leur être d'aucune utilité, à tout ce que nous leur offrions en fer et en étoffes. Ils nous vendirent un vase de bois, rempli d'huile de coco: ce vase avait absolument la forme d'un de nos pots de terre, et un ouvrier européen n'aurait jamais cru pouvoir le façonner autrement que sur le tour. Leurs cordes sont rondes, et tressées comme nos chaînes

---

(1) NAVIGATEURS (archipels ou îles des.) D'après un rapport intéressant soumis en 1873 au congrès Américain, ces îles seraient entrées depuis quelques années dans une voie remarquable de progrès. Tauila, qui occupe une position centrale dans l'archipel, possède un magnifique port nommé Pago-Pago, que les Américains ont choisi comme point de ravitaillement. Ce port paraît devoir prendre, à une époque prochaine, une importance de premier ordre, car il n'existe dans un très grand rayon aucun mouillage qui puisse lui être comparé.

La plupart de ces îles, qui sont au nombre de neuf, et dont on a attribué la découverte à Bougainville, sont d'une grande fertilité naturelle, toutes les cultures tropicales y réussissent à merveille.

Les habitants, en grande partie convertis au christianisme, sont d'un caractère doux, ouvert, très disposés à recevoir une culture intellectuelle.

de montres; leurs nattes sont très fines, mais leurs étoffes inférieures, par la couleur et le tissu, à celles des îles de Pâques et de Sandwich : il paraît d'ailleurs qu'elles sont fort rares ; car tous ces insulaires étaient absolument nus, et ils ne nous en vendirent que deux pièces. Comme nous étions certains de rencontrer plus à l'ouest une île beaucoup plus considérable, auprès de laquelle nous pouvions nous flatter de trouver au moins un abri, si même il n'y avait un port, nous remîmes à faire des observations plus étendues après notre arrivée dans cette île, qui, suivant le plan de M. de Bougainville, ne doit être séparée du dernier îlot que nous avions par notre travers à l'entrée de la nuit, que par un canal de huit lieues, je ne fis que trois ou quatre lieues à l'ouest après le coucher du soleil, et je passai le reste de la nuit bord sur bord, à petites voiles ; je fus très surpris, au jour, de ne pas voir la terre sous le vent, et je n'en eus connaissance qu'à six heures du matin, parce que le canal est infiniment plus large que celui indiqué sur le plan qui m'avait servi de guide.

Nous n'atteignîmes la pointe du nord-est de l'île Maouna qu'à cinq heures du soir : étant dans l'intention d'y chercher un mouillage, je fis signal à l'Astrolabe de serrer le vent, afin de tenir bord sur bord pendant la nuit, au vent de l'île, et d'avoir toute la journée du lendemain pour en explorer les plus petits détails. Quoiqu'à trois lieues de terre, trois ou quatre pirogues vinrent, ce même soir, à bord, nous apporter des cochons et des fruits qu'elles échangèrent contre des rassades, ce qui nous donna la meilleure opinion de la richesse de cette île.

Le 9, au matin, je rapprochai la terre, et nous la prolongeâmes à demi-lieue de distance : elle est environnée d'un récif de corail, sur lequel la mer brisait avec fureur ; mais ce récif touchait presque le rivage, et la côte formait différentes petites anses, devant lesquelles on voyait des intervalles par où pouvaient passer les pirogues, et même vraisemblablement nos canots et chaloupes. Nous découvrions des villages nombreux au fond de chacune de ces anses, d'où il était sorti une innombrable quantité de pirogues chargées de cochons, de cocos, et d'autres fruits, que nous échangions contre des verroteries : une abondance aussi grande augmentait le désir que j'avais d'y mouiller, nous voyions d'ailleurs l'eau tomber en cascades du haut des montagnes au pied des villages. Tant de biens ne me rendaient pas difficile sur l'ancrage : je fis serrer la côte de plus près ; et à quatre heures, ayant trouvé, à un mille du rivage, un banc composé de coquillages pourris et de très peu de corail, nous y laissâmes tomber l'ancre ; mais nous fûmes ballotés par une houle très forte, qui portait à terre, quoique le vent vînt de la côte. Nous mîmes aussitôt nos canots à la mer ; et le même jour, M. de Langle et plusieurs officiers, avec trois canots armés des deux frégates, descendirent au village, où ils furent reçus des habitants de la manière la plus amicale.

La nuit commençait, lorsqu'ils abordèrent au rivage; les Indiens allumèrent un grand feu pour éclairer le lieu du débarquement; ils apportèrent des oiseaux, des cochons, des fruits : après un séjour d'une heure, nos canots retournèrent à bord. Chacun paraissait satisfait de cet accueil; et nos seuls regrets étaient de voir nos vaisseaux mouillés dans une si mauvaise rade, où les frégates roulaient comme en pleine mer. Quoique nous fussions à l'abri des vents du nord au sud par l'est, le calme suffisait pour nous exposer au plus grand danger, si nos câbles se fussent coupés; et l'impossibilité d'appareiller ne nous laissait aucune ressource contre une brise un peu forte du nord-ouest.

Nous savions, par les relations des voyageurs qui nous avaient précédés, que les vents alizés sont peu constants dans ces parages; qu'il y est presque aussi aisé de remonter à l'est que de descendre à l'ouest, ce qui facilite les grandes navigations de ces peuples sous le vent : nous avions nous-mêmes fait l'épreuve de cette inconstance des vents, et ceux de l'ouest ne nous avaient quittés que par 12°. Ces réflexions me firent passer une nuit d'autant plus mauvaise, qu'il se formait un orage vers le nord, d'où les vents soufflèrent avec assez de violence; heureusement la brise de terre prévalut.

CHAPITRE XXIII

Mœurs, coutumes, arts et usages des insulaires de Maouna.— Contraste de ce pays riant et fertile avec la férocité de ses habitants. — La houle devient très forte; nous sommes contraints d'appareiller. — M. de Langle, voulant faire de l'eau, descend à terre avec quatre chaloupes armées. — Il est assassiné; onze personnes des deux équipages éprouvent le même sort. — Récit circonstancié de cet événement.

Le lendemain, le lever du soleil m'annonça une belle journée; je formai la résolution d'en profiter pour reconnaître le pays, observer les habitants dans leurs propres foyers, faire de l'eau, et appareiller ensuite, la prudence ne me permettant pas de passer une seconde nuit dans ce mouillage. M. de Langle avait aussi trouvé cet ancrage trop dangereux pour y faire un plus long séjour : il fut donc convenu que nous appareillerions dans l'après-midi, et que la matinée, qui était très belle, serait employée, en partie, à traiter pour des fruits et des cochons. Dès la pointe du jour, les insulaires avaient conduit autour des deux frégates cent pirogues remplies de différentes provisions qu'ils ne voulaient échanger que contre des rassades : c'étaient pour eux des diamants du plus grand prix; ils dédaignaient nos haches, nos étoffes, et tous nos autres articles de traite. Pendant qu'une partie de l'équipage était occupée à contenir les Indiens, et à faire le commerce avec eux, le reste remplissait les canots et les chaloupes de futailles vides, pour aller faire de l'eau : nos deux chaloupes armées, commandées par MM. de Clonard et Colinet, celles de l'Astrolabe par MM. de Monti et Bellegarde, partirent, dans cette vue, à cinq heures du matin, pour une baie éloignée d'environ une lieue, et un peu au vent; situation assez commode, parce que nos canots chargés d'eau pouvaient revenir à la voile et grand largue. Je suivis de très près MM. de Clonard et Monti dans ma biscayenne, et j'abordai au rivage en même temps qu'eux : malheureusement M. de Langle voulut, avec son petit canot, aller se promener dans une seconde anse éloignée de notre aiguade d'environ une lieue ; et cette promenade, d'où il revint enchanté, transporté par la beauté du village qu'il avait visité, fut, comme on le verra, la cause de nos malheurs. L'anse vers laquelle nous dirigeâmes la route de nos chaloupes, était grande et commode ; les canots et les chaloupes y restaient à flot, à la marée basse, à une demi-portée de pistolet du rivage ; l'aiguade était belle et facile : MM. de Clonard et Monti y établirent le meilleur ordre. Une haie de soldats fut postée entre le rivage et les Indiens ; ceux-ci étaient environ deux cents, et dans ce nombre il y avait beaucoup de femmes et d'enfants : nous les engageâmes tous à s'asseoir sous des cocotiers qui n'étaient qu'à huit toises de distance de nos chaloupes. Chacun d'eux avait auprès de lui des poules, des cochons, des perruches, des pigeons, des fruits : tous voulaient les vendre à la fois, ce qui occasionnait un peu de confusion.

Les femmes offraient leurs fruits et leurs poules, à tous ceux qui avaient des rassades à leur donner. Bientôt elles essayèrent de traverser la haie de soldats, et ceux-ci les repoussaient trop faiblement pour les arrêter ; leurs manières étaient douces, gaies et engageantes. Des Européens qui ont fait le tour du monde, des Français surtout, n'ont point d'armes contre de pareilles attaques : elles parvinrent, sans beaucoup de peine, à percer les rangs ; alors les hommes s'approchèrent, et la confusion augmenta : mais des Indiens, que nous prîmes pour des chefs, parurent armés de bâtons, et rétablirent l'ordre ; chacun retourna à son poste, et le marché recommença, à la grande satisfaction des vendeurs et des acheteurs.

Cependant il s'était passé, dans notre chaloupe, une scène qui était une véritable hostilité, et que je voulus réprimer sans effusion de sang. Un Indien était monté sur l'arrière de notre chaloupe ; là, il s'était emparé d'un maillet, et en avait asséné plusieurs coups sur les bras et le dos d'un de nos matelots. J'ordonnai à quatre des plus forts marins de s'élancer sur lui, et de le jeter à la mer ; ce qui fut exécuté sur-le-champ. Les autres insulaires parurent improuver la conduite de leur compatriote, et cette rixe n'eut point de suite.

Peut-être un exemple de sévérité eût-il été nécessaire pour imposer davantage à ces peuples, et leur faire connaître combien la force de nos armes l'emportait sur leurs forces individuelles ; car leur taille d'environ cinq pieds dix pouces, leurs membres fortement prononcés et dans les proportions les plus colossales, leur donnaient d'eux-mêmes une idée de supériorité qui nous rendait bien peu redoutables à leurs yeux : mais n'ayant que très peu de temps à rester parmi ces insulaires, je ne crus pas devoir infliger de peine plus grave à celui d'entre eux qui nous avait offensés ; et pour leur donner quelque idée de notre puissance, je me contentai de faire acheter trois pigeons qui furent lancés en l'air, et tués à coups de fusil devant l'assemblée. Cette action parut leur avoir inspiré quelque crainte ; et j'avoue que j'attendais plus de ce sentiment que de celui de la bienveillance, dont l'homme à peine sorti de l'état sauvage est rarement susceptible.

Pendant que tout se passait avec la plus grande tranquillité, et que nos futailles se remplissaient d'eau, je crus pouvoir m'écarter d'environ deux cents pas pour aller visiter un village charmant, placé au milieu d'un bois, ou plutôt d'un verger, dont les arbres étaient chargés de fruits. Les maisons étaient placées sur la circonférence d'un cercle, d'environ cent cinquante toises de diamètre, dont le centre formait une vaste place, tapissée de la plus belle verdure ; les arbres qui l'ombrageaient y entretenaient une fraîcheur délicieuse.

Des femmes, des enfants, des vieillards, m'accompagnaient et m'engageaient à entrer dans leurs maisons ; ils étendaient les nattes les plus fines et les plus fraîches sur le sol formé par de petits cailloux choisis, et qu'ils avaient élevé d'environ deux pieds pour se garantir de l'humidité. J'entrai dans la plus belle de ces cases, qui vraisemblablement appartenait au chef ; et ma surprise fut extrême de voir un vaste cabinet de treillis, aussi bien exécuté qu'aucun de ceux des environs de Paris. Le meilleur architecte n'aurait pu donner une courbure plus élégante aux extrémités de l'ellipse qui terminait cette case ; un rang de colonnes, à cinq pieds de distance les unes des autres, en formait le pourtour : ces colonnes étaient faites de troncs d'arbres très proprement travaillés, entre lesquels des nattes fines, artistement recouvertes les unes par les autres en écailles de poisson, s'élevaient ou se baissaient avec des cordes, comme nos jalousies ; le reste de la maison était couvert de feuilles de cocotier.

Ce pays charmant réunissait encore le double avantage d'une terre fertile sans culture, et d'un climat qui n'exigeait aucun vêtement. Des arbres à pain, des cocos, des bananes, des goyaves, des oranges, présentaient à ces peuples fortunés une nourriture saine et abondante ; des poules, des cochons, des chiens, qui vivaient de l'excédant de ces fruits, leur offraient une agréable variété de mets. Ils étaient si riches, ils avaient si peu de besoins, qu'ils dédaignaient nos instruments de fer et nos étoffes, et ne voulaient que des rassades : comblés de biens réels, ils ne désiraient que des inutilités.

Il avaient vendu, à notre marché, plus de deux cents pigeons-ramiers privés, qui ne voulaient manger que dans la main; ils avaient aussi échangé les tourterelles et les perruches les plus charmantes, aussi privées que les pigeons. Quelle imagination ne se peindrait le bonheur dans un séjour aussi délicieux! Ces insulaires, disions-nous sans cesse, sont sans doute les plus heureux habitants de la terre; entourés de leurs femmes et de leurs enfants, ils coulent au sein du repos des jours purs et tranquilles; ils n'ont d'autre soin que celui d'élever des oiseaux, et, comme le premier homme, de cueillir, sans aucun travail, les fruits qui croissent sur leurs têtes.

Nous nous trompions; ce beau séjour n'était pas celui de l'innocence: nous n'apercevions, à la vérité, aucune arme; mais les corps de ces Indiens, couverts de cicatrices, prouvaient qu'ils étaient souvent en guerre ou en querelle entre eux; et leurs traits anonçaient une férocité qu'on n'apercevait pas dans la physionomie des femmes. La nature avait sans doute laissé cette empreinte sur la figure de ces Indiens, pour avertir que l'homme, presque sauvage et dans l'anarchie, est un être plus méchant que les animaux les plus féroces.

Cette première visite se passa sans aucune rixe capable d'entraîner des suites fâcheuses; j'appris cependant qu'il y avait eu des querelles particulières, mais qu'une grande prudence les avait rendues nulles: on avait jeté des pierres à M. Rollin, notre chirurgien-major; un insulaire, en feignant d'admirer un sabre de M. de Monneron, avait voulu le lui arracher, et, n'étant resté maître que du fourreau, il s'était enfui tout effrayé en voyant le sabre nu. Je m'apercevais qu'en général ces insulaires étaient très turbulents, et fort peu subordonnés à leurs chefs; mais je comptais partir dans l'après-midi, et je me félicitais de n'avoir donné aucune importance aux petites vexations que nous avions éprouvées. Vers midi, je retournai à bord dans ma biscayenne et les chaloupes m'y suivirent de très près: il me fut difficile d'aborder, parce que les pirogues environnaient nos deux frégates, et que notre marché ne désemplissait point. J'avais chargé M. Boutin du commandement de la frégate lorsque j'étais descendu à terre, et je l'avais laissé maître d'établir la police qu'il croirait convenable, en permettant à quelques insulaires de monter à bord, ou en s'y opposant absolument suivant les circonstances.

Je trouvai sur le gaillard sept à huit Indiens, dont le plus vieux me fut présenté comme un chef. M. Boutin me dit qu'il n'aurait pu les empêcher de monter à bord qu'en ordonnant de tirer sur eux; que lorsqu'ils comparaient leurs forces physiques aux nôtres, ils riaient de nos menaces, et se moquaient de nos sentinelles; que, de son côté, connaissant mes principes de modération, il n'avait pas voulu employer des moyens violents, qui cependant pouvaient seuls les contenir: il ajouta que, depuis la présence du chef, les insulaires qui l'avaient précédé à bord étaient devenus plus tranquilles et moins insolents. Je fis à ce chef beaucoup de présents, et lui donnai les marques de la plus grande bienveillance : voulant ensuite lui inspirer une haute opinion de nos forces, je fis faire devant lui différentes épreuves sur l'usage de nos armes ; mais leur effet fit peu d'impression sur lui, et il me parut qu'il ne les croyait propres qu'à détruire les oiseaux. Nos chaloupes arrivèrent chargées d'eau, et je fis disposer tout pour appareiller et profiter d'une petite brise de terre qui nous faisait espérer d'avoir le temps de nous éloigner un peu de la côte.

M. de Langle revint au même instant de sa promenade ; il me rapporta qu'il était descendu dans un superbe port de bateaux, situé au pied d'un village charmant, et près d'une cascade de l'eau la plus limpide. En passant à son bord, il avait donné des ordres pour appareiller, il en sentait comme moi la nécessité : mais il insista avec la plus grande force pour que nous restassions bord sur bord, à une lieue de la côte, et que nous fissions encore quelques chaloupées d'eau avant de nous éloigner de l'île. J'eus beau lui représenter que nous n'en avions pas le moindre besoin, je ne pus le persuader : il avait adopté le système du capitaine Cook ; il croyait que l'eau fraîche était cent fois préférable à celle que nous avions dans la cale ; et comme quelques personnes de son équipage avaient de légers symptômes de scorbut, il pensait, avec raison, que nous leur devions tous les moyens de soulagement. Aucune île d'ailleurs ne pouvait être comparée à celle-ci pour l'abondance des provisions : les deux frégates avaient déjà traité plus de cinq cents cochons, une grande quantité de poules, de pigeons et de fruits, et tant de biens ne nous avaient coûté que quelques grains de verre.

Je sentais la vérité de ces réflexions, toutefois un secret pressentiment m'empêcha d'abord d'y acquiescer : je lui dis que je trouvais ces insulaires trop turbulents pour risquer d'envoyer à terre des canots et des chaloupes qui ne pouvaient être soutenus par le feu de nos vaisseaux ; que notre modération n'avait servi qu'à accroître la hardiesse de ces Indiens, qui ne calculaient que nos forces individuelles, très inférieures aux leurs. Mais rien ne put ébranler la résolution de M. de Langle ; il répliqua que ma résistance me rendrait responsable des progrès du scorbut qui commençait à se manifester avec assez de violence, et que d'ailleurs le port dont il me parlait était beaucoup plus commode que celui de notre aiguade ; il me pria enfin de permettre qu'il se mît à la tête de la première expédition, m'assurant que dans trois heures il serait de retour à bord avec toutes les embarcations pleines d'eau. M. de Langle était un homme d'un jugement si solide et d'une telle capacité, que ces considérations, plus que tout autre motif, déterminèrent mon consentement, ou plutôt firent céder ma volonté à la sienne : je lui promis donc que nous tiendrions bord sur bord toute la nuit; que nous expédierions le lendemain nos deux chaloupes et nos deux canots, armés comme il le jugerait à propos, et que le tout serait à ses ordres. L'évènement acheva de nous convaincre qu'il était temps d'appareiller : en levant l'ancre, nous trouvâmes un toron du câble coupé par le corail; deux heures plus tard, le câble l'eût été entièrement. Comme nous ne mîmes sous voiles qu'à quatre heures après midi, il était trop tard pour songer à envoyer nos chaloupes à terre, et nous remîmes leur départ au lendemain.

La nuit fut orageuse, et les vents, qui changeaient à chaque instant, me firent prendre le parti de m'éloigner de la côte d'environ trois lieues.

Au jour, le calme plat ne me permit pas d'en approcher : ce ne fut qu'à neuf heures qu'il s'éleva une petite brise du nord-est, avec laquelle j'accostai l'île, dont nous n'étions, à onze heures, qu'à une petite lieue de distance : j'expédiai alors ma chaloupe et mon grand canot, commandés par MM. Boutin et Mouton, pour se rendre à bord de l'Astrolabe, aux ordres de M. de Langle; tous ceux qui avaient quelques légères atteintes de scorbut y furent embarqués, ainsi que six soldats armés, ayant à leur tête le capitaine d'armes : ces deux embarcations contenaient vingt-huit hommes, et portaient environ vingt barriques d'armement, destinées à être remplies à l'aiguade. MM. de Lamanon et Colinet, quoique malades, furent du nombre de ceux qui partirent de la Boussole. D'un autre côté, M. de Vaujuas, convalescent, accompagna M. de Langle dans son grand canot; M. le Gobien, garde de la marine, commandait la chaloupe, et MM. de la Martinière, Lavaux et le père Receveur, faisaient partie des trente-trois personnes envoyées par l'Astrolabe.

Parmi les soixante-un individus qui composaient l'expédition entière, se trouvait l'élite de nos équipages. M. de Langle fit armer tout son monde de fusils et de sabres; et six pierriers furent placés dans les chaloupes : je l'avais généralement laissé le maître de se pourvoir de tout ce qu'il croirait nécessaire à sa sûreté. La certitude où nous étions de n'avoir eu avec ces peuples aucune rixe dont ils pussent conserver quelque ressentiment, l'immense quantité de pirogues qui nous environnait au large, l'air de gaîté et de confiance qui régnait dans nos marchés, tout tendait à augmenter sa sécurité, et je conviens que la mienne ne pouvait être plus grande : mais il était contre mes principes d'envoyer à terre sans une extrême nécessité, et surtout au milieu d'un peuple nombreux, des embarcations qu'on ne pouvait ni soutenir, ni même apercevoir de nos vaisseaux. Les chaloupes débordèrent l'Astrolabe à midi et demi; et, en moins de trois quarts d'heure, elles furent arrivées au lieu de l'aiguade. Quelle fut la surprise de tous les officiers, celle de M. de Langle lui-même, de trouver, au lieu d'une baie vaste et commode, une anse remplie de corail, dans laquelle on ne pénétrait que par un canal tortueux de moins de vingt-cinq pieds de largeur, et où la houle déferlait comme sur une barre! Lorsqu'ils furent en dedans, ils n'eurent pas trois pieds d'eau; les chaloupes échouèrent, et les canots ne restèrent à flot que parce qu'ils furent halés à l'entrée de la passe, assez loin du rivage.

Malheureusement, M. de Langle avait reconnu cette baie à la mer haute : il n'avait pas supposé que dans ces îles la marée montât de cinq ou six pieds; il croyait que ses yeux le trompaient. Son premier mouvement fut de quitter cette baie pour aller dans celle où nous avions déjà fait de l'eau, et qui réunissait tous les avantages : mais l'air de tranquillité et de douceur des peuples qui l'attendaient sur le rivage, avec une immense quantité de fruits et de cochons; les femmes et les enfants qu'il remarqua parmi ces insulaires, qui ont soin de les écarter lorsqu'ils ont des vues hostiles; toutes ces circonstances réunies firent évanouir ses premières idées de prudence, qu'une fatalité inconcevable l'empêcha de suivre. Il mit à terre les pièces à eau des quatre embarcations avec la plus grande tranquillité; ses soldats établirent le meilleur ordre sur le rivage; il formèrent une haie qui laissa un espace libre à nos travailleurs. Mais ce calme ne fut pas de longue durée; plusieurs des pirogues qui avaient vendu leurs provisions à nos vaisseaux, étaient retournées à terre, et toutes avaient abordé dans la baie de l'aiguade, en sorte que, peu à peu, elle s'était remplie : au lieu de deux cents habitants, y compris les femmes et les enfants, que M. de Langle y avait rencontrés en arrivant à une heure et demie, il s'en trouva mille ou douze cents à trois heures. Le nombre des pirogues qui, le matin, avaient commercé avec nous, était si considérable, que nous nous étions à peine aperçus qu'il eût diminué dans l'après-midi; je m'applaudissais de les tenir occupés à bord, espérant que nos chaloupes en seraient plus tranquilles : mon erreur était extrême; la situation de M. de Langle devenait plus embarrassante de moment en moment : il parvint néanmoins, secondé par MM. de Vaujuas, Boutin, Colinet et le Gobien, à embarquer son eau : mais la baie était presqu'à sec, et il ne pouvait pas espérer de déchouer ses chaloupes avant quatre heures du soir : il y entra cependant, ainsi que son détachement, et se posta en avant avec son fusil et ses fusiliers, défendant de tirer avant qu'il en eût donné l'ordre. Il commençait néanmoins à sentir qu'il y serait bientôt forcé : déjà les pierres volaient, et les Indiens, qui n'avaient de l'eau que jusqu'aux genoux, entouraient les chaloupes à moins d'une toise de distance; les soldats, qui étaient embarqués, faisaient de vains efforts pour les écarter. Si la crainte de commencer les hostilités et d'être accusé de barbarie n'eût arrêté M. de Langle, il eût sans doute ordonné de faire sur les Indiens une décharge de mousqueterie et de pierriers qui aurait certainement éloigné cette multitude; mais il se flattait de les contenir sans effusion de sang, et il fut victime de son humanité.

Bientôt une grêle de pierres lancées à une très petite distance avec la vigueur d'une fronde, atteignit presque tous ceux qui étaient dans la chaloupe. M. de Langle n'eut que le temps de tirer ses deux coups de fusil; il fut renversé, et tomba malheureusement du côté de bâbord de la chaloupe, où plus de deux cents Indiens le massacrèrent sur-le-champ à coups de massue et de pierres. Lorsqu'il fut mort, ils l'attachèrent par un de ses bras à un tollet de la chaloupe, afin, sans doute, de profiter plus sûrement de ses dépouilles. La chaloupe de la Boussole, commandée par M. Boutin, était échouée à deux toises de celle de l'Astrolabe, et elles laissaient, parallèlement entre elles, un petit canal qui n'était pas occupé par les Indiens : c'est par là que se sauvèrent à la nage tous les blessés qui eurent le bonheur de ne pas tomber du côté du large; ils gagnèrent nos canots, qui, étant très heureusement restés à flot, se trouvèrent à portée de sauver quarante-neuf hommes sur les soixante-un qui composaient l'expédition. M. Boutin avait imité tous les mouvements et suivi toutes les démarches de M. de Langle; ses pièces à eau, son détachement, tout son monde, avaient été embarqués en même temps et placés de la même manière, et il occupait le même poste sur l'avant de sa chaloupe. Quoiqu'il craignit les mauvaises suites de la modération de M. de Langle, il ne se permit de tirer et n'ordonna la décharge de son détachement, qu'après le feu de son commandant.

On sent qu'à la distance de quatre ou cinq pas, chaque coup de fusil dut tuer un Indien; mais on n'eut pas le temps de recharger. M. Boutin fut également renversé par une pierre; il tomba heureusement entre les deux chaloupes. En moins de cinq minutes, il ne resta pas un seul homme sur les deux embarcations échouées : ceux qui s'étaient sauvés à la nage vers les deux canots, avaient chacun plusieurs blessures, presque toutes à la tête; ceux, au contraire, qui eurent le malheur d'être renversés du côté des Indiens, furent achevés dans l'instant à coups de massue. Mais l'ardeur du pillage fut telle, que ces insulaires coururent s'emparer des chaloupes, et y montèrent au nombre de plus de trois ou quatre cents; ils brisèrent les bancs, et mirent l'intérieur en pièces, pour y chercher nos prétendues richesses. Alors ils ne s'occupèrent presque plus de nos canots; ce qui donna le temps à MM. de Vaujuas et Mouton de sauver le reste de l'équipage, et de s'assurer qu'il ne restait plus au pouvoir des Indiens que ceux qui avait été massacrés et tués dans l'eau à coups de *patow*.

Ceux qui montaient nos canots, et qui jusque-là avaient tiré sur les insulaires et en avaient tué plusieurs, ne songèrent plus qu'à jeter à la mer leurs pièces à eau, pour que les canots pussent contenir tout le monde : ils avaient, d'ailleurs, presque épuisé leurs munitions ; et la retraite n'était pas sans difficulté, avec une si grande quantité de personnes dangereusement blessées, qui, étendues sur les bancs, empêchaient le jeu des avirons. On doit à la sagesse de M. de Vaujuas, au bon ordre qu'il établit, à la ponctualité avec laquelle M. Mouton, qui commandait le canot de la Boussole, sut le maintenir, le salut des quarante-neuf personnes des deux équipages. M. Boutin, qui avait cinq blessures à la tête et une dans l'estomac, fut sauvé entre deux eaux par notre patron de chaloupe, qui était lui-même blessé. M. Colinet fut trouvé sans connaissance sur le cablot du canot, un bras fracturé, un doigt cassé, et ayant deux blessures à la tête. M. Lavaux, chirurgien-major de l'Astrolabe, fut blessé si fortement, qu'il fallut le trépaner ; il avait nagé néanmoins jusqu'aux canots, ainsi que M. de la Martinière, et le père Receveur, qui avait reçu une forte contusion dans l'œil. M. de Lamanon et M. de Langle furent massacrés avec une barbarie sans exemple, ainsi que Talin, capitaine d'armes de la Boussole, et neuf autres personnes des deux équipages.

Les féroces Indiens, après les avoir tués, cherchaient encore à assouvir leur rage sur leurs cadavres, et ne cessaient de les frapper à coups de massue. M. le Gobien qui commandait la chaloupe de l'Astrolabe, sous les ordres de M. de Langle, n'abandonna cette chaloupe que lorsqu'il s'y vit seul ; après avoir épuisé ses munitions, il sauta dans l'eau, du côté du petit chenal formé par les deux chaloupes, qui, comme je l'ai dit, n'était pas occupé par les Indiens ; et malgré ses blessures, il parvint à se sauver dans l'un des canots : celui de l'Astrolabe était si chargé, qu'il échoua. Cet événement fit naître aux insulaires l'idée de troubler les blessés dans leur retraite ; ils se portèrent en grand nombre vers les récifs de l'entrée dont les canots devaient nécessairement passer à dix pieds de distance : on épuisa sur ces forcenés le peu de munitions qui restait ; et les canots sortirent enfin de cet antre, plus affreux par sa situation perfide et par la cruauté de ses habitants, que le repaire des tigres et des lions.

Ils arrivèrent à bord à cinq heures, et nous apprirent cet événement désastreux. Nous avions dans ce moment, autour de nous, cent pirogues, où les naturels vendaient des provisions avec une sécurité qui prouvait leur innocence : mais c'étaient les frères, les enfants, les compatriotes de ces barbares assassins ; et j'avoue que j'eus besoin de toute ma raison pour contenir la colère dont j'étais animé, et pour empêcher nos équipages de les massacrer. Déjà les soldats avaient sauté sur les canons, sur les armes : j'arrêtai ces mouvements, qui cependant étaient bien pardonnables, et je fis tirer un seul coup de canon à poudre, pour avertir les pirogues de s'éloigner. Une petite embarcation, partie de la côte, leur fit part, sans doute, de ce qui venait de se passer ; car, en moins d'une heure, il ne resta aucune pirogue à notre vue. Un Indien, qui était sur le gaillard d'arrière de ma frégate lorsque notre canot arriva, fut arrêté par mon ordre et mis aux fers ; le lendemain, ayant rapproché la côte, je lui permis de s'élancer à la mer : la sécurité avec laquelle il était resté sur la frégate, était une preuve non équivoque de son innocence.

Mon projet fut d'abord d'ordonner une nouvelle expédition pour venger nos malheureux compagnons de voyage, et reprendre les débris de nos chaloupes. Dans cette vue, j'approchai la côte pour y chercher un mouillage ; mais je ne trouvai que ce même fond de corail, avec une houle qui roulait à terre et faisait briser les récifs : l'anse où s'était exécuté ce massacre, était d'ailleurs très enfoncée du côté de l'île, et il ne me paraissait guère possible d'en approcher à la portée du canon. M. Boutin, que ses blessures retenaient alors dans son lit, mais qui avait conservé toute sa présence d'esprit, me représentait en outre que la situation de cette baie était telle, que si nos canots avaient le malheur d'y échouer, ce qui était très probable, il n'en reviendrait pas un seul homme ; car les arbres qui touchent presque le bord de la mer, mettant les Indiens à l'abri de notre mousqueterie, laisseraient les Français que nous débarquerions, exposés à une grêle de pierres d'autant plus difficiles à éviter, que, lancées avec beaucoup de force et d'adresse, elles faisaient presque le même effet que nos balles, et avaient sur elles l'avantage de se succéder plus rapidement.

M. de Vaujuas était aussi de cet avis. Je ne voulus cependant y donner mon assentiment que lorsque j'eus entièrement reconnu l'impossibilité de mouiller à portée de canon du village : je passai deux jours à louvoyer devant la baie ; j'aperçus encore les débris de nos chaloupes échouées sur le sable, et autour d'elles une immense quantité d'Indiens. Ce qui paraîtra, sans doute, inconcevable, c'est que pendant ce temps cinq ou six pirogues partirent de la côte, et vinrent, avec des cochons, des pigeons et des cocos, nous proposer des échanges : j'étais, à chaque instant, obligé de retenir ma colère, pour ne pas ordonner de les couler bas. Ces Indiens, ne connaissant d'autre portée de nos armes que celle de nos fusils, restaient, sans crainte, à cinquante toises de nos bâtiments, et nous offraient leurs provisions avec beaucoup de sécurité. Nos gestes ne les engageaient pas à s'approcher, et ils passèrent ainsi une heure entière de l'après-midi du 12 décembre. Aux offres d'échanger des provisions ils firent succéder les railleries, et je m'aperçus aussitôt que plusieurs autres pirogues se détachaient du rivage pour venir les joindre. Comme ils ne se doutaient point de la portée de nos canons, et que tout me faisait pressentir que je serais bientôt obligé de m'écarter de mes principes de modération, j'ordonnai de tirer un coup de canon au milieu des pirogues. Mes ordres furent exécutés de la manière la plus précise; l'eau que le boulet fit jaillir entra dans ces pirogues, qui dans l'instant s'empressèrent de gagner la terre, et entraînèrent dans leur fuite celles qui étaient parties de la côte.

J'avais de la peine à m'arracher d'un lieu si funeste, et à laisser les corps de nos compagnons massacrés ; je perdais un ancien ami, homme plein d'esprit, de jugement, de connaissances, et un des meilleurs officiers de la marine française; son humanité avait causé sa mort : s'il eût osé se permettre de faire tirer sur les premiers Indiens qui entrèrent dans l'eau pour environner ses chaloupes, il eût prévenu sa perte, celle de M. de Lamanon, et des dix autres victimes de la férocité indienne : vingt personnes des deux frégates étaient, en outre, grièvement blessées ; et cet événement nous privait, pour l'instant, de trente-deux hommes, et de deux chaloupes, les seuls bâtiments à rames qui pussent contenir un nombre assez considérable d'hommes armés pour tenter une descente.

Ces considérations dirigèrent ma conduite ultérieure : le plus petit échec m'eût forcé de brûler une des deux frégates pour armer l'autre. J'avais, à la vérité, une chaloupe en pièces; mais je ne pouvais la monter qu'à la première relâche. S'il n'avait fallu à ma colère que le massacre de quelques Indiens, j'avais eu occasion de détruire, de couler bas, de briser cent pirogues qui contenaient plus de cinq cents personnes ; mais je craignis de me tromper au choix des victimes : le cri de ma conscience leur sauva la vie.

Ceux à qui ce récit rappellera la catastrophe du capitaine Cook, ne doivent pas perdre de vue que ses bâtiments étaient mouillés dans la baie de Karakakooa ; que leurs canons les rendaient maîtres des bords de la mer; qu'ils pouvaient y faire la loi, et menacer de détruire les pirogues restées sur le rivage, ainsi que les villages dont la côte était bordée : nous, au contraire, nous étions au large, hors de la portée du canon, obligés de nous éloigner de la côte lorsque nous avions à craindre le calme ; une forte houle nous portait toujours sur les récifs, où nous aurions pu, sans doute, mouiller avec des chaînes de fer, mais ç'eût été hors de portée de canon du village; enfin la houle suffisait pour couper le câble à l'écubier, et par là exposer les frégates au danger le plus imminent. J'épuisai donc tous les calculs de probabilité avant de quitter cette île funeste; et il me fut démontré que le mouillage était impraticable, et l'expédition téméraire sans le secours des frégates ; le succès même eût été inutile, puisque bien certainement il ne restait pas un seul homme en vie au pouvoir des Indiens, que nos chaloupes étaient brisées et échouées, et que nous avions à bord les moyens de les remplacer.

Je fis route en conséquence, le 14, pour une troisième île que j'apercevais à l'ouest un quart nord-ouest, et dont M. de Bougainville avait eu connaissance du haut des mâts seulement, parce que le mauvais temps l'en avait écarté ; elle est séparée de celle de Maouna par un canal de neuf lieues. Les Indiens nous avaient donné les noms des dix îles qui composent leur archipel ; ils en avaient marqué grossièrement la place sur un papier ; et quoiqu'on ne puisse guère compter sur le plan qu'ils en tracèrent, il paraît cependant probable que les peuples de ces diverses îles forment entre eux une espèce de confédération, et qu'ils communiquent très fréquemment ensemble. Les découvertes ultérieures que nous avons faites ne nous permettent pas de douter que cet archipel ne soit plus considérable, aussi peuplé et aussi abondant en vivres, que celui de la Société ; il est même vraisemblable qu'on y trouverait de très bons mouillages : mais n'ayant plus de chaloupe, et voyant l'état de fermentation des équipages, je formai la résolution de ne mouiller qu'à la baie Botanique, dans la nouvelle Hollande, où je me proposais de construire une nouvelle chaloupe avec les pièces que j'avais à bord. Je voulais néanmoins, pour le progrès de la géographie, explorer les différentes îles que je rencontrerais, et déterminer exactement leur longitude et leur latitude ; j'espérais aussi pouvoir commercer avec ces insulaires en restant bord sur bord, près de leurs îles : je laisse volontiers à d'autres le soin d'écrire l'histoire très peu intéressante de ces peuples barbares. Un séjour de 24 heures, et la relation de nos malheurs, suffisent pour faire connaître leurs mœurs atroces, leurs arts, et les productions d'un des plus beaux pays de l'univers.

Avant de continuer le récit de notre route le long des îles de cet archipel, je crois devoir donner la relation de M. de Vaujuas, qui commanda la retraite de la baie de Maouna. Quoiqu'il n'eût été à terre que comme convalescent, et qu'il n'y fût point en service, les circonstances lui rendirent ses forces, et il ne sortit de la baie qu'après s'être assuré qu'il ne restait pas un seul Français au pouvoir des Indiens.

Relation de M. de Vaujuas.

« Le mardi 11 décembre, à onze heures du matin, M. de la Pérouse envoya sa chaloupe et son canot, chargés de futailles, avec un détachement de soldats armés, pour faire partie d'une expédition aux ordres de M. de Langle. M. Boutin avait déjà pris des renseignements sur les moyens de maintenir l'ordre et de pourvoir à notre sûreté quand les canots iraient à terre. A la même heure, notre capitaine fit aussi mettre ses embarcations à la mer, et les fit également charger de futailles et d'armes. A midi et demi, les frégates étant à trois quarts de lieue de terre, les amures à bâbord, les quatre embarcations partirent pour aller faire de l'eau dans une anse reconnue par M. de Langle. Cette aiguade était sous le vent de celle où l'on avait déjà été : M. de Langle l'avait jugée préférable, parce qu'elle lui paraissait moins habitée et aussi commode; mais la première avait sur celle-ci l'avantage d'avoir une entrée beaucoup plus facile, et assez de profondeur pour que les chaloupes ne courussent pas risque d'y échouer.

» M. de Langle me proposa, quoique je fusse convalescent et faible, de l'accompagner pour me promener et prendre l'air de terre; il se chargea du commandement du canot, et confia celui de la chaloupe à M. le Gobien. M. Boutin commandait celle de la Boussole, et M. Mouton le canot. M. Colinet et le père Receveur, tous deux malades, MM. de Lamanon, la Martinière et Lavaux, nous accompagnèrent, ainsi que plusieurs personnes des deux frégates; nous formions, y compris les équipages des deux canots, un détachement de soixante et une personnes.

» Quand nous fûmes en route, nous vîmes avec peine qu'une grande partie des pirogues, qui étaient le long du bord, nous suivaient et venaient à la même anse; nous vîmes aussi, le long des rochers qui séparent cette anse des baies voisines, beaucoup de naturels qui s'y rendaient des autres villages. Arrivés au récif qui forme l'entrée de l'aiguade, et qui ne laisse pour les canots qu'un passage étroit et peu profond, nous reconnûmes que la mer était basse, et que les chaloupes ne pouvaient entrer dans l'anse sans échouer : effectivement, elles touchèrent à demi-portée de fusil du rivage, dont nous n'approchâmes qu'en les poussant sur le fond avec les avirons. Cette baie s'était présentée au capitaine, sous un point de vue plus favorable, parce que la mer était moins basse quand il en avait fait la reconnaissance.

» A notre arrivée, les sauvages qui bordaient la côte, au nombre de sept à huit cents, jetèrent dans la mer, en signe de paix, plusieurs branches de l'arbre dont les insulaires de la mer du Sud tirent leur boisson enivrante. En abordant, M. de Langle donna des ordres pour que chaque embarcation fût gardée par un soldat armé et un matelot, tandis que les équipages des chaloupes s'occupaient à faire de l'eau, sous la protection d'une double haie de fusiliers qui s'étendrait des chaloupes à l'aiguade. Les futailles remplies, on les embarqua tranquillement; les insulaires se laissaient assez contenir par les soldats armés : il y avait parmi eux un certain nombre de femmes et de filles très jeunes; nous n'y vîmes que quelques enfants.

» Vers la fin du travail, le nombre des naturels augmenta encore, et ils devinrent plus incommodes. Cette circonstance détermina M. de Langle à renoncer au projet qu'il avait eu d'abord de traiter de quelques vivres ; il donna ordre de se rembarquer sur-le-champ : mais auparavant, et ce fut, je crois, la première cause de notre malheur, il fit présent de quelques rassades à des espèces de chefs, qui avaient contribué à tenir les insulaires un peu écartés : nous étions pourtant certains que cette police n'était qu'un jeu ; et si ces prétendus chefs avaient en effet de l'autorité, elle ne s'étendait que sur un très petit nombre d'hommes. Ces présents, distribués à cinq ou six individus, excitèrent le mécontentement de tous les autres ; il s'éleva dès lors une rumeur générale, et nous ne fûmes plus maîtres de les contenir : cependant ils nous laissèrent monter dans nos chaloupes ; mais une partie d'entre eux entra dans la mer pour nous suivre, tandis que les autres ramassaient des pierres sur le rivage.

» Comme les chaloupes étaient échouées un peu loin de la grève, il fallut nous mettre dans l'eau jusqu'à la ceinture pour y arriver ; et, dans ce trajet, plusieurs soldats mouillèrent leurs armes : c'est dans cette situation critique que commença la scène d'horreur dont je vais parler. A peine étions-nous montés dans les chaloupes, que M. de Langle donna ordre de les déchouer et de lever le grappin : plusieurs insulaires des plus robustes voulurent s'y opposer, en retenant le cablot. Le capitaine, témoin de cette résistance, voyant le tumulte augmenter, et quelques pierres arriver jusqu'à lui, essaya, pour intimider les sauvages, de tirer un coup de fusil en l'air ; mais, bien loin d'en être effrayés, ils firent le signal d'une attaque générale : bientôt une grêle de pierres lancées avec autant de force que de vitesse fond sur nous ; le combat s'engage de part et d'autre, et devient général. Ceux dont les fusils sont en état de tirer renversent plusieurs de ces forcenés : mais les autres Indiens n'en sont nullement troublés, et semblent redoubler de vigueur ; une partie d'entre eux s'approchent de nos chaloupes, tandis que les autres, au nombre de six à sept cents, continuent la lapidation la plus effrayante et la plus meurtrière.

» Au premier acte d'hostilité, je m'étais jeté à la mer pour passer dans le canot de l'Astrolabe, qui était dépourvu d'officiers : la circonstance me donna des forces pour le petit trajet que j'avais à faire, et, malgré ma faiblesse et quelques coups de pierres que je reçus dans ce moment, je montai dans le canot sans aucun secours. Je vis avec désespoir qu'il ne s'y trouvait presque pas une arme qui ne fût mouillée, et qu'il ne me restait d'autre parti à prendre que de tâcher de le mettre à flot en dehors du récif, le plus tôt possible. Cependant le combat continuait, et les pierres énormes lancées par les sauvages blessaient toujours quelques-uns de nous : à mesure qu'un blessé tombait à la mer du côté des sauvages, il était achevé à l'instant à coups de pagaie ou de massue.

» M. de Langle fut la première victime de la férocité de ces barbares, auxquels il n'avait fait que du bien. Dès le commencement de l'attaque, il fut renversé sanglant de dessus le traversin de la chaloupe, où il était monté, et il tomba à la mer avec le capitaine d'armes et le maître charpentier, qui se trouvaient à ses côtés : la fureur avec laquelle les insulaires s'acharnèrent sur le capitaine, sauva ces deux-ci, qui vinrent à bout de gagner le canot; ceux qui étaient dans les chaloupes subirent bientôt le même sort que notre malheureux chef, à l'exception cependant de quelques-uns qui, en s'esquivant, purent gagner le récif, d'où ils nagèrent vers les canots. En moins de quatre minutes, les insulaires se rendirent maîtres des deux chaloupes, et j'eus la douleur de voir massacrer nos infortunés compagnons, sans pouvoir leur porter aucun secours.

» Le canot de l'Astrolabe était encore en dedans du récif, et je m'attendais à chaque instant à lui voir éprouver le sort des chaloupes : mais l'avidité des insulaires le sauva; le plus grand nombre se précipita dans ces chaloupes, et les autres se contentèrent de nous jeter des pierres : plusieurs néanmoins vinrent nous attendre dans la passe et sur les récifs. Quoique la houle fût forte et le vent debout, nous parvînmes cependant, malgré leurs pierres et les blessures dangereuses de beaucoup d'entre nous, à quitter cet endroit funeste, et à joindre en dehors M. Mouton, commandant le canot de la Boussole : celui-ci, en jetant à la mer ses pièces à eau, avait allégé son canot, pour faire place à ceux qui atteignaient son bord. J'avais recueilli dans celui de l'Astrolabe MM. Boutin et Colinet, ainsi que plusieurs autres personnes. Ceux qui s'étaient sauvés dans les canots étaient tous plus ou moins blessés; ainsi, les canots se trouvaient sans défense, et il était impossible de songer à rentrer dans une baie dont nous étions trop heureux d'être sortis, pour aller faire tête à mille barbares en fureur; ç'eût été nous exposer, sans utilité, à une mort certaine.

» Nous fîmes donc route pour revenir à bord des deux frégates, qui, à trois heures, au moment du massacre, avaient pris le bord du large : on ne s'y doutait seulement pas que nous courussions le moindre danger; la brise était fraîche, et les frégates étaient fort loin au vent; circonstance fâcheuse pour nous, et surtout pour ceux dont les blessures exigeaient un pansement prompt : à quatre heures, elles reprirent le bord de terre. Dès que nous fûmes en dehors des récifs, je mis à la voile au plus près pour m'éloigner de la côte, et je fis jeter à la mer tout ce qui pouvait retarder la marche du canot, qui était rempli de monde. Heureusement les insulaires, occupés du pillage des chaloupes, ne songèrent point à nous poursuivre : nous n'avions pour toute défense que quatre ou cinq sabres, et deux ou trois coups de fusil à tirer ; faible ressource contre deux ou trois cents barbares, armés de pierres et de massue, et qui montent des pirogues très légères, avec lesquelles ils se tiennent à la distance qui leur convient. Quelques-unes de ces pirogues se détachèrent de la baie peu après notre sortie ; mais elles firent voile le long de la côte, d'où l'une d'elles partit pour aller avertir celles qui étaient restées bord à bord des frégates. En passant, cette pirogue eut l'insolence de nous faire des signes menaçants ; ma position m'obligeait à suspendre ma vengeance, et à réserver pour notre défense les faibles moyens qui nous restaient.

» Quand nous fûmes au large, je fis nager debout au vent, vers les frégates : nous mîmes un mouchoir rouge à la tête du mât, et, en approchant, nous tirâmes nos trois derniers coups de fusil ; M. Mouton fit aussi, avec deux mouchoirs, le signal de demander du secours, mais l'on ne nous aperçut que lorsque nous fûmes près du bord. Alors l'Astrolabe, qui était la frégate la plus voisine, arriva sur nous ; j'y déposai, à quatre heures et demie, les plus blessés ; M. Mouton en fit autant, et nous nous rendîmes sur-le-champ à bord de la Boussole, où j'appris au commandant cette triste nouvelle : sa surprise fût extrême, d'après les précautions que sa prudence lui avait inspirées, et la juste confiance qu'il avait dans celle de M. de Langle ; je ne puis comparer sa désolation qu'à celle que j'éprouvais moi-même. Ce désastre nous rappela vivement celui du 13 juillet 1786, et acheva de répandre l'amertume sur notre voyage ; trop heureux encore, dans cette circonstance malheureuse, que la plus grande partie de ceux qui étaient à terre se fût sauvée ! si l'ardeur du pillage n'eût arrêté ou fixé un moment la fureur des sauvages, aucun de nous n'eût échappé.

» Il est impossible d'exprimer la sensation que ce funeste évènement causa sur les deux frégates : la mort de M. de Langle, qui avait la confiance et l'amitié de son équipage, mit, à bord de l'Astrolabe, tout le monde au désespoir ; les insulaires qui se trouvaient le long du bord lorsque j'y arrivai, et qui ignoraient cet évènement, furent sur le point d'être immolés à la vengeance de nos matelots, que nous eûmes la plus grande peine à contenir. L'affliction générale qui régna à bord est le plus bel éloge funèbre qu'on puisse faire du capitaine. Pour moi, j'ai perdu en lui un ami bien plus qu'un commandant, et l'intérêt qu'il me témoignait me le fera regretter toute ma vie ; trop heureux si j'avais pu lui donner des marques de mon attachement et de ma reconnaissance, en me sacrifiant pour lui ! Mais ce brave officier, plus exposé que les autres, fut la première proie des bêtes féroces qui nous assaillirent. Dans l'état de faiblesse où me tenait ma convalescence, j'avais été à terre sans armes et sous la sauvegarde des autres; toutes les munitions étaient épuisées ou mouillées lorsque j'arrivai au canot, et je ne pus qu'y donner des ordres malheureusement trop inutiles.

» Je serais injuste envers ceux qui eurent comme moi le bonheur de se sauver, si je ne déclarais qu'ils se conduisirent avec toute la bravoure et le sang-froid possibles. MM. Boutin et Colinet, qui, malgré leurs graves blessures, avaient conservé la même force de tête, voulurent bien m'aider de leurs conseils, qui me furent très utiles; je fus encore parfaitement secondé par M. le Gobien, qui fut le dernier à quitter la chaloupe, et dont l'exemple, l'intrépidité et les discours, ne contribuèrent pas peu à rassurer ceux des matelots qui auraient pu éprouver quelques craintes. Les officiers mariniers, matelots et soldats, exécutèrent, avec autant de zèle que de ponctualité, les ordres qui leur furent donnés. M. Mouton n'eut également qu'à se louer de l'équipage du canot de la Boussole.

» Toutes les personnes qui étaient à terre peuvent attester, comme moi, qu'aucune violence, qu'aucune imprudence de notre part, ne précéda l'attaque des sauvages. Notre capitaine avait donné, à cet égard, les ordres les plus stricts, et personne ne s'en était écarté.

« *Signé* VAUJUAS. »

État des individus massacrés par les sauvages de l'île de Maouna, le 11 décembre 1787.

L'ASTROLABE

M. DE LANGLE, capitaine de vaisseau, commandant.
YVES HUMON, JEAN REDELLEC, FRANÇOIS FERET, LAURENT ROBIN, un Chinois, matelots.
LOUIS DAVID, canonnier servant.
JEAN GERAUD, domestique.

LA BOUSSOLE

M. DE LAMANON, physicien et naturaliste.
PIERRE TALIN, maître canonnier.
ANDRÉ ROTH, JOSEPH RAYES, canonniers servants.

Les autres personnes de l'expédition ont été toutes plus ou moins grièvement blessées.

CHAPITRE XXIV

Départ de l'île Maouna. — Description de l'île d'Oyolava. — Echanges avec ses habitants. — Vue de l'île de Pola. — Nouveaux détails sur les mœurs, les arts, les usages des naturels de ces îles, et sur les productions de leur sol. — Rencontre des îles des Cocos et des Traîtres.

Le 14 décembre, je fis route vers l'île d'Oyolava, dont nous avions eu connaissance cinq jours avant d'atteindre le mouillage qui nous fut si funeste. Cette île est séparée de celle de Maouna ou *du Massacre*, par un canal d'environ neuf lieues ; et l'île de Taïti peut à peine lui être comparée pour la beauté, l'étendue, la fertilité et l'immense population. Parvenus à la distance de trois lieues de sa pointe du nord-est, nous fûmes environnés d'une innombrable quantité de pirogues, chargées de fruits à pain, de cocos, de bananes, de cannes à sucre, de pigeons, de poules-sultanes, mais de très peu de cochons. Les habitants de cette île ressemblaient beaucoup à ceux de l'île Maouna, qui nous avaient si horriblement trahis ; leurs costumes, leurs traits, leur taille gigantesque en différaient si peu, que nos matelots crurent reconnaître plusieurs des assassins, et j'eus beaucoup de peine à les empêcher de tirer sur eux : mais j'étais certain que leur colère les aveuglait ; et, d'ailleurs, ces représailles que je n'avais pas cru devoir autoriser, sur des pirogues de l'île même de Maouna, au moment où j'appris cet affreux évènement, je ne pouvais souffrir qu'elles fussent exercées, quatre jours après, dans une autre île, à quinze lieues du champ de bataille. Je parvins donc à apaiser cette fermentation, et nous continuâmes nos échanges : il y régna beaucoup plus de tranquillité et de bonne foi qu'à l'île Maouna, parce que les plus petites injustices étaient punies par des coups, ou réprimées par des paroles et des gestes menaçants. A quatre heures après midi, nous mîmes en panne par le travers du village le plus étendu peut-être qui soit dans aucune île de la mer du Sud, ou plutôt vis-à-vis une très grande plaine couverte de maisons depuis la cime des montagnes jusqu'au bord de la mer : ces montagnes sont à peu près au milieu de l'île, d'où le terrain s'incline en pente douce, et présente aux vaisseaux un amphithéâtre couvert d'arbres, de cases et de verdure; on voyait la fumée s'élever du sein de ce village, comme du milieu d'une grande ville; la mer était couverte de pirogues qui toutes cherchaient à s'approcher de nos bâtiments; plusieurs n'étaient pagayées que par des curieux, qui, n'ayant rien à nous vendre, faisaient le tour de nos vaisseaux, et paraissaient n'avoir d'autre objet que de jouir du spectacle que nous leur donnions.

La présence des femmes et des enfants qui se trouvaient parmi eux, pouvait faire présumer qu'ils n'avaient aucune mauvaise intention; mais nous avions de trop puissants motifs pour ne plus nous fier à ces apparences, nous étions aussi disposés à repousser le plus petit acte d'hostilité, d'une manière qui eût rendu les navigateurs redoutables à ces insulaires. Je suis assez porté à croire que nous sommes les premiers qui ayons commercé avec ces peuples : ils n'avaient aucune connaissance du fer; ils rejetèrent constamment celui que nous leur offrîmes, et ils préféraient un seul grain de rassade à une hache, ou à un clou de six pouces; ils étaient riches des biens de la nature, et ne recherchaient dans leurs échanges que des superfluités et des objets de luxe. Parmi un assez grand nombre de femmes, j'en remarquai deux ou trois d'une physionomie agréable; leurs cheveux ornés de fleurs, et d'un ruban vert, en forme de bandeau, étaient tressés avec de l'herbe et de la mousse; leur taille était élégante, la forme de leur bras arrondie, et dans les plus justes proportions; leurs yeux, leurs physionomies, leurs gestes, annonçaient de la douceur, tandis que ceux des hommes peignaient la surprise et la férocité.

A l'entrée de la nuit, nous continuâmes notre route en prolongeant l'île, et les pirogues retournèrent vers la terre; le rivage, couvert de brisants, ne présentait point d'abri à nos vaisseaux, parce que la mer du Nord-Est s'élève et bat avec fureur contre la côte du nord sur laquelle nous naviguions. Si j'avais eu dessein de mouiller, j'aurais probablement trouvé un excellent abri dans la partie de l'ouest : en général, entre les Tropiques, ce n'est presque jamais que sous le vent des îles que les navigateurs doivent chercher des ancrages. Je restai en calme plat toute la journée du lendemain; il y eut beaucoup d'éclairs, suivis de coups de tonnerre et de pluie. Nous ne fûmes accostés que par très peu de pirogues; ce qui me fit croire qu'on avait appris à Oyolava notre événement de l'île Maouna : cependant, comme il était possible que l'orage et les éclairs eussent retenu les pirogues dans leurs ports, mon opinion pouvait n'être qu'une conjecture; mais elle acquit beaucoup de probabilité le 17.

En effet, lorsque nous arrivâmes le long de l'île de Pola, que nous rangeâmes beaucoup plus près que la précédente, nous ne fûmes visités par aucune pirogue : je jugeai alors que ces peuples n'avaient pas encore fait assez de progrès dans la morale pour savoir que la peine ne devait retomber que sur les coupables, et que la punition des seuls assassins eût suffit à notre vengeance. L'île de Pola, un peu moins grande que celle d'Oyolava, mais aussi belle, n'en est séparée que par un canal d'environ quatre lieues, coupé lui-même par deux îles assez considérables, dont une, fort basse et très boisée, est probablement habitée. La côte du nord de Pola, comme celle des autres îles de cet archipel, est inabordable pour les vaisseaux; mais, en doublant la pointe ouest de cette île, on trouve une mer calme et sans brisants, qui promet d'excellentes rades.

Nous avions appris des insulaires de Maouna que l'archipel des Navigateurs est composé de dix îles, savoir : Opoun, la plus à l'est; Léoné, Fanfoué, Maouna, Oyolava, Calinassé, Pola, Shika, Ossamo et Ouera.

Nous ignorons la position des trois dernières : les Indiens, sur le plan qu'ils tracèrent de cet archipel, les placèrent dans le sud d'Oyolava; mais si elles avaient eu la position qu'ils leur assignèrent, il est certain, d'après la route de M. de Bougainville, que ce navigateur en aurait eu connaissance. Malgré la patience et la sagacité de M. Blondela, qui s'était particulièrement attaché à tirer quelques éclaircissements géographiques des insulaires, il ne put parvenir à former aucune conjecture sur leur gisement; toutefois la suite de notre navigation nous a appris que deux de ces trois îles pouvaient être celles des Cocos et des Traîtres, placées, d'après les observations du capitaine Wallis, 1° 15' trop à l'ouest.

Opoun, la plus méridionale comme la plus orientale de ces îles, est par 14° 7' de latitude sud, et par 171° 27' 7" de longitude occidentale. Plusieurs géographes attribuent à Roggewein la découverte de ces îles, auxquelles, selon eux, il donna, en 1721, le nom d'*îles Beauman;* mais ni les détails historiques sur ses peuples, ni la position géographique que l'historien du voyage de Roggewein (1) assigne à ces îles, ne s'accordent avec cette opinion. Voici comme il s'explique à ce sujet :

(1) Ce voyage a été traduit en français, en 1739, par un sergent-major embarqué sur la flotte de Roggewein.

« Nous découvrîmes trois îles à la fois, sous le 12ᵉ degré de latitude; elles paraissaient très agréables à la vue : nous les trouvâmes garnies de beaux arbres fruitiers, et de toutes sortes d'herbes, de légumes et de plantes; les insulaires, qui venaient au-devant de nos vaisseaux, nous offraient toutes sortes de poissons, des cocos, des bananes et d'autres fruits excellents. Il fallait que ces îles fussent bien peuplées, puisqu'à notre arrivée le rivage était rempli de plusieurs milliers d'hommes et de femmes; la plupart de ceux-là portaient des arcs avec des flèches. Tous ceux qui habitent ces îles sont blancs, et ne diffèrent des Européens qu'en ce que quelques-uns d'entre eux ont la peau brûlée par l'ardeur du soleil : ils paraissent bonnes gens, vifs et gais dans leurs conversations, doux et humains les uns envers les autres, et, dans leurs manières, on ne pouvait apercevoir rien de sauvage : ils n'avaient pas non plus le corps peint comme ceux des îles que nous avions découvertes auparavant; ils étaient vêtus, depuis la ceinture jusqu'au talon, d'une étoffe de soie artistement tissue; ils avaient la tête couverte d'un chapeau pareil, très fin et très large, pour les garantir de l'ardeur du soleil. Quelques-unes de ces îles ont dix, quatorze, et jusqu'à vingt milles de circuit : nous les appelâmes *îles de Beauman*, du nom du capitaine du vaisseau Tienhoven, qui les avait vues le premier. Il faut avouer (ajoute l'auteur) que c'est la nation la plus humanisée et la plus honnête que nous ayons rencontrée dans les îles de la mer du Sud. Toutes les côtes de ces îles sont d'un bon ancrage; on y mouille sur treize jusqu'à vingt brasses d'eau. »

On verra, dans la suite de ce chapitre, que ces détails n'ont presque aucun rapport avec ceux que nous avons à donner sur les peuples des îles des Navigateurs : comme la position géographique ne s'y rapporte pas davantage, je suis fondé à croire que les îles Beauman ne sont pas les mêmes que celles auxquelles M. de Bougainville a donné le nom d'*îles des Navigateurs;* il me paraît cependant nécessaire de leur conserver cette dénomination, pour ne pas porter la confusion dans la géographie. Ces îles, situées vers le 14ᵉ degré de latitude sud, et entre les 171 et 175 degrés de longitude occidentale, forment un des plus beaux archipels de la mer du Sud, aussi intéressant par ses arts, ses productions et sa population, que les îles de la Société ou celles des Amis, dont les voyageurs anglais nous ont donné une description qui ne laisse rien à désirer. Quant à la moralité de ces peuples, quoique nous ne les ayons vus qu'un instant, nous avons appris, par nos malheurs, à bien connaître leur caractère, et nous ne craignons pas d'assurer qu'on chercherait en vain à exciter par des bienfaits la reconnaissance de ces âmes féroces, qui ne peuvent être contenues que par la crainte.

Ces insulaires sont les plus grands et les mieux faits que nous ayons encore rencontrés ; leur taille ordinaire est de cinq pieds neuf, dix ou onze pouces : mais ils sont moins étonnants encore par leur taille que par les proportions colossales des différentes parties de leurs corps. Notre curiosité, qui nous portait à les mesurer très souvent, leur fit faire des comparaisons fréquentes de leurs forces physiques avec les nôtres : ces comparaisons n'étaient pas à notre avantage, et nous devons peut-être nos malheurs à l'idée de supériorité individuelle qui leur est restée de ces différents essais. Leur physionomie me parut souvent exprimer un sentiment de dédain, que je crus détruire en ordonnant de faire devant eux usage de nos armes : mais mon but n'aurait pu être atteint qu'en les faisant diriger sur des victimes humaines ; car, ils prenaient le bruit pour un jeu, et l'épreuve pour une plaisanterie.

Parmi ces insulaires, un très petit nombre est au-dessous de la taille que j'ai indiquée ; j'en ai fait mesurer qui n'avaient que cinq pieds quatre pouces, mais ce sont les nains du pays ; et quoique la taille de ces derniers semble se rapprocher de la nôtre, cependant leurs bras forts et nerveux, leurs poitrines larges, leurs jambes, leurs cuisses, offrent encore une proportion très différente : on peut assurer qu'ils sont aux Européens ce que les chevaux danois sont à ceux des différentes provinces de France.

Les hommes ont le corps peint ou tatoué, de manière qu'on les croirait habillés, quoiqu'ils soient presque nus ; ils ont seulement autour des reins une ceinture d'herbes marines, qui leur descend jusqu'aux genoux, et les fait ressembler à ces fleuves de la fable qu'on nous dépeint entourés de roseaux. Leurs cheveux sont très longs ; ils les retroussent souvent autour de la tête, et ajoutent ainsi à la férocité de leur physionomie, laquelle exprime toujours, ou l'étonnement, ou la colère : la moindre dispute entre eux est suivie de coups de bâton, de massue, ou de pagaie, et souvent, sans doute, elle coûte la vie aux combattants ; ils sont presque tous couverts de cicatrices qui ne peuvent être que la suite de ces combats particuliers. La taille des femmes est proportionnée à celle des hommes ; elles sont grandes, sveltes, et ont de la grâce : mais elles perdent, avant la fin de leur printemps, cette douceur d'expression, ces formes élégantes, dont la nature n'a pas brisé l'empreinte chez ces peuples barbares, mais qu'elle paraît ne leur laisser qu'un instant et à regret. Parmi un très grand nombre de femmes que j'ai été à portée de voir, je n'en ai distingué que trois de jolies ; l'air grossièrement effronté des autres, les rendait bien dignes d'être les mères ou les femmes des êtres féroces qui nous environnaient.

Ces peuples ont certains arts qu'ils cultivent avec succès : j'ai déjà parlé de la forme élégante qu'ils donnent à leurs cases : ils dédaignent, avec quelque raison, nos instruments de fer ; car ils façonnent parfaitement leurs ouvrages, avec des haches faites d'un basalte très fin et très compacte, et ayant la forme d'herminettes. Ils nous vendirent, pour quelques grains de verre, de grands plats de bois à trois pieds, d'une seule pièce, et tellement polis, qu'ils semblaient être enduits du vernis le plus fin : il eût fallu plusieurs jours à un bon ouvrier d'Europe pour exécuter un de ces ouvrages, qui, par le défaut d'instruments convenables, devait leur coûter plusieurs mois de travail ; ils n'y mettaient cependant presque aucun prix, parce qu'ils en attachent peu à l'emploi de leur temps.

Les arbres à fruits et les racines nourrissantes, qui croissent spontanément autour d'eux, assurent leur subsistance, celle de leurs cochons, de leurs chiens et de leurs poules ; et si quelquefois ils se livrent au travail, c'est pour se procurer des jouissances plus agréables qu'utiles. Ils fabriquent des nattes extrêmement fines et quelques étoffes cousues.

Je remarquai deux ou trois de ces insulaires, qui me parurent être des chefs ; ils avaient, au lieu d'une ceinture d'herbes, une pièce de toile qui les enveloppait comme une jupe : le tissu en est fait avec un vrai fil, tiré sans doute de quelque plante ligneuse, comme l'ortie ou le lin ; elle est fabriquée sans navette, et les fils sont absolument passés comme ceux des nattes. Cette toile, qui réunit la souplesse et la solidité des nôtres, est très propre pour les voiles de leurs pirogues ; elle nous parut avoir une grande supériorité sur l'étoffe-papier des îles de la Société et des Amis, qu'ils fabriquent aussi ; ils nous en vendirent plusieurs pièces : mais ils en font peu de cas et très peu d'usage. Les femmes préfèrent à cette étoffe les nattes fines dont j'ai parlé.

Nous n'avions d'abord reconnu aucune identité entre leur langage et celui des peuples des îles de la Société et des Amis, dont nous avions les vocabulaires ; mais un plus mûr examen nous apprit qu'ils parlaient un dialecte de la même langue. Un fait qui peut conduire à le prouver, et qui confirme l'opinion des Anglais sur l'origine de ces peuples, c'est qu'un jeune domestique manillois, né dans la province de Tagayan au nord de Manille, entendait et nous expliquait la plus grande partie des mots des insulaires : on sait que le tagayan, le talgale, et généralement toutes les langues des Philippines, dérivent du malais ; et cette langue, plus répandue que ne le furent celles des Grecs et des Romains, est commune aux peuplades nombreuses qui habitent les îles de la mer du Sud. Il me paraît démontré que ces différentes nations proviennent des colonies malaises, qui, à des époques extrêmement reculées, firent la conquête de ces îles ; et peut-être les Chinois et les Égyptiens, dont on vante tant l'ancienneté, sont-ils des peuples modernes, en comparaison de ceux-ci.

Quoi qu'il en soit, je suis convaincu que les indigènes des Philippines, de Formose, de la nouvelle Guinée, de la nouvelle Bretagne, des Hébrides, des îles des Amis, etc., dans l'hémisphère sud, et ceux des Carolines, des Mariannes, des îles Sandwich, dans l'hémisphère nord, étaient cette race d'hommes crépus que l'on trouve encore dans l'intérieur de l'île Luçon et de l'île Formose : ils ne purent être subjugués dans la nouvelle Guinée, dans la nouvelle Bretagne, aux Hébrides ; mais, vaincus dans les îles plus à l'est, trop petites pour qu'ils pussent y trouver une retraite dans le centre, ils se mêlèrent avec les peuples conquérants, et il en est résulté une race d'hommes très noirs, dont la couleur conserve encore quelques nuances de plus que celle de certaines familles du pays, qui vraisemblablement se sont fait un point d'honneur de ne pas se mésallier. Ces deux races, très distinctes, ont frappé nos yeux aux îles des Navigateurs, et je ne leur attribue pas d'autre origine.

Les descendants des Malais ont acquis dans ces îles une vigueur, une force, une taille et des proportions, qu'ils ne tiennent pas de leurs pères, et qu'ils doivent, sans doute, à l'abondance des subsistances, à la douceur du climat, et à l'influence de différentes causes physiques, qui ont agi constamment et pendant une longue suite de générations. Les arts qu'ils avaient peut-être apportés se seront perdus par le défaut de matières et d'instruments propres à les exercer : mais l'identité de langage, semblable au fil d'Ariadne, permet à l'observateur de suivre tous les détours de ce nouveau labyrinthe. Le gouvernement féodal s'y est aussi conservé : ce gouvernement, que de petits tyrans peuvent regretter, qui a souillé l'Europe pendant quelques siècles, et dont les restes gothiques subsistent encore dans nos lois et sont comme des médailles qui attestent notre ancienne barbarie ; ce gouvernement, dis-je, est le plus propre à maintenir la férocité des mœurs, parce que les plus petits intérêts y suscitent des guerres de village à village, ces sortes de guerres qui se font sans magnanimité, sans courage ; les surprises, les trahisons, y sont employées tour à tour, de sorte que dans ces malheureuses contrées, au lieu de guerriers généreux, on ne trouve que des assassins. Les Malais sont encore aujourd'hui la nation la plus perfide de l'Asie, et leurs enfants n'ont pas dégénéré, parce que les mêmes causes ont préparé et produit les mêmes effets. On objectera, peut-être, qu'il a dû être très difficile aux Malais de remonter de l'ouest vers l'est, pour arriver dans ces différentes îles : mais les vents de l'ouest sont au moins aussi fréquents que ceux de l'est, aux environs de l'Equateur, dans une zône de sept à huit degrés au nord et au sud ; et ils sont si variables, qu'il n'est guère plus difficile de naviguer vers l'est que vers l'ouest. D'ailleurs, ces différentes conquêtes n'ont pas eu lieu à la même époque ; ces peuples se sont étendus peu à peu, et ont introduit de proche en proche cette forme de gouvernement, qui existe encore dans la presqu'île de Malaca, à Java, Sumatra, Bornéo, et dans toutes les contrées soumises à cette barbare nation.

Parmi quinze ou dix-huit cents insulaires que nous eûmes occasion d'observer, trente, au moins, s'annoncèrent à nous comme des chefs ; ils exerçaient une espèce de police, et donnaient de grands coups de bâton : mais l'ordre qu'ils avaient l'air de vouloir établir, était transgressé en moins d'une minute ; jamais souverains ne furent moins obéis ; jamais l'insubordination et l'anarchie n'excitèrent plus de désordres.

C'est avec raison que M. de Bougainville les a nommés *les Navigateurs* ; tous leurs voyages se font en pirogue, et ils ne vont jamais à pied d'un village à l'autre. Ces villages sont tous situés dans des anses sur les bords de la mer, et n'ont de sentiers que pour pénétrer dans l'intérieur du pays. Les îles que nous avons visitées étaient couvertes, jusqu'à la cime, d'arbres chargés de fruits, sur lesquels reposaient des pigeons-ramiers, des tourterelles vertes, couleur de rose, et de différentes couleurs ; nous y avons vu des perruches charmantes, une espèce de merle, et même des perdrix. Ces insulaires soulagent l'ennui de leur oisiveté en apprivoisant des oiseaux ; leurs maisons étaient pleines de pigeons-ramiers, qu'ils échangèrent avec nous par centaines : ils nous vendirent aussi plus de trois cents poules-sultanes du plus beau plumage.

Leurs pirogues sont à balancier, très petites, et ne contiennent assez ordinairement que cinq ou six personnes ; quelques-unes cependant peuvent en contenir jusqu'à quatorze, mais c'est le plus petit nombre : elles ne paraissent pas, au surplus, mériter l'éloge que les voyageurs ont fait de la célérité de leur marche ; je ne crois pas que leur vitesse excède sept nœuds à la voile ; et, à la pagaie, elles ne pouvaient nous suivre lorsque nous faisions quatre milles par heure. Ces Indiens sont si habiles nageurs, qu'ils semblent n'avoir d'embarcations que pour se reposer : comme au moindre faux mouvement elles se remplissent, ils sont obligés, à chaque instant, de se jeter à la mer, pour les soulever sur leurs épaules et en vider l'eau. Ils les accollent quelquefois deux à deux, au moyen d'une traverse en bois, dans laquelle ils pratiquent un étambot pour placer leur mâts ; de cette manière, elles chavirent moins, et ils peuvent conserver leurs provisions pour de longs voyages. Leurs voiles de natte, ou de toile nattée, sont à livarde, et ne méritent pas une description particulière.

Ils ne pêchent qu'à la ligne ou à l'épervier ; ils nous vendirent des filets, et des hameçons de nacre et de coquille blanche très artistement travaillés : ces instruments ont la forme de poissons volants, et servent d'étui à un hameçon d'écaille de tortue, assez fort pour résister aux thons, aux bonites et aux dorades. Ils échangeaient les plus gros poissons contre quelques grains de verre, et on voyait, à leur empressement, qu'ils ne craignaient pas de manquer de subsistances.

Les îles de cet archipel que j'ai visitées m'ont paru volcaniques ; toutes les pierres du rivage, sur lequel la mer brise avec une fureur qui fait rejaillir l'eau à plus de cinquante pieds, ne sont que des morceaux de lave, de basalte roulé, ou de corail, dont l'île entière est environnée. Ces coraux laissent, au milieu de presque toutes les anses, un passage étroit, mais suffisant pour des pirogues, ou même pour des canots et des chaloupes, et forment ainsi de petits ports pour la marine des insulaires, qui d'ailleurs ne laissent jamais leurs pirogues sur l'eau : en arrivant, ils les remisent auprès de leurs maisons, et les placent à l'ombre sous des arbres ; elles sont si légères, que deux hommes peuvent les porter aisément sur leurs épaules.

L'imagination la plus riante se peindrait difficilement des sites plus agréables que ceux de leurs villages : toutes les maisons sont bâties sous des arbres à fruits, qui entretiennent dans ces demeures une fraîcheur délicieuse; elles sont situées au bord d'un ruisseau qui descend des montagnes, et le long duquel est pratiqué un sentier qui s'enfonce dans l'intérieur de l'île. Leur architecture a pour objet principal de les préserver de la chaleur, et j'ai déjà dit qu'ils savaient y joindre l'élégance. Les maisons sont assez grandes pour loger plusieurs familles; elles sont entourées de jalousies qui se lèvent du côté du vent et se ferment du côté du soleil. Les insulaires dorment sur des nattes très fines, très propres, et parfaitement à l'abri de l'humidité. Nous n'avons aperçu aucun morai, et nous ne pouvons rien dire de leurs cérémonies religieuses.

Les cochons, les chiens, les poules, les oiseaux et le poisson, abondent dans ces îles; elles sont couvertes aussi de cocotiers, de goyaviers, de bananiers, et d'un autre arbre qui produit une grosse amande qu'on mange cuite, et à laquelle nous avons trouvé le goût du marron. Les cannes à sucre croissent spontanément sur le bord des rivières ; mais elles sont aqueuses, et moins sucrées que celles de nos colonies : cette différence vient sans doute de ce qu'elles se multiplient à l'ombre, sur un terrain trop gras et qui n'a jamais été travaillé. On y trouve aussi des souches dont les racines approchent beaucoup de celles de l'igname ou du manioc.

Quelque dangereux qu'il fût de s'écarter dans l'intérieur de l'île, MM. de la Martinière et Collignon suivirent plus les impulsions de leur zèle que les règles de la prudence ; et, lors de la descente qui nous fut si fatale, ils s'avancèrent dans les terres pour faire des découvertes en botanique. Les Indiens exigeaient un grain de verre pour chaque plante que M. de la Martinière ramassait, et ils menaçaient de l'assommer lorsqu'il refusait de payer cette rétribution : poursuivi à coups de pierres au moment du massacre, il gagna nos canots à la nage, son sac de plantes sur le dos, et parvint ainsi à les conserver. Nous n'avions aperçu jusqu'alors d'autre arme que des massues ou *patow-patow;* mais M. Boutin m'assura qu'il avait vu dans leurs mains plusieurs paquets de flèches, sans aucun arc : je suis porté à croire que ces flèches ne sont que des lances qui leur servent à darder le poisson ; leur effet serait bien moins dangereux dans les combats que celui des pierres de deux ou trois livres qu'ils lancent avec une adresse et une vigueur inconcevables.

Ces îles sont extrêmement fertiles, et je crois leur population très considérable : celles de l'est, Opoun, Léoné, Fanfoué, sont petites ; les deux dernières surtout n'ont qu'environ cinq milles de circonférence : mais Maouna, Oyolava et Pola, doivent être comptées parmi les plus grandes et les plus belles îles de la mer du Sud. Les relations des différents voyageurs n'offrent rien à l'imagination qui puisse être comparé à la beauté et à l'immensité du village sous le vent duquel nous mîmes en panne sur la côte du nord d'Oyolava. Quoiqu'il fût presque nuit lorsque nous y arrivâmes, nous nous vîmes en un instant environnés de pirogues, que la curiosité, ou le désir de commercer avec nous, avait fait sortir de leurs ports ; plusieurs n'apportaient rien, et venaient seulement jouir d'un coup d'œil nouveau pour elles. Il y en avait d'extrêmement petites qui ne contenaient qu'un seul homme ; ces dernières étaient très ornées : comme elles tournaient autour des bâtiments sans faire aucun commerce, nous les appelions les cabriolets ; elles en avaient les inconvénients, car le plus petit choc des autres pirogues les faisait chavirer à chaque instant.

Nous vîmes aussi de très près la grande et superbe île de Pola, mais nous n'eûmes aucune relation avec ses habitants : en tournant cette dernière île dans sa partie occidentale, nous aperçûmes une mer tranquille, qui paraissait promettre de bons mouillages, au moins tant que les vents seraient du nord au sud par l'est ; mais la fermentation était encore trop grande dans nos équipages, pour que je me décidasse à y mouiller. Après l'évènement qui nous était arrivé, je ne pouvais prudemment envoyer nos matelots à terre, sans armer chaque homme d'un fusil, et chaque canot d'un pierrier ; et alors le sentiment de leur force, augmenté par le désir de la vengeance, les eût portés peut-être à réprimer à coups de fusils le plus petit acte d'injustice commis par les insulaires. D'ailleurs, dans ces mauvais mouillages, un bâtiment est exposé à se perdre, lorsqu'il n'a pas un bateau capable de porter une ancre sur laquelle il puisse se touer. C'est d'après ces considérations que je me déterminai, comme je l'ai dit, à ne mouiller qu'à la baie Botanique, en me bornant à parcourir, dans ces divers archipels, les routes qui pouvaient me conduire à de nouvelles découvertes.

Lorsque nous eûmes doublé la côte occidentale de l'île de Pola, nous n'aperçûmes plus aucune terre ; nous n'avions pu voir les trois îles que les insulaires avaient nommées Shika, Ossamo, Ouera, et qu'ils avaient placées dans le sud d'Oyolava. Je fis mes efforts pour gouverner au sud-sud-est ; les vents d'est-sud-est me contrarièrent d'abord ; ils étaient très faibles, et nous ne faisions que huit à dix lieues par jour : ils passèrent enfin au nord, et successivement au nord-ouest ; ce qui me permit de faire prendre de l'est à ma route, et j'eus connaissance, le 20, d'une île ronde, précisément au sud d'Oyolava, mais à près de quarante lieues. Le calme ne me permit pas de l'approcher ce même jour ; mais le lendemain, je l'accostai à deux milles, et je vis au sud deux autres îles, que je reconnus parfaitement pour être les îles des Cocos et des Traîtres de Schouten.

L'île des Cocos a la forme d'un pain de sucre très élevé ; elle est couverte d'arbres jusqu'à la cime, et son diamètre est à peu près d'une lieue : elle est séparée de l'île des Traîtres par un canal d'environ trois milles, coupé lui-même par un îlot que nous vîmes à la pointe du nord-est de cette dernière île ; celle-ci est basse et plate, et a seulement, vers le milieu, un morne assez élevé ; un canal de cent cinquante toises d'ouverture la divise en deux parties. Nous ne doutâmes plus que ces trois îles, dont deux seulement méritent ce nom, ne fussent du nombre des dix qui, d'après le récit des sauvages, composent l'archipel des Navigateurs.

Comme il ventait très grand frais du nord-ouest, que le temps avait très mauvaise apparence, et qu'il était tard, nous fûmes peu surpris de ne voir venir à bord aucune pirogue ; je me décidai à passer la nuit bord sur bord, afin de reconnaître ces îles le lendemain, et de commercer avec les insulaires pour en tirer quelques rafraîchissements. Le temps fut à grains, et les vents ne varièrent que du nord-ouest au nord-nord-ouest. J'avais aperçu quelques brisants sur la pointe du nord-ouest de la petite île des Traîtres, ce qui me fit louvoyer un peu au large. Au jour, je rapprochai cette dernière île, qui, étant basse et plus étendue que celle des Cocos, me parut devoir être plus peuplée ; et, à huit heures du matin, je mis en panne à l'ouest-sud-ouest, à deux milles d'une large baie de sable, qui est dans la partie occidentale de la grande île des Traîtres, et où je ne doutai pas qu'il n'y eût un mouillage, à l'abri des vents d'est. Vingt pirogues environ se détachèrent à l'instant de la côte, et s'approchèrent des frégates pour faire des échanges ; plusieurs étaient sorties du canal qui divise l'île des Traîtres : elles étaient chargées des plus beaux cocos que j'eusse encore vus, d'un très petit nombre de bananes, et de quelques ignames ; une seule avait un petit cochon et trois ou quatre poules. On s'apercevait que ces Indiens avaient déjà vu des Européens ou en avaient entendu parler ; ils s'approchèrent sans crainte, firent leur commerce avec assez de bonne foi, et ne refusèrent jamais, comme les naturels de l'archipel des Navigateurs, de donner leurs fruits avant d'en avoir reçu le payement; ils acceptèrent les morceaux de fer et les clous avec autant d'empressement que les rassades. Ils parlaient d'ailleurs la même langue, et avaient le même air de férocité : leur costume, leur tatouage, et la forme de leurs pirogues, étaient aussi les mêmes, et l'on ne pouvait douter que ce ne fût le même peuple ; ils en différaient cependant en ce que tous avaient les deux phalanges du petit doigt de la main gauche coupées, et je n'avais aperçu aux îles des Navigateurs que deux individus qui eussent souffert cette amputation : ils étaient aussi beaucoup moins grands et moins robustes ; cette différence vient sans doute de ce que le sol de ces îles, moins fertile, y est aussi moins propre à l'accroissement de l'espèce humaine.

Chaque île que nous apercevions nous rappelait un trait de perfidie de la part des insulaires : les équipages de Roggewein avaient été attaqués et lapidés aux îles de la Récréation, dans l'est de celles des Navigateurs ; ceux de Schouten, à l'île des Traîtres, qui était à notre vue, et au sud de l'île de Maouna, où nous avions eu nous-mêmes des hommes assassinés d'une manière si atroce. Ces réflexions avaient changé nos manières d'agir à l'égard des Indiens ; nous réprimions par la force les plus petits vols et les plus petites injustices ; nous leur montrions, par l'effet de nos armes, que la fuite ne les sauverait pas de notre ressentiment ; nous leur refusions la permission de monter à bord, et nous menacions de punir de mort ceux qui oseraient y venir malgré nous. Cette conduite était cent fois préférable à notre modération passée; et si nous avons quelque regret à former, c'est d'être arrivés chez ces peuples avec des principes de douceur et de patience : la raison et le bon sens ne disent-ils pas, en effet, qu'on a le droit d'employer la force contre l'homme dont l'intention bien connue serait d'être votre assassin, s'il n'était retenu par la crainte?

Le 23 à midi, pendant que nous faisions le commerce de cocos avec les Indiens, nous fûmes assaillis d'un fort grain de l'ouest-nord-ouest, qui dispersa les pirogues : plusieurs chavirèrent; et après s'être relevées elles nagèrent avec force vers la terre : le temps était menaçant ; nous fîmes cependant le tour de l'île des Traîtres, pour en découvrir toutes les pointes, et en lever le plan avec exactitude. M. Dagelet avait fait, à midi, de très bonnes observations de latitude, et, dans la matinée, il avait observé la longitude des deux îles ; ce qui l'avait mis en état de rectifier la position que leur avait assignée le capitaine Wallis. A quatre heures, je signalai la route au sud-sud-est, vers l'archipel des Amis ; je me proposais d'en reconnaître les îles que le capitaine Cook n'a pas eu l'occasion d'explorer, et qui, d'après sa relation, doivent être au nord d'Inahomooka.

CHAPITRE XXV

Départ des îles des Navigateurs. — Nous dirigeons notre route vers celles des Amis. — Rencontre de l'île Vavao et de différentes îles de cet archipel, très mal placées sur les cartes. — Les habitants de Tongataboo s'empressent de venir à bord et de lier commerce avec nous. — Nous mouillons à l'île Norfolk. — Description de cette île. — Arrivée à Botany-Bay.

La nuit qui suivit notre départ de l'île des Traîtres fut affreuse; les vents passèrent à l'ouest très grand frais, avec beaucoup de pluie : comme l'horizon n'avait pas une lieue d'étendue au coucher du soleil, je restai en travers jusqu'au jour, le cap au sud-sud-ouest ; les vents d'ouest continuèrent avec force, et furent accompagnés d'une pluie abondante.

Tous ceux qui avaient des symptômes de scorbut souffraient extrêmement de l'humidité : aucun individu de l'équipage n'était attaqué de cette maladie; mais les officiers, et particulièrement nos domestiques, commençaient à en ressentir les atteintes ; j'en attribuai la cause à la disette de vivres frais, moins sensible pour nos matelots que pour les domestiques, qui n'avaient jamais navigué, et qui n'étaient pas accoutumés à cette privation. Le nommé David, cuisinier des officiers, mourut le 10, d'une hydropisie scorbutique : depuis notre départ de Brest, personne, sur la Boussole, n'avait succombé à une mort naturelle; et si nous n'avions fait qu'un voyage ordinaire autour du monde, nous aurions pu être de retour en Europe sans avoir perdu un seul homme. Les derniers mois d'une campagne, sont, à la vérité, les plus difficiles à soutenir; les corps s'affaiblissent avec le temps; les vivres s'altèrent :

mais si, dans la longueur des voyages de découvertes, il est des bornes qu'on ne peut passer, il importe de connaître celles qu'il est possible d'atteindre ; et je crois qu'à notre arrivée en Europe, l'expérience à cet égard sera complète.

De tous les préservatifs connus contre le scorbut, je pense que la mélasse et le *sprucebeer* sont les plus efficaces : nos équipages ne cessèrent d'en boire dans les climats chauds ; on en distribuait chaque jour une bouteille par personne, avec une demi-pinte de vin et un petit coup d'eau-de-vie, étendus dans beaucoup d'eau ; ce qui faisait trouver les autres vivres supportables. La quantité de porcs que nous nous étions procurée à Maouna, n'était qu'une ressource passagère ; nous ne pouvions, ni les saler, parce qu'ils étaient trop petits, ni les conserver, faute de vivres pour les nourrir : je pris le parti d'en faire distribuer deux fois par jour à l'équipage ; alors les enflures des jambes, et tous les symptômes de scorbut, disparurent : ce nouveau régime fit sur notre physique l'effet d'une longue relâche ; ce qui prouve que les marins ont un besoin moins pressant de l'air de terre que d'aliments salubres.

Les vents de nord-nord-ouest nous suivirent au-delà de l'archipel des Amis ; ils étaient toujours pluvieux, et souvent aussi forts que les vents d'ouest qu'on rencontre l'hiver sur les côtes de Bretagne : nous savions très bien que nous étions dans la saison de l'hivernage, et conséquemment des orages et des ouragans ; mais nous ne nous étions pas attendus à éprouver des temps aussi constamment mauvais. Le 27 décembre, nous découvrîmes l'île de Vavao, dont la pointe septentrionale nous restait, à midi, précisément à l'ouest ; notre latitude était de 18° 34'.

Cette île, que le capitaine Cook n'avait jamais visitée, mais dont il avait eu connaissance par le rapport des habitants des îles des Amis, est une des plus considérables de cet archipel : elle est à peu près égale, en étendue, à celle de Tongataboo : mais elle a sur elle un avantage : c'est que, plus élevée, elle ne manque point d'eau douce ; elle est au centre d'un grand nombre d'autres îles, qui doivent porter les noms dont le capitaine Cook a donné la liste, mais qu'il nous serait difficile de classer. Nous ne pourrions sans injustice nous attribuer l'honneur de cette découverte, qui est due au pilote Maurelle, et qui ajoute à l'archipel des Amis un nombre d'îles presque aussi considérable que celui qui avait déjà été exploré par le capitaine Cook.

Nous courûmes différents bords dans la journée du 27, pour approcher de l'île Vavao, d'où les vents d'ouest-nord-ouest nous éloignaient un peu. Ayant poussé pendant la nuit ma bordée au nord, afin d'étendre ma vue douze ou quinze lieues au-delà de l'île, j'eus connaissance de celle de la Margoura de Maurelle, qui me restait à l'ouest ; et l'ayant approchée, je vis une seconde île très plate, couverte d'arbres : l'île de la Margoura est, au contraire, assez élevée, et il est vraisemblable qu'elles sont habitées l'une et l'autre. Après que nous eûmes fait tous nos relèvements, j'ordonnai d'arriver vers l'île de Vavao, qu'on n'apercevait que du haut des mâts : elle est la plus considérable de l'archipel des Amis ; les autres îles éparses au nord ou à l'ouest ne peuvent être comparées à cette dernière. Vers midi, j'étais à l'entrée du port dans lequel le navigateur Maurelle avait mouillé ; il est formé par de petites îles assez élevées, qui laissent entre elles des passages étroits, mais très profonds, et mettent les vaisseaux parfaitement à l'abri des vents du large. Ce port, très supérieur à celui de Tongataboo, m'aurait infiniment convenu pour y passer quelques jours : mais le mouillage est à deux encâblures de terre ; et, dans cette position, une chaloupe est souvent nécessaire pour porter une ancre au large et s'éloigner de la côte. A chaque instant j'étais tenté de renoncer au plan que j'avais formé, en partant de Maouna, de ne faire aucune relâche jusqu'à Botany-Bay ; mais la raison et la prudence m'y ramenaient. Je voulus former du moins des liaisons avec les insulaires ; je mis en panne assez près de terre ; aucune pirogue ne s'approcha des frégates : le temps était si mauvais et le ciel si menaçant, que j'en fus peu surpris ; et comme à chaque minute l'horizon se chargeait davantage, je fis moi-même route, avant la nuit, à l'ouest, vers l'île Latté, que j'apercevais, et qui est assez élevée pour être vue de vingt lieues par un temps clair : ce nom de Latté est compris dans la liste des îles des Amis, donnée par le capitaine Cook ; et il avait été assigné à cette même île par le navigateur Maurelle, dans son journal, d'après le rapport des insulaires de Vavao, qui lui dirent, en outre, qu'elle était habitée, et qu'on pouvait y mouiller.

La nuit suivante fut affreuse ; les ténèbres qui nous environnaient étaient si épaisses, qu'il était impossible de rien distinguer autour de nous. Dans cet état, il eût été très imprudent de faire route au milieu de tant d'îles ; et je pris le parti de courir de petits bords jusqu'au point du jour : mais il fut encore plus venteux que la nuit ; le baromètre avait baissé de trois lignes, et si un ouragan pouvait être plus fort, il ne pouvait s'annoncer par un temps de plus mauvaise apparence. Je fis route néanmoins vers l'île Latté ; je l'approchai à deux milles, bien certain cependant qu'aucune pirogue ne hasarderait de se mettre en mer : je fus chargé, sous cette île, d'un grain qui me força de porter vers les îles Kao et Toofoa, dont nous devions être assez près, quoique la brume ne nous permit pas de les distinguer, et dont le capitaine Cook a parfaitement déterminé la latitude et longitude. A cinq heures du soir, une éclaircie nous donna connaissance de l'île Kao, dont la forme est celle d'un cône très élevé, et qu'on pourrait apercevoir de trente lieues par un temps clair; l'île Toofoa, quoique aussi très haute, ne se montra point, et resta dans le brouillard. Je passai la nuit, comme la précédente, bord sur bord, mais sous le grand hunier et la misaine seulement; car il ventait si frais, que nous ne pouvions porter d'autres voiles. Le lendemain, le jour fut assez clair; et au lever du soleil, nous eûmes connaissance des deux îles Kao et Toofoa. J'approchai celle de Toofoa à une demi-lieue, et je m'assurai qu'elle était inhabitée, au moins dans les trois quarts de sa circonférence; car j'en vis les bords d'assez près pour distinguer les pierres du rivage.

Cette île est très montueuse, très escarpée, et couverte d'arbres jusqu'à la cime; elle peut avoir quatre lieues de tour : je pense que les insulaires de Tongataboo et des autres îles des Amis y abordent souvent dans la belle saison, pour y couper des arbres, et vraisemblablement y fabriquer leurs pirogues; car ils manquent de bois dans leurs îles plates, où ils n'ont conservé d'autres arbres que ceux qui, comme le coco, portent des fruits propres à leur subsistance. En prolongeant l'île, nous vîmes plusieurs glissoires, par où les arbres coupés sur le penchant des montagnes roulent jusqu'au bord de la mer; mais il n'y avait ni cabanes, ni défrichements dans le bois, rien enfin qui annonçât une habitation. Continuant ainsi notre route vers les deux petites îles de Hoonga-tonga et de Hoonga-Hapee, nous mîmes l'île Kao par le milieu de l'île Toofoa, de sorte que la première ne paraissait être que le sommet de la seconde, et nous la relevâmes ainsi au nord 27° est.

L'île Kao est environ trois fois plus élevée que l'autre, et ressemble au soupirail d'un volcan; sa base nous parut avoir moins de deux milles de diamètre. Nous observâmes aussi, sur la pointe du nord-est de l'île Toofoa, du côté du canal qui la sépare de Kao, un pays absolument brûlé, noir comme du charbon, dénué d'arbres et de toute verdure, et qui vraisemblablement aura été ravagé par des débordements de lave. Nous eûmes connaissance, l'après-midi, des deux îles de Hoonga-Tonga et de Hoonga-Hapaee : nous rangeâmes à une très grande lieue dans l'ouest un banc de récifs très dangereux, dont la pointe septentrionale est à cinq lieues au nord de Hoonga-Hapaee, et la pointe méridionale à trois lieues au nord de Hoonga-Tonga, formant avec ces deux îles un détroit de trois lieues, et nous aperçûmes ses brisants qui s'élevaient comme des montagnes; mais il est possible que dans un temps plus calme il marque moins, et alors il serait beaucoup plus dangereux.

Les deux petites îles de Hoonga-Tonga et de Hoonga-Hapaee ne sont que de gros rochers inhabitables, assez élevés pour être aperçus de quinze lieues : leur forme changeait à chaque instant, et la vue qu'il eût été possible d'en tracer n'aurait pu convenir que dans un point bien déterminé; elles me parurent être d'une égale étendue, et avoir chacune moins d'une demi-lieue de tour; un canal d'une lieue sépare ces deux îles situées est-nord-est et ouest-sud-ouest : elles sont placées à dix lieues au nord de Tonga-Taboo; mais comme cette dernière île est basse, il faut être à moitié de cette distance pour pouvoir la reconnaître. Nous l'aperçûmes du haut des mâts, le 31 décembre, à six heures du matin ; on ne voyait d'abord que la cime des arbres qui paraissaient croître dans la mer : à mesure que nous nous approchions, le terrain s'élevait, mais de deux ou trois toises seulement; bientôt nous reconnûmes la pointe de Van-Diemen, et le banc des Brisants, qui est au large de cette pointe ; elle nous restait, à midi, à l'est, à environ deux lieues. Comme les vents étaient au nord, je fis gouverner sur la côte méridionale de l'île, qui est très saine, et dont on peut s'approcher à trois portées de fusil. La mer brisait avec fureur sur toute la côte : mais ces brisants étaient à terre, et nous apercevions au-delà les vergers les plus riants ; toute l'île paraissait cultivée; des arbres bordaient les champs, qui étaient du plus beau vert. Il est vrai que nous étions alors dans la saison des pluies; car, malgré la magie de ce coup d'œil, il est plus que vraisemblable que, pendant une partie de l'année, il doit régner sur une île si plate, une horrible sécheresse : on n'y voyait pas un seul monticule, et la mer elle-même n'a pas, dans un temps calme, une surface plus égale.

Les cases des insulaires n'étaient pas rassemblées en village, mais éparses dans les champs, comme les maisons de campagne dans nos plaines les mieux cultivées. Bientôt sept ou huit pirogues furent lancées à la mer, et s'avancèrent vers nos frégates : mais ces insulaires, plus cultivateurs que marins, les manœuvraient avec timidité ; ils n'osaient approcher de nos bâtiments, quoiqu'ils fussent en panne, et que la mer fût très belle ; ils se jetaient à la nage, à huit ou dix toises de nos frégates, tenant dans chaque main des noix de cocos, qu'ils échangeaint de bonne foi contre des morceaux de fer, des clous, ou de petites haches. Leurs pirogues ne différaient en rien de celles des habitants des îles des Navigateurs ; mais aucune n'avait de voiles, et il est vraisemblable qu'ils n'auraient pas su les manœuvrer.

La plus grande confiance s'établit bientôt entre nous ; ils montèrent à bord : nous leur parlâmes de Poulaho, de Féenou; nous avions l'air d'être de vieilles connaissances qui se revoient et s'entretiennent de leurs amis. Un jeune insulaire nous donna à entendre qu'il était fils de Féenou; et ce mensonge, ou cette vérité, lui valut plusieurs présents, il faisait un cri de joie en les recevant, et cherchait à nous faire comprendre par signes, que si nous allions mouiller sur la côte, nous y trouverions des vivres en abondance, et que les pirogues étaient trop petites pour nous les apporter en pleine mer. En effet, il n'y avait ni poules ni cochons sur ces embarcations ; leur cargaison consistait en quelques bananes et cocos ; et, comme la plus petite lame faisait chavirer ces frêles bâtiments, les animaux eussent été noyés avant que d'être arrivés à bord.

Ces insulaires étaient bruyants dans leurs manières : mais leurs traits n'avaient aucune expression de férocité ; et ni leur taille, ni la porportion de leurs membres, ni la force présumée de leurs muscles, n'auraient pu nous imposer, quand même ils n'eussent pas connu l'effet de nos armes ; leur physique, sans être inférieur au nôtre, ne paraissait avoir aucun avantage sur celui de nos matelots : du reste, leur langage, leur tatouage, leur costume, tout annonçait en eux une origine commune avec les habitants de l'archipel des Navigateurs, et il est évident que la différence qui existe dans les proportions individuelles de ces peuples ne provient que des causes physiques du territoire et du climat de l'archipel des Amis.

Des cent cinquante îles qui composent cet archipel, le plus grand nombre ne consiste qu'en rochers inhabités et inhabitables, et je ne craindrais pas d'avancer que la seule île d'Oyolava l'emporte en population, en fertilité, et en forces réelles, sur toutes ces îles réunies, où les insulaires sont obligés d'arroser de leurs sueurs les champs qui fournissent à leur subsistance. C'est peut-être à ce besoin de l'agriculture qu'ils doivent les progrès de leur civilisation, et la naissance de quelques arts qui compensent la force naturelle qui leur manque, et les garantissent de l'invasion de leurs voisins. Nous n'avons cependant vu chez eux d'autre arme que des *patow-patow* ; nous leur en achetâmes plusieurs, qui ne pesaient pas le tiers de ceux que nous nous étions procurés à Maouna, dont les habitants des îles des Amis n'auraient pas eu la force de se servir.

La coutume de se couper les deux phalanges du petit doigt est aussi répandue chez ces peuples qu'aux îles des Cocos et des Traîtres ; et cette marque de douleur pour la perte d'un parent ou d'un ami est presque inconnue aux îles des Navigateurs. Je sais que le capitaine Cook pensait que les îles des Cocos et des Traîtres faisaient partie de celles des Amis ; il appuyait son opinion sur le rapport de Poulaho, qui avait eu connaissance du commerce que le capitaine Wallis avait fait dans ces deux îles, et qui même possédait dans son trésor, avant l'arrivée du capitaine Cook, quelques morceaux de fer provenant des échanges de la frégate le Dauphin avec les habitants de l'île des Traîtres. J'ai cru, au contraire, que ces deux îles étaient comprises dans les dix qui nous avaient été nommées par les insulaires de Maouna, parce que je les ai trouvées précisément dans l'aire de vent désignée par eux, et plus à l'est que ne les avait indiquées le capitaine Wallis ; et j'ai pensé qu'elles pouvaient former, avec l'île de la Belle-Nation de Quiros, le groupe complet du plus beau et du plus grand archipel de la mer du Sud : mais je conviens que les insulaires des îles des Cocos et des Traîtres ressemblent beaucoup plus, par leur stature et leurs formes extérieures, aux habitants des îles des Amis (1), qu'à ceux des îles des Navigateurs, dont ils sont à peu près à égale distance. Après avoir expliqué ainsi les motifs de mon opinion, il m'en coûte peu de me ranger, dans toutes les occasions, à celle du capitaine Cook, qui avait fait de si longs séjours dans les différentes îles de la mer du Sud.

Toutes nos relations avec les habitants de Tonga-Taboo se réduisirent à une simple visite et l'on en fait rarement de si éloignées ; nous ne reçûmes d'eux que les mêmes rafraîchissements qu'on offre, à la campagne, en collation, à des voisins.

Le premier janvier, à l'entrée de la nuit, ayant perdu tout espoir d'obtenir, en louvoyant ainsi au large, assez de vivres pour compenser au moins notre consommation, je pris le parti d'arriver à l'ouest-sud-ouest, et de courir sur Botany-Bay, en prenant une route qui n'eût encore été suivie par aucun navigateur.

Il n'entrait point dans mon plan de reconnaître l'île Plistard, découverte par Tasman, et dont le capitaine Cook avait déterminé la position : mais les vents, ayant passé du nord à l'ouest-sud-ouest, me forcèrent de prendre la bordée du sud : et le 2 au matin, j'aperçus cette île, dont la plus grande largeur est d'un quart de lieue : elle est fort escarpée, n'a que quelques arbres sur la côte du nord-est, et ne peut servir de retraite qu'à des oiseaux de mer.

Cette petite île, ou plutôt ce rocher, nous restait à l'ouest, à dix heures et demie du matin ; sa latitude, observée à midi par M. Dagelet, fut trouvée de 22° 22'.

Nous restâmes pendant trois jours en vue de ce rocher. Le soleil, que nous avions au zénith, entretenait des calmes, plus ennuyeux cent fois pour les marins que les vents contraires. Nous attendions avec la plus vive impatience les brises du sud-est, que nous espérions trouver dans ces parages, et qui devaient nous conduire à la nouvelle Hollande. Les vents avaient constamment pris de l'ouest depuis le 17 décembre ; et, quel que fût leur degré de force, ils ne variaient que du nord-ouest au sud-ouest. Ainsi les vents alizés sont bien peu fixes dans ces

---

(1) Amis (archipel ou île des.) Aussi nommé archipel de Tonga, archipel de Polynésie ; se compose d'une centaine d'îles ou îlots répartis en trois groupes. Les mœurs de la population de ces îles, évaluée à 50 000 habitants, ne se sont adoucies que depuis quelques années, sous l'influence de la religion chrétienne.

parages: ils soufflèrent cependant de l'est, le 6 janvier, et varièrent jusqu'au nord-est; le temps devint très couvert et la mer fort grosse; ils continuèrent ainsi, avec beaucoup de pluie et un horizon fort peu étendu, jusqu'au 8 : nous eûmes alors des brises fixes, mais très fortes, du nord-est au sud-est; le temps fut très sec, et la mer extrêmement agitée.

Comme nous avions doublé la latitude de toutes les îles, les vents avaient repris leur cours, qui avait été absolument interrompu depuis la Ligne jusqu'au 26° degré sud : la température était aussi beaucoup changée, et le thermomètre avait baissé de 6 degrés, soit par suite de notre latitude, ou, ce qui est plus vraisemblable, parce que les fortes brises de l'est, et l'effet d'un ciel blanchâtre, arrêtaient son influence; car le soleil n'était qu'à quatre degrés de notre zénith, et ses rayons avaient bien peu d'obliquité.

Le 13, nous eûmes connaissance de l'île Norfolk et des deux îlots qui sont à sa pointe méridionale : la mer était si grosse, et depuis si longtemps, que j'eus peu d'espoir de rencontrer un abri sur la côte du nord-est, quoique les vents fussent, dans ce moment, au sud; cependant, en approchant, je trouvai une mer plus tranquille, et je me décidai à laisser tomber l'ancre à un mille de terre, par vingt-quatre brasses, fond de sable dur, mêlé de très peu de corail. Je n'avais d'autre objet que d'envoyer reconnaître le sol et les productions de cette île par nos naturalistes et nos botanistes, qui, depuis notre départ du Kamtschatka, avaient eu bien peu d'occasions d'ajouter de nouvelles observations à leurs journaux. Nous voyions cependant la mer briser avec fureur autour de l'île; mais je me flattais que nos canots trouveraient quelque abri derrière de grosses roches qui bordaient la côte. Cependant, comme nous avions appris, à nos dépens, qu'il ne faut jamais s'écarter des règles de la prudence, je chargeai M. de Clonard, capitaine de vaisseau, le second officier de l'expédition, du commandement de quatre petits canots envoyés par les deux frégates, et je lui enjoignis de ne pas risquer le débarquement, sous quelque prétexte que ce pût être, si nos biscayennes couraient le moindre risque d'être chavirées par la lame. Son exactitude et sa prudence ne me laissaient aucune crainte; et cet officier, que je destinais à prendre le commandement de l'Astrolabe, dès que nous arriverions à Botany-Bay, méritait mon entière confiance.

Nos frégates étaient mouillées par le travers de deux pointes situées sur l'extrémité nord du côté du nord-est de l'île, vis-à-vis de l'endroit où nous supposions que le capitaine Cook avait débarqué : nos canots firent route vers cette espèce d'enfoncement; mais ils y trouvèrent une lame qui déferlait sur de grosses roches, avec une fureur qui en rendait l'approche impossible. Ils côtoyèrent le rivage à une demi-portée de fusil, en remontant vers le sud-est, et firent ainsi une demi-lieue, sans trouver un seul point où il fût possible de débarquer. Ils voyaient l'île entourée d'une muraille formée par la lave qui avait coulé du sommet de la montagne, et qui, s'étant refroidie dans sa chute, avait laissé, en beaucoup d'endroits, une espèce de toit avancé de plusieurs pieds sur le côté de l'île. Quand le débarquement eût été possible, on n'aurait pu pénétrer dans l'intérieur qu'en remontant, pendant quinze ou vingt toises, le cours très rapide de quelques torrents qui avaient formé des ravines.

Au-delà de ces barrières naturelles, l'île est couverte de pins, et tapissée de la plus belle verdure; nous y aurions vraisemblablement rencontré quelques plantes potagères, et cet espoir augmentait encore notre désir de visiter une terre où le capitaine Cook avait débarqué avec la plus grande facilité : il est vrai qu'il s'était trouvé dans ces parages par un beau temps soutenu depuis plusieurs jours, tandis que nous avions constamment navigué dans des mers si grosses, que depuis huit jours nos sabords et nos fenêtres n'avaient pas été ouverts. Je suivis du bord, avec ma lunette, le mouvement des canots; et voyant qu'à l'entrée de la nuit ils n'avaient pas trouvé de lieu commode pour débarquer, je fis le signal de ralliement, et bientôt après je donnai l'ordre d'appareiller : j'aurais peut-être perdu beaucoup de temps à attendre un instant plus favorable, et la reconnaissance de cette île ne valait pas ce sacrifice. Comme je me disposais à mettre à la voile, un signal de l'Astrolabe, qui m'apprenait que le feu était à son bord, me jeta dans les plus vives inquiétudes. J'expédiai sur-le-champ un canot pour voler à son secours : mais il était à peine à moitié chemin, qu'un second signal me marqua que le feu était éteint ; et bientôt après, M. de Monti me dit de son bord, avec le porte-voix, qu'une caisse d'acide, ou d'autres liqueurs chimiques, appartenant au père Receveur, et placée sous le gaillard, avait pris feu d'elle-même, et répandu une fumée si épaisse sous les ponts, qu'il avait été très difficile de découvrir le foyer de l'incendie : on était parvenu à jeter cette caisse dans la mer, et l'accident n'avait pas eu d'autres suites. Il est vraisemblable que quelque flacon d'acide s'étant cassé dans l'intérieur de la caisse, avait occasionné cet incendie, qui s'était communiqué aux flacons d'esprit-de-vin cassés ou mal bouchés. Je m'applaudis d'avoir ordonné, dès le commencement de la campagne, qu'une semblable caisse fût placée en plein air sur le gaillard d'avant de ma frégate, où le feu n'était point à craindre.

L'île Norfolk, quoique très escarpée, n'est guère élevée de plus de soixante-dix ou quatre-vingts toises au-dessus du niveau de la mer; les pins dont elle est remplie sont vraisemblablement de la même espèce que ceux de la nouvelle Calédonie, ou de la nouvelle Zélande. Le capitaine Cook dit qu'il y trouva beaucoup de choux-palmistes; et le désir de nous en procurer n'était pas un des moindres motifs de l'envie que nous avions eue d'y relâcher : il est probable que les palmiers qui donnent ces choux sont très petits, car nous n'aperçûmes aucun arbre de cette espèce. Comme cette île n'est pas habitée, elle est couverte d'oiseaux de mer, et particulièrement de paille-en-queue, qui ont tous leur longue plume rouge; on y voyait aussi beaucoup de foux et de goélettes, mais pas une frégate. Un banc de sable, sur lequel il y a vingt à trente brasses d'eau, s'étend à trois ou quatre lieues au nord et à l'est de cette île, et peut-être même tout autour; mais nous ne sondâmes pas dans l'ouest.

Pendant que nous étions au mouillage, nous prîmes sur le banc quelques poissons rouges, de l'espèce qu'on nomme *capitaine* à l'île de France, ou *sarde*, et qui nous procurèrent un excellent repas. A huit heures du soir, nous étions sous voile : je fis route à l'ouest-nord-ouest, et je laissai arriver successivement jusqu'au sud-ouest quart d'ouest, faisant petites voiles, et sondant sans cesse sur ce banc, où il était possible qu'il se rencontrât quelque haut fond; mais le sol en était, au contraire, extrêmement uni, et l'eau augmenta pied à pied à mesure que nous nous éloignâmes de l'île : à onze heures du soir une ligne de soixante brasses ne rapporta plus de fond; nous étions alors dans l'ouest-nord-ouest à dix milles de la pointe la plus septentrionale de l'île de Norfolk. Les vents s'étaient fixés à l'est-sud-est, par grains un peu brumeux; mais le temps était très clair dans les intervalles des grains. Au jour, je forçai de voiles vers Botany-Bey, qui n'était plus éloignée de nous que de trois cents lieues.

Le 14 au soir, après le coucher du soleil, je fis signal de mettre en panne, et de sonder, en filant deux cents brasses de ligne : le plateau de l'île Norfolk m'avait fait croire que le fond pouvait se continuer jusqu'à la nouvelle Hollande; mais cette conjecture était fausse, et nous continuâmes notre route avec une erreur de moins dans l'esprit, car je tenais beaucoup à cette opinion. Les vents de l'est-sud-est au nord-est furent fixes, jusqu'à vue de la nouvelle Hollande; nous faisions beaucoup de chemin le jour, et très peu la nuit, parce que nous n'avions été précédés par aucun navigateur dans la route que nous parcourions.

Le 17, par 31° 28' de latitude sud, et 159° 15' de longitude orientale, nous fûmes environnés d'une innombrable quantité de goélettes, qui nous firent soupçonner que nous passions auprès de quelque île ou rocher; et il y eut plusieurs paris pour la découverte d'une nouvelle terre avant notre arrivée à Botany-Bay, dont nous n'étions cependant qu'à cent quatre-vingts lieues : ces oiseaux nous suivirent jusqu'à quatre-vingts lieues de la nouvelle Hollande, et il est assez vraisemblable que nous avions laissé derrière nous quelque îlot ou rocher, qui sert d'asile à ces sortes d'oiseaux, car ils sont beaucoup moins nombreux auprès d'une terre habitée. Depuis l'île de Norfolk jusqu'à la vue de Botany-Bay, nous sondâmes tous les soirs, en filant deux cents brasses, et nous ne commençâmes à trouver fond qu'à huit lieues de la côte, par quatre-vingt-dix brasses. Nous en eûmes connaissance le 23 janvier, elle était peu élevée, et il n'est guère possible de l'apercevoir de plus de douze lieues.

Les vents devinrent alors très variables, et nous éprouvâmes, comme le capitaine Cook, des courants qui nous portèrent, chaque jour, quinze minutes au sud de notre estime; en sorte que nous passâmes la journée du 24 à louvoyer à la vue de Botany-Bay, sans pouvoir doubler la pointe Solander, qui nous restait à une lieue au nord : les vents soufflaient avec force de cette partie, et nos bâtiments étaient trop mauvais voiliers pour vaincre à la fois la force du vent et des courants. Mais nous eûmes, ce même jour, un spectacle bien nouveau pour nous depuis notre départ de Manille : ce fut celui d'une flotte anglaise, mouillée dans Botany-Bay, dont nous distinguions les flammes et les pavillons.

Des Européens sont tous compatriotes à cette distance de leur pays, et nous avions la plus vive impatience de gagner le mouillage : mais le temps fut si brumeux le lendemain, qu'il nous fut impossible de reconnaître la terre, et nous n'atteignîmes le mouillage que le 26, à neuf heures du matin; je laissai tomber l'ancrage à un mille de la côte du nord, sur un fond de sept brasses de bon sable gris, par le travers de la seconde baie. Au moment où je me présentais dans la passe, un lieutenant et un midshipman anglais furent envoyés à mon bord par le capitaine Hunter, commandant la frégate anglaise le Sirius; ils m'offrirent de sa part tous les services qui dépendraient de lui, ajoutant néanmoins qu'étant sur le point d'appareiller pour remonter vers le nord, les circonstances ne lui permettraient de nous donner ni vivres, ni munitions, ni voiles; de sorte que leurs offres de service se réduisaient à des vœux pour le succès ultérieur de notre voyage. J'envoyai un officier pour faire mes remerciments au capitaine Hunter, qui était déjà à pic, et avait ses huniers hissés; je lui fis dire que mes besoins se bornaient à de l'eau et du bois, dont nous ne manquerions pas dans cette baie, et que je savais que des bâtiments destinés à former une colonie à une si grande distance de l'Europe ne pouvaient être d'aucun secours à des navigateurs.

Nous apprîmes du lieutenant que la flotte anglaise était commandée par le commodore Philipp, qui, la veille, avait appareillé de Botany Bay, sur la corvette le Spey, avec quatre vaisseaux de transport, pour aller chercher vers le nord un lieu plus commode à son établissement. Le lieutenant anglais paraissait mettre beaucoup de mystère au plan du commodore Philipp, et nous ne nous permîmes de lui faire aucune question à ce sujet : mais nous ne pouvions douter que l'établissement projeté ne fût très près de Botany-Bay, car plusieurs canots et chaloupes étaient à la voile pour s'y rendre ; et il fallait que le trajet fût bien court, pour que l'on eût jugé inutile de les embarquer sur les bâtiments.

Bientôt les matelots du canot anglais, moins discrets que leur officier, apprirent aux nôtres qu'ils n'allaient qu'au port Jackson, seize milles au nord de la pointe Banks où le commodore Philipp avait reconnu lui-même un très bon havre qui s'enfonçait de dix milles vers le sud-ouest ; les bâtiments pouvaient y mouiller à portée de pistolet de terre, dans une mer aussi tranquille que celle d'un bassin. Nous n'eûmes, par la suite, que trop d'occasions d'avoir des nouvelles de l'établissement anglais, dont les déserteurs nous causèrent beaucoup d'ennui et d'embarras. . . . .
. . . .
. . . .

Ici s'arrête la relation de son voyage dictée par La Pérouse et adressée par lui, en France, du port Jackson.

A partir de ce moment, on perd la trace de l'expédition, et jusque dans les renseignements qui ont pu être recueillis sur la fin de l'illustre navigateur, tout est obscur et incertain.

Nous allons toutefois, dans un dernier chapitre, essayer de résumer les recherches et les découvertes faites sur ce sujet.

CHAPITRE COMPLÉMENTAIRE

Naufrage de la frégate française la *Boussole* et l'*Astrolabe*, commandées par M. de La Pérouse, et détails donnés sur ce funeste événement, par des navigateurs français en 1794, par le capitaine Dillon, en 1827, et par le capitaine Dumont d'Urville, en 1828.

Peu d'événements ont autant excité la curiosité que le naufrage de La Pérouse. Dès le commencement de la révolution française, une escadre fut envoyée à la recherche de ce navigateur, dont on déplorait la perte, dans l'intérêt des sciences autant que par celui qui s'attachait à sa personne et à celle des officiers et des savants qui l'avaient accompagné. Cette expédition, dont la direction avait été confiée au général d'Entrecasteaux, n'eut point les résultats qu'on s'était promis, et le sort de La Pérouse resta ignoré, bien qu'on ne conservât plus aucune espérance de le revoir. Quelques années après, on publia, à Paris, un ouvrage intitulé : *Découvertes dans la mer du Sud*. On y trouve, entre plusieurs relations de voyages dans les mers Australes et dans le grand Océan, un récit qui semble n'avoir été remarqué par aucun des navigateurs qui ont cherché les traces de l'expédition française de La Pérouse, récit qui, néanmoins, contient des détails importants qu'il est d'autant plus essentiel de connaître, qu'ils peuvent se concilier parfaitement avec ceux qu'on doit aux capitaines Dillon et d'Urville, puisque tout ce qui se rattache à cette relation, n'a de rapport qu'à la frégate la *Boussole*, tandis que les débris que ces deux officiers ont rapportés en France appartiennent tous à l'*Astrolabe*.

« Le 11 mai 1794, lit-on dans l'ouvrage cité, nous eûmes la vue de plusieurs petites îles, disséminées dans toute l'étendue de l'horizon... Nous n'en remarquâmes aucune à laquelle un vaisseau pût aborder, à cause de l'extrême élévation de la côte....Sur le soir de ce même jour, nous dépassâmes heureusement toutes ces îles, et la mer devint entièrement libre....Mais le 14, à dix heures du matin, nous aperçûmes devant nous une terre au nord. A midi, nous en étions si près, que nous vîmes distinctement un homme qui se tenait sur la cime d'un rocher, et faisait des gestes pour nous appeler. Nous fîmes d'abord peu d'attention à ces signes; mais il les continua avec tant de constance et de vivacité, que nous envoyâmes la chaloupe en avant pour savoir ce qu'il voulait. La chaloupe revint nous dire que cet homme était Français, et qu'il demandait en grâce la permission de monter à bord.

» On renvoya la chaloupe pour le prendre; il fut amené et présenté au capitaine. Il déclara se nommer Lepaute-Dagelet (Dagelet), être astronome, et avoir suivi M. de La Pérouse dans son expédition; que le 16 mars 1792, le feu ayant pris à la *Boussole*, que montait M. de La Pérouse, dans un moment où il venait de reconnaître une île nouvelle, tout l'équipage avait été obligé de s'enfuir à terre; que d'abord les Français avaient été bien reçus par les habitants, mais qu'au bout de trois mois la bonne intelligence avait été troublée, à l'occasion d'une coupe de bois que les Français avaient faite dans l'île, pour achever la construction d'un bâtiment, avec lequel ils espéraient retourner en Europe; qu'ils avaient eu à soutenir plusieurs combats, où leurs armes à feu leur avaient d'abord donné l'avantage; mais que la poudre leur ayant manqué, ils avaient tous été exterminés, et que M. de La Pérouse avait péri dans un de ces combats; que lui s'était sauvé dans une chaloupe, avec huit autres Français, sans armes, sans vivres, sans provisions, n'ayant d'autre bien que les vêtements qui les couvraient, et qu'après avoir erré trois jours sur mer, exposés au naufrage et à mourir de faim, ils avaient abordé à l'île sur laquelle on l'avait trouvé.

» Cette île, ajouta cet homme, était inhabitée, marécageuse, malsaine, exposée à de fréquents orages; nous n'y trouvâmes pas le moindre abri, ni aucune des ressources qu'offrent toutes les terres dans cette partie du monde; nous étions en proie à une multitude prodigieuse d'insectes incommodes ou malfaisants; la chaleur était excessive et insupportable; pour éviter les ardeurs du soleil, nous étions obligés de passer notre vie sur les rochers, où de temps en temps on trouvait un peu d'ombre; le sol était ingrat, stérile, dénué d'arbres fruitiers; nous n'avions pour subsister que les baies de quelques arbustes, des huîtres, des moules et les coquillages que nous pouvions ramasser sur les rochers ou sur le rivage.

» Il y a dix-huit mois, ajouta-t-il, que nous sommes arrivés sur cette terre malheureuse ; j'y ai vu mourir tous mes camarades ; obligés de coucher sur la terre, à la pluie, aux vents, à toutes les inclémences de l'air, aux exhalaisons fétides qui s'élèvent du fond des marécages, nous y avons tous contracté des rhumatismes et des maladies affreuses.

» Lepaute-Dagelet était lui-même dans un état de misère extrême, hideux et dégoûtant à voir. Il avait les vêtements en lambeaux, les yeux cernés d'un rouge livide, la peau dure et brûlante, couverte d'abcès purulents et d'ulcères verdâtres. Ce malheureux faisait pitié. Nos chirurgiens l'examinèrent, et le trouvèrent attaqué d'une maladie putride, qu'ils jugèrent mortelle. Nous lui prodiguâmes tous les soins, nous lui donnâmes une chemise, des habits, des souliers et les aliments qui convenaient le mieux à son état. Nous désirions d'autant plus le sauver, que nous espérions recevoir de lui de précieux renseignements sur le voyage de La Pérouse. Quand les chirurgiens eurent achevé de panser ses plaies, on le fit coucher, et il dormit d'un profond sommeil, mais le lendemain il n'était pas mieux que la veille : il n'eut pas la force de se lever.

» Nous essayâmes de lui demander quelques renseignements sur les opérations du malheureux capitaine ; il confirma ce qu'on savait sur les événements antérieurs à son arrivée à Botany-Bay... Il nous apprit que, de la Nouvelle-Hollande, La Pérouse s'était rendu aux îles des Amis et à celles de la Société ; que dans l'intervalle il avait découvert cinq petites îles entre l'île Hervey et la Nouvelle-Zélande ; que les habitants de ces îles en avaient nommé beaucoup d'autres vers le sud, mais qu'il n'avait pas jugé à propos d'y aller ; qu'en cinglant vers l'île de Pâques, il avait cherché, mais inutilement, celles que les Espagnols ont découvertes, dit-on, en 1773. Enfin, après beaucoup de traverses et de dangers, il fut obligé de retourner aux îles Sandwich, où il s'arrêta longtemps ; il visita cette fois Owhyée, où il fut bien reçu. Ensuite il reconnut, par le 40° de latitude australe, un groupe d'îles, dont une avait cent cinquante lieues de côtes ; il y séjourna quatre mois ; de là il fit voile vers l'île où il a trouvé la mort.

» Nous voulions lui demander des nouvelles de l'*Astrolabe,* mais il fut bientôt hors d'état de répondre ; il avait une fièvre continuelle, accompagnée de frissons violents. Son mal résista à tous les remèdes, et il mourut le 21 mai 1791. Comme nous avions en vue l'île sur laquelle il nous avait dit que M. de La Pérouse avait péri, nous nous approchâmes de la côte le lendemain, et nous entrâmes dans une belle baie au sud. Les naturels, rassemblés sur le rivage, nous invitèrent, par signes, à prendre terre ; mais ce que nous venions d'apprendre nous avait rendus très circonspects. Nous remarquâmes, d'ailleurs, qu'ils avaient des armes, et parmi ces armes, nous vîmes des épées, des sabres et même des baïonnettes qu'ils portaient au bout de grands bâtons... Nous vîmes encore, avec nos lunettes, un grand nombre d'insulaires cachés dans les bois et préparant leurs arcs et leurs flèches... Nous avions envoyé en avant notre grand canot; mais à l'aspect de ces préparatifs, on lui fit le signal de la retraite. Il s'éleva, le 4 juin, un vent favorable; nous en profitâmes pour appareiller.

» Suivant Lepaute-Dagelet, M. de La Pérouse avait donné à cette île le nom d'*Ile du Malheur;* elle paraît fertile et bien boisée; nous avons aperçu dans l'intérieur de hautes montagnes couvertes d'arbres jusqu'à la cime. L'île est presque ronde, elle peut avoir vingt lieues de long sur autant de large. La côte, dans beaucoup d'endroits, est inabordable et très escarpée; mais vers le sud elle n'a point de récifs; on y voit, au contraire, des hâvres, des anses et de petites baies qui peuvent offrir aux vaisseaux des retraites sûres. La population, je crois, y est considérable. Outre les insulaires que nous voyions sur le rivage, nous en remarquâmes un grand nombre qui allaient et venaient, sans avoir l'air d'être fort occupés, ce qui fait supposer qu'ils sont sans inquiétude pour leur subsistance. »

Nous allons mettre maintenant sous les yeux des lecteurs le résultat des voyages entrepris, il y a peu d'années, par les capitaines Dillon et Dumont d'Urville. Ici les renseignements sont plus positifs; des débris, provenant du naufrage, ont été rapportés en France comme pièces probantes; mais il est à remarquer, ainsi que nous l'avons déjà dit plus haut, que ces débris n'appartiennent qu'à l'*Astrolabe*. Cependant il se présente une difficulté : si le vaisseau de La Pérouse a péri par un incendie, et que l'équipage se soit sauvé à terre, où était alors l'*Astrolabe*? Que faisait-elle? N'aurait-elle pas recueilli à son bord les naufragés? N'aurait-elle pas, à tout événement, répandu la nouvelle du désastre qu'elle n'aurait pu empêcher? ou bien faut-il supposer que les frégates s'étaient séparées, pour suivre à la fois une double route, ou qu'elles l'avaient été par une tempête?

Le capitaine Dillon, commandant le *Saint-Patrick*, ayant touché, en 1826, à l'île *Tucopia*, vers le 12° de latitude sud, et le 174° de longitude est, en rapporta une garde d'épée en argent; elle était entre les mains des insulaires, et fut jugée provenir de fabrique française. Cet objet, et quelques renseignements que le capitaine avait obtenus, engagèrent la compagnie des Indes de Calcutta à envoyer sur les lieux un de ses navires, dans l'intention de faire les recherches les plus exactes, afin de découvrir le lieu où l'expédition française avait péri, et de recueillir les naufragés s'il en existait encore. Le commandement de ce navire fut confié au capitaine Dillon. Quant aux renseignements qu'il avait rapportés, il en rend compte lui-même en ces termes : « En mai

1826, je passai près l'île de *Mannicolo* ou *Vanicolo,* l'une des îles de l'archipel *Salomon* ou de la *Reine Charlotte,* autrefois nommée Pitt, et bien différente de l'île Mallicolo du capitaine Cook, l'une des Nouvelles-Hébrides. J'obtins, des insulaires de Tucopia et de Martin Busshart, des renseignements qui me portèrent à croire que l'expédition de La Pérouse avait naufragé vers Mannicolo.

Le capitaine Dillon mit à la voile du port Jackson le 4 juin 1827, et alla jeter l'ancre dans la baie des Iles de la Nouvelle-Zélande, le 1er juillet. Après un séjour de trois semaines, il se dirigea sur *Tonga-Tabou,* de l'archipel des Amis, pour y faire de l'eau et des vivres, et tâcher surtout de joindre le capitaine français Dumont d'Urville, commandant du sloop de guerre l'*Astrolabe,* parti de la Nouvelle-Zélande deux mois avant l'arrivée de Dillon. Parvenu à Tonga-Tabou, il reçut la visite d'un Français de l'*Astrolabe,* et d'un Anglais qui avait fait partie de l'équipage du *Port-au-Prince,* surpris par les naturels, par ordre du roi Fino. Le Français dit au capitaine que l'*Astrolabe* avait été visiter les îles Fidji, après avoir beaucoup souffert d'avaries durant sa relâche à Tonga-Tabou.

Le capitaine apprit encore que les insulaires avaient détruit un vaisseau américain, le *Duc-de-Portland,* et massacré une partie des équipages de trois baleiniers; de sorte que, malgré l'accueil amical des insulaires, il ne crut point prudent de se fier à eux. La nuit même du jour où il avait pris à bord des précautions de sûreté, il fut réveillé par un bruit sourd qui se faisait sous la poupe; il ouvrit une croisée et aperçut un grand canot, monté par une soixantaine d'hommes, et immédiatement suivi de dix-huit autres. Le capitaine avait dans sa chambre deux pistolets et un fusil chargés; mais à cause de l'obscurité, il ne trouva qu'un de ses pistolets; il courut aussitôt à la poupe, et déchargea son arme sur les insulaires. Un vieux matelot, qui était né dans l'île, mais qui, depuis longtemps, avait embrassé le christianisme, suivit le capitaine; il cria aux insulaires de se retirer, les avertissant que l'artillerie du vaisseau allait tirer sur leurs canots et les couler bas. L'équipage, éveillé par le coup de pistolet, avait pris l'alarme, et chacun courut à son poste.

Après son départ de Tonga-Tabou, lequel eut lieu le 28 août, le capitaine poursuivit sa route vers l'île de Tucopia, qu'il aperçut le 5 septembre. Il envoya aussitôt à terre Martin Busshart pour se procurer des interprètes et ramener à bord le lascar qui avait visité Mannicolo. Le lascar se rendit auprès du capitaine, accompagné d'un petit chef nommé Rathea, qui offrit ses services en qualité de pilote et d'interprète, pour Mannicolo. Le lascar refusa de l'accompagner, sur le motif qu'il ne pouvait se séparer de sa femme, de ses amis, ni de sa patrie adoptive.

Seulement il dit au capitaine qu'il avait visité Mannicolo il y avait six ans; qu'il y avait vu, à cette époque, deux blancs âgés, qui appartenaient aux équipages des vaisseaux naufragés près de cette île; il y avait pareillement des pièces de fer, des canons de cuivre. Le lendemain matin, le capitaine envoya Busshart et quelques autres personnes à terre, pour recueillir des insulaires tous les objets provenant du naufrage, qui se trouveraient dans leurs mains. Ces envoyés rapportèrent, entre autres choses, la poignée de l'épée dont le capitaine avait déjà remis la garde à la Société de Calcutta.

La *Recherche* remit à la voile le même jour; le pilote dirigea sa marche sur une étoile qui brillait à l'ouest. Le lendemain 7, à midi, on se trouvait à trois ou quatre lieues seulement de l'île de Mannicolo, dont l'abord semblait très dangereux, à cause des bancs de sable et des récifs, dont les uns se cachaient sous une ou deux brasses d'eau, et les autres se montraient à la surface même de la mer. Le jour était trop avancé pour envoyer des canots chercher un mouillage; le capitaine passa la nuit à courir des bordées en tout sens devant l'île. Le lendemain 8 septembre, au point du jour, deux embarcations armées s'avancèrent vers la côte, tant pour chercher un port que pour ouvrir des communications amicales avec les naturels. Busshart et Rathca étaient du voyage; ils revinrent une heure avant la nuit, disant qu'ils avaient découvert un port dont l'entrée n'était point difficile.

L'officier qui commandait les deux canots rapporta au capitaine, qu'en doublant une pointe de l'île, les canots s'étaient trouvés en face d'un village, dont les habitants ne les avaient pas plus tôt aperçus, qu'ils avaient fait retentir leurs instruments de guerre, et qu'ils étaient accourus sur le rivage, armés d'arcs et de flèches empoisonnées et entonnant leurs chants de combat. Rathca était parvenu toutefois à les calmer en les haranguant dans leur langue; il leur dit de ne point s'alarmer, que le vaisseau qu'il leur amenait était chargé de colliers et de couteaux; qu'ils n'avaient rien à craindre de la part des blancs, qui n'étaient pas des esprits, comme ils le croyaient, mais les habitants d'autres terres. Ce discours les avait tranquillisés; ils allèrent chercher les vieillards, les femmes et les enfants; ils prièrent ensuite Rathca d'aller à terre, et d'amener avec lui un matelot blanc, pour qu'ils pussent s'assurer si un blanc était réellement un homme.

Martin Busshart sauta de suite à terre avec Rathca; il fut reçu par les insulaires avec des manières amicales; mais ils le touchèrent, l'examinèrent, le firent parler. Des présents, tels que des colliers, des boutons et autres objets de ce genre, achevèrent de convaincre les insulaires, qui promirent d'aller visiter le vaisseau, et qui, en effet, s'y rendirent. Le capitaine leur fit de nouveaux présents, et ne négligea rien pour gagner leur confiance. Il leur adressa plusieurs questions sur les deux hommes blancs laissés à Mannicolo et sur les vaisseaux qui les avaient amenés. Voici le récit qu'ils lui firent :

« Lorsque les vieillards étaient encore des enfants, il s'éleva une nuit un ouragan furieux qui renversa les maisons, les arbres, etc. Deux grands vaisseaux se perdirent sur la côte sud-ouest de l'île, près des villages de Wannoou et de Priou; l'un d'eux s'engloutit, l'autre se brisa contre les écueils; les esprits qui étaient dans celui-ci, rassemblèrent sur le rivage, à Priou, plusieurs objets qui leur servirent à construire un petit navire à deux mâts, sur lequel ils s'embarquèrent, laissant dans l'île deux de leurs compagnons. »

Le lieu de l'embarquement était la baie même où se trouvait la *Recherche*. Ces deux hommes étaient connus par les insulaires sous le nom de *Mara*; l'un d'eux était mort quelque temps après. L'autre demeurait avec un chef de la tribu des *Paoucoris*; il avait suivi son protecteur à la guerre; et celui-ci ayant été vaincu et obligé de se retirer dans une île voisine, son ami blanc l'accompagna; depuis on n'a plus entendu parler des Paoucoris. Les insulaires dirent encore qu'il y avait eu de grandes guerres entre les blancs et les habitants de la côte ouest et sud-ouest de l'île; que cinq chefs de Wannow et quarante de leurs guerriers étaient morts dans une de ces guerres.

Au reste, l'île renferme plusieurs peuplades toujours ennemies entre elles; celles de l'est et du nord n'avaient aucune connaissance du naufrage ni du sort des naufragés. Il était encore à remarquer que les insulaires de la côte en vue du mouillage communiquaient volontiers tout ce qu'ils savaient de relatif à l'évènement, tandis que ceux qui habitaient les lieux plus voisins du théâtre du naufrage ne répondaient qu'avec des réticences, ou même d'une manière tout à fait évasive. Il est probable que ceux-ci avaient à se reprocher quelque acte de barbarie envers les naufragés, et qu'ils ne regardaient le capitaine que comme un instrument de vengeance.

La *Recherche* partit de Mannicolo le 8 octobre, dans l'intention de visiter les îles sous le vent, pour chercher le *Français* qui avait suivi les *Paoucoris*. Le capitaine avait eu la précaution de prendre des interprètes; mais il ne put obtenir aucun renseignement. Il parvint jusqu'à l'île de Santa-Cruz, que Carteret appelle de lord Egmont, et que les naturels nomment Indenny. Il jeta l'ancre dans la baie *Graciosa*, près du lieu où l'amiral espagnol Mendana avait établi et abandonné une colonie. Il y passa quelques jours; mais toutes les questions qu'il adressa aux naturels, sur la tribu fugitive de Mannicolo, ne produisirent aucun résultat.

Le capitaine assembla pour lors un conseil de guerre, composé de tous ses officiers, afin de déterminer si l'on pousserait ou non plus loin les recherches. L'opinion unanime fut que toutes recherches ultérieures seraient infructueuses. Le très mauvais état de la santé de l'équipage porta le capitaine à donner son avis dans le même sens ; d'ailleurs, les divers interprètes demandaient à être ramenés chez eux. Le nombre des malades s'était accru à un tel point, qu'il ne restait à bord qu'un seul officier en état de commander la manœuvre, et douze ou quinze hommes en état de l'exécuter. Le capitaine lui-même avait été atteint de la maladie qui régnait à bord ; le médecin conseilla de chercher au plus tôt un port dans la Nouvelle-Galles du sud, ou dans la Nouvelle-Zélande ; il déclara qu'il ne lui serait plus possible d'arrêter l'invasion du mal, moins encore de guérir ceux qui déjà se trouvaient frappés, tant qu'on resterait sous les tropiques. Après une déclaration aussi formelle, un plus long séjour dans ces parages aurait exposé le capitaine à de trop graves reproches, si le mal avait fait dans le vaisseau de plus grands ravages ; il donna l'ordre de lever l'ancre, et de cingler vers la baie des Iles de la Nouvelle-Zélande. On y arriva le 5 novembre.

On avait toujours les interprètes à bord, et l'on ne savait trop par quelle voie les renvoyer chez eux. Le capitaine Kent, commandant du brick le *Macquarie*, du port Jackson, offrit de prendre sur son bord les interprètes, et de les ramener à Tonga-Tabou et Tucopia. Un séjour d'environ cinq semaines dans la baie des Iles, eut le meilleur effet sur la santé de l'équipage et du capitaine ; tous les malades se rétablirent. On partit de la baie pour le port Jackson, le 13 décembre.

La nouvelle des découvertes du capitaine Dillon ne tarda pas à pénétrer en Europe ; elle fut accueillie en France avec un intérêt qui ne fit que s'accroître à l'aspect des reliques du naufrage. L'assemblée Constituante avait décrété, le 28 février 1791, qu'une prime serait payée au premier navigateur français ou étranger, qui découvrirait des traces positives du naufrage de La Pérouse. Il fut décidé que le capitaine Pierre Dillon avait droit à cette prime ; en conséquence, il obtint du gouvernement français une indemnité de dix mille francs, une pension viagère de quarante mille francs, et la décoration de la légion-d'honneur. Les objets recueillis par ce marin ont été déposés au Musée national.

La mission de l'*Astrolabe*, capitaine Dumont d'Urville, n'avait pas seulement un but scientifique ; il lui était encore recommandé de chercher et de suivre les traces du naufrage de La Pérouse. Quand l'*Astrolabe* partit de Toulon en avril 1826, on ne connaissait pas encore, on ne pouvait pas connaître les rapports qu'avait envoyés de Calcutta le capitaine Dillon. Seulement on avait répandu le bruit, qu'un capitaine américain avait vu une croix de Saint-Louis entre les mains des naturels d'une île de la mer du Sud, et l'on supposait que cette croix avait appartenu à quelque officier de l'expédition de La Pérouse, ou à M. de La Pérouse lui-même.

Le capitaine Durville se trouvait en relache à Hobarts-Town, chef-lieu du district de Tasmanie, dans la terre de Van-Diémen, lorsqu'il entendit parler pour la première fois des découvertes du navigateur anglais. Ces nouvelles, qui lui furent confirmées par des personnes dignes de foi, le décidèrent sur-le-champ à se rendre à Tucopia et à Mannicolo. Il abandonna donc son premier projet d'exploration sur les côtes de la Nouvelle-Zélande, et il appareilla, le 5 janvier 1828, pour l'île de Tucopia, ou, comme il l'écrit, de Tikopia.

Cet officier a envoyé de Batavia, sous la date du 31 août de la même année, au ministre de la marine, un rapport très circonstancié de toutes ses opérations, depuis son départ d'Hobarts-Town jusqu'à son arrivée à Batavia. Nous en extrairons, en l'abrégeant, tout ce qui se rattache au naufrage de La Pérouse.

L'*Astrolabe* arriva le 10 février, vers le soir, devant l'île de Tikopia, et les communications s'établirent sur-le-champ entre les Français et les naturels. Le Prussien Buchart (le Martin Busshart de Dillon) promit au capitaine de l'accompagner, à condition qu'il pourrait emmener sa femme avec lui ; c'était une nouvelle-Zélandaise ; mais Buchart changea d'avis pendant la nuit, et sous prétexte que l'air de Vanikoro (le Mannicolo de Dillon) était très mauvais, il refusa de s'embarquer. Le lascar qui avait suivi M. Dillon, refusa de même son concours aux recherches de l'*Astrolabe*, et la peur des maladies contagieuses avait si fortement agi sur les esprits des insulaires, qu'il ne fut pas possible d'en déterminer un seul à se rendre à bord. M. d'Urville se trouva réduit à deux Anglais, déserteurs d'un navire baleinier, et qui résidaient à Tikopia depuis plusieurs mois, et à cinq naturels de ces îles qui avaient laissé partir leurs pirogues, et n'avaient aucun moyen de regagner leur pays. Le capitaine comptait fort peu sur les secours qu'il pourrait tirer de ces derniers, gens tout-à-fait dépourvus d'intelligence; il n'en fut pas de même de l'Anglais *Hambitton*, qui parlait assez bien la langue de ces îles, et parut disposé à se rendre utile, autant que cela dépendrait de lui.

Sur les renseignements pris à Tikopia, le capitaine fit mettre le cap à l'ouest nord-ouest ; et quoique la marche de la corvette eût été retardée par les calmes, on aperçut très distinctement, le lendemain, au coucher du soleil, les sommités de Vanikoro. Dès que le jour fut revenu, la corvette rangea de très près les récifs de la côte du sud, afin de trouver un passage ; ce fut sans succès ; et le vent passant à l'ouest, elle en profita pour se replacer à l'est de l'île. Le 15 au matin, le grand canot fut envoyé à terre sous les ordres de M. Lottin. Cet officier apprit, par le moyen d'Hambitton, que Dillon était entré par l'est et sorti par le nord ; il apprit encore que les récifs sur lesquels ont péri les deux vaisseaux, sont du côté opposé de l'île. Ce ne fut que le 21 que la corvette entra dans la baie de l'est ; elle fut amarrée dans un petit hâvre entre des récifs. Le capitaine a donné à ce hâvre le nom de *Docile*. La baie est ouverte aux vents et aux houles de l'est, de sorte que le mouillage n'y est rien moins que sûr ; heureusement le temps fut constamment beau.

Le 23, le grand canot, armé en guerre et pourvu de vivres pour trois jours, fut envoyé reconnaître les récifs de Vanou (Wannow), et de Païou (Priow). M. Gressien, qui le commandait, revint le lendemain ; il s'était procuré, par échange, quelques objets peu importants du naufrage. Les naturels répondirent évasivement à toutes les questions qu'on leur fit, et ils refusèrent d'indiquer le lieu où l'on voyait encore des vestiges des vaisseaux naufragés.

Le capitaine fit repartir le grand canot pour Vanou, dès le matin du 26. Après plusieurs essais inutiles de séduction, M. Jacquinot, qui dirigeait les recherches, fit briller si à propos un morceau de drap écarlate sous les yeux d'un de ces sauvages, que celui-ci le conduisit au lieu même où périt l'un des bâtiments. Les gens du canot virent distinctement au fond de la mer, à trois ou quatre brasses, des ancres, des canons, des boulets, des saumons, etc., et surtout une quantité immense de plaques de plomb. Tout le bois avait disparu ; les objets les plus minces en cuivre ou en fer étaient rongés par la rouille ou très altérés. M. Jacquinot tenta de soulever une des ancres ; mais les coraux, qui depuis quarante ans avaient étendu leurs ramifications par dessus, la retenaient avec tant de force, qu'il ne fut pas possible de la détacher du fond.

Instruit le soir de ces particularités, le capitaine résolut d'envoyer sur les lieux la chaloupe, afin de relever au moins une ancre et un canon, et de les apporter en France comme preuve irrécusable du naufrage; mais avant d'éloigner la chaloupe du bord, il jugea convenable de chercher pour la corvette un meilleur mouillage. On le trouva dans la baie de Manevai, derrière le village du même nom. Cette baie, dans laquelle se décharge une belle rivière d'eau douce, offre un hâvre commode, abrité des vents, où les vaisseaux pourraient même abattre en carène sans courir aucun risque, et dont les bords sont ombragés de beaux arbres. Mais ce ne fut qu'avec des peines infinies et à travers mille dangers, que l'on parvint à conduire la corvette du hâvre Docile à la baie de Manevai.

Le 3 mars, à trois heures et demie du matin, la chaloupe armée en guerre et la grande baleinière partirent sous les ordres de MM. Gressien et Guibert. Le premier était chargé de procéder avec le plus grand soin à la reconnaissance des récifs de Païou et de Vanou; le second, de se procurer des objets du naufrage, tels que canons et ancres. Ils ne rentrèrent que le surlendemain à cinq heures et demie du matin. M. Gressien avait exécuté sa reconnaissance; M. Guilbert, à force de persévérance et de travail, était parvenu à se procurer une ancre et un canon court, en fonte, du calibre de huit, l'un et l'autre couverts de rouille et d'une croute épaisse de coraux ; plus un saumon de plomb et deux pierriers en cuivre.

Les pierriers, beaucoup mieux conservés, parurent au capitaine d'autant plus précieux, que chacun d'eux portait sur les tourillons les numéros d'ordre et de poids. Le plus fort a pour numéro d'ordre 548, l'autre 283. Ils ont pour numéros de poids 141 et 91.

Aussitôt que le capitaine eut acquis la triste certitude, autant par la découverte de ces objets que par les renseignements de tout genre recueillis à Vanikoro, que c'était sur les récifs de Païou et de Vanou qu'avaient péri les deux frégates françaises, et après qu'il se fut assuré que tous ses officiers partageaient son opinion, il leur fit part du projet qu'il avait formé depuis quelque jours, d'élever, près du rivage, un modeste monument à la mémoire des malheureux naufragés. Cette ouverture fut avidement saisie par tous les hommes de l'équipage, matelots ou officiers. Le capitaine descendit alors sur le récif qui s'avance en pointe basse dans la mer, et cerne en partie le hâvre de Mangadey ; on choisit une petite touffe de mangliers verdoyants, pour y placer un cénotaphe. Leurs racines entrelacées devaient en consolider la base, tandis que son chapiteau serait assis sur quatre pieux solidement fixés au sol. M. Lottin fut chargé de suivre le travail des ouvriers, et l'érection du monument fut commencé le 6 mars au matin.

Le capitaine songeait à faire une dernière excursion sur les rochers du naufrage. Il comptait, suivi d'Hambitton, et muni de présents, descendre au village de Païou, où il semble que les Français résidèrent, et, à force de questions et de recherches, se procurer des renseignements plus positifs sur leur séjour et leurs rapports avec les naturels. Il aurait ensuite essayé de se faire conduire sur le lieu où l'autre navire avait péri, pour s'assurer s'il était réellement impossible d'en rien retirer, ainsi que l'affirmaient les sauvages. Mais la fortune, qui jusque-là semblait avoir conduit les Français par la main, se montra tout-à-coup infidèle, et tous les contre-temps vinrent les assaillir.

M. Gaymard, qui avait passé à terre cinq jours pour tâcher d'obtenir des renseignements, ne trouva que des hommes irascibles, turbulents et avides, dont il ne tira rien. Pour comble de mal, il tomba grièvement malade. D'un autre côté, le temps, qui depuis l'arrivée de l'*Astrolabe* avait été beau et sec, devint humide et orageux; des torrents de pluie, qui tombèrent pendant huit à dix jours, donnèrent à la température un double caractère de chaleur et d'humidité, source de maladies. Le 6 au matin, le capitaine fut atteint de fièvre; dans l'espace de trois ou quatre jours, sept à huit hommes en furent successivement attaqués. Le capitaine eût bien voulu alors reprendre la mer, mais la chose était impossible, tant que la passe du sud ne serait pas reconnue.

Malgré les progrès de la maladie, les travaux du cénotaphe, poursuivis avec persévérance, furent terminés le 14 au matin. Le capitaine était si affaibli par le mal, qu'il pouvait à peine se tenir sur le pont; il envoya M. Jacquinot à la tête d'une partie de l'équipage, pour procéder à l'inauguration du monument. Elle se fit au bruit de trois décharges de mousqueterie et d'une salve de vingt-un coups de canon. Les sauvages, épouvantés, s'enfuirent d'abord de toutes parts, très inquiets de ce que les blancs voulaient faire. A la fin, deux chefs se décidèrent à venir à bord, où Hambitton leur expliqua le but de la cérémonie qui venait d'être faite. Le capitaine leur fit des présents pour les engager à respecter le *fara atoua* (la maison de Dieu). Ils s'y engagèrent par serment, protestant de leur respect pour le Dieu des *Maras* (Français). Le capitaine avait eu soin de n'employer que des matériaux peu faits pour tenter la cupidité, de sorte que, pour détruire ce monument, on serait obligé de se donner beaucoup de peine, sans retirer aucun profit.

La forme du monument est celle d'un cube de six pieds, construit en pierre et surmonté d'un obélisque quadrangulaire de six pieds d'arête

Sur l'une des faces est une plaque de plomb, sur laquelle furent gravés, en caractères très lisibles, les mots suivants :

A LA MÉMOIRE DE LA PÉROUSE ET DE SES COMPAGNONS

l'*Astrolabe*, 14 mars 1828.

Cependant la fièvre continuait de faire de grands ravages. Dès le 14 mars, il y avait déjà près de vingt-cinq personnes atteintes et hors d'état de faire aucun service. M. Grassien fut envoyé à la reconnaissance d'une passe, pour que l'*Astrolabe* pût gagner sans danger la pleine mer. Cet officier s'acquitta de la commission avec autant de discernement que de zèle; toutefois, ce ne fut qu'après trois tentatives inutiles qu'il découvrit un canal praticable. Les vents contraires et le défaut de bras s'opposant aux promptes manœuvres, l'*Astrolabe* ne put mettre à la voile, pour sortir de la baie, que le 17 mars. Mais les Français mettaient si peu de vigueur dans leurs manœuvres, que les Indiens, qui s'en aperçurent, l'attribuant à leur faiblesse, se portèrent en armes et en grand nombre vers le navire, avec des intentions dont ils ne savaient point dissimuler le caractère hostile. Le capitaine fut obligé de leur faire remarquer ses armes à feu. Cette simple démonstration jeta parmi eux l'épouvante, et ils s'enfuirent précipitamment. Alors la corvette se dirigea vers la passe, qui seule pouvait la conduire au large, et ce fut encore M. Gressien qui se chargea de cette entreprise difficile, où la plus légère faute, la moindre imprudence pouvait décider du sort de l'expédition. Il tint le gouvernail; et ce fut avec tant d'habileté, soutenue par tout le sang-froid du courage, que la corvette franchit la terrible passe sans accident. Un prompt départ avait été d'autant plus urgent, que si l'*Astrolabe* eût été retenue encore quelques jours dans la baie, la fièvre aurait saisi successivement tout ce qui restait d'hommes valides, et livré l'équipage et le vaisseau à la merci d'habitants aussi farouches que soupçonneux et cruels.

Le système de dénégation qu'ils employèrent, à l'arrivée de la corvette, prouve contre eux que leur conduite envers les naufragés ne fut rien moins qu'hospitalière. Lorsqu'ils surent que l'équipage de la corvette était de la même nation que les *Maras*, ils imaginèrent sans doute que c'était une vengeance qu'on venait exercer; ils ne devinrent plus communicatifs que lorsqu'ils furent bien convaincus qu'on n'apportait contre eux aucune intention ennemie. Alors quelques-uns d'entre eux mirent plus de franchise dans leurs relations avec le capitaine.

M. d'Urville résume, à peu près en ces termes, le résultat des renseignements que les naturels lui ont fournis :

« Après une nuit très obscure, durant laquelle le vent de sud-est soufflait avec violence, les insulaires virent tout à coup, sur la côte méridionale, vis-à-vis le district de *Tanema,* une immense pirogue échouée entre les récifs; elle y fut promptement détruite, et elle disparut entièrement. Une trentaine d'hommes purent seuls aborder l'île sur un canot. Le jour suivant, les insulaires aperçurent encore une pirogue, semblable à la première, échouée devant Païou. Celle-ci resta longtemps en place sans se briser. Tous ceux qui la montaient descendirent à Païou, et ils s'établirent avec ceux qui étaient arrivés la veille; tous ensemble travaillèrent aussitôt à construire un petit bâtiment avec les débris du second. Les *Maras* furent toujours respectés par les naturels, qui ne s'approchaient d'eux qu'en leur baisant la main. Toutefois il y eut des rixes où il périt quelques hommes de part et d'autre. Quand le petit bâtiment fut terminé, tous les étrangers quittèrent l'île. C'est l'opinion la plus répandue; quelques-uns affirment qu'il en resta deux, mais on ajoute qu'ils ne vécurent pas longtemps. Au fond, il paraît certain qu'il n'existe aucun Français dans ces îles.

Il est probable, ajoute M. d'Urville, qu'après avoir terminé sa reconnaissance de la Nouvelle-Calédonie, La Pérouse se dirigeait au nord vers Sainte-Croix, comme le lui prescrivaient ses instructions, et comme il en avait lui-même la volonté, lorsqu'il tomba inopinément sur les récifs de Vanikoro, dont l'existence était tout-à-fait ignorée. Il est encore probable que la frégate qui marchait en avant donna sur les récifs sans pouvoir se relever, et que l'autre eut le temps de revirer de bord et de gagner le large ; qu'enfin ce fut en tentant de venir au secours de l'équipage naufragé que celui de la seconde frégate éprouva le même sort. »

Que devinrent les Français après leur départ de Vanikoro ? M. d'Urville croit qu'ils se dirigèrent vers la Nouvelle-Irlande pour gagner les Molluques ou les Philippines dans le nord de la Nouvelle-Guinée ; car l'état où ils se trouvaient ne pouvait pas leur permettre de se hasarder par le détroit de Torrez.

Ce sera donc dans ces parages qu'on pourra, par la suite, retrouver quelques indices ultérieurs de leur passage, dit en finissant le commandant de l'*Astrolabe*, si, toutefois, il n'est pas vrai que les malheureux naufragés aient été massacrés par les insulaires de Vanikoro, comme le laisse présumer cette circonstance qui frappa le capitaine Dillon et qui a frappé Dumont d'Urville lui-même, que les habitants de Vanou et de Païou semblent avoir à se reprocher quelque acte de barbarie envers les *Maras*.

FIN

TABLE

	Pages.
Avant-Propos.	5
Notice sur La Pérouse.	7

CHAPITRE PREMIER

Objet de l'armement des deux frégates; séjour dans la rade de Brest. — Traversée de Brest à Madère et à Ténériffe; séjour dans ces deux îles. — Voyage au Pic. — Arrivée à la Trinité. — Relâche à l'île Sainte-Catherine sur la côte du Brésil..................... 13

CHAPITRE II

Description de l'île Sainte-Catherine. — Observations et évènements pendant notre relâche. — Départ de l'île Sainte-Catherine. — Arrivée à la Conception..................... 25

CHAPITRE III

Description de la Conception. — Mœurs et coutumes des habitants. — Départ de Talcaguana. — Arrivée à l'île de Pâques..................... 39

CHAPITRE IV

Description de l'île de Pâques. — Évènements qui nous y sont arrivés. — Mœurs et coutumes des habitants..................... 49

Pages.

CHAPITRE V

Voyage de M. Langle dans l'intérieur de l'île de Pâques. — Nouvelles observations snr les mœurs et les arts des naturels, sur la qualité et la culture de leur sol.. 59

CHAPITRE VI

Départ de l'île de Pâques. — Observations astronomiques. — Arrivée aux îles Sandwich. — Mouillage dans la baie de Ceriporepo de l'île de Mowée. — Départ... 63

CHAPITRE VII

Départ des îles Sandwich. — Indices de l'approche de la côte d'Amérique. — Reconnaissance du mont Saint-Elie. — Découverte de la baie de Monti. — Les canots vont reconnaître l'entrée d'une grande rivière, à laquelle nous conservons le nom de rivière de Behring. — Reconnaissance d'un baie très profonde. — Rapport favorable de plusieurs officiers, qui nous engage à y relâcher. — Risques que nous courrons en y entrant. — Description de cette baie, à laquelle je donne le nom de *Baie* ou *Port des Français*. — Mœurs et coutumes des habitants. — Echanges que nous faisons avec eux. — Détail de nos opérations pendant notre séjour................................... 75

CHAPITRE VIII

Continuation de notre séjour au Port des Français. — Au moment d'en partir, nous éprouvons le plus affreux malheur. — Précis historique de cet évènement. — Nous reprenons notre premier mouillage. — Départ............ 91

CHAPITRE IX

Description du Port des Français. — Sa latitude, sa longitude. — Avantages et inconvénients de ce port. — Ses productions végétales et minérales. — Oiseaux, poissons, coquilles, quadrupèdes. — Mœurs et coutumes des Indiens. — Leurs arts, leurs armes, leur habillement, leur inclination au vol. — Forte présomption que les Russes seuls communiquent indirectement avec ces peuples. — Leur musique, leur danse, leur passion pour le jeu. — Dissertation sur leur langue.. 105

Pages.

CHAPITRE X

Départ du Port des Français. — Exploration de la côte d'Amérique. — Baie des îles du capitaine Cook. — Port de los Remedios et de Bucarelli du pilote Maurelle. — Iles de la Croyère. — Iles San Carlos. — Description de la côte depuis Gross-Sonn jusqu'au cap Hector. — Reconnaissance d'un grand golfe ou canal, et détermination exacte de sa largeur. — Iles Sartine. — Pointe boisée du capitaine Cook. — Vérification de nos horloges marines. — Pointe des brisants. — Iles Necker. — Arrivée à Monterey...... 117

CHAPITRE XI

Description de la baie de Monterey. Détails historiques sur les deux Californies et sur leurs missions. — Mœurs et usages des Indiens convertis et des Indiens indépendants. — Grains, fruits, légumes de toute espèce; quadrupèdes, oiseaux, poissons, coquilles, etc. — Constitution militaire de ces deux provinces. — Détails sur le commerce, etc.......................... 133

CHAPITRE XII

Départ de Monterey. — Projet de la route que nous nous proposons de suivre en traversant l'Océan occidental jusqu'à la Chine. — Vaine recherche de l'île de Nostra Senora de la Gorta. — Découverte de l'île Necker. — Rencontre pendant la nuit d'une vigie sur laquelle nous faillîmes nous perdre. — Description de cette vigie. — Détermination de sa latitude et de sa longitude. — Vaine recherche des îles de la Mira et des Jardins. — Nous avons connaisssance de l'île de l'Assomption des Mariannes. — Description et véritable position de cette île en latitude et en longitude; erreur des anciennes cartes des Mariannes. — Nous déterminons la longitude et la latitude des îles Bashées. — Nous mouillons dans la rade de Macao.......... 155

CHAPITRE XIII

Arrivée à Macao. — Séjour dans la rade du Typa. — Accueil obligeant du gouverneur. — Description de Macao. — Son gouvernement. — Sa population. — Ses rapports avec les Chinois. — Départ de Macao. — Atterrage sur l'île de Luçon. — Incertitude de la position des bancs de Bulinao, Mansiloq et Marivelle. — Description du village de Marivelle ou Mirabelle. — Nous entrons dans la baie de Manille par la passe du sud; nous avions essayé vainement celle du nord. — Observations pour louvoyer sans risque dans la baie de Manille. — Mouillage à Cavite............................ 165

Pages

CHAPITRE XIV

Arrivée à Cavite. — Manière dont nous y sommes reçus par le commandant de la place. — M. Boutin, lieutenant de vaisseau, est expédié à Manille vers le gouverneur général.—Accueil qui est fait à cet officier.—Détails sur Cavite et sur son arsenal. — Description de Manille et de ses environs. — Sa population. — Désavantages résultant du gouvernement qui y est établi. — Pénitences dont nous sommes témoins pendant la semaine sainte. — Impôt sur le tabac. — Création de la nouvelle compagnie des Philippines. — Reflexions sur cet établissement. — Détails sur les îles méridionales des Philippines. — Guerre continuelle avec les Maures ou les Mahométants de ces différentes îles. — Séjour à Manille. — État militaire de l'île Luçon... 179

CHAPITRE XV

Départ de Cavite. — Rencontre d'un banc au milieu du canal de Formose. — Latitude et longitude de ce banc.—Nous mouillons à deux lieues au large de l'ancien fort Zélande. — Nous appareillons le lendemain. — Détails sur les îles Pescadore, ou de Pong-Hou. — Reconnaissance de l'île Botol Tabaco-Xima.—Nous prolongeons l'île du Kumi, qui fait partie du royaume de Likeu. — Les frégates entrent dans la mer du Japon, et prolongent la côte de Chine. — Nous faisons route pour l'île Quelpaert. — Nous prolongeons la côte de Corée, et faisons chaque jour des observations astronomiques. — Détails sur l'île Quelpaert, la Corée, etc. — Découverte de l'île Dagelet; sa longitude et sa latitude... 193

CHAPITRE XVI

Route vers la partie nord-ouest du Japon. — Vue du cap Noto et de l'île Jootsi-Sima.—Détails sur cette île.—Latitude et longitude de cette partie du Japon. — Rencontre de plusieurs bâtiments Japonais et Chinois. — Nous retournons vers la côte de Tartarie, sur laquelle nous atterrissons par 42 degrés de latitude nord. — Relâche à la baie de Ternai. — Ses productions. — Détails sur ce pays. — Nous en appareillons après y être restés seulement trois jours. — Relâche à la baie de Suffren.. 207

CHAPITRE XVII

Nous continuons de faire route au nord. —Reconnaissance d'un pic dans l'est. —Nous nous apercevons que nous naviguons dans un canal.—Nous dirigeons notre route vers la côte de l'île Ségalien. — Relâche à la baie de Langle. —

Pages.

Mœurs et coutumes des habitants. — Ce qu'ils nous apprennent nous détermine à continuer notre route au nord. — Nous prolongeons la côte de l'île. — Relâche à la baie d'Estaing. — Départ. — Nous trouvons que le canal entre l'île et le continent de la Tartarie est obstrué par des bancs. — Arrivée à la baie de Castries sur la côte de Tartarie.................................. 219

CHAPITRE XVIII

Relâche à la baie de Castries. — Description de cette baie et d'un village tartare. — Mœurs et coutumes des habitants. — Leur respect pour les tombeaux et les propriétés. — Extrême confiance qu'ils nous inspirent. — Leur tendresse pour leurs enfants. — Leur union entre eux. — Rencontre de quatre pirogues étrangères dans cette baie. — Détails géographiques que nous donnent les équipages. — Production de la baie de Castries. — Ses coquilles, quadrupèdes, oiseaux, pierres, plantes.................................. 237

CHAPITRE XIX

Départ de la baie de Castries. — Découverte du détroit qui sépare le Jesso de l'Oku-Jesso. — Relâche à la baie de Crillon sur la pointe de l'île Tchoka ou Ségalien. — Détail sur ces habitants et sur leur village. — Nous traversons le détroit et reconnaissons toutes les terres découvertes par les Hollandais du Kastricum. — Ile des Etats. — Détroits d'Uriès. — Terre de la Compagnie. — Iles des Quatre-Frères. — Ile de Marikan. — Nous traversons les Kuriles et faisons route pour le Kamtschatka............................ 249

CHAPITRE XX

Supplément aux chapitres précédents. — Nouveaux détails sur la côte orientale de la Tartarie. — Doute sur la prétendue pêcherie de perles dont parlent les jésuites. — Différence physique entre les insulaires de ces contrées et les continentaux. — Pauvreté du pays. — Impossibilité d'y faire aucun commerce utile. — Vocabulaire des habitants de l'île Tchoka ou Ségalien...... 261

CHAPITRE XXI

Mouillage dans la baie d'Avatscha. — Accueil obligeant du lieutenant Kaborof. — Arrivée de M. Kasloff-Ougrenin, gouverneur d'Okhotsk, au havre de Saint-Pierre et Saint-Paul. — Il est suivi à bord par M. Schmaleff, et par le malheureux Ivachkin, qui nous inspire le plus vif intérêt. — Bienveillance efficace du gouverneur à notre égard. — Bal des Kamtschadales. — Un

Pages.

courrier, arrivant d'Okhotsk, nous apporte nos lettres de France. — Nous découvrons le tombeau de M. de la Croyère, et nous y attachons, ainsi qu'à celui du capitaine Clerke, une inscription gravée sur cuivre. — Nouvelles vues d'administration de M. Kasloff, relatives au Kamtschatka. — Nous obtenons la permission d'envoyer notre interprète en France avec nos paquets. — Départ de la baie d'Avatscha... 269

CHAPITRE XXII

Détails sommaires sur le Kamtschatka. — Indication pour entrer dans la baie d'Avatscha et en sortir sans risques. — Nous parcourons, sur le parrallèle de 37° 30', un espace de trois cents lieues, pour chercher une terre découverte, dit-on, par les Espagnols en 1620. — Nous coupons la Ligne pour la troisième fois. — Nous avons connaissance des îles des Navigateurs, après avoir passé sur l'île du Danger de Byron. — Nous sommes visités par beaucoup de pirogues ; nous faisons des échanges avec leurs équipages, et nous mouillons à l'île Maouna.. 287

CHAPITRE XXIII

Mœurs, coutumes, arts et usages des insulaires de Maouna. — Contraste de ce pays riant et fertile avec la férocité de ses habitants. — La houle devient très forte ; nous sommes contraints d'appareiller. — M. de Langle, voulant faire de l'eau, descend à terre avec quatre chaloupes armées. — Il est assassiné ; onze personnes des deux équiqages éprouvent le même sort. — Récit circonstancié de cet évènement.. 303

CHAPITRE XXIV

Départ de l'île Maouna. — Description de l'île d'Oyolava. — Echanges avec ses habitants. — Vue de l'île de Pola. — Nouveaux détails sur les mœurs, les arts, les usages des naturels de ces îles, et sur les productions de leur sol. — Rencontre des îles des Cocos et des Traîtres........................ 321

CHAPITRE XXV

Départ des îles des Navigateurs. — Nous dirigeons notre route vers celles des Amis. — Rencontre de l'île Vavao et de différentes îles de cet archipel, très mal placées sur les cartes. — Les habitants de Tongataboo s'empressent de venir à bord et de lier commerce avec nous. — Nous mouillons à l'île Norfolk. — Description de cette île. — Arrivée à Botany-Bay............ 333

CHAPITRE COMPLÉMENTAIRE

Naufrage de la frégate française la *Boussole* et l'*Astrolabe*, commandées par M. de La Pérouse, et détails donnés sur ce funeste évènement, par des navigateurs français, en 1794, par le capitaine Dillon, en 1827, et par le capitaine Dumont d'Urville, en 1828.. 345

Limoges. — Typ. Marc BARBOU et C¹, rue Puy-Vieille-Monnaie.